怀宁考古记

——基于"三普"调查的发现与研究

怀 宁 县 文 物 管 理 所
安徽省第三次全国文物普查办公室　编著

文物出版社

封面题签　陈建国

封面设计　张希广

责任印制　陆　联

责任编辑　李克能

图书在版编目（CIP）数据

怀宁考古记：基于"三晋"调查的发现与研究/怀宁县文物管理所编著．－北京：文物出版社，2011.8

ISBN 978-7-5010-3251-8

Ⅰ．①怀…　Ⅱ．①怀…　Ⅲ．①文物－考古发现－怀宁县　Ⅳ.①K872.544

中国版本图书馆CIP数据核字（2011）第178149号

怀 宁 考 古 记

基于"三普"调查的发现与研究

编　著	怀 宁 县 文 物 管 理 所
	安徽省第三次全国文物普查办公室
出版发行	文物出版社
地　址	北京市东直门内北小街2号楼
邮　码	100007
网　址	http://www.wenwu.com
邮　箱	E-mail：web@wenwu.com
制版印刷	北京燕泰美术制版印刷有限责任公司
经　销	新华书店
开　本	889×1194　1/16
印　张	20.75
版　次	2011年8月第1版
印　次	2011年8月第1次印刷
书　号	ISBN 978-7-5010-3251-8
定　价	180.00元

本书出版得到中共怀宁县委、怀宁县人民政府的大力支持，
特此致谢！

《怀宁考古记》编纂委员会

顾 问：宫希成

总策划：范先汉　刘飞跃

策 划：程 辉　汪路阳　董晓月　潘成森　宗秀丽

主 任：董晓月

副主任：徐基明　王江海

委 员：陈 新　金 林　许丰收　查文斌　刘俊民

丁丽华　朱华川　方寿好　许喜华　方卫国

吉岭民　张翠萍　产红霞　丁霞光　汪林根

金晓春

主 编：金晓春

副主编：何张俊

撰 稿（以姓氏笔画为序）：

吕生根　许向英　张 东　李 贞　汪黎明

何张俊　金晓春　程夏玉　潘启和

序

　　自第三次全国文物普查工作开展以来，怀宁县一直走在全省的前列，率先完成实地调查任务，首个通过验收。怀宁县文物普查队获得国家文物局全国第三次文物普查办公室授予的"全国先进集体"荣誉称号，他们的许多先进经验被各地学习和借鉴。而《怀宁考古记》的出炉，又是全省第一个把普查成果汇总出版，无疑是把"三普"工作又领上了一个新台阶。这些都鉴证了怀宁县文物工作者努力进取、敢于创新的精神，以及怀宁县委、县政府对文物工作的高度重视。

　　《怀宁考古记》主要由参与怀宁县"三普"工作的普查队员编写，系统介绍了怀宁县的文物工作史以及多年来所取得的成就，重点介绍了"三普"工作取得的成果，是怀宁县历史文化发展的见证，集综合性和专业性于一体，图文并茂，资料翔实，不仅是怀宁县的一部文物史，同时也展示了怀宁的人文地理及历史的源远流长。在常人的眼中，文物工作似乎就是收藏和保护"古董"之类的管理工作，没有把它当作学术课题进行深入研究，然而怀宁县普查队却打破了墨守成规，对以孙家城遗址为核心的大沙河流域先秦遗址进行了专题调查和研究，为全面了解大沙河流域古代文化演进的社会背景提供了重要基础。

　　第三次全国文物普查是国务院部署的一项重大国情国力调查，是当前我国最大规模、最重要的文化遗产保护工程，对我国文化遗产保护事业和国家经济社会发展全局具有重要意义。全面准确掌握文物资源情况和文物的现时状态，做到心中有数，才能科学地制定文物保护政策，使宝贵的文化遗产资源在社会经济发展中发挥更大的作用。本书对普查成果如何在现代经济社会发展中发挥作用进行了分析探究，使此书兼具学术价值和欣赏价值。在认真阅读了书稿后，我惊叹于怀宁县古文化的丰富内涵和文物资源的丰厚。同时，我也欣慰我省基层的文博工作者有着如此扎实的专业知识和过硬的工作作风。这样的队伍，正是我省文化遗产事业可持续发展的基石和保障。我对他们充满了新的期待。

安徽省文物局局长　陈传国

二〇一一年春于合肥

序

  历史长河起巨流，浪沙淘尽显本色。自第三次全国文物普查工作开展以来，我县广大文物工作者以党的十七大精神和科学发展观为指导，认真贯彻落实《国务院关于开展第三次全国文物普查的通知》精神，在中共怀宁县委、怀宁县人民政府的正确领导下，在省、市文物普查办的直接指导下，积极行动，周密部署，团结协作，扎实推进，已全面完成了第三次文物普查各项既定工作，成效显著。将此次普查成果与之前保护实绩汇编成册的《怀宁考古记》，在举国上下积极谋划"十二五"的开局之年付梓问世，是足可垂鉴后世的不朽盛事，可喜可贺！

  享有"首府首县"美誉的怀宁县，处于"吴楚分疆第一州"安庆府的要冲位置，地沃民淳，背倚中原，南临荆楚，东接吴越，中原文化的弘博典雅，荆楚文化的雄奇瑰丽，吴越文化的钟灵精致，能够在这里取长补短与交流融合，更有县治与省、府同城而治数百年，故而千百年来文风昌盛，俊彦辈出，积淀深厚，文明彰显。而文物是文明与文化的遗存，是凝固了的历史，是脆弱而不可再生的文化资源；有效保护和利用文物资源，能够彰显一个地区深厚的文化底蕴和高雅的文化品位。怀宁县委、县政府充分认识到，保护民族文化遗产，守护民族精神家园，必须坚持先进文化的前进方向，努力建设有中国特色的社会主义文化；必须坚持以发展和繁荣为中心，恪守重在保护的原则；必须坚持围绕中心、服务大局，切实发挥文物保护工作在社会进步中的重要作用。尤其是在全国第三次文物普查开展期间，怀宁作为安徽省的试点县和安庆市唯一的试点县，自2007年起超前谋划，精心准备，在工作中不断摸索，在摸索中不断创新，在创新中不断完善，真正把普查的触角延伸到了基层，把普查的内容细化到了精准，使得这次普查出来的文物大大丰富了我县的文化内涵，部分发现填补了皖西南地区甚至是省内的空白，为研究皖西南和安徽古代文化提供了不可多得的资料。

  文物同时又是一个地域文明传承的载体，其研究成果虽然能够满足人们多层次、多方面、多样化的精神文化需求，但是在表现形式上必须形象直观，在编纂过程中必须一丝不苟。为突出《怀宁考古记》的史料价值和学术价值，普查者和编纂者坚持以历史性、人民性与思想性为原则，不辞辛劳，披星戴月，查阅了大量的珍贵资料，遍访了境内的山川村落，对怀宁文物遗存进行了全面整理与认真登记，并在听取各方意见和建议的基础上，正本清源，去伪存真，以科学的眼光、专业的精神、严谨的作风，拂去历史的浮尘，揭开尘封的奥秘，把怀宁的文物现状客观真实地展现在读者面前。这本书编纂得体，章法合理，文气畅达；言人叙事，质而不俚，记景状物，辨而不华；其笔直，其情挚，其俗淳，具有生动的可读性与永久的生命力，这将是一部利于当代、惠及后世的历史宝典，是一册卷帙浩繁、传承文明的舆情教本，是一座涵宏万汇、资料翔实的信息宝库，读之定会有如嚼甘饴的感觉，捧之定会有如饮琼浆的享受。

溯史河以增高节，知县情而感任重。我们相信，秉承独秀遗风和稼先精神的怀宁人，一定会以科学发展观为指导，按照全面建设小康社会的要求，与时俱进，扎实工作，为实现追赶式前进、跨越式发展的宏伟目标作出更大的贡献，使怀宁以全新的姿态独秀于县市之林！

中共怀宁县委书记

怀宁县人民政府县长

2011年4月18日

目　录

第一章　绪　言

在安徽省的西南部，大别山脉自东北向西南斜向贯穿，从而形成了西北部为大别山区，东南部为丘陵平畈区的地貌形态。长江因大别山南麓的阻挡，在此由东南方向急转为东北方向，并在这一带形成了以现鄱阳湖为主体的五大湖群（即古代的彭蠡泽）。怀宁县即地处这一区域的长江下游北岸，大别山东南麓，跨东经116°28′～117°03′，北纬30°20′～30°50′，东与安庆市毗邻，西连潜山、太湖，北接桐城，南邻望江（图一）。县域面积1276平方公里，现辖5乡、15镇，人口69万人。

第一节　怀宁地理与历史[1]

一、自然地理

怀宁处于长江下游平原的低山、丘陵、岗地、平原、湖泊亚区，东部群山叠翠，中部岗峦起伏，西南圩畈相连，地形起伏较大，海拔最高697米，一般海拔在30～400米之间，最低海拔只有10～20米。

大别山南麓余脉分两支入县：一支由潜山的公盖山平岗逶迤，经新安岭、公共岭于高楼岭处拔地而起，为独秀山（海拔390米），再向东延伸，构成以金山（海拔433米）、百子山（海拔437米）、西马鞍山（海拔169米）、东马鞍山（海拔164米）等为主体的浅山区；另一支由太湖、望江县交界处的香茗山入县境西部，形成以龙王山（海拔213米）、王居山（海拔266米）、腾云山、大塘山脉组成的丘陵地区。

现县境内中部的石境乡全部和月山、凉亭、清河、江镇、洪镇、茶岭、腊树、雷埠等乡镇部分地区为浅山地区，中部和西北部的公岭、秀山、马庙、黄墩、三桥、金拱、高河、茶岭、凉亭、月山、洪镇、江镇、小市、雷埠、平山、清河、腊树等为岗地丘陵地区；分布于皖河、皖水、珠流河以南和大沙河以北的石牌、平山等乡镇全部和黄龙、三桥、小市、马庙、金拱、高河、洪镇、江镇和石牌等乡镇的部分地区为圩畈平原区。

县境内河流密布，湖泊众多，全县比较完整的水系有皖河、高河和人形河三大水系，另有花亭水库灌区。

---

[1] 本节文字主要参考引用了《怀宁县志》，怀宁县地方志编纂委员会，黄山书社，2002年。

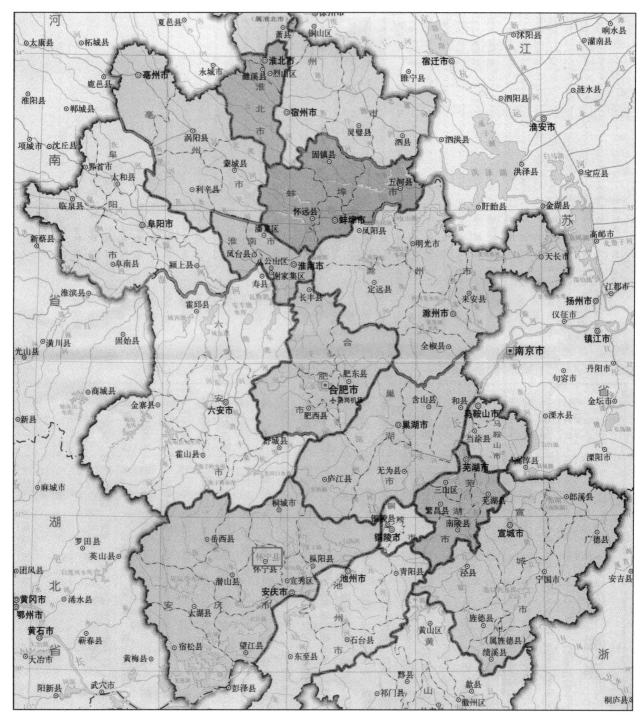

图一　怀宁县在安徽的位置示意图

珠流河为县境内河，位于解放闸上下，上至小市茅庵，下至联合桥下皖水汇合，全长19.42公里，流域面积286平方公里。

高河亦为县境内河，系菜子湖流域的一支流，起源于石镜乡的独秀山北麓，沿途与枫林河、查湾河、泉水河等支流汇合，统入三鸦寺湖，再经马踏石出口，入人形河汇入菜子湖，全长15公里，总流域面积176平方公里。

大沙河发源于潜山县的竹棒尖、太平间之间，是菜子湖流域的主要河道，位于菜子湖西部，南与皖河流域相邻，北与六安地区杭埠河接壤。自桐城县尖刀嘴起分两支：一支流经桐城县青草、徐河、白果等乡，称柏年河，长35.56公里，其上有彭年河注入，中有陶冲河注入；一支流经潜山县的源潭乡入境，流经马庙、金拱、凉亭3乡镇，称人形河，长31.49公里，其上有源潭河注入，中有育儿河注入，下有三鸦寺湖汇集的黄马河、潭桥河、枫林河、高河等诸水注入。两支流汇合于马踏石，经夏家湖下乌鱼宕，再经赌棋墩入菜子湖，经枞阳大闸入长江。集水面积为1395.9平方公里，河道长90.79公里。

皖河为过境河，源于大别山三大支流：一为长河最大；二为潜水次之；三为皖水最小。长河地跨岳西、太湖、潜山、怀宁4县和宿松县的枫驿乡。发源于岳西县大别山的多支尖、大岗岭及皖、鄂交界的羊角尖、古方关。干流长100公里，支流16条，长363公里，流域面积2298平方公里。潜水又名前河，发源于岳西县大别山的多支尖、公盖尖及界岭。干流长116公里，支流32条，长344公里，全流域面积1711平方公里。皖水发源于岳西县北西界岭、黄沙岭、团云寨及桃岭。干流长83公里，支流14条，共长266公里，流域面积为738平方公里。长河及潜水于老鱼潭汇合，东行约2公里至浏河口，再与皖水汇合构成皖河干流。从小市港入境，绕县境西南经黄龙、三桥、平山、小市、腊树、石牌、江镇、洪镇、等8个乡镇，至红星皖河口入长江。共长205公里。流域总面积6046平方公里。

境内湖泊众多，主要有白洋糊、三鸦寺湖、石门湖、冶塘湖、七里湖、八里湖等（图二）。

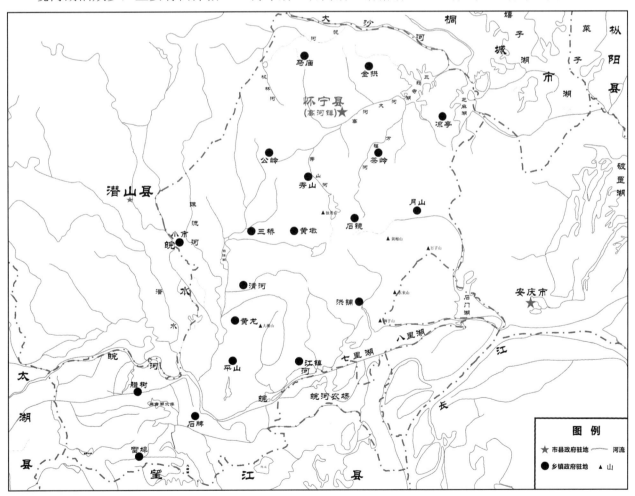

图二 怀宁县水系示意图

因此，怀宁县境内主体上可分为两大流域：北部的大沙河流域（含高河）和西南部的皖河流域（含珠流河），其间系低矮的丘陵岗地分隔。

怀宁地处郯---庐大断裂和沿江挤压破碎带之间，属长江中下游铜铁沉矿带，矿藏丰富，金属矿有铜、铁、金、银、钼、钴、铅、锌等，非金属矿有水泥石灰岩、白水泥石灰岩、大理石、白云石、硅灰石、玻璃石英岩、电石石灰岩、温石棉、磨石、含钾岩石、石墨、重晶石、玻璃硅质原料等，能源矿产有烟煤、无烟煤、石煤等，化工原料矿有硫铁矿等。矿泉已发现70多处，多为低钠含锶或含可溶性硅酸矿泉水。不少矿种藏量大、品位高，具有很高的开采价值。在全省占有重要地位，属于全省矿产资源重点县之一。县境四季分明，气候温和，雨热同期，降水适中，光照充足，适宜植物生长。境内野生植物计有322种，分属62科。树木类主以松、柏、椿、杨、柳、桑、杉桦等；竹类以毛竹、水竹、苦竹、牙竹等为主；花以梅、玉兰、杏、杜鹃、栀、榴、芙蓉及芝、勺药、秋海棠、菊等等。

二、人文地理

怀宁属长江流域多样型自然生态环境和丘陵地区，气候温和，雨量充沛。工业、农业历史悠久，矿业资源丰富。

（一）农业

怀宁县传统农业自然分区，有浅山丘陵和平原圩区之分，民国22年（1933年），全县耕地面积37.68万亩。境内以种植水稻为主，麦类、豆类为次，杂粮、棉花、油菜、芝麻有少量零星种植。作物分布，无明显的地域差别，水田一般均种植水稻，少量在头年种植一季大小麦；旱地多种植大小麦、杂粮、棉花和油料作物。农民历来有重大季（秋季）轻小季（午季）的传统。

建国后怀宁县拥有53.55万亩耕地、58.05万亩山场、21.3万亩水面。1950年代作物结构基本稳定，1960年代中期开始变化，进入1970年代，小麦面积增加，大（米）麦、蚕豆、豌豆面积减少，双季稻面积扩大，中单晚稻面积减少，油菜面积基本稳定，秋杂粮和花生芝麻面积均减少。1980年代，以粮、油、棉为主体，进行作物内部结构调整。在午、秋作物中，以小麦、双季稻为主，经济作物，以油菜、棉花为主。小麦主要分布三桥、高河、公岭、月山4区丘陵岗地，稻谷除丘陵区少量中晚稻外，双季稻全面铺开；油菜，丘陵、圩畈均有分布，以洪镇、石牌圩区为多；棉花集中分布于石牌镇和少数丘陵区。长期以来，在作物结构不断演变下，逐渐形成了稻田、棉田耕作模式。

通过近几年发展，农业结构得到优化，优质粮油、畜禽、蔬菜、水产品和工业原料林主导产业基本形成，农民人均纯收入的75%来自主导产业。农作物以粮食为主，其中高河大米史称"贡米"。形成了"两大基地"：即以石牌、腊树等乡镇为中心的商品猪生产基地；以石牌、高河等乡镇为中心的蔬菜基地；以石牌、平山、公岭、秀山等乡镇为中心的家禽生产基地。产销一条龙、贸工农一体化的农业产业化经营已由生猪、禽蛋、水禽、畜牧四大主导产业向蔬菜、林果、粮食、油料等各行业拓宽，并已成为全国商品粮基地县、粮食生产大县、全国农民专业协会试点县、全国农业产业化试点县、国家经济林基地县、全省畜牧业十强县、全省渔业重点县，逐步形成了企业联市场、带基地、带农户的农村经济新格局。

（二）工业

怀宁县冶铜、铁历史悠久，《汉书•地理志》载：皖县有铁官。《宋史•地理志》载：舒州"同安监，熙宁八年置，铸铜钱"，其址在县境内。南宋时，同安监改铸铁钱，数量颇大。乾道六年为舒州铁钱监。淳熙元年又改铸铜钱。洪铺镇冶塘湖以冶铸而名。境内铜铁"产非一处，铸非一地"，铁炉嘴、铜牛井皆其遗迹。

清代中叶，家庭手工业和副业与农业分离，走向市场，机织、铁木竹器、土纸、陶器、烧窑等业开始兴起。到民国时期，县内手工业仍占重要地位。

建国前，县内工业主要以匠铺、作坊为主，尚未脱离商业的藩篱。建国后经过1953—1956年对手工业的社会主义的改造，建立起以手工业为主体的地方工业。70年代，迄至1978年，初步形成以采掘、化工、机械为主，以轻纺、建材、印刷和粮油棉加工为辅的工业体系。80年代，在农村商品经济的推动下，乡镇工业加快发展，80年代中期，乡镇工业、建材、食品工业和农副产品加工工业作为县内工业发展的重心。还有依托矿产资源的建材、建筑、采矿、化工、机械等行业。

党的十一届三中全会以来，特别是近五年来，怀宁经济步入了发展的快车道。拥有全国100家小城镇建设试点镇，省级综合改革试点镇，安徽省社会发展综合实验区，是全国科技工作先进县，全国科普工作先进县，全国星火技术密集区。

三、历史沿革

怀宁县自东晋建县已1500余年。县境商周归扬州，春秋隶皖桐，战国属吴楚，秦隶九江郡，汉以后为庐江郡之皖县。东晋义熙年间（公元405～418年）设晋熙郡，以皖县旧址始建怀宁县，取永怀安宁之意。县治梅城（今潜山县）。南宋嘉定十年移治皖口[1]（今安庆市大观区山口乡）。景定元年（1260年）随安庆府迁宜（今安庆市），府县同城。清乾隆二十五年（1760）安徽布政使司自江宁移治安庆府，怀宁县城亦省垣所在。抗日战争期间，县府迁石牌，抗战胜利复迁安庆。1950年底，市县分设，定治石牌镇。今之怀宁地域已大异于当年，西部部分已分置潜山县，东北部将桐城一部分归入县境，建国以后南部又分置安庆市，境内又有小块矿区划属铜陵市。1998年9月25日，民政部以民行批[1998]41号文批复，经国务院批准同意将怀宁县人民政府驻地由石牌镇迁至高河镇。2002年1月，怀宁县政府正式迁入高河新县城。

（一）县制沿革：
夏、商、周属扬州之域。
春秋属皖、桐二国之地。
战国为楚、吴属地。

---

[1] 皖口原是怀宁县古代政治重镇，曾先后两次作为县治所在地。第一次是唐高祖武德五年（622年），怀宁县分为四个县：皖城、安乐、梅城、皖阳，其中皖阳县县治设在皖口，设置时间一年左右。第二次是南宋嘉定十年（1217年），到南宋景定元年（1260年），为县治时间 43年。

秦统一中国后，实行郡县制，县境属九江郡皖县地。

西汉高祖五年（公元前202年），废衡山王国置淮南王国，属淮南王国；文帝十六年（公元前164年），分淮南王国置衡山王国，属衡山王国；武帝元狩元年（公元前122年）又废衡山王国为庐江郡，属庐江郡，隶扬州；武帝元封五年（公元前106年），设枞阳郡，后为庐江郡，皖、枞两县分领；王莽新朝时，归属如故。

东汉沿前制，为扬州刺使部庐江郡之舒、皖县地。建武初年，皖县复为侯国，后复为县；元和二年（85年），改属六安国；章和二年（88年），复属庐江郡。

三国仍为庐江郡。舒、皖二县地为魏、吴兵争之地，建安十九年（214年）前属魏，后属吴。

西晋复汉制，属庐江郡舒、皖及龙舒县地；永嘉乱后，皖县废。

东晋安帝义熙年间（405～418年），刘裕平桓玄之乱后，分庐江郡置晋熙郡及怀宁县于皖县故地，属晋熙郡。

南北朝宋武帝割扬州大江以西为豫州，晋熙郡怀宁县属之；南齐沿宋制，怀宁县属豫州晋熙郡；其后分属梁之晋州、北齐之江州及陈之熙州。

隋初废郡置州，改晋熙郡为熙州，怀宁县属熙州；大业三年（607年），废州为郡，属同安郡。

唐武德四年（621年），改同安郡为舒州；五年（622年），分怀宁县为皖城、梅城、皖阳、安乐四县，属舒州；七年（624年），仍恢复为怀宁县；九年（626年）后，州郡屡经变更，先后于天宝元年（742年）改舒州为同安郡；至德二年（757年）改同安郡为盛唐郡；乾元元年（758年）改盛唐郡为舒州，怀宁县亦随改属之，隶归淮南道。

五代十国，仍为舒州，先属十国吴，后属十国南唐及后周。

北宋前期仍属舒州同安郡；至道三年（997年）后，属淮南路；熙宁五年（1072年）后，属淮南西路；政和五年（1115年），置德庆军，属德庆军。

南宋绍兴十七年（1147年），改德庆军为安庆军；庆元元年（1195年），升安庆军为安庆府，怀宁县均属之，仍隶淮南西路。

元至元十四年（1277年），改安庆府为安庆路总管府，隶蕲黄宣慰司；二十三年（1286年），置宣慰司，直属江南省；至治三年(1323年)，始析西部清朝、玉照二乡分置潜山县，至此，今怀宁县境大体已定。

明初改安庆路为宁江府；洪武六年(1373年)，改宁江府为安庆府，怀宁县先后属之。

清顺治二年（1645年），属江南省安庆府；十八年（1661年），属江南左布政使司安庆府；康熙六年（1667年），改江南左布政使为安徽布政使司；乾隆二十五年（1760年），安徽布政使司自江宁移治安庆府，怀宁属安庆府（图三）。

中华民国元年（1912年），废府道，实行省、县两级制，怀宁县直属安徽省；3年至17年（1914～1928年），属安庆道；17年（1928年）8月，复废道，直属安徽省；21年（1932年），建立行政督察专员公署，属第一专区；34年（1945年）抗日战争胜利后，曾一度改属安庆专区；35年（1946年）直至解放前夕，仍属第一专区。

新中国成立之后，1949年怀宁解放。10月3日县委、县政府迁驻石牌，撤销安庆市建制，市区划怀宁县，成立怀宁县城关区。

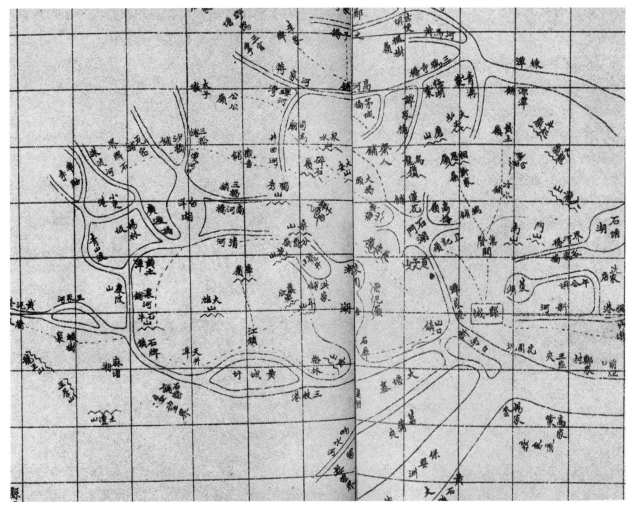

图三 怀宁县境全图（清《道光县志》

1950年5月21日，县委、县政府由石牌迁驻安庆。10月25日恢复安庆市建制，隶属安庆专署。12月11日，县委、县政府由安庆迁驻石牌。

2002年1月18日，县政府由石牌迁至高河。

2004年10月，怀宁县乡镇由26个调整为24个（17个镇、7个乡）：皖河乡并入石牌镇；大洼乡政府迁址平山村，并更名平山镇；枫林乡并入马庙镇。

2005年5月13日，国务院（国函[2005]38号）批准：将怀宁县的海口镇、山口乡划归安庆市大观区管辖，大龙山镇、五横乡划归安庆市宜秀区管辖。

（二）人口迁移

怀宁地属大别山东南麓的桐（城）——太（湖）走廊上，自古以来是淮河中游与长江中下游之交的地带的一条重要通道，因此在不同的历史时期，都有较多的人口迁移。安庆地区历史上属"楚头吴尾"之地，为江左入湖广、巴蜀的必经之地，所以人口的流动成为安庆地方史的一大特色。

从现有的志谱资料来看，安庆地区大部居民都是移民后裔，他们的祖先多是元末明初从江西鄱阳而来。

人口流动是一种社会现象，自古以来从未断过，很早的时候，安庆就有移民活动的发生，我们可以从地方志和家谱资料中发现线索，如怀宁敦睦堂《产氏宗谱》载："自南宋德芳翁官于龙舒，爰乐兹土，遂家于皖西。"

安庆第一次移民大潮出现在元末明初，大批移民从赣北徙入，有关的情况复旦大学曹树基先生已根据公共机构收藏的谱志资料做了深入的研究，在葛剑雄《中国移民史》第一卷中说："1389年，洪武二十二年：至此时，迁入安庆府的江西饶州、九江等府籍移民约为27万，徽州府籍移民约为2万，从全国其他地区迁入的移民约2万。"在民间收藏的大量家谱资料中，更直观地反映了当时的情形，如怀宁忠恕堂《范氏宗谱》载："道富公遂于明太祖洪武二年由饶州鄱阳县永福乡鄱阳湖瓦屑坝迁安庆府怀宁县之西鄙地名冈坡山，其乡曰尧年，迄今相传道富公口吟云：'至正甲辰离永福，洪武己酉卜尧年'是其证也。"又《徐氏宗谱》载：元末自鄱凤冈迁潜怀两地。

第二次移民浪潮发生在乾隆年间，这次主要是人口的迁出，目的地主要是陕西南部地区，陕西地区在明末曾是李自成、张献忠与政府军的重要交战区，所以其地至清初已几绝无人烟，政府在实行"湖广填四川"的同时，对陕西地区也实行了优惠的招徕移民政策，而其时的安庆府曾饱受水旱之灾，难民四处流亡，自然就随流民大潮徙入该地，如民国《商南县志》卷二载："乾隆二十年后，江南安庆数县入禳负迁商，爰得我所，闻风兴起，接踵者日益众，此商南有'小太湖'之名也。"又如嘉庆《山阳县志》卷十二载："及四十四年，安徽、两湖数省屡被灾侵，山民络绎前来。"由安庆入陕南的移民运动直到道光初年才结束，这些情况也可在民间家谱中得到印证，如三义堂《张氏宗谱》即载有张世禄于乾隆年间迁"陕西山阳县土名瓦房沟"。这次移民与元末明初的情况最大不同是：前次移民的后裔多与江西无任何往来，而这次移民大潮结束后，两地之间却保持着长期的联系，如怀宁温桥何氏与陕西蓝田何氏历代合修宗谱，直至1999年修谱，蓝田何氏还不远千里驱车送谱戏到怀宁，又如怀宁黄墩陈氏乃怀宁大姓，惜宗谱均毁于建国之后，此次修谱幸得陕南陈氏宗谱才得以完成。

除了流入陕西地区外，徽州和浙西山区也是安庆移民的目的地，如嘉庆《绩溪县志》卷1载："近多不业农而图利者，招集皖人，谓之棚氓，刊伐山水，广种苞芦。"所谓"皖人"即安庆人。同书又说："近于乾隆三十年间，安庆人携苞芦入境租山垦种。"又如嘉庆《于潜县志》卷18载："近年人图小利，将山租安庆人种作苞芦，谓之棚民。"于潜县今并为临安县。这一情况同样可在民间家谱中有所反映，如三义堂《张氏宗谱》载道光年间与迁嵊县张氏族人合修宗谱。

第三次移民浪潮发生在太平天国时期，这一时期安庆人口剧减，除了部分死于战火外，有相当一批是迁入了皖北和江南的池州、宁国、广德等地及苏南和浙江地区。长达11年之久的"安庆保卫战"使得安庆人口受到极大地摧毁，但由于安庆人口基数大，并没有遭到致命的打击，与其他地区相比，人口仍然较多，所以安庆仍旧成为移民的输出中心之一。这一时期从安庆迁出的人口，入池州府的为最多，今天在东至、贵池两地有大量说着安庆方言的居民，他们仍然与江北保持着经常性的往来[1]。

---

[1] 以上内容见葛剑雄《中国移民史》，福建人民出版社，1997年。

四、方言风俗

（一）方言

怀宁方言"赣语"色彩较浓，属皖西赣语，皖西赣语通行于岳西、太湖、潜山、宿松、望江、怀宁、东至、贵池西部等地，统属于赣语中的怀（宁）彭（泽）片方言，据载境内先民系明朝初年从江西吉安地区迁来。其语音特点：古全浊声母今已清化、读塞音、塞擦音时，不论平仄都读送气声母；古寒、桓两韵见溪声母的字今音韵母相同；古咸、衔两韵的端系声母字的韵母今音也相同。有阴平、阳平、阴去、阳去、上声和入声6个声调。声调方面，赣语有入声，怀宁无入声。在安徽方言中属于潜怀方言。全县可分为两个方言片：石牌片（包括石牌镇和老皖河区）和高洪片（包括高河、新安、月山、三桥、黄龙、洪镇六个区）。在县境内操方言交际基本没有困难，但各地的语音还是有一定的差异。石牌片方言有阴平、阳平、上声、阴去（包括清入和次浊入字）、阳去（包括全浊入字）五个调。高河方言则有阴平、阳平、上声、阴去、阳去（包括全浊入字）、入声六个调[1]。

安庆（怀宁）方言可能是全国主要方言融合而产生的语言，形成原因应如以下两点：一是由安庆（怀宁）地理位置决定：翻开中国方言地图可以清楚地看到，安庆（怀宁）位于中国几大方言区交界处：吴越方言，赣方言，闽方言，湘方言、北方方言等等。受到多种方言的影响，安庆（怀宁）方言吸收了众多其他方言词汇及语音语调，并形成自己独特的优美方言，并以此为基础形成优美的黄梅戏。二是由于历史原因，安庆（怀宁）在近代，主要是清末，战乱连年，特别是太平天国时期，原古安庆人口剧减，待战争结束，十室九空，江浙、湖广、江西、福建、淮北等外地人大量迁入，融合形成新安庆人，这对安庆（怀宁）方言来说是一种革命，粤方言、吴越方言、赣方言、闽方言、湘方言、川方言、北方方言等等纷纷涌入，与原古安庆（怀宁）方言一起形成了年轻的地方方言——新安庆（怀宁）方言。

（二）风俗[2]

怀宁历史悠久，文化灿烂，在长期的生活和实践中形成了许多有特色的风俗。

1. 文化艺术

怀宁素称"戏曲之乡"，也是黄梅戏的重要形成地。

黄梅戏：原名"怀腔"，是在怀宁县农村中形成和发展起来的，是劳动人民在长期劳动实践中创造出来的一戏曲艺术形式。"无石不成班"的石牌，古时是安庆府的一个大集镇，水陆交通方便，周围农村人烟稠密、物产丰富，商业繁荣，向以"鱼米之乡"著称。每逢春种秋收或农闲季节广大劳动群众就用自己爱唱的民歌小调来歌颂自己的辛勤劳动所获得的丰收，后人称之为"怀宁调"。因黄梅调的念白、唱词都是用的怀宁方言，所以又被称之为"怀腔"。又当时怀宁是安庆府的首县，故也被同时称为"府调"，解放以后改称"黄梅戏"。"出门三五里，处处黄梅声"。

---

[1] 以上参考了怀宁县地方志编纂委员会《怀宁县志》，黄山书社，1996年。

[2] 以下参考了张亭编著《怀宁艺坛撷录》，怀宁县文化体育局，1997年。

徽戏：怀宁是被誉为京剧之父的徽剧发祥地之一。历史上名伶辈出，有"梨园佳子弟，无石不成班"之说。明末清初发源于石牌镇的徽戏，已有三百多年历史，古韵犹存。著名的京剧表演艺术家杨月楼（1849—1890），即石牌镇皖河村新红组人，继程长庚之后任"三庆班"班主，使三庆班在京经历了一百多年，为发展京剧艺术作出了卓越贡献，当地还留有杨月楼故居旧址。

牛灯戏："牛灯戏"被兴誉为戏曲"活化石"，已被县人民政府公布为首批非物质文化遗产。"牛灯戏"是怀宁县民间一种戏曲演唱形式，牛灯只是戏剧的前奏，较早的唱词也是"唱灯"的材料，但它融合了京剧、越剧、徽调、怀腔等诸多剧种的声腔，并且专演唐代将尉迟恭的故事。通常是每年春夏夜晚，用黑纸扎水牛一头，燃烛走村串庄表演；牛架系竹木结构，犁耙下面安装四个木轮，牛身由竹片装扎，外面糊纸；颈挂轭，后拖篾扎的犁耙。演员一般为两人，一饰尉迟恭（净），一扮家童（丑）。唱词有长短句（图四）。

图四　牛灯戏

娱乐看会：旧时每年场面最大、最热闹的娱乐活动是看迎神赛会，俗称"出会"，其节目有五猖、舞龙、舞狮子、踩高跷、闻太师等，此俗建国后渐废。

书画：怀宁县书画艺术自明清以来就享有盛誉，名家有邓石如、潘伯鹰、肖谦中、方朔、夏明远、谢超元、黄绮、朱松发等，尤其是被康有为称作"千年一人"的清代书法大师邓石如，他创造的完白艺术备受世人瞩目。数百年来，县内的书画艺人自始至终秉承先人遗风，发扬和光大完白艺术，使完白故里一直文风昌盛。

2. 工艺

石雕：在怀宁县石镜、凉亭、洪铺等乡镇，石雕石刻业发展兴盛。凉亭乡早在明末清初就以加工石磨、石臼、石碓等著称于世。改革开放之后，用来谷物脱壳的石臼、石碓等基本上已经派不上什么用场，改为把从山上采下的大理石加工成故宫狮、西洋狮、华表、石凳、石碑等，远销到黄山、西湖、秦淮河等风景名胜点。

挑花：怀宁民间挑花源远流长，集实用性与艺术性于一体，内容多为反映人们对美好生活的向往与憧憬，如妇女的头巾、围裙、手帕，儿童的鞋帽、衣衫，男子的荷包、烟袋、披肩，还有家

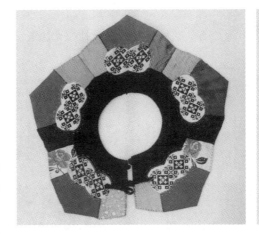

图五　当代挑花作品

庭用的帐沿、桌围、镜搭等等。其图案既有花鸟语虫鱼的纯装饰性纹样，又有人物走兽的活动情节描绘（图五）。

3. 丧葬

丧葬的形式，因死亡原因的不同而有区别。旧俗丧事料理过程十分繁琐，迷信成分很多。成年人自然死亡，在祖堂殡殓。人死之后，撤下死者床上帐子，在死者卧室内用两条长凳搭上门板，将遗体停放在门板上，叫"摊停板"。顶头放一碗油炒饭，饭上两个熟鸡蛋，一双筷子，叫"倒头饭"。在室外烧纸轿纸马，同时派人向亲友报丧，叫"把信"。将遗体穿上"老衣"放进棺材，叫"入棺"。老衣用青色或黑色布缝制，上衣满襟，布条系结，不用纽扣，有"五领三腰"和"七领五腰"两种。棺前供奉死者灵牌。灵牌又叫"木主"，用纸或木头做成，中间写死者名讳。若死者年届花甲，灵牌红色，上方折角；未满花甲，灵牌白色，不折角。棺下置油灯，叫做死者"本命灯"。经过"暖棺"、"走灯"（或叫"照冥行"）、关灯等程序之后（女眷还要"破血湖"、"诉苦"等），便要出殡。有的不在出殡时将棺材下葬，而是厝起来，三年后再葬，在棺木外用砖瓦砌一个状似棺木，亦仅能容纳棺木的小屋，叫"丘（厝）基"（图六）。出殡后第三天，丧家到丘基前烧纸焚香，叫做"福（覆）山"。也有富裕人家在关灯之后还要举行猪羊堂祭，请僧道念经"做斋"，做斋之后方才出殡。如果死者是老人，则将从其去世之日起的四十九天分为7个"七"天，逢"七"必祭，叫"应七"。七"七"也叫"满七"，又叫"圆七"，七"七"过后，丧事告毕，在此期间，孝子不能理发剃须，孝媳、孝女头戴白花或扎白头绳，叫"长孝"。

棺木厝过三年或三年以上，便要葬坟。在预先择定的日子启土开圹，圹穴里烧稻草和芝麻秸，叫"暖井"，将棺木放在灰烬之上，将棺木对准方位，然后履土成冢。成冢之后，由风水先生"呼龙"，呼龙之辞无非是赞扬坟墓所在地好，祈求龙神保佑子孙兴旺发达。最后在墓前立碑为志。

"倒葬"则是一种较独特的习俗。是头朝山下，脚朝山上，意有倒发、官到的意义，让后人发财，升官。石镜乡分龙村青树嘴宋墓的出土，使"倒葬"习俗得到证实[1][2]。

[1] 见本书第三章第三节"墓葬"之三中的"青树嘴宋墓"。

[2] 以上参考了怀宁县地方志编纂委员会《怀宁县志》，黄山书社，1996年。

图六　当代丘（厝）基

第二节　怀宁文物工作史

一、建所前的文物工作

怀宁县的文物工作在1976年以前基本上处于零散状态，是由原县文教局图书室负责，主要是收集古籍版本书籍之类。1976年黄龙遗址的发现拉开了怀宁县系统开展文物工作的序幕，也为怀宁县日后以遗址为主要工作对象的工作重点打下了坚实的基础。当时整个皖西南地区的遗址发现几近空白，县文教局曾就发现的黄龙遗址向国家文物局报送了材料，国家文物局的（76）文物字77号文件中给了安徽省文物局一个回复，并指出这个遗址的发现"它对于探讨长江中下游原始文化的发生、发展，以及它和中原地区原始文化的联系，是一个重要线索"。

自黄龙遗址的发现引起国家文物局及省文物部门的重视后，县政府认为需要安排专人负责此项工作。1977年夏秋时节，县文教局文化组配备王金泉同志为文物工作干部，同时参加了安徽省文物局在亳县举办的考古培训班学习，文物保护和考古工作逐渐开展起来。随着潜山薛家岗遗址被发现，同年冬天安徽省文物工作队对怀宁县黄龙遗址进行了首次考察。

1978年8月县文化、教育局分开，正式调文化馆干部许文同志为文物专职工作人员。同年11月至12月，分区召开了全县文博工作座谈会，12月2日县革委会批转了文化局《关于文博工作座谈会纪要》（图七）。

1979年2月，又会同怀宁县供销社联合发出《关于加强从废旧物资中拣选文物的通知》（图八），由此展开了传世、出土文物征集收藏工作。3月举办全县文物考古培训班（图九），同月安徽省文物工作队对潜山薛家岗遗址进行第一次发掘，考古队成员主要由安庆行署各县文物干部组成，对安庆地区文物工作者进行实地培训，拉开了安庆地区考古工作的前序。为提高文物工作人员的业

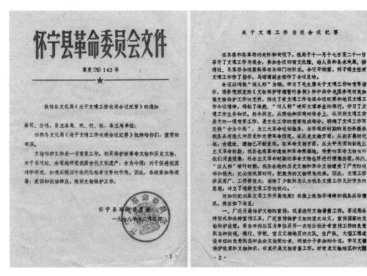

图七　关于文博工作座谈会纪要

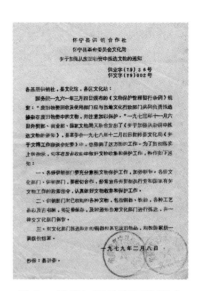

图八　关于加强从废旧物资中
拣选文物的通知

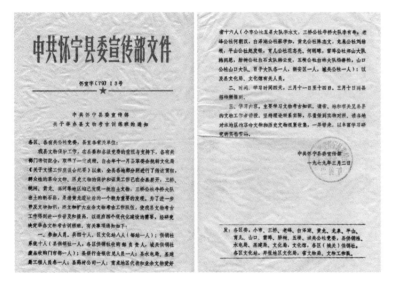

图九　关于举办县文物考古训练班的通知

务能力，怀宁县派许文同志参加了该次发掘。

1979年6月，许文同志会同原广圩文化站干部对白泽湖公社张四墩遗址（今属安庆市）进行了调查试掘[1]。经过培训和发掘，业务能力在不断增强，进一步将怀宁的文物工作引向以遗址为重点的方向，随后的调查工作成效立现，相继发现了王家山等多处古文化遗址，为遗址的发现增添了新的活力。

工作之初，由于这项工作是一个冷门，广大的干部群众知之甚少，不知文物为何，在这样的环境下，我们利用狭窄的室内和野外露天举办各种形式的文物实物和图片展览，向公众展示宣传文物保护的重要性，提高民众保护文物意识，让文物保护人人有责的意识印入脑海，使全县上下形成保护文物的浓厚氛围，为第一次全县文物普查创造了相对有利的条件，也为正式成立文物管理机构做出了重要贡献。

二、建所后的文物工作

（一）建所之初的工作

随着文物工作轰轰烈烈地开展和需要，1980年10月怀宁县革命委员会正式批准成立县文物管理

[1]　许文《安徽安庆市张四墩遗址初步调查》，《文物研究》第14辑，黄山书社，2005年。该文原载于1982年《安庆市考古学会会刊》第 2 期。

所，负责全县的文物保护工作，人员由1人增加为2人，设置办公室1间，文物库房1间，地点设在文化馆办公楼内并正式对外挂牌，由此怀宁的文物工作才正式步入系统的行业。同年10月至1982年元月，县文物管理所进行了第一次全县文物普查，征集藏品135件，登记不可移动文物21处，普查经验在安庆地区得到推广。1981年7月文化馆新房落成，正式建立文物陈列室，面积70平方米。11月，配合省文物工作队对山口乡金鸡洞等5个洞穴进行了调查，同月县政府发出了《关于加强文物保护工作的通知》。

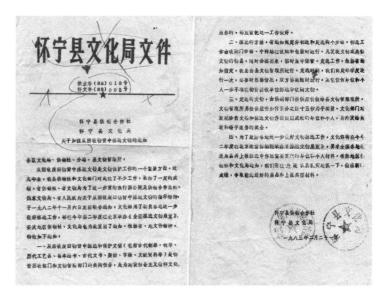

图一〇　关于加强从回收物资中拣选文物的通知

1982年元月，安庆地区文化局转发了我县小市乡文物普查经验总结。县里的文物保护工作也及时跟进，2月21日县政府公布了首批县级重点文物保护单位4处（"杀尽汉奸"石刻、王家山遗址、雪山洞——普陀寺、道光水文碑）。3月县人事局任命许文同志为文物管理所长。3月1日金拱乡人形河杨家牌出土了一批春秋青铜器，2日便被征集到所里[1]。4月1日，省文物工作队丁邦均、李德文等同志到杨家牌铜器出土地点进行调查，同时调查了孙家城遗址。4月为增强文物工作力量，还从县图书馆调金晓春同志来所工作。11月经省文物工作队同意，县文物管理所主动对黄龙遗址进行了试掘，发掘面积50.5平方米，开探方3个，初步了解到遗址属潜山薛家岗类型[2]。发掘工作推动了怀宁文物工作的前进步伐。

1983年2月，县供销社、文化局联合发出《关于加强从回收废物中拣选文物的通知》（图一〇）。6月县政府公布第二批县级重点文物保护单位2处（邓石如墓、操球烈士墓）。

1984年元月，派金晓春同志前往郑州参加文化部举办的"文物干部培训班"，为期四个半月，系统学习了文物保护和考古工作的各项基本知识。

（二）第二次全国文物普查

自党的十一届三中全会以来，文物工作在党和政府的重视下日益发展起来，1984年开展了第二次全国文物普查。怀宁县及时准备，积极推进，从4月开始，为第二次全国文物普查进行调研和筹备，主要是组建普查员队伍和业务培训，制定普查计划和方案。县文物管理所意识到若要更好地完成普查任务，普查队员需要一定的文化素质才能胜任，因此，在全县范围内聘请退休教师20人，抽调文化馆站工作人员10人，举办了为期10天的文物普查专业知识培训讲座。1984年6月全县第二次全国文物普查正式启动，共分3个普查小组，分别在高河区、洪镇区、山口乡同步进行试查，历时35

---

[1] 许文《安徽怀宁县出土春秋青铜器》，《文物》1983年第11期。

[2] 许文《怀宁黄龙新石器遗址试掘简报》，《文物研究》第2辑，1986年。

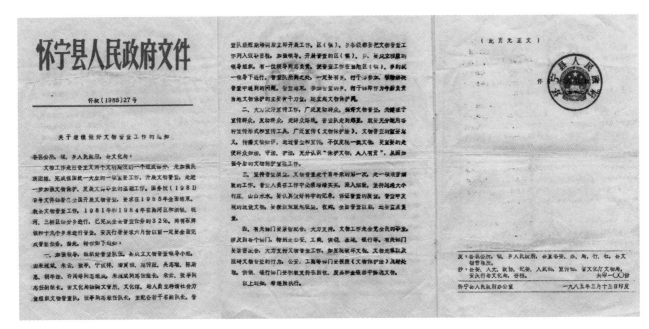

图一一　关于继续做好文物普查工作的通知

天，目的是为全面普查提供经验。同年10月，杨家牌出土的春秋青铜器牺鼎、鼎、匜、盉参加全国文物珍品展览。

1985年3月，怀宁县正式成立第二次全国文物普查领导小组，3月10日县政府向全县发出《关于继续做好文物普查工作的通知》普查领导小组名单随文下发（图一一），全县文物普查工作全面展开。普查采取以走访调查为主的普查方式，普查员随身携带标本和手铲，吃住在农民家里，自然村覆盖率达百分之百。历时211天，发现了分布在全县各地的古文化遗址130余处、古墓葬20余处以及一批古建筑、纪念建筑、石刻和近现代革命遗迹。10月9日安庆地区文物普查验收组进行普查验收合格，10月29日举行文物普查领导小组会议总结汇报了文物普查工作。12月11日公布了第三批县级重点文物保护单位2处（金鸡碑—五猖神庙碑、太平天国石牌城遗址）。

根据野外采集结果和走访，县文物干部总结了一套普查的经验和方法，其中找遗址的顺口溜是"要找遗址不用愁，沿着河边走一走"等，对古墓葬的分布也有一定的认识，如当地古代墓葬地多为"唐葬凹，宋葬沟，明清二代葬山头"等。这些流传都是在采访中获得，在我们普查中得到了印证，非常现实。

由于解放后的破四旧和文化大革命的彻底"革命"，使得县境内的地面遗存遭到前所未有的破坏，好在当时未掘地三尺，使得怀宁古文化遗存在地下得以安稳长存，也形成今天怀宁文物的主要特色。通过本次调查，我们对怀宁的地下遗存有个大致的了解，也为进一步的工作理清了思路。

虽然说第二次全国文物普查取得了显著的成果，但这只是文物工作的开始，对全县地上、地下文物分布和它的内涵、属性并不清楚；特别是发现的遗址同周边文化的关系又是如何呢?因此第二次文物普查并没有随着普查时间的结束而结束，反而在此基础上进行了大范围的拓展，先后于1990年和2004年县文物管理所又进行了两次大规模的地面文物复查工作。1990年主要是对二普中工作不细的山区和非主河道河流区域进行复查，在二普经验基础上又有所发现，登记文物点9处。2004年主

图一二　　"二普"调查资料档案

要是配合国家文物局"全国文物保护科学和技术研究课题"——"薛家岗文化综合研究"对皖水流域进行调查。在复查的同时对第二次文物普查资料进行收集整理，制成"二普"档案装帧成册（图一二）。

自建所后及"二普"期间，征集出土、传世文物包括石器、青铜器、陶瓷器、货币、字画、木刻等各类文物700余件。其中春秋青铜器牺鼎、匜、盉和北宋人形注子先后参加1984年和1990年全国文物精品展览和安徽省文物精品展，牺鼎和人形注子分别选入文化部主编的《中国文物精品选集》和中国文物交流中心编印的《中国文物精萃》大型图录[1]。

（三）文物保护行政措施

怀宁的文物工作一直得到了县委、县政府的高度重视。除了常规的工作外，还随着建设工程的大规模开展，及时采取了应对措施。如1986年元月，境内合安（合肥至安庆）公路拓宽，为了做好工程中的文物保护工作，1月15日县政府办公室发出《关于在合安公路拓宽工程中保护文物的通知》（图一三）。7月18日，县人大常委会第十五次会议听取了我县文物保护管理情况的报告，通过了《关于进一步贯彻<文物保护法>加强文物保护管理工作的决议》（图一四）。9月1日县政府发出《关于切实贯彻执行<文物保护法>加强文物保护的布告》（图一五）。9月11日县　政府再次发出《关于加强文物保护管理的通知》（图一六）。

---

[1] 中国文物交流服务中心《中国文物精萃》编辑委员会编《中国文物精萃》，文物出版社，1990年。文化部文物局、故宫博物院编《全国出土文物珍品选》（1976—1984），文物出版社，1987年。

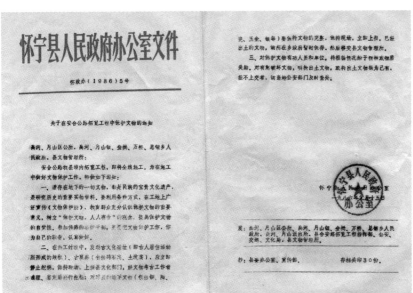

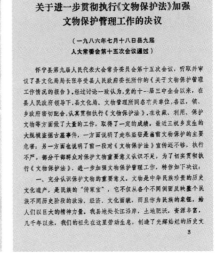

图一三 关于在安合公路拓宽工程中保护文物的通知

图一四 关于进一步贯彻执行《文物保护法》的决议

图一五 关于贯彻执行《文物保护法》布告　　　　图一六 关于加强文物保护管理的通知

　　1987年2月，县委书记刘小安、县长张世云在区、乡长和县直单位负责人会议上，要求尽快落实县人大和县政府布告，加快文物保护网络建设。3月至8月，全县各乡镇先后召开文物保护工作会议，建立文物保护领导小组，村设文物保护员，县、乡、村文物保护网络初步形成，6月20日，腊树乡还把文物保护工作列为该乡《乡规民约》第十七条。8月31日《人民日报》第四版发表了《怀宁普遍建立文物保护网》的文章，报道了这一经验。10月秀山乡观铺村团支部向全县共青团发出文物保护《倡议书》，安庆行署文化局安文字（87）76号文向全市进行了转发（图一七）。

　　4月8日，中国社会科学院考古研究所任式楠、陈超两同志前来怀宁调查新石器文化，观看了所有采集的先秦文物标本，并给以很高的评价，认为怀宁普查工作准备充分、普查彻底、工作细致。

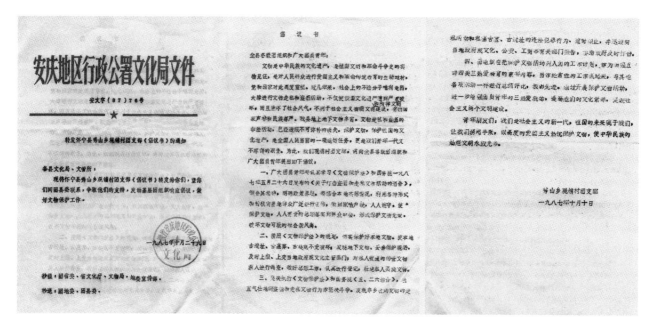

图一七　观铺村团支部文物保护《倡议书》

1988年，《安徽文物工作》第一期刊登了怀宁县文物管理所《依靠行政力量，建立文物保护网络》的做法与经验。

1989年7月3日枫林乡及各村政府率先在全县签订文物保护责任书，之后各乡镇村都与文物部门签订了文物保护责任状，完备了文物保护网络的建设。8月10日，怀宁县成立文物管理委员会，怀宁县文物保护网络全面建立，文物保护工作走上了正常化、法制化轨道。1990年5月25日，许文同志在全省文物工作会议上作了《把文物保护的任务落实到基层，推向全社会》的发言，同时接受《中国文物报》记者郭燕红和国家文物局政策研究室刘璋的采访。7月，国家文物局主办的《文物工作》全文刊登怀宁文物管理所关于《全面建立文物保护网，层层落实责任制》一文。

（四）考古工作的开展与人才培养

"二普"工作结束后，我们初步了解了县境内文物的状况，根据我县文物以古遗址、古墓葬为主的特点，逐步将工作重点转向了田野考古调查、发掘，积极配合省文物考古研究所开展了10余项工作，并从中汲取了大量的田野考古工作经验和知识，进一步深化了对县境内文化遗存的认识，也为我所培养了田野考古方面的人才。

1990年12月12日，安徽省文物考古研究所韩立刚在腊树镇第一、二轮窑厂、雷埠窑厂调查发现旧石器时代遗址，该遗址处于我县皖河南岸的河流二级阶梯上，距今约20万年。

1991年11月，县文物管理所会同省文物考古研究所对合九（合肥—九江）铁路怀宁段沿线进行了文物调查。

1992年10月1日，经国家文物局批准立项，省考古研究所杨德标主任率专家一行3人和我县文物管理所及桐城、枞阳县文物专业人员共7人，对五横乡跑马墩遗址进行发掘，证实该遗址是长江中下游的商周时期文化，具有一定的考古价值[1]。

1994年8月15日，在省文物考古研究所指导下，县文物管理所对洪镇黄山村宋代石室墓进行抢救性发掘，出土文物12件，其中三级品2件，古钱币4斤[2]。

1994年10月21日，经国家文物局批准立项，省文物考古研究所专家韩立刚、方笃生带队，县文物管理所参加，发掘了腊树旧石器遗址，出土了大石器、细石器和新石器标本，颇具特色。同年11月7日还在方笃生指导下，抢救性清理了月山黄岭村轮窑厂燕形东汉古墓（早年被盗），出土文物1件。

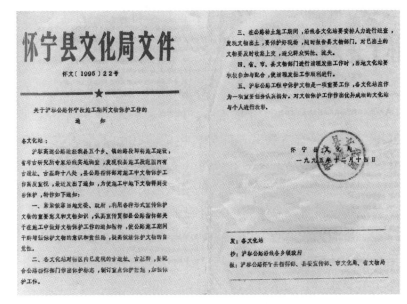

图一八 关于沪蓉公路怀宁段施工期间文物保护工作的通知

1995年7月，县文物管理所会同省文物考古研究所专家李广宁等2人，调查沪蓉（上海—成都）高速公路怀宁段沿线文物分布情况，又于1996年两次配合省文物部门逐一调查，发现18处文物点。

1996年12月，省文物考古研究所专家贾庆元等4人，率县文物管理所专业人员对沪蓉公路施工段的小市巴林山商周遗址[3]、公岭柏木冲小石器遗址进行发掘，其中的小石器遗存为安庆市内首次发现，县政府为做好施工期间的文物保护工作发出了《关于沪蓉公路怀宁段施工期间文物保护工作的通知》（图一八）。

1997年，本所专业人员对马庙宋墓、秀山清墓、清河宋墓进行抢救性清理，出土文物10件。

1998年10—11月，本所派1名专业人员参加了省文物局在含山凌家滩遗址举办的安徽省文物局主办的第一期田野考古培训班。

1998年12月，省文物考古研究所专家高一龙在县文物管理所的配合下，对沪蓉高速公路大龙山镇施工段的清代光绪十六年五品京卿方柏堂夫妇墓进行发掘，出土全套光绪版《柏堂集》，并对墓葬进行了迁葬。

1999年1月，省文物考古研究所专家韩立刚率县文物管理所人员，对沪蓉公路金拱镇施工段的前楼村油炸嘴旧石器遗址进行发掘，发掘面积100平方米，出土石制品3000余件。遗址距今约20至70万年，是怀宁已知最早的旧石器遗存。

2000——2002年，本所金晓春同志应安徽省文物考古研究所之邀前往三峡的云阳县晒经遗址进行考古发掘，断续历时12个月。由于三峡的考古工作是当时国内考古工作的一个大平台，集中了全国各地的考古人员，让不同的发掘理念和发掘方法、各种科技手段的运用在相互之间得到了广泛的

[1] 杨德标、金晓春、汪茂东《安徽怀宁跑马墩遗址发掘的主要收获》，《文物研究》第8辑，黄山书社，1993年。

[2] 汪茂东《怀宁县洪铺镇龙王嘴宋墓清理简报》，《文物研究》第12辑，黄山书社，1999年。

[3] 安徽省文物考古研究所《怀宁百林山遗址发掘简报》，《文物研究》第12辑，黄山书社，2000年。

交流，也促使我所在文物保护工作的思路和方法在日后得到了极大的改进。

2002年，我所完成了318国道拓宽工程沿线文物调查以及抢救清理工作。

虽然这期间我所的文物保护和考古调查、发掘工作取得了一些成果，但研究工作还是十分滞后，这主要是专业人员的业务素质和工作机遇以及政府部门的经费投入不能同步协调产生的后果。因此，随时做好借鸡生蛋的准备，把握一切机遇显得十分必要和迫切。

2003年，省文物考古研究所申请的2002年度国家文物局"全国文物保护科学和技术研究课题"——"薛家岗文化综合研究"得到批准，我们及时同课题负责人进行沟通，请求将怀宁的遗址纳入到这一课题研究的范围中。2004年至2005年，我们将主要精力全部投入到课题上，借助有限的课题经费、设备及省文物考古研究所专家的力量，将我县地下不可移动文物再次进行了复查，历时71天，全面完成调查工作，实际上是再次对全县古文化遗址又进行一轮复查，并率先在全省乃至全国将一个县域的不可移动文物点进行GPS定位，在全国文物系统GPS运用尚处于起步阶段的本世纪之初，一个县的不可移动文物就进行全面GPS定位，可以说是意识超前的。同时，我们还制作了电子版的全县文物分布图，将采集的标本整理、编号上架，并将全县古文化遗址根据地理环境和自然水系分为皖河流域和大沙河流域，分别进行资料整理、发表[1]。

经过这一项目的带动和促进，使本所的文物考古工作出现了前所未有之变化，工作热情空前高涨，专业人员的业务能力普遍得到提高，工作的开展更加得心应手，专业知识学习氛围日盛，由此形成了人员外派学习次数的增加和所际之间的频繁广泛交流。自此之后向省文物考古研究所在全省的各发掘工地派送学习人员达4人近10次，并派1人参加了2005年省文物局在霍山县戴家院遗址举办的第二期田野考古培训班。

自1998年以来，本所专业人员先后参与了本省含山凌家滩遗址、望江黄家堰遗址、安庆棋盘山遗址、沿江高速池州段、铜汤高速公路沿线考古发掘、霍山县戴家院遗址、淮南九里古墓群发掘、马鞍山市五担岗遗址、宣城麻村旧石器遗址、三峡的云阳晒经遗址以及本县内的孙家城遗址、金拱油炸嘴旧石器遗址等多个遗址或墓地的发掘，全面掌握了田野考古的调查、勘探、发掘各项技能。横向还同各兄弟单位之间互通有无，送己之长采己之短。因此，全所每一位专业人员都能独立工作，全面掌握田野考古的基本技能和简单的局域性研究工作。

业务能力的快速提高，得到省文物考古研究所专家和省文物局领导的认可及赞许，也得到了县委县政府的大力支持，专业能力跃升全省各县市文博单位的前列。在此前提下，所里的办公条件、资料收藏、书刊收集等都得到了明显的改善，并按文物的重要性及应用性分别建成了供本所专业人员学习研究和专家学者观摩的标本室、收藏重要文物的标准库房、面向社会展示本县文物特色的展览大厅，为更好地开展本县的文物保护工作打下了良好的基础，也为相关的研究工作提供了有力的保障。

近些年来，与怀宁文物相关的研究工作也在不断地进步，分别在《文物》、《中国钱币》、《文物研究》、《艺术市场》、《中国文物报》、《收藏》等国家和省级刊物上发表的文章达15篇之多。

[1] 金晓春《安徽怀宁县皖河流域先秦遗址调查报告》，《文物研究》第14辑，黄山书社，2005年。

三、第三次全国文物普查的开展

随着经济建设不断深入发展经济增长加快，国家综合实力提升，但对文物的损坏也在成正比进行。2007年国务院启动了建国以来第三次全国文物普查。自第三次全国文物普查工作开展以来，我县广大文物工作者认真贯彻落实《国务院关于开展第三次全国文物普查的通知》精神，在县委、县人民政府的正确领导下，在省、市文物普查办的直接指导下，积极行动，周密部署，团结协作，扎实推进。文物普查并非一项常态性工作，普通百姓对其知之不多，即使一些乡镇干部在认识上也存在着一定的偏差和误解，特别是近年来的经济大发展使整个社会对文物工作的意义逐渐淡化，认为其可有可无，可做可不做，这在无形中给我们开展工作带来了很大的阻力。如何开展好这项工作便成为首先要思考的内容。

（一）构建良好平台

在这种情况下，我们深刻地理解到，思想支配行动，态度决定措施，从而在一开始就明确了一个"中心"，在全县营造浓厚的舆论氛围，强化普查意识。为此，我们通过各种方式进行了行之有效的宣传，同时通过普查专业人员深入实地调查来带动和影响当地群众。

经费投入是此项工作顺利进行的先决条件。自怀宁县第三次全国文物普查工作启动以来，为了支持搞好文物普查，经过县委、县政府的大力支持，我县仅田野调查阶段即拨付普查经费34万元，第三次文物普查总计投入经费54万元。

（二）创建三项机制

在构建良好平台的同时，注重创建了三项工作机制：一是坚强有力的领导机制。二是快捷服务的协调机制。三是规范有序的运行机制。

至2009年9月，我县已基本完成第三次文物普查的野外工作，之后又进行了一次专题调查和查缺补漏工作，至2009年底全面完成野外工作及数据资料处理工作，共登记不可移动文物303处，其中复查186处，新发现117处；消失17处。

（三）引进方法技术

主要是区域系统调查方法和GIS技术两项。

区域系统调查：在普查基本结束后，我们又选择以孙家城遗址为中心的本县大沙河流域35余平方公里的区域开展了一次专题调查，运用了目前国内考古界刚刚发展起来的区域系统调查方法，对所涉范围进行了全面的拉网式调查，取得了良好的效果。

GIS技术：在野外工作结束后，我们制作全县的1：50000和大沙河流域的1：10000矢量化地图，结合较为先进的GIS（地理信息系统）技术，将全部调查资料纳入到GIS之中，为更深入的学术研究、更优质地服务社会提供良好的条件。

四、本书编写的缘起和意义

怀宁文物工作的正式开始是从1978年，人员由1人发展到现在的8人，办公面积由开始的12平方米发展到今天的750平方米，并且设有展览厅、文物库房、修复室、标本室、健身房等，基本上达到办公设备现代化和无纸化办公（彩版一）。怀宁先后经历了本县第一次文物普查、第二次全国文物普查及第三次全国文物普查。其中第二次全国文物普查后的二十年里又先后两次系统地对本县地上地下文物进行调查、复查。2005年，怀宁率先在全省乃至全国对全县的所有不可移动文物进行GPS定位，目的是将消失、即将消失及现存的不可移动文物进行历史性记录，以备将来研究之用。

第三次文物普查是国情国力调查的重要体现，是确保国家历史文化遗产安全的重要措施，是我国文化遗产保护的重要基础工作，不论在人力、财力、物力投入上都是历史上的空前，不但弥补了二普的不足，还在一定程度上扩大了普查登录内容，全面掌握不可移动文物的基本情况及其保存状态，将为准确判断文物保护形势、科学制定文物保护政策和中长期规划提供依据；为构建科学有效的文化遗产保护体系，落实国务院提出的2010年初步建立比较完备的我国文化遗产保护制度提供依据。对于培养锻炼文物保护队伍、提高我国文物保护管理整体水平、增强全民文化遗产保护意识、进一步继承和弘扬中华民族优秀传统、充分发挥文物在建设社会主义先进文化和构建和谐社会中的作用都有十分积极的意义；对于整合国土资源、促进国民经济全面、协调、可持续发展，具有十分重要的作用。

再好的资料如果深锁楼阁，将失去其意义，而如何将普查成果总结、推广，更是涉及能否有效地促进全社会对文物保护的关注和对文物资源的合理利用。有鉴于此，我们自普查开始便酝酿了如何将普查成果转化为全社会的共享资源，并将这一认识贯彻到普查实践中，从野外记录各项文字、图像资料到室内登录、整理，都做了充分准备。普查工作基本结束时，一本集资料和研究、集学术和普及为一体的"三普"成果专著便呼之欲出、水到渠成了。

这本书的撰写，一方面是对怀宁县文物工作的一次系统概括，另一方面也是将"三普"成果转化为现实需求的一次努力，同时也是基层文物部门对如何做好基层文物工作、如何提升业务水平的一次尝试。

第二章 “三普”工作介绍

第一节 行政措施

一、完善组织结构

为认真贯彻落实《国务院关于开展第三次全国文物普查的通知》（国发（2007）9号）及《安徽省人民政府转发国务院关于开展第三次全国文物普查的通知》（皖政（2007）55号）精神，怀宁县政府于2007年9月17日组织召开县长办公会议，成立了18个职能局参加的县普查领导小组，下设普查办公室（简称“三普办”），由分管县长任组长，文体局局长任办公室主任，县文物管理所长任副主任。各乡镇也成立了由分管副书记或副乡长任乡镇普查领导小组组长及村委主任或副主任作为协查员，组成了全县335人的普查员、协查员文物普查队伍。制定出台怀宁县第三次全国文物普查实施方案并组织实施。编制印发各成员单位的工作职责（图一九）。

下发了《关于开展第三次文物普查的通知》（政办秘（2007）109号）以及《关于上报第三次文

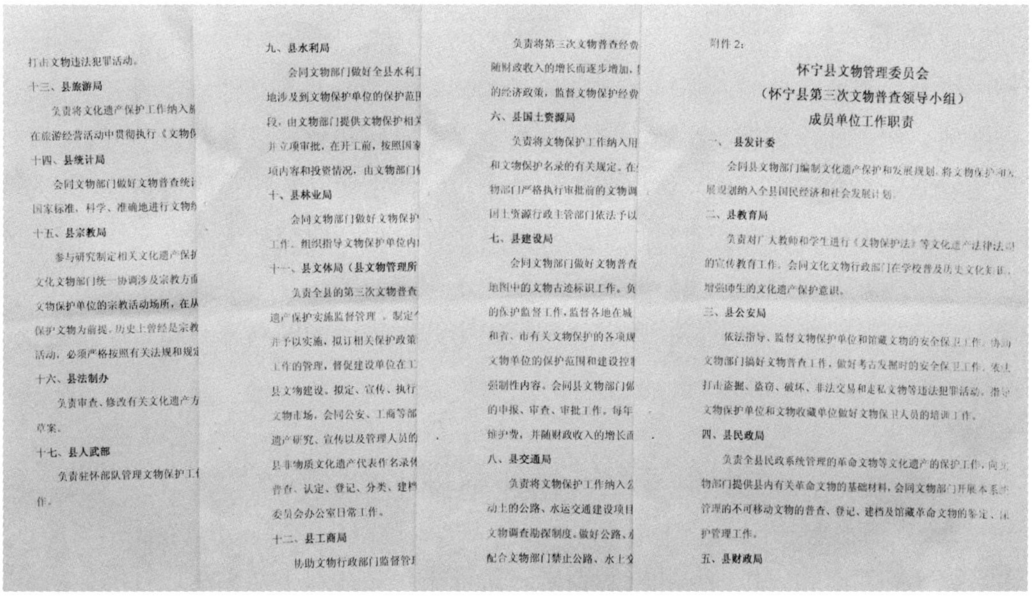

打击文物违法犯罪活动。
十三、县旅游局
负责将文化遗产保护工作纳入旅
在旅游经营活动中贯彻执行《文物保
十四、县统计局
会同文物部门做好文物普查统计
国家标准、科学、准确地进行文物统
十五、县宗教局
参与研究制定相关文化遗产保护
文化文物部门统一协调涉及宗教方面
文物保护单位的宗教活动场所，在从
保护文物为前提。历史上曾经是宗教
活动，必须严格按照有关法规和规定
十六、县法制办
负责审查、修改有关文化遗产方
草案。
十七、县人武部
负责驻怀部队管理文物保护工作
作。

九、县水利局
会同文物部门做好全县水利工
地涉及到文物保护单位的保护范围
段，由文物部门提供文物保护相关
并立项审批，在开工前，按照国家
项内容和投资情况，由文物部门依
十、县林业局
会同文物部门做好文物保护
工作。组织指导文物保护单位内
十一、县文体局（县文物管理所
负责全县的第三次文物普查
遗产保护实施监督管理。制定
并予以实施，拟订相关保护政策
工作的管理，督促建设单位在工
县文物建设。拟定、宣传、执行
文物市场，会同公安、工商等部
遗产研究、宣传以及管理人员的
县非物质文化遗产代表作名录体
普查、认定、登记、分类、建档
委员会办公室日常工作。
十二、县工商局
协助文物行政部门监督管理

负责将第三次文物普查经费
随财政收入的增长而逐步增加，
的经济政策，监督文物保护经费
六、县国土资源局
负责将文物保护工作纳入用
和文物保护名录的有关规定。在
物部门严格执行审批前的文物调
国土资源行政主管部门依法予以
七、县建设局
会同文物部门做好文物普查
地图中的文物古迹标识工作。负
的保护监督工作，监督各地在城
和省、市有关文物保护的各项规
文物单位的保护范围和建设控制
强制性内容。会同县文物部门做
的申报、审查、审批工作。每年
维护费，并随财政收入的增长而
八、县交通局
负责将文物保护工作纳入公
动上的公路、水运交通建设项目
文物调查勘探制度。做好公路、水
配合文物部门禁止公路、水上交

附件2：
怀宁县文物管理委员会
（怀宁县第三次文物普查领导小组）
成员单位工作职责
一、县发计委
会同县文物部门编制文化遗产保护和发展规划，将文物保护和发
展规划纳入全县国民经济和社会发展计划。
二、县教育局
负责对广大教师和学生进行《文物保护法》等文化遗产法律法规
的宣传教育工作。会同文化文物行政部门在学校普及历史文化知识，
增强师生的文化遗产保护意识。
三、县公安局
依法指导、监督文物保护单位和馆藏文物的安全保卫工作，协同
文物部门搞好文物普查工作，做好考古发掘时的安全保卫工作。依法
打击盗掘、盗窃、破坏、非法交易和走私文物等违法犯罪活动。指导
文物保护单位和文物收藏单位做好文物保卫人员的培训工作。
四、县民政局
负责全县民政系统管理的革命文物等文化遗产的保护工作，向文
物部门提供县内有关革命文物的基础材料，会同文物部门开展本系统
管理的不可移动文物的普查、登记、建档及馆藏革命文物的鉴定、保
护管理工作。
五、县财政局

图一九 “三普”成员单位工作职责

图二〇　关于开展第三次文物普查的通知

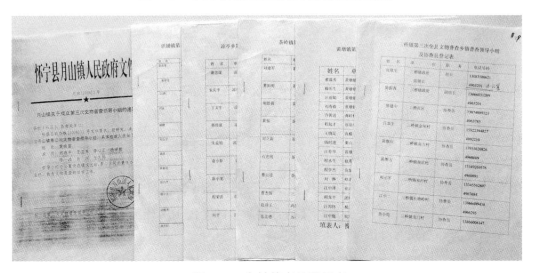

图二一　乡村普查员登记表

物普查领导小组及协查员名单的通知》（政办秘（2008）11号）两份文件，部署开展第三次文物普查工作，详细地介绍了此次普查的实施方案，目的意义、时间和要求以及普查的内容，办公室具体负责第三次文物普查日常工作。建立快捷服务的协调机制，主要是与相关职能单位建立了互通、互访、互动的工作联系制度，并在普查过程中多次召开工作会议，研究如何搞好文物普查工作；对普查工作进行细化分工，并将具体职责落实到人，形成了职责清晰、分工明确、条理清楚、推进有序的工作格局。建立了县、乡、村三级文物普查网络，为此次普查的顺利开展和有序推进提供了组织保障（图二〇、二一）。

二、构建基础平台

根据第三次文物普查的工作性质和职责要求，筑好平台是此项工作顺利进行的先决条件，而这个平台主要包括经费投入和设备添置两个方面。自怀宁县第三次全国文物普查工作启动以来，为了支持搞好文物普查，在县委、县政府的大力支持下，虽然财政紧张，但2007年度、2008年度、2009年度三年仍然拨付普查经费34万元（2007年度拨付普查启动经费3万元，2008年度拨付普查经费18万元，2009年度拨付普查经费13万元）；2008年省文物局还拨款2万元补贴；2010年拨款20万元。省、县财政四年共计拨款56万元。有了经费保障，我们添置了各种普查所需设备，除省"三普"办配发的GPS、便携式电脑、数码照相机外，又另行配置了足够的设备，满足了野外作业和室内资料处理工作的需要。

第二节 业务介绍

构建好平台仅是工作的第一步，关键还需要制订一整套的工作方案，提升业务水平，才能保证"三普"工作按质、按量完成。

一、确立调查原则

第三次全国文物普查涉及面广，专业性强，持续时间长。为了规范、有序、高质量地完成普查工作，县普查办制定了一系列与普查工作相关的规章制度，制定了翔实的《怀宁县第三次文物普查实施方案》和工作细则，订立《怀宁县第三次全国文物普查工作人员规章制度》、《怀宁县第三次全国文物普查保密规章制度》、《怀宁县第三次全国文物普查数据录入制度》。

1）统一领导，分级负责。普查工作由县人民政府统一领导，各镇乡人民政府负责本行政区域内的文物普查工作。

2）统筹规划，分步实施。此次文物普查涉及范围广、任务重、标准高，各镇乡要按照全县统一部署，结合本地的具体情况，制定普查工作计划，分阶段实施。

3）全面普查，突出重点。坚持普查和复核相结合，以普查新的不可移动文物为重点。尤其要加强对工业遗产、乡土建筑、

文化景观、文化路线、老字号、近现代优秀建筑和当代遗产的普查工作。对重点问题，要结合普查开展专项调查和课题研究。此次普查工作以镇乡为基本普查单元，以"处"为记录单元，按《第三次全国文物普查不可移动文物登记表》的有关要求，对不可移动文物进行全面登记。普查人员在填写《普查登记表》时，本着普查数据要真实、准确、详细的原则，运用所学到的文物专业知识以及对四周地形的观察，对采集标本的分析来认真填写《普查登记表》上的每一项内容，才能确保原始资料的完整。

普查要全面、深入、细致，行政村和自然村的入村普查率要达到100%，调查人员均徒步全县1500多平方公里山山水水，按照国家"三普办"技术要求，重要区域采用密集调查方法。

4）科学普查，提高质量。采用传统调查方法与现代科学技术相结合的办法，加大文物普查的科技投入，增强文物普查的科技含量，提高普查质量。

5）严格标准，规范操作。严格按照国家统一制定的普查规范及标准进行，提高文物普查的时效性和相关标本、数据采集的真实性、完整性。

二、控制调查进度

调查进度直接影响到调查工作的完成情况，也影响到调查成果的质量，即不能过快也不能过慢，因此在调查之初我们确定了合适的普查时间表。根据国家"三普"办的统一部署，我县此次普查从2007年4月开始，到2011年12月结束，分三个阶段进行。普查标准时点为2007年9月30日（彩版二，1）。

第一阶段：2007年4月至9月。

主要任务：一是制订方案，广泛动员。制定《怀宁县第三次全国文物普查实施方案》，召开怀宁县第三次全国文物普查工作动员会，安排部署全县的文物普查工作。各镇乡于2007年10月20日前将本镇乡领导人员名单和普查工作计划报县领导小组办公室备案。二是组建队伍，开展培训。在组织参加省市统一培训的基础上，采取"以查代训"、实地采样记录示范等多种形式，分期、分批开展基层普查人员的技术培训，统一普查技术标准，丰富普查知识技能。确保专业技术人员到位，并积极争取社会力量积极参与文物普查。三是根据国家、省相关规范、标准，结合我县实际，编印《怀宁县第三次全国文物普查工作手册》。

第二阶段：2007年11月至2009年12月。

主要任务是以镇乡为单元展开文物实地调查：一是田野调查。普查队深入到镇乡社区、厂矿企业、乡镇自然村等认真调查，根据《第三次全国文物普查不可移动文物认定标准》，对发现的具有历史、艺术、科学价值的不可移动文物进行认定。二是信息采集。各普查队按照《第三次全国文物普查不可移动文物信息采集规范》，对不可移动文物进行现场测量、标本采集、绘图、拍照、录像等，尽可能全面地采集不可移动文物的相关信息。三是资料录入。普查队按照《第三次全国文物普查信息管理系统》的要求，及时将采集到的资料进行整理、录入，并负责核定审查，确保资料的真实性和完整性。四是抽查复核。在文物普查的各个阶段、各个环节，县领导小组办公室要组织专业人员对普查数据和相关资料进行审查，保证普查原始数据和资料的真实性。

1）2007年度调查工作计划

11月1日至12月全县文物普查工作开始，完成高河镇和金拱镇的普查任务。

2）2008年度调查工作计划

完成马庙、茶岭、凉亭、月山、石镜、公岭、秀山、三桥、小市镇乡普查任务。

3）2009年踏查工作计划

完成洪镇、江镇、平山、黄墩、清河、黄龙、石牌、腊树、雷埠镇乡普查任务。

4）2010年度工作计划

1月—10月　室内进行资料整理、汇总，对部分重点区域文物进行区域性调查。

10月—12月　完成数据库建设。

第三阶段：2011年1月至2011年12月

5）2011年度工作计划

1月—7月 城建部门会同县文化部门对重点文物进行测绘。

8月—11月 对流散在民间的重要文物进行征集。

12月 举办怀宁县第三次文物普查重要成果汇报展，公布普查成果，表彰在普查中作出重要贡献的集体和个人。

这一阶段主要任务是整理汇总普查资料，建设数据库，公布普查成果。一是汇总、验收数据和资料。普查领导小组办公室对普查数据和相关资料整理、汇总、审核和相关资料进行整理、汇总和报省第三次全国文物普查领导小组办公室。二是形成普查成果。建立不可移动文物编码系统、不可移动文物分布电子地图系统、不可移动文物信息管理系统、第三次全国文物普查档案；公布怀宁县第三次全国文物普查不可移动文物名录；编制怀宁县第三次全国文物普查工作报告。

三、细化工作流程

为了更好地搞好此次普查工作，使工作程序上有章可行，减少工作中的失误，我们结合以前历次普查的经验，根据此次普查的规范要求，借用企业管理工作模式制定了一套普查工作流程图，让每位普查员按流程做好自己的数据保护工作。流程分为四大部分（图二二）：

（一）前期准备阶段

首先确定调查区域，查阅本县历史记载、县志，查找可用资料；召开被调查区域干部群众座谈会，走访当地大的家族，查阅家谱，寻找有价值的线索；访谈当地干部群众。普查组下乡镇前，提前通知所要普查的乡镇普查领导小组，组织热心文物工作的老干部、老教师以及参加过第一次或第二次全国文物普查的老前辈们召开文物新线索座谈会，完成文物新线索调查摸底工作。做到心中有数．到村里后，以村民组为单位，找常年从事农业生产的老年人座谈，在座谈过程中我们携带采集的标本，让他们看，用启发式的谈话使他们回忆生产劳动中的所见所闻（所谓启发式谈话，就是我

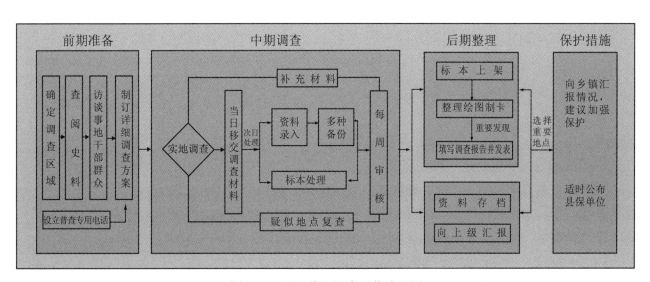

图二二 "三普"调查工作流程图

们用传说中名词和地名，如风水宝地、活地、经常遇鬼地、夜间出火地及某某城、某某墩、某某樟等），在谈话中寻找线索，不放过每一个可疑的地方，然后制定详细的调查方案，并设立普查专用电话方便了群众为我们提供新线索（彩版二，5）。

（二）中期调查阶段

中期阶段实际上是普查的主要阶段，也是普查关键性阶段，实地踏查工作完成的好坏，直接影响普查数据、成果的质量，因此制定详细调查方法极为重要。野外普查组当天采集的数据在无特殊情况下必须当日移交调查材料，这样可以免去资料积压和混淆、错乱甚至丢失。室内整理组次日进行资料录入和多种备份，处理标本最后每周审核，在审核过程中发现问题和资料不足进行补充，对疑似地点提出复查。

（三）后期整理阶段

首先将标本陈列上架，整理绘图制卡，对重要发现撰写报告和发表，普查资料归总存档和向上级报送资料，汇报普查成果。

（四）相应保护措施

向乡镇通报普查情况，对不可移动文物点提出加强保护的建议，协助做好重要文物点的保护措施和方案。及时报请县人民政府将重要不可移动文物公布为重点文物保护单位。

四、具体工作方法

（一）培训普查骨干力量

普查工作主要是以县文物管理所工作人员为核心，乡镇村协查员为有力支持的普查模式，对普查队员进行各类与普查相关的培训，除参加省市统一培训外，我们还专门从安徽省考古研究所请来宫希成、朔知二位资深专家进行田野考古专业知识讲座和实地调查指导，利用采集的标本识别遗址的属性和年代，判断它们在区域中的位置关系和属性。我们还将近年来刚兴起的地震考古也放入培训内容，对遗址的一切信息进行全方位的采集。

摄影摄像工作就目前社会进步而言已不是什么问题，但如何搞好普查摄影摄像工作，提高"三普"影像资料品质还是一个问题，也是普查工作中的一个重点。因此，我们专门聘请了本县具有一定影响力的摄影人员进行专业讲座，再结合文物普查对影像的要求进行综合研讨，提高"三普"影像的质量。

高科技的发展、先进设备的运用是这次"三普"又一支生力军，绘图、文档软件的使用在这次普查中定当发挥重要作用。为此，聘请本县电脑软件使用专家进行全方位的授课，让普查队们全方位地掌握使用电子文档、电子表格、Adobe Photoshop CS4等电脑办公软件，提高工作效率和"三普"档案的质量，确保高质量高标准地完成资料整理任务。

对乡村协查员进行简单的文物调查知识培训。怀宁县有20个乡镇，241个行政村和社委会，共计335名协查员，由于协查员为基层工作人员，对文物普查业务不熟练，我们有针对性地对他们进行培训。主要方法是采取现场边查边训，以查代训的培训模式，如：如何去观察地形，如何去辨认陶片等。使他们在最短的时间内掌握基本的文物普查知识，为普查队提供线索。

（二）制定详细工作方法

第三次文物普查工作对于我们来说，既是机遇也是挑战，既是动力也是压力。为此，我们制定了详细的普查方法，做到宏观模式与微观手段的有机结合，详细的普查方案方法是关系到普查成败的关建，周密的方案正确的方法是确保普查能否顺利高质量完成的试金石。根据怀宁县的地理环境风貌制定一系列的方式方法和具体要求。

1. 宏观确定普查模式

为确保我县文物普查质量，根据实际情况，制定野外普查方法，形成"以普查小组技术骨干为核心，以各乡镇、村协查人员为有力支持"的普查模式，发挥专业人员技能，高质量严要求地组织实施野外普查。

2. 微观细化调查方法

因地制宜，不拘一格，针对不同地貌制定不同调查方法。踏查工作是这次普查的主要任务。要求我们对境内每一寸土地都不要遗漏，这项工作说起来轻松，实施起来相当困难，难度极大，我县境内多为低山，丘陵，岗地，平原，湖泊区，地形多样，要想实行间隔50至100米一人的拉网式调查是不可能实现的。因此，我们灵活运用，针对不同的地形特点制定不同的普查方法，如低山区的方法（重点放在河床的二、三级台地上以及河流的沿线）、平原区的方法（局部运用近似拉网式的踏查），采取局部拉网与重点调查相结合的方式。

3. 疑似地点重点排查

力争不遗漏每个地点，使踏查覆盖率达到100%。排查方法：复查、勘探。

4. 全面摄影摄像记录

资料收集是普查最重要的工作之一，除按照普查要求记录外，我们还特别强调全面的摄像记录，可以更直观、真实、长久地反映不可移动文物的特征、全貌以及周边环境。每个地点都要全方位的拍摄图片，从远景到近景及局部，特别强调还要拍摄1至2分钟的环境实景录像资料，以更直观的方式记录文物点周边环境以及文物点的现状等（彩版二，3）。

5. 分工明确责任到人

普查工作主要是以县文物管理所人员为核心，根据单位人员情况，将普查人员分为两个小组：野外普查组和室内整理组，根据男女身体的差别，安排男同志负责野外踏查，女同志负责室内资料输入，职责落实到人各司其责。

细化普查小组成员的分工，野外普查组要求至少4人：文字撰写1人，要求有一定的文字水平，主要工作是做好现场调查，填写《普查登记表》，做好文物点相关纪录。摄影摄像1人，要求有一定的摄影摄像水平，主要工作是拍摄文物点全景、精美部分、标志牌及文物点内包含的单体文物若干张、保存照片电子文档（每张照片注明文物点名称、拍摄位置、摄影者、时间）和协助测量、采集标本；绘图1人：要求有一定的绘图水平，主要工作是测方位、绘平面和位置图（明确比例尺）、协助采集标本。GPS测量、采集标本1人：要求有一定的野外普查知识，主要工作是利用GPS测量和计算分布面积（占地面积）、建筑占地面积、保护范围和建设控制地带面积和进行卫星定位，以及在古遗址上进行标本采集。室内电脑输入以及整理资料3人，要求熟练操作电脑，主要工作是每天把野外普查组在野外的普查资料和数据及时输入到电脑，包括《普查表》、附件资料、扫描地理位置图、平面图、传输数据以及原始资料扫描等。一人登录，一人校正，一人复验（彩版二，2、4）。

6.资料处理　程序规范

野外普查每天的第一手资料数量很大，如不及时处理，就会造成积压，最后会产生混淆、错乱甚至丢失。在调查之初我们即制定了文字、图像、数据资料和采集实物资料的处理原则，确保野外获取的资料不错乱、不丢失。

（1）资料处理原则是"当天处理，每周审核，多种备份"。

a.当天处理。调查当天回所后，室内整理人员当天晚上就要把在野外采集的数据导入电脑，包括GPS采集数据、照片、录像等电子资料，并对纸质文本进行扫描保存。我们此项工作如无特殊情况决不过夜（彩版三，6）。

b.每周审核。输入电脑的信息会存在一些错误，每个星期我们根据扫描的纸质文本对全部内容进行复核，检查无误后，再正式保存。对现场登录的纸质文本进行扫描保存，是保证现场登录的文本不再重复使用过程中人为损毁，是原始资料保存的最佳方法。

c.多种备份。备份方式分为纸质文本和电子文本。均按照田野考古档案分类保管方法进行。多种备份可以对普查档案进行校验，最大的作用是防止普查档案的丢失。

纸质、电子文本的保存均分两种：一是野外现场登记和记录的作为原始文本保存，不加任何改动和编辑。二是向上报送的正式文本另外保存一套。电子文本中我们还创造性地将文物点及其周边环境的摄像插入到文档中，可以直接打开，增加了可视性和直观性（彩版三，5）。

电子文本保存方法：考虑到电子产品的易损和不可见性，全部电子文本我们均采取三种保存方式：分别为电脑自身保存、移动硬盘保存、刻DVD光盘保存。在具体措施上，我们专门配备一个320G的

图二三　分袋包装填写标签

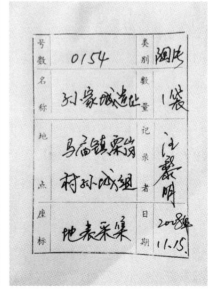

图二四　采集遗物标签

移动硬盘作为"三普"资料保存载体。所有资料为安全起见，光盘保存采用可打印彩色盘面，将内容标题直接打印在盘面上，以利查找和安全的存放（彩版三，8）。

（2）采集标本的处理原则是"分袋包装，标签清楚，及时整理，编号上架"。我们对野外普查所采集的标本的处理方法是：

a.均在普查现场分袋包装，认真、详细的填写标签（图二三、二四）；

b.回室内及时清洗整理，并对标本进行拍照存档；

c.在标本室内制作了标本架，及时把在野外普查标本编号上架、绘图。这样便于我们对标本的查阅。

d.对在普查中好的标本，整理出来后争取在相关的刊物上发表。对我县的文物普查成果进行宣传。

7.重要地点 及时保护

第三次文物普查动用了巨大的人力 财力物力，是中国文物发展史上的壮举，如果不充分地保护利用将失去其普查的意义，发现不及时保护等于没有发现，重要文物点，我们按其价值率先在全国申报公布一批县级重点文物保护单位。2008年8月份怀宁县人民政府公布"三普"调查后的第一批县级重点文物保护单位，共计5处（即历史文物类——马庙城河遗址，古建类——马庙程家新屋堂屋，故居类——麦地诗人海子故居，革命文物类——郝氏宗祠和石牌潘氏宗祠）（图二五）。

图二五 关于公布怀宁县第八批"县保"单位名单的通知

（三）完善后勤保障

1.购置设备 保障运转

高科技的设备将带来高质量的产出，先进的技术设备是"三普"高质量完成的关键。除省里配发的数码相机、GPS、笔记本电脑外、我们又投入4.2万元添置了普查所需的扫描仪、传真机、彩色打印机、数码摄像机、投影仪、移动硬盘、高精度远距离测距仪、电脑等电子设备。另外我们又为每位普查组队员配备了一套野外普查工具，包括手铲、皮尺、文具、罗盘等（彩版三，4，7）。

2.以人为本 排忧解难

野外普查早出晚归，条件艰苦，天气地形复杂多变，为此我们特意租借车辆作为普查专用车，早出晚归，偏远地区普查要求普查队员住在当地，故普查队员长期无法照顾家庭，同时身体也可能出现各种意外，要想搞好这次普查工作，没有坚强的后勤保障是很难的，往往出现走过场、出勤不出力的情况。因此，我们坚持"以人为本"的理念，从不起眼的细节、小事做起，关心普查队员，以使工作百分之百的按要求来做好。具体有三点：

（1）配备必要设备用品。我们对每位普查员配备设备有：帽、墨镜、服装、雨衣、伞、鞋、水壶、工作包，以及野外应急用的外伤药、常用药等。

（2）购买意外伤害保险。针对野外可能发生的意外情况，我们为每位普查队员买了一份意外伤害保险，解决了他们的后顾之忧，使每位普查队员都能安心的投入到普查工作中去。

（3）照顾队员家庭困难。做好普查人员的家庭思想工作，并拿出实际行动解决后顾之忧。家庭急事帮忙、家庭困难扶助等。如普查员小汪夫妻二人带一小孩，小孩上幼儿园，妻子为商场配货员也是早出晚归，一天他妻子生病，小孩无法接送，我们派人送其妻子上医院，派人接送小孩，并安排好生活等，于细微之处见精神。

为普查队员购保险、及时公布县级保护单位乃是我们在全省之首举。

（四）引入先进方法技术

如何将普查与学术研究和后期利用结合，提高普查成果的利用程度和效率，使普查成果真正做到为国家制定政策服务，为学术研究服务，为社会利用服务，是"三普"工作后期需要解决的一个问题。我们在普查伊始，便意识到先进的方法和技术将会有效地解决这一问题，因此，积极拓展思路，咨询专家，探索切实可行的方式，最终将区域系统调查方法和GIS技术引入到"三普"调查之中，取得了较好的效果。

区域系统调查：由于野外调查实际上并不能走遍每一片土地，怎样验证调查的效果和资料的准确性、常规普查的遗漏率有多大、在什么情况下最易遗漏等等是摆在面前的一个重要问题。因此，在普查基本结束后，我们又选择以孙家城遗址为中心的本县大沙河流域约35平方公里的区域开展了一次专题调查。专题调查在省"三普办"的大力支持和省文物考古研究所专家的指导下，运用了目前国内考古界刚刚发展起来的区域系统调查方法，以30～50米间距对所涉范围进行了全面的拉网式调查，在信息收集、标本采集等各方面严格按照系统调查的要求，真正做到了系统性。通过这次区域系统调查，我们不仅学习了一项新的田野工作方法，还对常规调查的效果和资料准确性进行了验证，同时了解了可能出现的遗漏率，并总结了易遗漏文物点的地形地貌特征和遗漏原因，为后期的查漏补缺提供了科学依据。

GIS（地理信息系统）技术：这项源自于地理学的技术引入国内考古界只不过数年时间，刚刚兴起的这项新技术大多数情况下还只是在国内大型的考古研究机构或相关高等院校中少量使用。虽然我们只是最基层的县级文博单位，但调查资料将来如何更便捷地运用，也是我们一直思考的问题。在野外工作结束后，我们便咨询有关专家，迅速制作了本县1：50000的矢量化地图，结合较为先进的GIS技术，运用Arcview和AutoCAD等软件将全部调查资料的各项信息均纳入到GIS之中，形成了即查即用、快捷高效的系统，为更深入的学术研究、更优质地服务社会提供了良好的条件。

第三节 社会宣传

由于文物普查并非一项常态性工作，多数干部群众并不十分理解这一工作。为使普查工作能够

图二六 张贴宣传海报

顺利开展，我们从一开始就明确了一个"中心"，即必须尽快在全县上下营造浓厚的舆论氛围，强化普查意识。为此，我们通过张贴标语、召开动员大会、电视台播报普查知识、报纸刊登文物普查宣传文章、编印文物普查简报等方式进行行之有效的宣传（图二六），使全县上下各级单位领导以及社会人士深入了解文物普查工作的主要内容以及实施文物普查工作的重大意义，使广大干部群众积极自发地加入到文物普查队伍中来。在普查过程中，还多次召开工作会议，研究如何搞好文物普查工作。此外，为了沟通信息，加强合作，县普查办不定期编印《怀宁县文物普查工作简报》，介绍我县的普查成果以及在普查过程中涌现出来的先进事迹（图二七）。因此，文物普查工作得到各新闻媒体的广泛关注，通过大量深入持久的新闻报道，在全社会形成了重视和关心文物保护工作的良好氛围。特别是2008年10月，中央电视台等14家主流媒体组成的"三普"新闻采访团到我县采访普查工作（彩版三，1～3），在我县引起了强烈反响，极大地增强了多数群众保护文物的意识，甚至有不少市民自发加入到文物保护工作中来，纷纷主动报料，踊跃提供线索。普查专业人员深入实地调查，也带动和影响了当地群众，帮助他们提高辨别文物的能力及保护文物的意识。从这个意义上说，本次普查工作既全面摸清了我县文物的家底，也是对文物工作的全面宣传和广泛普及，社会成效相当显著。

图二七 印发普查简报

在国家、省"三普"办和县政府及其他部门的大力支持下，经过艰苦的工作，第三次普查工作得以顺利完成，在安徽省率先完成"三普"野外调查工作，并于2009年9月9日在怀宁县政府会展中心举行了怀宁县"三普"第二阶段成果验收会，受到国家和省"三普办"领导的高度赞扬。怀宁县"三普"队并获得了"第三次全国文物普查办公室'三普'实地调查阶段先进集体"荣誉称号（彩版五六，1、2）。

在第三次普查工作中，新发现了不少的文物遗迹，其中一些具有较高的历史、科学和艺术价值，常见有祠堂、庙宇、墓葬、民居、桥梁、井泉、碑刻等，还发现了一批近现代民族旧址、清代水利工程旧址、革命先烈墓地，极大地填补了我县这方面的文物资源空白，这使得我们更加明晰了此次文物普查的"重心"，并且认为至少在五个方面取得了丰硕成果：

1）不仅准确掌握了我县第二次全国文物普查和历年以来复查的不可移动文物的实际变化情况，而且还根据第三次全国文物普查的认定标准，将新的文化遗产品类纳入普查范围，予以认定登记，扩大文物保护工作范畴，这对促进我县文物保护事业具有十分重要的作用。

2）过去一些没有认识到的宝贵资源现在逐步凸显其重要性，人们对文物保护的认识不断深化，文物的内容不断丰富发展，乡土建筑、工业遗产、文化景观、文化线路、老字号等都已列为文物保护的重要组成部分。

3）提高了各级党委、政府和社会公众的文物保护意识，深入宣传了文物保护事业和国家文物保护政策，有力地促进了文物保护事业的发展。

4）掌握了第一手文物数据和资料，同时摸清了我县的文物家底，为科学制定文物事业保护发展规划和政策提供了重要的、科学的、翔实的、全面的基础数据，有利于做好文物保护、管理、利用和研究工作。

5）为社会公众提供了最新的文物信息，引导社会各界关注文物保护事业，支持文物保护事业的发展。

尽管我们目前已经取得了一些丰硕成果，但是随着文物普查的深入开展，一些相关问题也逐渐暴露出来：一是新发现文物的保护问题。普查过程中，普遍存在新发现文物保存情况不理想的现象，保护工作亟待加强；尤其是新发现的属于私人所有的文物点，由于缺乏相关政策依据，存在前边普查，后边拆掉的现象，保护现状堪忧。二是村民违规修缮古建，擅自改变文物原状的问题。由于多数村民不懂文物保护"修旧如旧"的原则，维修古庙时找的施工单位大多没有古建施工资质，将原本具有一定历史、科学及艺术价值的庙宇，建成了崭新的但已不属于文物范畴的现代仿古建筑，令人痛心。三是城乡建设过程中，只顾经济利益而不管不顾保护文化遗产的问题，等等。这些都需要我们在今后的工作中逐步加以解决。

第三章 "三普"调查成果

第一节 概述

一、怀宁文物概况

通过以往的考古工作和本次"三普"调查表明：远在亿万年以前，古脊椎动物和哺乳动物就在怀宁的土地上生存发展。上世纪七十年代在小市镇毛安村山坡上红土层中的龟化石为迄今已经发现的最早的新种龟类，把人们带回到距今7000万年的古生物世界；1987年石门湖畔的月山镇洞山石灰岩洞穴中发现的两个个体犀牛化石，初步鉴定为大约在10万年前，联系到上世纪六十年代海口镇长江中打捞出的象下颚化石，为人们揭示了10余万年前怀宁大地气候炎热、森林沼泽遍布、大型古生物出没的美丽的风光。这些发现也为研究长江中下游以至江淮地区古气候、古地理、古生物提供了重要的资料。

1990年在石牌、腊树窑厂调查发现的旧石器遗址，地层中大量河卵石打制成的砍砸器和石核，证明皖河沿岸大约20万年前就有古人类生存。而文物普查发现的一大批新石器时代遗址，则揭示了氏族社会时期怀宁的先民生息繁衍的繁盛景象和怀宁古代文化面貌。

怀宁的新石器时代遗址数量较多，绝大部分分布在皖河和大沙河沿岸。皖河流域新石器时代的文化面貌现在已经比较清楚，是以薛家岗文化和张四墩类型为主的前后相续的文化。大沙河沿岸自育儿村以东约20公里至金拱镇的王山，面貌与皖河两岸大体相同，孙家城遗址更是以同时包含早于薛家岗文化的孙家城一、二期文化、薛家岗文化、晚于薛家岗文化的张四墩类型而建立了整个皖西南新石器时代的文化标尺，距今4500年左右的城墙更突显了这一遗址的重要性。

怀宁的夏商周时期遗址是遗址类数量最多的，特征比较一致，绝大多数均为墩形，面积不大，出土遗物十分丰富。其中黄龙商周遗址出土的商代青铜插，制作精美，表明商代的青铜文化在我县已经发展起来。

据文献记载，春秋时代，怀宁属于群舒范围，或为桐地。1982年金拱镇大沙河岸边的杨家牌春秋墓葬出土的青铜礼器，铸造精美，纹饰细致，有中原青铜文化的共性，又有江淮地区细腻的风格，与六安、舒城等地有相同的面貌，表现了群舒青铜文化的特色。这批铜器的组合为三鼎一匜、一缶、一盉，是为士大夫阶层使用的礼器，反映了怀宁北部当时有一定的政治势力，是否涉及当时皖、桐方国的政治中心，随地下文物不断发现，将可揭开这个千古之谜。

战国时期的遗存，自1988年以来已经有所发现，小市张坂禅师和龙泉南山相继出土了战国青铜兵器戈、矛、剑，特别是龙泉南山一处出土兵器近10件，推测清水河畔的山冈两千多年前可能是列国战争的兵争之地。

两汉至六朝时期，从已经发现的遗迹和出土文物看，西汉时期的遗存数量少，典型西汉遗迹只是在独秀山北麓观铺水泥厂发现的西汉土坑墓和出土的一些铜镜、铜釜和壶。东汉及六朝时期的砖室墓则遍及全县各地，以三祝乡油坊村、高丰村最为密集，这里与潜山接壤，这样的大批墓葬应与当时皖县的中心有一定联系。据文献记载石潭渡口（今清河乡石潭村）为六朝时期的齐梁国界，调查发现的石潭渡口岗地上大片汉六朝墓群，随着考古发现或可作为这段历史的佐证。

汉末《孔雀东南飞》史诗的产生地小吏港（今小市镇）遗迹多为民间传说，尚未发现实物资料。已被拆毁的孔雀台尚有遗址。

怀宁县地下矿藏资源丰富，冶塘湖畔和独秀山下的陈家新屋两处冶铁遗址，都具有相当的规模。特别是冶塘冶铁遗址范围近两平方公里。湖畔尚有铁铺岭之名（今属杨山村）。铁铺岭下汪祠有一大片汉唐墓群，应与当时的发达冶铁业有关。根据采集的铁器和青砖标本，冶塘湖冶铁业兴于汉代无疑，下限时代尚无资料判断。《汉书·地理志》载"皖有铁官"，怀宁汉属皖县，治今潜山，怀宁县设铁官当是主要管理怀宁境内的冶铁业。

石牌镇所在地是一片冲积沙洲，但西部的山冈从麻塘湖畔的朱山嘴到邬家庄一带岗地（今名官山）自几千年前新石器时代以至六朝时期均为一处繁荣地带。朱山嘴新石器时代遗址面积约3—4万平方米，延续至商周时期。向北的邬家庄有一片陶窑残存，有窑具、陶器，从纹饰和面瓦看来，是为汉代遗物。官山上原织布厂一带是六朝——唐代墓群，已经出土数十件青瓷壶、罐、碗。

东晋以下迄至宋元时代，已经发现的遗存多为零星或者小规模聚集的墓葬，尚无文字记述或反映重大历史问题的文物发现，但唐宋墓葬中也发现一些稀世珍宝，雷埠乡永发村出土的唐人马球图铜镜为全国所仅见的3件之一；该乡郝山村宋墓出土的北宋白瓷人形注子是为目前罕见的国宝。至于北宋初年宋兵以浮梁过江，练兵于石牌的遗迹仍未有发现。

怀宁县为戏曲之乡，青阳腔、弋阳腔在怀宁形成徽剧，黄梅戏也在本县形成和发展。洪镇的金鸡戏神碑是研究戏曲发展史的重要资料。陈寅生所著《皖优谱》记录了怀宁明清以来戏剧名伶百余人。皖河乡杨家墩的《王氏宗谱》和小市的《夏氏宗谱》是考证杨月楼、夏月润等重要戏曲人物的重要史料，但曾分布在全县各地的戏台包括祠堂内的戏楼、民间土台，惜已破坏无存。

历史遗迹也记录了怀宁在近现代史上光辉的篇章。石牌作为太平天国时期安庆外围的战略要地，太平军在石牌猫山筑城与清兵进行了浴血奋战，城壕遗址已为县级重点文物保护单位，当年太平军抗击清兵的铁炮弹已作为重要文物收藏。另外在县内也有大量的新民主主义革命时期的遗迹和烈士墓。这些遗址向人们展示了中国共产党在怀宁领导的斗争历程。

二、"三普"成果概述

截止到2009年底，我县第三次全国文物普查野外实地踏查共登记不可移动文物点303处，消失不可移动文物点17处。在登记的不可移动文物点中复查186处，新发现117处。

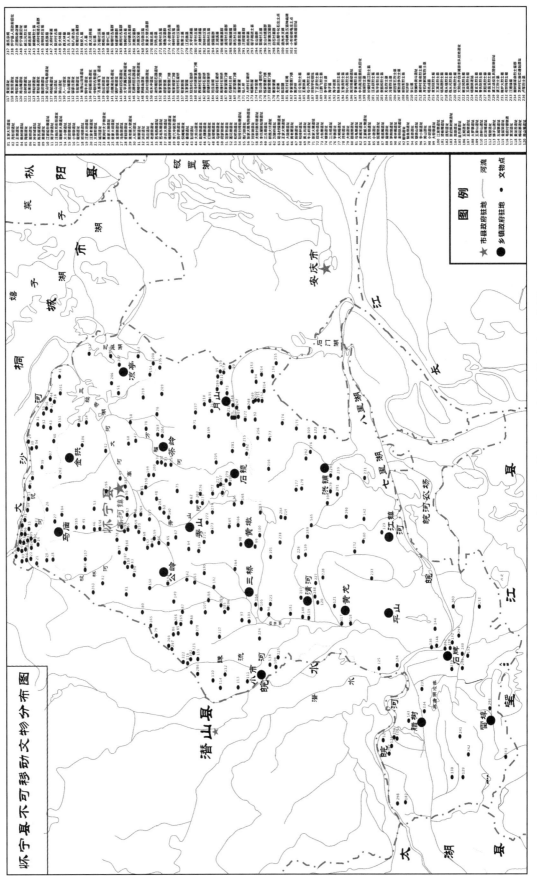

图三八 怀宁县 "三普" 不可移动文物分布示意图

其中古遗址151处（新发现28处、复查123处、消失10处）；古墓葬55处（新发现11处、复查44处、消失6处）；古建筑32处（新发现23处、复查9处、消失1处）；石窟寺及石刻2处（复查2处）；近现代文物60处（新发现55处、复查5处）；其他类3处（复查3处）（图二八）。

年代包括古新世中期（1处）、旧石器时代（5处）、新石器时代（27处）、新石器-商周（13处）、商周（93处）、春秋战国时期（1处）、春秋-汉（1处）、汉代

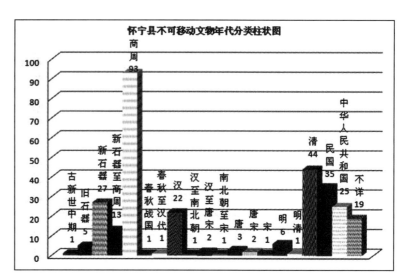

图二九　怀宁县不可移动文物年代分类统计图

（22）、汉-唐宋（2处）、汉-南北朝（1处）、唐（3处）、唐-宋（2处）、南北朝-宋（1处）、宋（1处）、明（6处）、明-清（1处）、清（44处）、中华民国（35处）、中华人民共和国（25处）、年代不详（19处）（图二九；附表一）。

古遗址类：

数量众多，占文物点总数的50%左右，总数位居皖西南地区前列，以先秦遗址占绝对多数，包括5处旧石器遗址、27处新石器遗址、13处新石器-商周遗址、93处商周遗址，其他遗址数量较少。

古墓葬类：

时代性强，大型墓葬少见。多分布于低山、丘陵地区。主要以汉——六朝、唐宋、明清墓为主。墓群以汉至六朝为多，每个墓群的墓葬数量较多，多分布于偏远的丘陵岗地，其所在地较偏僻，汉墓中还发现了在南方少见的画像石墓。两宋墓葬成群分布的较少，即便成群也是墓葬数量较少，且多分布在现有村落附近，以石板砌筑的墓室最具特点。明清两代本地文风较盛，家族墓地较多，墓葬主要分布于村民组的四周。

古建筑类：

数量较少，以桥梁和祠堂为主，民居少见，但大部分古建筑上的石刻、碑刻、砖雕保存较好。由于我县多为低矮丘陵岗地，河流众多，石筑桥梁的建造较多，且较易于保存下来。桥梁主要位于田地间小河流之上以及古道的必经之路，不少桥上独轮车迹清晰可见。房屋建筑类因拆建频繁，保存较少，现有的以祠堂为主，盖因本地农村多聚族而居，一村多为一姓，如现地名中大多数都以"张家大屋"、"李家嘴"等为名，每个村庄因此建有本家祠堂，作为一村祭祀、议事之地，因而得以保留，这些祠堂基本位于村民组内。

石窟寺及石刻类：

数量极少，仅有的2处都为碑刻，内涵较为贫乏。主要位于洪铺镇内。当地文风盛行，人文历史悠久，清代地方戏曲也较为盛行。此类文物所在的地势都较平坦，四周均为农田，地处圩畈地区，交通较为便利。

近现代重要史迹及代表性建筑类：

怀宁县人民具有光荣革命斗争传统。诸如民国19年（1930年）操球领导的"高河暴动"、百子山抗日游击根据地的革命斗争、民国38年（1949年）3月支援渡江战役等等。在以上历次革命斗争中，发生了许多可歌可泣的英雄事迹，涌现出一大批为了革命的胜利而牺牲的先烈们。所以我县"三普"中的此类文物点中烈士墓所占比例较大，革命旧址次之。烈士墓大部分所在地的地势较高，呈缓坡状，俯视感强。革命旧址基本上位于村镇及村民组内，交通便利，四周为民房、街道以及商埠，经济较为发达。

其他文物类：

此次普查中所占比例极少，仅有3处。一处为清代戏剧家杨月楼故居旧址，当地戏曲文化较盛。另两处为化石出土地，地处低山区，交通极为不利，其中一处出土古新世纪中期的龟化石被命名为"小市安徽龟"。

我县因地形复杂，有丘陵山区、平原畈区、湖泊区。从总体分布特点上看，不同区域的文物点种类各有不同。

在丘陵山区，主要以古遗址和古墓葬居多，分别占所属类别总数的约46％和60％；近现代文物次之，占所属类别总数的55％；有一定数量的古建筑，占所属类别总数的50％；其他类文物占所属类别总数的65％。

在平原畈区，主要也是以古遗址居多，占所属类别总数的45％；古墓葬和近现代文物次之，分别占所属类别总数的34％和40％；古建筑虽不多，但占所属类别总数的50％；石刻类文物只有2处，全部分布于此地区，占所属类别总数的100％；其他类文物只有1处，占所属类别总数的35％。

在湖泊区边缘地带，也主要是以古遗址居多，但数量很少，只占所属类别总数的9％；近现代文物次之，占所属类别总数的5％；有一定数量的古墓葬，占所属类别总数的6％。

三、本章编写原则

由于第三次全国文物普查的材料丰富，类别较多，本县的地理特征又可明显分为丘陵山区、平原畈区、湖泊区边缘几大类，相应地形成了若干流域，考虑到古代人的生活、迁徙都是以水为核心，并由此而造成文化面貌上的相似或差异，我们本着既详细又清晰地报道材料的原则，设计了以下的编写思路：

1）总体上按类别进行分述，在每一类别中先按流域划分，分别将该流域中的文物点逐一描述，详细描述时再按时代排列先后。如果一个遗址或墓地中包含了多个时期，则按其最早时代排列。

旧石器时代遗址虽在广义上属先秦时期，但因与习惯上所称的先秦遗址不同，单列为一小节而未置于先秦遗址之中。

2）部分采集遗物很少或过于零碎的遗址未再对标本分别详细描述，个别破坏严重的遗址只在登记表中列出。其他类别的文物点也按此原则进行编写。

3）少数类别的文物点（如近现代遗址）考虑到性质的相似性，没有严格按类别排序编写，而是列入相应的类别（如近现代重要史迹）中。

4）古墓葬类因其特殊性，文字介绍中涉及具体地点的只写到乡镇，而将行政村、自然村及其他能直接找到该点的线索全部隐去。

5）部分已发表的材料，因发表时篇幅或其他原因所限而不完整详细，或者对完整了解怀宁考古工作有参考作用，本书一并收录并做了补充修改。

整个编写顺序可概括为：先按类别，再按流域，后按时代。

第二节　古遗址

怀宁县属半浅山半圩畈地区。源于大别山的长河、潜河、皖水在怀宁县南半部构成了皖河流域的水系，在县西汇合经南部入江；另一由大别山而下的大沙河在怀宁县北部构成大沙河流域的水系，流经并出菜子湖入江，高河接近于大沙河，暂合并于大沙河水系中。两大河流及其支流为怀宁的先民繁衍生息、创造自己的文化提供了自然条件，也为我们深入研究怀宁境内原始文化的发展提供了不可忽视的脉络。

第三次全国文物普查中全县计发现遗址151处，除旧石器时代遗址5处、汉以后遗址13处外，数量最多的是先秦遗址共133处，绝大部分是分布在皖河、大沙河水系范围，特别是沿河两岸，犹如长藤结瓜、果实累累，其中旧石器时代5处，新石器时代27处，新石器至商周13处，商周93处（图三○）。

旧石器时代遗址基本上属旧石器时代中晚期到晚期，文化面貌上早期为砾石工业系统，晚期为小石器工业系统，对于研究南方地区从旧石器时代中期的砾石工业系统向旧石器时代晚期的小石器工业系统的转变过程及其动因提供了难得的材料。

新石器时代遗址多属岗地型，主要位于河边一、二级阶地，常位于低矮丘陵或岗地的边缘地带或在一条较为狭长而平缓的山冈尽头，附近均有大小不等的河流。文化面貌以薛家岗文化和张四墩类型为主，并发现了少量早于薛家岗文化的遗存。本县的新石器时代遗址是薛家岗文化最主要的分布区之一，并包含了皖西南地区整个新石器时代各个阶段的遗存，基本上没有缺环，对于研究本区域薛家岗文化的来龙去脉有着十分积极的意义，而孙家城史前城址的发现则填补了我省长江流域无史前城址的空白。

商周遗址多属土墩型，个别为岗地型，绝大多数位于小河边缘的平坦地带或山间盆地的低平之处。遗址的堆积特点与省内其他地区的同时期遗址相同，一般面积不大，在2000—4000平方米左右，少数则可达上万平方米；墩高2—3米。虽然单个遗址的面积较小，但遗址的分布密度较大，常成群分布，分布范围较广。此外还发现了小型城址的线索，为研究这一时期的聚落群、中心聚落与普通聚落的关系打下了良好的基础。

一、旧石器时代遗址

目前共发现5处，多数分布于西南部的皖河流域，而北部的大沙河流域只有2处（图三一、

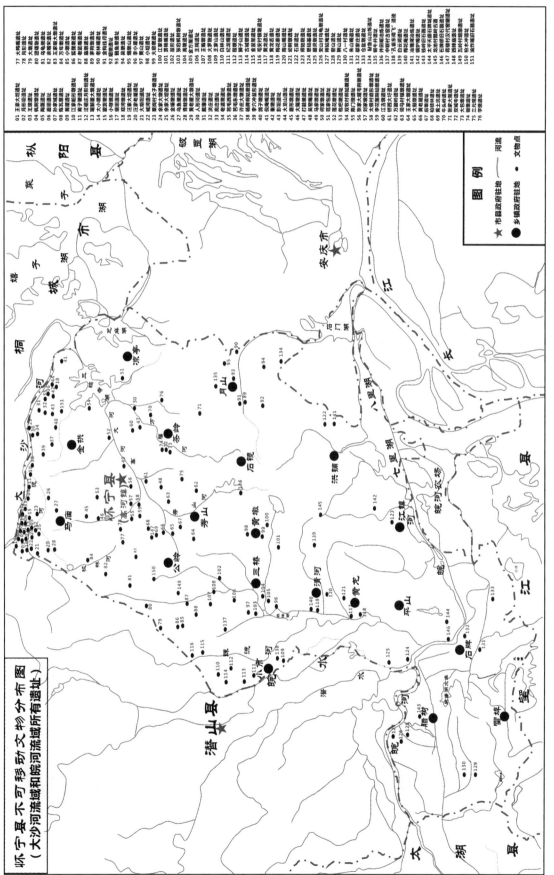

图例

河流 —— 河流
文物点 ● 文物点

★ 市县政府驻地
● 乡镇政府驻地

怀宁县不可移动文物分布图
（大沙河流域和皖河流域所有遗址）

图三〇 怀宁县古遗址分布示意图

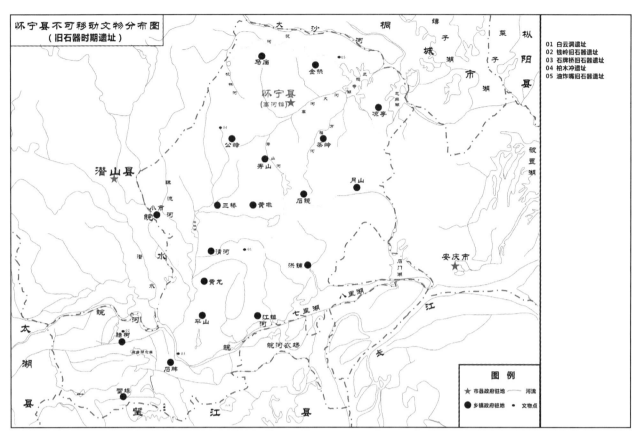

图三一　怀宁县旧石器遗址分布示意图

三二、三三；附表二）。按地理特点可分河流阶地型、洞穴型两大类。

　　1990年12月安徽省文物考古研究所在怀宁县文物管理所的配合调查下，在皖河流域发现了3处旧石器遗址，1994年发掘了腊树镇钱岭遗址，出土了距今约20万年的砍砸器、尖状器等；1999年9月在清河乡白云洞又发现距5万年左右的旧石器石片、砍砸器和梅花鹿、野猪、棕熊等动物化石。1996年、1998年为了配合合界、合安高速建设，在大沙河流域发现2处旧石器遗址，1996年12月在公岭镇柏木冲发掘发现了距今约20万年前的小石器制品；1999年1月在金拱镇油炸嘴发掘发现了距今20～70

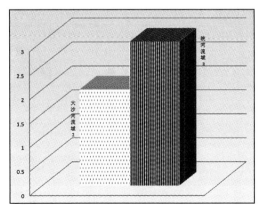

图三二　怀宁县旧石器遗址分布统计图

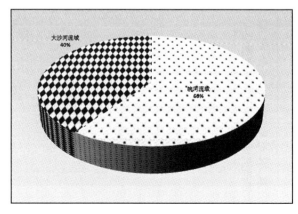

图三三　怀宁县旧石器遗址分布统计图

万年的旧石器制作场，出土了石钻、石锤等石制品3000多件，石制品均埋藏在河岸边的二级阶地，主要含在网纹红土中和灰白色粉砂质黏土中。

从文化面貌上看，发现的石制品存在二种迥然不同的文化类型，一种以砍砸器为主的卵石工具类型；另一种以刮削器为主的石片工具类型。

以石片工具为主的文化类型，共有2处，全部位于大沙河流域。石器含在灰白色粉砂质黏土中，时代可能是晚更新世到全新世早期。共发现石制品3000多件，由石片、石核、刮削器组成。石核的石材均是清一色小砾石，石质为白色石英岩、玉髓、水晶。石核普遍较小，长宽厚在6厘米左右，石核分为楔状石核、柱状石核、船底状石核、不规则石核。从石核上残留的石片疤观察剥片方法，主要是锤击法和砸击法二种，在剥片前很多都进行过修理。石片普遍较小，最小的长19毫米、宽17毫米、厚5毫米；最大的石片长51毫米、宽26毫米、厚8毫米。石片刮削器以刃口多少、形状分为圆刃刮削器、单边刮削器、多刃刮削器；石核刮削器分别有圆刃刮削器、凹刃刮削器、直刃刮削器、双刃刮削器、凸刃刮削器。刮削器刃口多数用锤击法修理，少数标本采用压制法。上述石器组合特征，应属细石器文化。

以砍砸器为主的文化类型，共有3处，全部位于皖河流域。此类型位于细石器文化层下部，石器含在网纹红土中，时代属中更新世。采集石制品分别有石核、石片、砍砸器、刮削器、石锤组成。石核占石制品的12%，所用石材均是河床砾石，石质为石英岩，单台面石核居多，双台面石核次之，多台面石核最少。从石核上的石片疤痕分析，均用锤击法剥片，多数石核是以自然台面打片，少数石核上有修理台面。石片占石制品的68%，多数石片是自然台面，少数疤台面和线台面。石片一般中等大小，长4～8厘米，宽3～5厘米，厚2～4厘米之间，大石片很少。多数石片未经第二步加工，只有少数加工成工具。刮削器占石制品的6%，全用石片制作。根据刃口形状分为直刃刮削器、凹刃刮削器、弧刃刮削器。刮削刃口第二部修理均用锤击法，形成的刃口多成波状起伏。砍砸器占石制品的12%，分别有铸形砍砸器、单刃砍砸器、双刃尖状砍砸器，凸刃砍砸器等。其中铸形砍砸器是一种较特殊的砍砸器类型，它的制作是用长条形砾石第一步从两面进行剥片，打制成宽扁楔形，然后第二步在两面的一侧进行修整，使刃口宽薄而锋利，手握部位保存着砾石面，圆敦厚重。特点是石片多，砍砸器、刮削器都较丰富，尤其是铸形砍砸器较特别，它与巢湖、水阳江旧石器同属砾石工业类型，但是器物组合有较大的差别，可以说怀宁的旧石器是一种具有地方特色的文化类型[1]。

（一）柏木冲遗址

位于公岭镇水磨村东风组西南700米，西距平塘组200米，东临合界高速公岭服务区，紧临南北向合界高速公路，西北有一条东北至西南向村村通水泥路。

遗址呈不规则形，面积约1万平方米，地势东南高西北低，呈缓坡状。西北部视野开阔，地处平岗丘陵区。遗址上现开垦有田地，栽有杂树，原遗址包括合界高速公岭服务区部分地段，后因修建服务区，故此地段上现建有房屋（彩版四，1）。

1996年为配合服务区建设，安徽省文物考古研究所曾在此处进行考古发掘，出土有石器标本，属小石器类型（彩版四，2）。

---

[1] 韩立刚《安徽旧石器时代考古发现研究与展望》，《文物研究》第8辑，黄山书社，1993年。

（二）油炸嘴遗址

位于金拱镇前楼村程家富庄西北约600米，合安高速公路穿遗址而过，东南紧临一南北流向的古河道。遗址地处丘陵地区，为东西长条形，属河边二级阶地的山冈，面积约25万平方米，东、北面为山冲低凹，其余为凸起的山陵小岗。地势西高东低，高差大（彩版四，3）。

1999年为配合合安高速建设，安徽省文物考古研究所进行了试掘，出土石制品3000多件，有石片、石核、石锤、刮削器、尖状器、砍砸器等（彩版四，4）。根据土壤形成的时间推测，应为更新世，距今约20～70万年。

2000年11月怀宁县人民政府公布该遗址为县级文物保护单位。

（三）钱岭遗址

位于腊树镇腊树社区钱岭村民组，南临怀太路，西北距腊树镇政府1.5公里。

遗址属丘陵地区，位于皖河南岸的河流二级阶梯上，呈不规则长条形，南北长，东西窄，地势西高东低，西部地势平坦，面积5000多平方米。遗址上原有窑厂，现开垦有田地，栽有树，现代坟若干（图版四，5）。

1994年安徽省文物考古研究所进行了发掘，出土有大量旧石器。距今约20万年（彩版四，6）。

（四）石牌桥遗址

位于石牌镇城北居委会石牌大桥西桥与中桥之间，东、西两边分别为南北流向的皖河水，月北公路东西向横穿遗址。

遗址地处圩畈地区，为皖河中间一高墩上，呈长方形，南北长，东西窄，面积约2万多平方米（彩版四，7）。在遗址上采集有石片、石核、砍砸器等（彩版四，8）。

（五）白云洞遗址

为洞穴址，位于清河乡温桥村观上组北200米，斗姆山下，四周峻山环绕，树木林立。

遗址地处浅山丘陵区，地势东面高，西边为一片丘陵，洞口朝西，口阔30米，洞内面积1500平方米，内高2—8米不等，洞内向北延伸，但被淤泥堵塞（彩版五，1、2）。1999年9月，在安徽省考古研究所专家的指导下，怀宁县文物所对洞内进行了试掘，出土了兽骨化石和石器，商周、春秋时期的鼎足及回纹陶片，唐至明清时期的瓷片，石器经鉴定为旧石器遗存，距今约5～10万年（彩版五，3）。

2000年元月，白云洞遗址被怀宁县人民政府公布为县级重点文物保护单位。

二、新石器、商周遗址

两大水系内分布的新石器、商周遗址共133处，其中皖河流域45处，包括单纯新石器时代遗址7处、新石器—商周遗址 2 处、商周遗址 36 处；大沙河流域88处，包括单纯新石器时代遗址 20

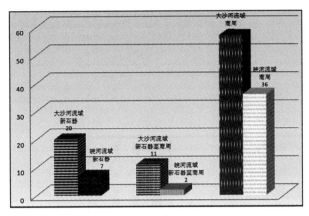

图三四 怀宁县两大流域先秦遗址分布示意图

处、新石器—商周遗址11 处、商周遗址57 处（图三四）。从历年来调查采集、试掘、发掘的标本表明，均各自有其本身的特色。

皖河流域，包括上游长河、皖水、潜水。潜山县薛家岗遗址在与皖水并列的潜水之畔。

在皖水之滨的下游，有黄龙遗址，与薛家岗相距不到10公里，根据试掘调查，以罐形鼎、盆形鼎为代表的一批遗物的面貌与薛家岗一脉相承，在后来水利兴修中又出土了与薛家岗完全相似的五孔石刀，进一步证明黄龙遗址属薛家岗文化。

由黄龙北上，与薛家岗位置大体平行、距离也在约10公里的皖水北岸小市镇小吏港的王家山遗址，是皖水故道中的台地，上有商周文化层。在新石器文化堆积中，陶器主要以夹砂红陶，黑皮陶也占有一定的比例。器形多三角形鸭嘴状鼎足，竹节形豆柄，几何纹镂孔陶球，发现较多的还有泥条盘成的器柄，即薛家岗常见的实足鬶把手，石器有形体较厚而制作粗糙的穿孔铲、断面椭圆形斧、小型锛。

与王家山同在皖水故道的白林山遗址和向南1公里的纪龙嘴遗址，鼎、豆和陶质都与王家山相同。

由王家山沿皖水向南的白洋湖畔，有一片星星点点的原始文化遗存，其中主要是沿湖的牛桥和黄山遗址，牛桥的李小屋曾出土一批磨制精细的石器，主要为单、双孔石钺、有段石锛；陶器以夹砂红陶为主，少数夹砂灰陶，鼎足多三角形和宽扁形着凹槽。

白洋湖以下至支流清水河畔寨基山遗址，调查发现有薛家岗式的多孔石刀残片，由此而下约3公里即黄龙遗址。

因此，自王家山至黄龙一线，大小遗址计29处，其文化面貌均可以王家山、黄龙为代表。

皖河流域另一支流为由西南而来的长河，由太湖入怀宁县境到三水汇流约长10公里，沿线古文化遗址11处，重要的有金鸡岭和蔡屋遗址(现合并为八一村遗址)，这里的石器磨制精细，且多为小型物，有钺、锛、镞等；陶器多为夹砂红陶，大部分为扁足，并有长颈红陶鬶。

朱山嘴遗址是在皖水、潜水、长河三流汇合处的石牌镇，出土标本有鸭嘴鼎足和三角形鼎足，石器有石钺、石刀。

怀宁境内皖河流域诸新石器文化遗存，与潜山薛家岗遗址则更为相近一些，从各个遗址的采集标本和发掘资料来看，虽然有各自某些个性，但总的说来与薛家岗的共性较多，共性大于个性，整个皖河流域的原始文化肯定属于薛家岗文化系统。

怀宁另一片原始文化遗存是北部与桐城接界的大沙河及其支流、湖泊沿岸。这一片的文化遗存较之皖河流域更为密集。在与潜山县接壤的育儿村，各种遗物残片在上世纪八十至九十年代随手可拾，沿大沙河一线十多公里就布列新石器时代至商周文化遗存23处，其中属于新石器遗存19处，有不少惜遭破坏。目前面积最大、最为完整、内涵最为丰富的为孙家城遗址。这处遗址北临沙河，三

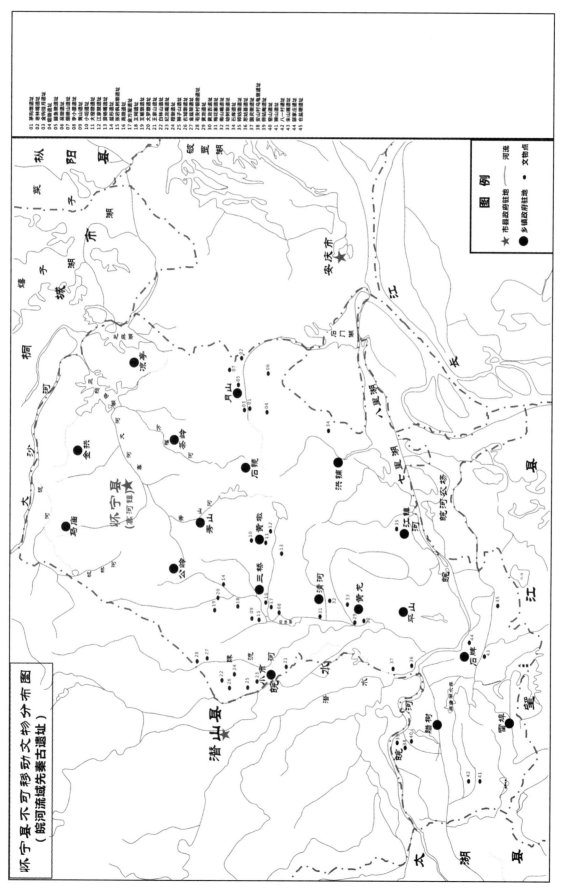

图三五　怀宁县皖河流域先秦遗址分布示意图

面为土垣环绕，目前仍有面积25万平方米，城垣为新石器时代，为距今约4500年的张四墩类型时期。城内发现距今近6000年以来至汉、六朝时期的各时代堆积，树立了皖西南地区距今6000～4000年间的年代标尺。

由孙家城遗址沿大沙河向上游有枫树墩、王家大坦，向下有黄屋、人形河、老渡墩、秦墩等，而与大沙河相邻的高河沿岸的大大小小的新石器遗址而最为突出者有马家墩，文化面貌大都与孙家城保持着相同的作风。这一大的流域中文化面貌与薛家岗文化基本相同，又略有变化。

从怀宁两条大河流域原始文化面貌的初步探索，可以得到这样的启示：原始文化首先是沿着河流水系传播发展。按地域来探索文化面貌及发展，首先弄清河流水系情况即可大略掌握其规律之一二。本县皖河流域一大片地区以至抵达长江沿岸的原始文化面貌，经过潜山薛家岗、望江汪洋庙和怀宁黄龙遗址的发掘，情况已经明朗。而大沙河流域地带，则地处薛家岗文化体系的偏北边缘，与巢湖流域的原始文化或有一定的联系。

（一）皖河流域先秦遗址

皖河流域可分3个支流域（长河、皖水、潜水），皖河自小市港入境，绕县西南，过石牌东北，穿红星河口入长江，系大别山区及丘陵平畈地带；石牌以下纳6支流（津冬河、易家河、江家嘴河、泥塘河、官桥河），为一片冲积平原，地势平坦，土地肥沃但岔流多，河床宽窄不一，水土流失严重。石牌、月山、清河、江镇、洪镇、黄墩、三桥、腊树、雷埠、小市、黄龙、平山为浅山冈地丘陵地区；圩畈平原区分布于沿江、皖河、皖水、珠流河以南，区域内地势平坦、低洼，河湖交错，圩洲相间，水乡沃野。有麻塘湖、七里湖、石门湖等大小湖泊和皖河沿岸的庆洲、成圩等。

可分为8个小流域：石门湖、白洋湖、珠流河、清水河、八里湖、七里湖、麻塘湖、皖水小流域。共计调查先秦遗址45处，单纯的新石器时代遗址7处、新石器—商周遗址2处，商周36处（图三五、三六、三七；附表四）。各小流域的先秦遗址数量见表三（附表三）。

自1984年以来，该流域分别进行了数次普查、复查和专题调查。2002年作为"薛家岗文化综合研究"课题之一，又进行过一次皖河流域全面调查、复查工作，调查工作自2004年2月25日开始，断续至6月10日结束，实际调查时间约31天，共计复查先秦遗址45处。2008～2009年，第三次全国文物

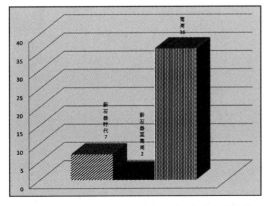

图三六　怀宁县皖河流域先秦遗址统计图

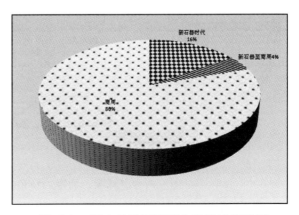

图三七　怀宁县皖河流域先秦遗址统计图

普查再次按"三普"高标准的要求进行了全面调查。皖河流域新石器时代的文化面貌现在已经比较清楚，是以薛家冈文化和张四墩类型为主的前后相续的文化。石牌镇所在地是一片冲积沙洲，但西部的山冈从麻塘湖畔的朱山嘴到邬家庄一带岗地（今名官山）自几千年前新石器时代以至六朝时期均为一处繁荣地带。

现将几次调查、复查、新发现的情况报告如下：

1. 石门湖小流域

共调查发现7处，1处新石器——商周遗址，6处商周遗址。

（1）老林嘴遗址

位于月山镇黄岭村铺塘组西南，北紧临乙炔厂，南边紧临河道和一西北至东南向的水泥桥，并有两条南北向田间小路穿遗址而过，其中一条小道直通河边小桥。南距206国道800米，北距安簧汽车零部件有限公司和月山老街50米。1985年文物普查时发现，2004年进行了复查，2008年5月第三次文物普查再次复查。

所处地带为一紧临河道的墩形地，遗址呈不规则形，面积7600平方米，文化层厚约1.5米。地表现为耕地，上面有菜地。遗物暴露较少，有夹砂红陶、戳印纹鼎足、夹砂红陶片、烧土块、烧土颗粒与残石器等，从采集标本来分析，此处遗址应为新石器时代至商周时期遗址（彩版五，4）。

石芯：老采：1，扁圆形，半残，青灰色页岩，双面磨光，边缘可见对钻时断面，属铲、钺类孔芯（图三八，2）。

石器：老采：2，青灰色页岩，由残石器加工而成（图三八，3）。

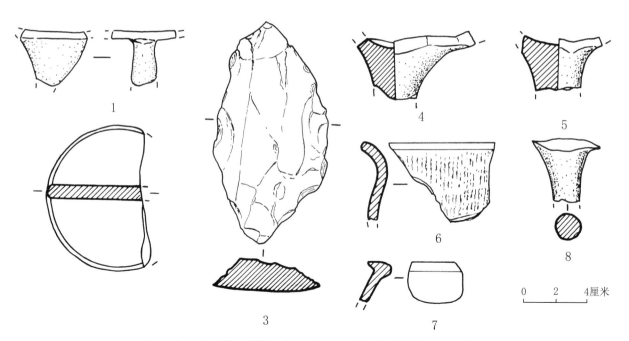

图三八 老林嘴、烟墩、鲢鱼墩、吴墩遗址采集陶器、石器

1.陶器把（老采：3） 2.陶石芯（老采：1） 3.陶石器（老采：2） 4.陶鬲足（烟采：1） 5.陶鬲足（鲢采：2）
6.陶器口沿（鲢采：1） 7.陶器口沿（吴采：2） 8.陶鬲足（吴采：1）

器把：老采：3，夹砂灰陶，把为扁尖状，尖断（图三八，1）。

（2）茅狗墩遗址

位于月山镇大桥村邹家老屋西北150米，南距安合铁路200米，北距318国道月山段150米。1985年文物普查时发现，2004年对全县先秦遗址调查时进行了复查，2008年4月第三次文物普查再次调查。据邹家老屋的老人介绍，此处明清时为一战略要地，据传太平天国英王陈玉成曾在此打仗，遗址北面原有一古官道经过。

遗址所处地带为一南北向的山冈，为突出地表的小山嘴，西北边有一自然河流，在西边约100米处，有金钩挂月遗址。遗址现呈弯月形，南北长600米，东西宽230米，面积为138000平方米。地表现为荒地，栽有杉木和松树（彩版五，5）。遗物暴露较少，采集标本有夹砂灰陶扁状鼎足、夹砂灰黑陶腹片、砺石和少量的红烧土，堆积情况不详，属商周时期遗存（彩版五，6）。

（3）金钩挂月遗址

位于月山镇大桥村中心组，南临合安铁路，北距月秀公路200米（318国道），南临石境乡大塘村杨畈组。1983年第二次全国文物普查时发现，1985年进行了复查，2004年对全县先秦遗址调查时进行了复查，2009年4月第三次文物普查再次复查。

遗址所处地带为一高出地面的山冈，中心隆起，四周低缓，为龟盖形，东、南、北面为水田环绕。在东边约100米处，有茅狗墩遗址，应为一条山冈的两个相关的遗址。整体呈椭圆形，东西长550米，南北宽400米，面积220000平方米（彩版五，7）。地表采集有大量制造石器的碎片、夹砂红陶绳纹陶片、附加堆纹陶片、夹红陶口沿、红陶鼎足等，文化层不详。据采集标本的特征分析，此遗址应为商周时期的遗存（彩版五，8）。

（4）烟墩遗址

位于月山镇大桥村桥东组，东距月洪公路100米，东北距大桥窑厂100米，西南距黄梅山约1000米，北距安合铁路100米，大桥村路由东向西穿遗址而过。据当地居民讲，打仗时此处为烟火台，故名烟墩。系本次调查新发现。

所处地带为一高出地面的墩形台地，遗址南、西、北面均为田地，遗址呈不规则形，南北长，东西窄，面积约23000平方米。地表现为村民居住地，遗物暴露较少，采集标本有夹砂红陶片、口沿夹砂褐陶片等。根据标本分析，应为商周时期遗存（彩版六，1）。

鬲足：烟采：1，灰陶夹细沙和植物，质地较松（图三八，4）。

（5）鲢鱼墩遗址

位于月山镇月山居委会碧山组北面，西距龙凤组40米，南距206国道300米，西北距天柱山水泥厂（原皖西水泥厂）150米。1983年文物普查时发现，1985年进行了复查。2004年对全县先秦遗址调查时进行了复查，2008年5月第三次文物普查再次复查。

所处地带为一田间长方形墩地，四周为农田，西北边有一小水塘，遗址东西长，南北窄，总面积4200平方米。文化层厚约1米多。地表现为菜地。遗物暴露较少，采集标本有外黑内红陶片、口沿，纹饰有绳纹、间断绳纹等。从所采集标本来判断，此遗址应为商周遗址（彩版六，4）。

器口沿：鲢采：1，夹砂灰陶，侈口外折方唇，腹饰绳纹（图三八，6）。

鬲足：鲢采：2，夹砂红灰陶，锥状，乳锥断（图三八，5）。

（6）吴墩遗址

位于月山镇月山居委会吴墩组，东距潘家寨约50米，南距安合铁路20米，西距月洪公路300米，北距206国道月山段50米。1985年文物普查时发现，遗址已被破坏。2004年进行了复查，2008年5月第三次文物普查再次复查（彩版六，5）。

所处地带为低矮岗地，北边为油菜地，东、南、西边为一片树林，遗址呈长方形，南北长，东西窄，面积1050平方米。地表现为荒地，栽满树木。遗物暴露较少，有夹砂红陶片、黑衣红陶片等，器形有鬲足、器口沿及腹片，纹饰有绳纹，应属商周时期。

鬲足：吴采：1，夹砂灰陶，圆锥状，足尖残，素面，腹饰绳纹，火候高（图三八，8）。

器口沿：吴采：2，夹砂灰陶，宽平唇，折沿，口向内敛（图三八，7）。

（7）烟墩山遗址

位于月山镇黄岭村陆嘴组、姚塘组。南距206国道30米。1983年进行文物普查时发现，命名"烟墩遗址"，2004年进行了复查。2008年5月第三次文物普查再次复查，根据普查定名标准，定名为"烟墩山遗址"。

所处地带为一高出四周6米岗地，东边有一条南北向村路，在1986年206国道改道时，在遗址上进行了取土，对遗址造成了很大的破坏。现遗址呈近圆形，面积6940平方米。地表现为居民生活区。1983年普查采集标本有石锛、石镞、夹砂灰陶片、绳纹陶片等，2008年采集的遗物在地面暴露较少，有绳纹夹砂红陶片、泥质灰陶片、鬲足、黑衣红陶片等，应属商周时期遗存（彩版六，3、4）。

2. 白洋湖小流域

共调查发现13处，其中1处新石器遗址，12处商周遗址。

（1）李小屋遗址

位于三桥镇湖滨村李屋组西南70米，东南为白洋小学，有一乡间小路穿遗址而过，1981年文物普查时发现，1983年省考古所专家对此处进行了调查，1985年对此进行了复查，2004年对全县先秦遗址调查时进行复查，2008年10月第三次文物普查再次复查。

遗址所处地带为白洋湖畔突起的山冈，遗址呈不规则形，东西窄，南北长，面积21000平方米。其文化层明显处不多。表面现地为旱地，长满芭茅。原先采集标本较多，主要为夹砂红陶，所得石器，多是植树开沟和群众建房时出土。第三次文物普查暴露遗物较少。历年调查采集标本石器多石钺、有段石锛、石镞等，磨制精细的石器主要为单孔或双孔石钺、石锛；陶器以夹砂红陶为主，少数夹砂灰陶，有三角形刻槽纹、圆柱形按窝鼎足、扁平凹槽鼎足等；鼎足多三角形和宽扁形凹槽。从器形判断，应为新石器时代的遗存（彩版六，6）。

新石器时代遗物（历年采集品）

石钺：李采：1，灰色，长方形，单孔，双面钻，通体磨光，刃平，口稍有损坏。长20厘米（图三九，7）。李采：2，青灰色，方形，圆角，单孔，双面钻，制作较粗。长10.2、宽7.6厘米（图三九，5）。李采：3，灰色岩，长方体，钺形，双孔双面钻，首侧面圭状，双面刃，通体磨光并抛光。长20.4、宽11.6厘米（图三九，8）。李采：4，灰色岩，双面刃，中厚边薄，单孔双面钻，刃部平，起弧形刃线，长20.1厘米（图三九，3）。　李采：5，白灰色，单孔，双面钻，体薄，长条

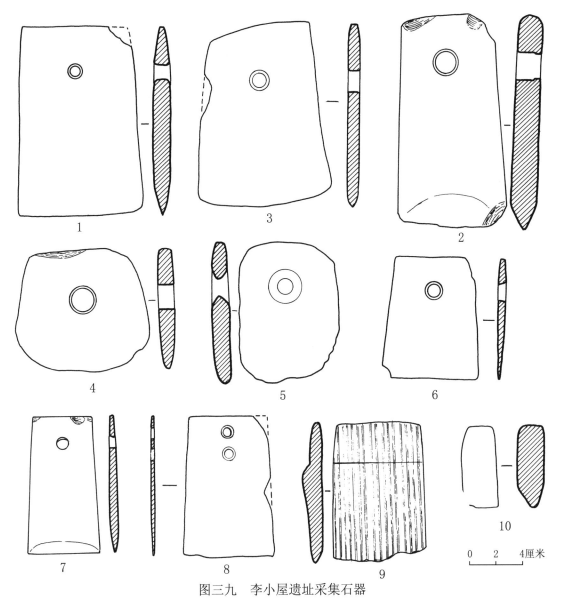

图三九 李小屋遗址采集石器

1.石鉞（李采：7） 2.石鉞（李采：5） 3.石鉞（李采：4） 4.石鉞（李采：8） 5.石鉞（李采：2）
6.石鉞（李采：6） 7.石鉞（李采：1） 8.石鉞（李采：3） 9.石锛（李采：9） 10.石锛（李采：10）

形，弧形双面刃，磨制较细。长13.2、厚0.9、刃宽9.8厘米（图三九，2）。李采：6，灰色砂岩，单孔单面钻，刃宽微弧。长17.6、上宽12.4、刃部宽13.5厘米（图三九，6）。李采：7，青灰色，顶部较平，单孔双面钻，并错位，刃平。长13.8厘米（图三九，1）。李采：8，青石，平面呈梯形，双面刃，刃部凸起，单孔双面钻，磨制料粗。长8.7厘米（图三九，4）。

石锛：李采：9，黑色页岩，长方形，有段单面刃，通体粗，页面之间蚀成凹沟。长11、宽6.9厘米（图三九，9）。李采：10，石灰岩质地，长方体，单面刃，刃部稍宽。长7.5厘米（图三九，10）。

（2）黄山遗址

位于三桥镇双塘村下圩组南50米，白洋湖北岸，北距318国道2公里，圩堤大坝将遗址与湖分隔，并有一村路直通下圩组。1981年文物普查时发现，1985年进行了两次复查，2004年对全县先秦遗址调查时进行了复查，2008年10月第三次文物普查再次复查。

所处地带为一湖畔山冈，南高北低，呈坡状，东、南、西三面临白洋湖，遗址呈近三角形，东西长，南北窄，面积3600平方米，文化层堆积约1～1.5米。地表现为耕地，栽有树木。遗物暴露较多，有夹砂红陶、灰陶、褐陶和泥质灰陶，可辨器形有鼎足、鬲足、罐口沿、器底及器把等，纹饰有绳纹、戳印纹、附加堆纹（彩版六，7，8）。

夏商周遗物

鼎足：黄采：1，夹砂灰陶，足断面为棕红色，扁圆形，侧看正面微弧，通体素面，腹壁胎薄，仅0.3—0.4厘米，制作粗，手工制，面不光滑（图四〇，1）。

豆盘：黄采：2，夹细砂灰陶，斜直腹，圆唇，平底微弧，底腹相交处内束（图四〇，4）。

鬲足：黄采：3，夹砂灰陶，白灰色，锥状足，内壁不光，通体粗绳纹从上至下斜直线式，根部断面可见二次贴泥复烧痕，目的是以加固其硬度，其原胎面亦为粗绳纹纹饰（图四〇，9）。

鬲口沿：黄采：4，夹细砂褐灰陶，尖唇，侈口，颈部绳纹抹光，腹饰绳纹（图四〇，2）。

盆口沿：黄采：5，夹砂灰褐陶，宽折沿，沿下垂，直腹，腹胎厚1厘米，口径43厘米（图四〇，3）。

（3）小坦遗址

位于黄墩镇独秀山居委会团结村民组，南临周安河塘。1985年文物普查时发现登录，2004年对全县先秦遗址进行调查时复查，2008年11月第三次文物普查再次复查。

所处地带为一高岗地，南临周安河塘，东、西、北为旱地，遗址呈近圆形，面积2500平方米。地表现为居民区。1981年团结组村民程学广挖屋基时，曾出土4把石刀。遗物暴露较少，前期普查时采集有石器、绳纹陶片等。2008年11月采集有少量的陶片（彩版七，1）。

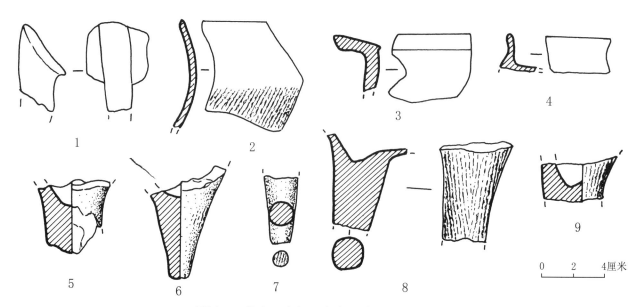

图四〇　黄山、小坦、大窑墩遗址采集陶器

1.鼎足（黄采：1）　2.鬲口沿（黄采：4）　3.盆口沿（黄采：5）　4.豆盘（黄采：2）　5.鬲足（小采：2）
6.鬲足（小采：1）　7.鬲足（大采：1）　8.鬲足（大采：2）　9.鬲足（黄采：3）

商周遗物

鬲足：2件　夹砂灰陶，圆锥形.小采：1，锥状，足尖平，上饰细绳纹（图四〇，6）。小采：2，残，素面（图四〇，5）。

（4）大窑墩遗址

位于黄墩镇黄墩社区马塘组北50米，南、北各有一平行古河道，西北与师姑墩遗址相临。西距村路150米，北距村200米。1985年文物普查时发现，2004年对全县先秦遗址调查时进行了复查，2008年11月第三次文物普查再次复查。

所处地带为低洼地，南、北各有一古河道，遗址位于田间，原为一凸出地表长墩形地，因农田改造被毁，大部分现夷平为田地，中间一条南北向田埂，把遗址一分为二。现遗址呈近长墩形，面积1180平方米。地表现为耕地，遗物暴露较多，有夹砂红陶片、黑衣红陶片、黑陶，纹饰有绳纹，可辨器形有口沿、锥状鬲足等（彩版七，　2、3）。

商周遗物

鬲足：大采：1，夹砂白灰陶，形体粗壮，实足根高，足尖残，通体饰绳纹（图四〇，7）。大采：2，夹砂红褐陶，圆锥形，通体绳纹；足尖抹平，并饰有绳纹。残高4.5厘米（图四〇，8）。

（5）江家墩遗址

位于黄墩镇岭北村江墩组老屋场，西距岭北村水泥路200米，北距黄墩初中300米。1981年文物普查时发现，1985年进行了复查，2004年对全县先秦遗址调查时再次复查，2008年11月第三次文物普查再次进行了复查。

所处地带为一河边台地，高约2米，北边紧临古河道，遗址呈不规则形，面积5900平方米，文化层厚约1.5米。地表面为荒地，杂草丛生。遗物暴露较多，有夹砂红陶，夹砂灰陶等，纹饰主要以绳纹为主。可辨器形有锥形状鬲足，罐口沿等，时代应为商周（彩版七，4、5）。

商周遗物

器口沿：江采：1，夹砂灰陶，大口，圆唇，口沿外侈，素面（图四一，1）。

鬲足：　江采：2，夹砂红灰陶.圆锥形平尖，通体饰绳纹，足尖部着绳纹（图四一，6）。江采：3，圆锥形近柱状，夹砂红陶，素面（图四一，8）。江采：4，细圆锥形，夹砂红陶素面（图四一，7）。

（6）贤杨嘴遗址

位于黄墩镇栗山村贤杨嘴组南50米。1985年文物普查时发现，2004年对全县先秦遗址调查时进行了复查，2008年11月第三次文物普查再次进行了复查。

所处地带为一河边二级台地，东高西低，东、西各临一水塘，南边100米处有古河道。遗址呈椭圆形，面积2100平方米，现文化层已经不清。遗址地表现为耕地，上基本开垦为田地。采集标本较少，有夹砂红陶片，纹饰有绳纹，可辨器形有罐口沿，应属商周时期。另有汉代瓦当残片（彩版七，6、7）。

（7）汪家嘴遗址

又称盆形遗址，位于三桥镇社塘岭村西塘组汪家嘴东南300米，东临汪家河，西北距三五（三桥至五岭）公路1公里。1985年文物普查时发现，2004年对全县先秦遗址调查时进行了复查，2008年10月第三次文物普查再次进行了复查。

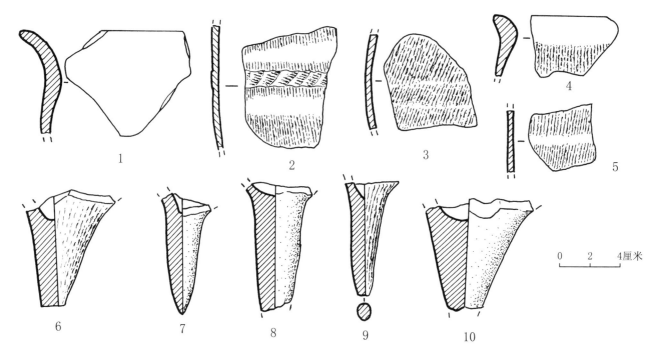

图四一　江家墩、汪家嘴、高墩、王祠遗址采集陶器

1. 器口沿（江采：1）　2. 腹片（汪采：3）　3. 腹片（汪采：2）　4. 鬲口沿（江采：1）　5. 鬲腹片（高采：2）
6. 鬲足（江采：2）　7. 鬲足（江采：4）　8. 鬲足（江采：3）　9. 鬲足（高采：1）　10. 鬲足（王采：1）

所处地带为一河边台地，高约2米，三面环田，一面临水，汪家河在遗址东面过（南北向）。遗址呈盆形，面积4500平方米，在遗址西部边缘处文化层中发现大片红烧土，过去调查发现红烧土厚约1.5米。遗址地表现为耕地，遗物暴露较少，有夹砂红陶、灰陶片，可辨器形有口沿、鼎足、纹饰有绳纹、附加堆纹等（彩版七，8）。

商周遗物

鬲口沿：汪采：1，夹砂褐陶，外卷沿，颈部绳纹抹平，腹饰细绳纹（图四一，4）。

腹片：汪采：2，夹砂白灰陶，火候高，通体饰篮纹，内壁凹凸不平（图四一，3）；汪采：3，夹砂灰陶，火候低，质松，通体饰细绳纹，加一圈附加堆纹（图四一，2）。

（8）张宕遗址

又称枫树墩遗址，位于三桥镇湖滨村张宕组北300米。1985年文物普查时发现，2004年对全县先秦遗址调查时进行复查，2008年10月第三次文物普查再次复查。

所有地带为一河边台地，高约1～2米，西50米有一条小河，四周为田地，遗址呈近圆形，南北长，东西窄，面积800平方米，在遗址南有一剖面，文化层厚约80厘米。地表现为荒地，有部分农田。遗物暴露较多，有夹砂红陶片、夹砂灰陶片、黑衣红陶片等，纹饰有绳纹，附加堆纹等，可辨器形有罐口沿、鬲足等。应属商周时期（彩版八，1、2）。

（9）高墩遗址

位于三桥镇湖滨村高墩组，东临一条南北向村级水泥路，距318国道仅有600米。1985年文物普查时发现，2004年对全县先秦遗址调查时进行复查，2008年10月第三次文物普查再次复查。

所处地带为高出地面约3至4米的台地，北面有一条古河道自西向东穿过，隔河相望为李小屋遗址，遗址为不规则的圆形，东西长，南北宽，面积20000平方米。现为居民区，原先墩子较大，因农田改造及百姓建房取土现已铲为平地，地面已分割为农田。遗物暴露较少，有夹砂红陶、灰陶、以夹砂红陶为主，可辨器形有鬲足、罐口沿等（彩版八，3）。

商周遗物

鬲足：高采：1，夹砂红陶，圆锥形，平跟高足，实足较高，通体饰绳纹（图四一，9）。

鬲腹片：高采：2，夹砂灰褐陶，饰细绳纹，中饰一道弦纹（图四一，5）。

（10）金方屋遗址

位于三桥镇湖滨村金方屋西北10米，西北临古河道。

所处地带为一河边台地，西北处有一东西向的古河道，另三面环田，遗址呈不规则形，面积821平方米。遗址地表现为旱地，由于大面积建房和挖塘，遗址破坏严重，遗物暴露较少，有夹砂红陶鬲足。应属商周时期（彩版八，4）。

（11）王祠遗址

位于三桥镇双河王祠组，东临养鸽厂（原王祠小学内），西临三五公路（三桥—五猖岭），距318国道仅有1公里。1985年文物普查时发现，2004年对全县先秦遗址调查时再次复查，2008年10月第三次文物普查再次复查。

所处地带为一平地，原为一田畈中间长山冈，后改田。古河道在其东边经过。乡村公路自北向南从遗址的中部穿过，将遗址分为两块。遗址近三角形，南北长，东西窄，面积10000平方米，文化层厚约1.2米，遗址西部破坏严重，现地表开垦为田地，遗物暴露较少。从历年调查采集的器物看，多为绳纹鬲、罐，主要为夹砂红、灰陶，纹饰以绳纹为主，可辨器形有鬲足，罐口沿等。应属商周时期（彩版八，5）。

商周遗物

鬲足：王采：1，夹砂灰红陶，素面，圆锥状前端残（图四一，10）。

（12）王畈墩遗址

位于三桥镇龙门村王畈组南300米。1985年文物普查时发现，2004年对全县先秦遗址调查时进行复查，2008年10月第三次文物普查再次复查。

所处地带为一河边高台地，北20米有王畈河自西向东流过，遗址被一条南北向村村通水泥路一分为二，遗址整体呈不规则形面积3800平方米，文化层厚约1.2米。地表现为耕地区，上面开垦有田

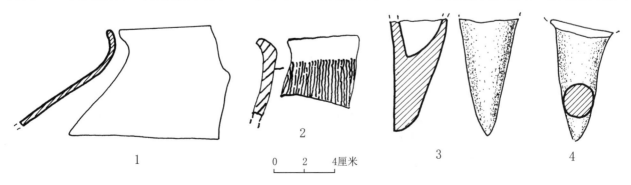

图四二 王畈墩遗址采集陶器

1.瓮口沿（王采：4） 2.鬲口沿（王采：3） 3.鼎足（王采：2） 4.鼎足（王采：1）

地，遗物暴露较少，有夹砂红陶、夹砂灰陶处片，可辨器形有鬲足、鼎足、口沿等，为商周时期文化遗存（彩版八，6）。

商周遗物

鼎足：王采：1，夹砂白灰陶，圆锥形足，素面，质地坚硬，火候较高（图四二，4）。王采：2，夹砂红褐色，圆锥状，侧面微三角形，高足，根部微外撇，实足根较高，外饰一层灰褐色陶衣（图四二，3）。

鬲口沿：王采：3，夹砂灰褐陶，内含少量蚌末，外折沿，折沿外部加泥条加固，侧为弧形，腹饰绳纹。口径12厘米（图四二，2）。

瓮口沿：王采：4，夹砂灰陶，口小腹大，直口，圆唇，颈微束，丰肩，壁薄。口径12、厚0.5厘米（图四二，1）。

（13）大罗墩遗址

位于三桥镇社塘岭村新桥组，王花屋东北50米。1985年文物普查时发现，2004年对全县先秦遗址调查时进行了复查，2008年10月第三次文物普查时再次复查。

所处地带为一河边高台地，西北高东南低，遗址东部15米处有一古河道，遗址呈椭圆形，面积2162平方米，文化层厚约1米左右。遗址地表现为耕地，现开垦为田地，2004年复查时发现剖面有大量的红烧土，采集标本有夹砂红陶、灰陶片、印纹硬陶，纹饰有绳纹，可辨器形有口沿等，应属商周。（彩版八，7、8）

3．珠流河小流域

共调查发现8处，其中1处新石器遗址，1处新石器—商周遗址，6处商周遗址。

（1）王家山遗址

位于小市镇受泉村红旗组，西北紧临新建的影视城，北30米为东西向村村通水泥路，东北为平畈，西南为皖河古道。1981年文物普查时发现。1982年2月22日怀宁县人民政府公布为县级重点文物保护单位。1983年省考古所杨德标前来调查。2004年对全县先秦遗址调查时进行了复查，2009年5月第三次文物普查再次复查。

所处地带为一河边高墩，高约5米，西南紧临古河道。遗址呈近椭圆形，面积24000平方米，文化层厚约1～2米。地表现为居民区，遗物暴露较多，有大量石器及陶片等，有三角形鼎足、鸭嘴形鼎足、豆柄、豆盘、陶球、石锛、石斧等。从石器以及残陶器的形制来判断，应与薛家岗文化属同一类型。

在新石器文化堆积中，从历年调查采集的标本看，陶器主要以夹砂红陶，其次为夹砂灰陶，黑衣陶也占有一定的比例；器形多为三角形鸭嘴状鼎足、竹节形豆柄、几何纹镂孔陶球，发现较多的还有灰陶泥条盘成的器柄，薛家岗文化常见的实足鬶把手；石器有形体较厚制作粗糙的穿孔石铲、断面椭圆形斧、小型石锛等。这处遗址曾是皖水故道中的台地，上有商周文化层（彩版九，1、2）。

新石器时代遗物（历年采集品）

石斧：王采：1，花岗岩，扁圆体，弧顶，弧形双面刃，刃部稍宽，磨制较光。长10.1、宽5.9、厚3厘米（图四三，2）。

　　石钺：王采：2，青色，扁平，体薄，单孔双面钻，刃口磨损，磨制较细。长9.7、宽12.7厘米（图四三，3）。

　　石锛：王采：3，灰色，长方体，上窄下宽，单面刃。残高9.5、宽4.5厘米（图四三，1）。

　　（2）纪龙嘴遗址

　　位于小市镇求雨村新民组纪龙嘴，南临纪龙塘，北50米为江家圩排灌站。1981年文物普查时发现，2004年对全县先秦遗址调查时进行了复查，2009年5月第三次文物普查再次复查。

　　所处地带为河边高台地。遗址呈不规则形，东西窄，南北长，面积7659平方米。遗址地表现为居住地，现居住有两户人家，并栽有杂树和竹子。遗物暴露较多，有泥质红陶片、夹砂灰陶片、夹砂红陶片，纹饰有附加堆纹、绳纹、弦纹等，可辨器形有灌口沿、鼎足、鬲足等，时代判断为新石器---商周时期遗存（彩版九，3、4）。

　　新石器时代遗物

　　豆盘：纪采：1，泥质白灰陶，浅盘口，上下各有一道凹弦纹，圆唇，底微弧，口径20厘米（图

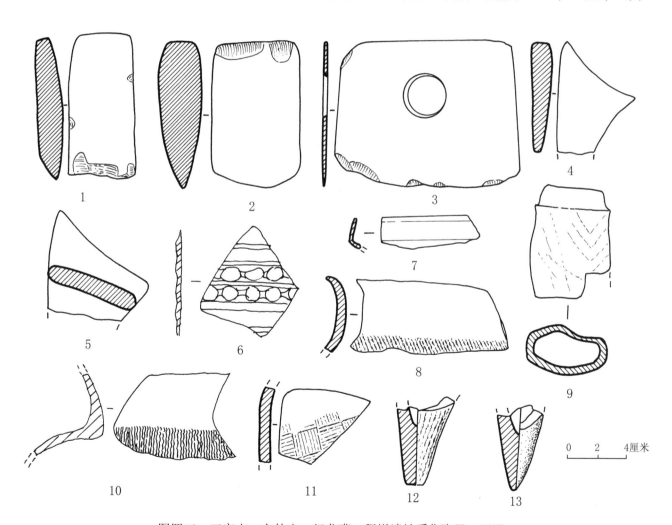

图四三　王家山、白林山、纪龙嘴、程墩遗址采集陶器、石器
1.石锛（王采：3）　2.石斧（王采：1）　3.石钺（王采：2）　4.陶鼎足（白采：2）　5.陶鼎足（白采：1）
6.陶罐腹片（纪采：3）　7.陶豆盘（纪采：1）　8.陶器口沿（纪采：4）　9.陶器流（纪采：5）　10.陶甗腰（纪采：2）
11.陶印纹陶腹片（程采：3）　12.陶鬲足（程采：1）　13.陶鬲足（程采：2）

四三，7）。

商周遗物

甗腰：纪采：2，夹砂灰褐陶，胎较硬，火候较高，腹饰绳纹，甑、鬲结合处抹平无纹，结合处直径12厘米（图四三，10）。

罐腹片：纪采：3，夹砂红褐陶，饰有凸弦纹二道，凸弦纹按压窝纹三道，并呈台阶状一道比一道凸起（图四三，6）。

器口沿：纪采：4，夹砂红褐陶，外黑衣，直颈，沿外卷，尖圆唇，颈素面，腹饰绳纹。口径24厘米（图四三，8）。

另有一件硬陶流，年代难定，或属更晚之物。纪采：5，夹砂红陶，剖面椭圆形，流口处上呈L形，同器体黏接部带榫，通体用刀随意刻画叶脉纹，火候极高，流口内成焦炭状，实为冶炼浇注高温液体流出器之流（图四三，9）。

（3）白林山遗址

位于小市镇良湖村大茅屋西北约100米处，东距318国道500米，正北上方为沪蓉高速公路，西北距车轴寺大桥约400米，西60米为皖水。1981年文物普查时发现并登录，2004年对全县先秦遗址调查时进行了复查，2009年5月第三次文物普查再次复查。

所处地带为田间台地，高约1.5米，皖水在遗址西缘而过。遗址呈不规则形，东西长，南北宽，顶部较平，原面积较大，七十年代加固皖河大堤时，将遗址破坏殆尽，现面积4300平方米，文化层厚约1米。地表现为油菜地。遗物暴露较少，有夹砂红陶鼎足、红烧土块、夹砂红陶片等（彩版九，5）。

1996年12月至1997年1月安徽省考古所对其进行了抢救性发掘，主要发掘区位于桥墩范围，发现灰坑3座，出土的陶鼎、鬲、罐、盆、豆、爵等多为商代特征。

鼎足：白采：1、白采：2，均夹粗沙红褐陶，侧面三角形，剖面椭圆形（图四三，5、4）。

（4）程墩遗址

位于小市镇程庄组西北200米，西临珠流河，南距318国道200米。1981年文物普查时发现，2004年对全县先秦遗址调查时进行了复查，2009年5月第三次文物普查再次复查。

所处地带为一河边高台地，东、南、北三面环田。遗址呈不规则形，面积900平方米，文化层厚约1米左右。地表现为荒地，长满杂草以及栽满树。遗物暴露较少，有绳纹陶片、鬲足、罐口沿等。从标本器形和纹饰分析，判断此处遗址为商周时期遗存（彩版九，6）。

商周遗物

鬲足：程采：1，夹砂灰陶，圆锥形，通体饰细绳纹，足尖平并着绳纹（图四三，12）。程采：2，夹砂灰陶，锥状，尖锥一侧有削痕（图四三，13）。

印纹陶腹片：程采：3，泥质，面灰黑，胎灰红，上印方块竖、横条相间纹饰（图四三，11）。

（5）狮子山遗址

位于小市镇良湖村李家井，西距皖河500米，东距平小（平山至小市）公路500米。1981年文物普查时发现并登录，2004年对全县先秦遗址调查时进行了复查，2009年5月第三次文物普查再次复查。

所处地带为山冈，东高西低，南有一东西向砂石路穿过，遗址呈不规则形，南北长，东西窄，面积1500平方米。文化层厚约1米左右。地表现荒地，栽有树木，遗物暴露较多，有夹砂红陶、夹砂灰陶等，可辨器形有罐口沿、平跟鬲足等，纹饰有绳纹等，时代应为商周时期（彩版九，7、8）。

商周遗物

鬲足：狮采：1，夹砂红褐陶，火候低，足矮圆柱状，裆低（图四四，7）。狮采：2，夹砂灰陶，圆锥状，足尖抹平，裆高，通体饰细绳纹（图四四，8）。

罐口沿：狮采：3，夹砂褐红陶，手制，内壁不平整，直口，外饰凹弦纹一道，圆唇，丰肩，腹饰绳纹（图四四，1）。

（6）古城墩遗址

位于小市镇良湖村古城屋西北100米，东距张星屋390米，西南距318国道车轴寺大桥500米，西北临皖水。1981年文物普查时发现，2004年对全县先秦遗址调查时进行了复查，2009年5月第三次文物普查再次复查。

所处地带为河边高台地，高约7米，东为农田，东南为平畈、丘陵岗地，北为树林。遗址呈不规则形，东西长，南北宽，遗址原面积较大约10000平方米，在早年农田改造中，大部分被毁。现面积为1800平方米。地表现为荒地，遗物暴露较多，采集标本有夹砂红陶、印纹陶、夹砂灰陶等，纹饰有绳纹、凸弦纹等，可辨器形有罐口沿、鬲足等，遗址应为商周时期遗存（彩版一〇，1）。

遗址地接潜山县，与潜山县城梅城隔河相望，因潜山境内在春秋时期为古皖国，此处或可能与古皖国有渊源。

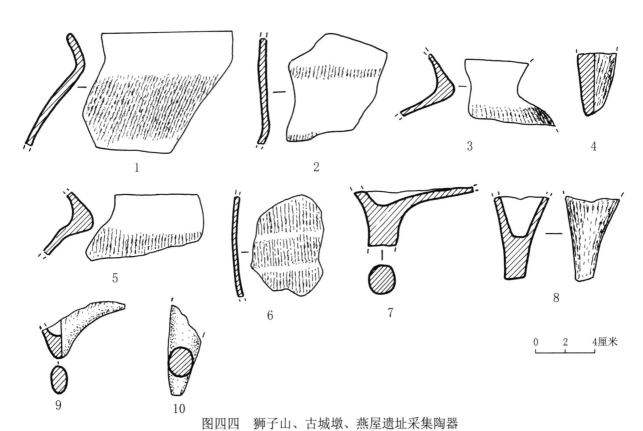

图四四　狮子山、古城墩、燕屋遗址采集陶器

1.罐口沿（狮采：3）　2.器口沿（燕采：4）　3.甗腰（古采：1）　4.鬲足（燕采：3）　5.甗腰（古采：2）
6.器腹片（古采：3）　7.鬲足（狮采：1）　8.鬲足（狮采：2）　9.鬲足（燕采：1）　10.鬲足（燕采：2）

商周遗物

瓢腰：古采：1，夹砂灰陶，手工制较粗，内壁有手指痕，侈口圆唇，束颈，溜肩，体饰绳纹。口径20厘米（图四四，3）。古采：2，夹砂红陶，外着黑色陶衣，侈口，溜肩，陶质松，呈片状剥落，腹饰绳纹（图四四，5）。

器腹片：古采：3，夹砂灰陶，饰弦断绳纹，弦纹是用宽0.3—0.4厘米的木棍在绳纹上抹平（图四四，6）。

（7）金盆架遗址

位于小市镇毛安村金盆组西南500米。1981年文物普查时发现并登录为两处遗址（金盆墩、师姑墩），1985年复查时发现，2004年对全县先秦遗址调查时进行了复查。2009年5月第三次文物普查再次复查。

所处地带为一河边台地，珠流河把遗址分为两部分，分别为东侧金盆墩和西侧师姑墩，二处遗址地理相接，隔河相望，从采集标本发现，属同一时期，应为同一聚落，故合二为一。两墩总面积9800平方米。地表现为耕地，现栽有树木。遗物暴露不多，有夹砂红陶片、红陶口沿、绳纹陶片、鬲足等，从标本分析，应属商周时期遗存（彩版一〇，2、3）。

（8）燕屋遗址

又称毛安村银墩遗址，位于怀宁县小市镇毛安村燕屋组西100米，北距丁家花屋200米，东北距八字隔水库4300米。1981年文物普查时发现，2004年对全县先秦遗址调查时进行了复查，2009年5月第三次文物普查再次复查。

所处地带为河边高台地，高约2米，东50米有一条南北向的引水河道，并有一条古河道在遗址的西侧经过，在遗址的东南方向相隔不远处为金盆架遗址。遗址呈近长方形，面积1600平方米，文化层厚约1～1.5米。地表现为耕地，遗物暴露较多，有鬲、鼎足、盆及残石器，并曾采集到一件完整鸟形器。陶片以夹砂灰陶居多，夹砂红陶次之，纹饰主要以绳纹为主，从遗物的特征来初步判断为商周时期遗存（彩版一〇，4、5）。

商周遗物

鬲足：燕采：1，夹砂红褐陶，外着褐黑色陶衣，火候低，陶质松，器体薄，乳状足，低档（图四四，9）。燕采：2，夹砂青灰陶，圆锥形，饰绳纹，尖足抹平。残高4厘米（图四四，10）。燕采：3，夹砂青灰陶，圆锥形，足尖微抹平，素面。残高6厘米（图四四，4）。

器口沿：燕采：4，夹砂灰陶，侈口，斜直腹，腹饰蓝纹（图四四，2）。

4. 清水河小流域

共调查发现5处，其中2处新石器遗址，3处商周遗址。

（1）黄龙遗址

原称为杨家嘴遗址，位于黄龙镇黄龙居委会杨家嘴，东距212省道700米，南为田畈，北为出水渠，西临皖水河道。1982年曾试掘，2004年对全县先秦遗址调查时进行复查，2009年10月第三次文物普查再次复查。

　　所处地带为皖水河畔的缓坡状岗地，南300米处有黄龙舌遗址，遗址呈长条形，面积14000平方米，现文化层厚1米左右。遗址现为圩区，解放后兴修堤坝时河堤压在部分遗址上，现在的河堤下即为遗址文化层最厚的地带，遗址其余部分现已开垦成田。遗物暴露较多，有夹砂红陶、夹砂灰陶、

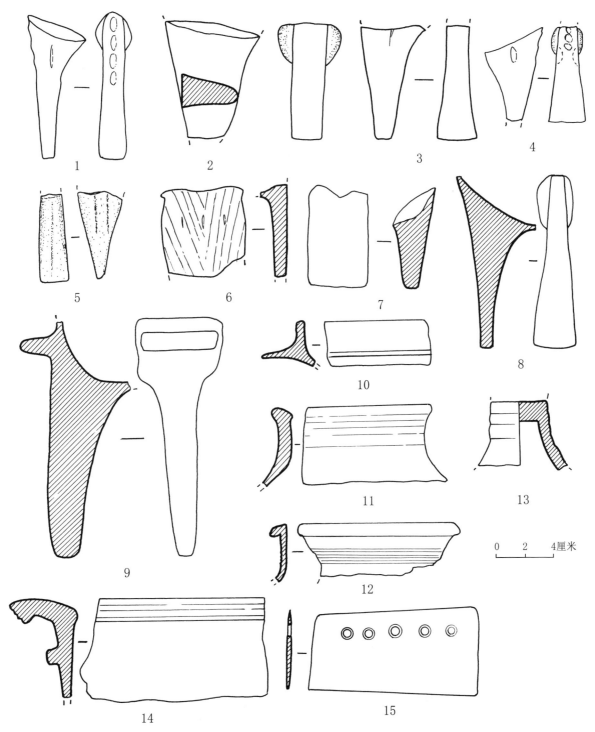

图四五　黄龙遗址采集陶器、石器

1.陶鼎足（黄采：1）　2.陶鼎足（黄采：2）　3.陶鼎足（黄采：3）　4.陶鼎足（黄采：4）　5.陶鼎足（黄采：5）　6.陶鼎足（黄采：6）　7.陶鼎足（黄采：8）　8.陶鼎足（黄采：7）　9.陶器把（黄采：9）　10.陶豆口沿（黄采：13）　11.陶罐口沿（黄采：10）　12.陶罐口沿（黄采：11）　13.陶豆柄（黄采：15）　14.陶盆口沿（黄采：12）　15.石刀（黄采：14）

泥质红陶，纹饰有附加堆纹、弦纹等。可辨器形有残纺轮、豆盘、鼎足等，从采集标本分析，应为新石器时代遗存，属薛家岗文化晚期，与薛家岗遗址相距不到10公里（彩版一一，1、2）。

此遗址发现于二十世纪七十年代，由于农田建设和水利兴修破坏了原有环境。1982年县文物管理所在省考古研究所的指导下对其进行了试掘，试掘面积50平方米，文化层共有三层，出土遗物有鼎、豆、盘、石锛、石簇、纺轮、网坠等，根据出土物分析为同一期文化[1]（彩版一一，3、4、5、6、7、8、9、10）。

新石器时代遗物

鼎足：黄采：1，夹砂灰红陶，侧面三角形，足尖呈锥状，侧面根部各有刻槽一道，背面按压斜长按窝数道（图四五，1）。黄采：2，夹砂红陶，侧面三角形，背长方形，抹光（图四五，2）。黄采：3，鸭嘴形，夹砂红陶，两侧面各饰刻槽一道（图四五，3）。黄采：4，夹砂红陶，两侧面饰眼形圆窝各一，背上部饰按压窝纹数个（图四五，4）。黄采：5，夹砂灰陶，素面，两侧各饰刻槽一道（图四五，5）。黄采：6，夹砂红陶，枫叶形，面刻叶脉纹（图四五，6）。黄采：7，夹砂红陶，长条形，剖面长三角形，素面（图四五，8）。黄采：8，夹砂红陶，侧扁，上饰长刻槽一道（图四五，7）。

器把：黄采：9，夹砂灰陶，外施黑衣，扁锥形，根下部按有方形挡手（图四五，9）。

罐口沿：黄采：10，夹砂灰陶，直颈溜肩，扁方唇，颈部饰弦纹数圈（图四五，11）。黄采：11，泥质灰陶，直颈，外卷沿，折肩，颈部饰凸弦纹数道（图四五，12）。

盆口沿：黄采：12，夹砂灰陶，直腹，口外折，宽卷沿，上饰饰凹弦纹四道，近口部饰宽凸弦纹一道（图四五，14）。

豆口沿：黄采：13，泥质灰陶，直口方唇，浅斜腹，外饰一道宽凸棱（图四五，10）。

另有历年采集品：

石刀：1件。黄采：14，青灰色粉砂质板岩，长梯形，体薄，刃部略宽于背部，背中部微凹，一字形横排5孔，四孔双面对钻，一孔单面钻。长24.8、宽12.2厘米（图四五，15）。

豆柄：黄采：15，夹砂灰陶，短圆柱形，上饰弦纹数圈，喇叭足（图四五，13）。

（2）黄龙舌遗址

位于黄龙镇黄龙居委会团结组西南200米，西距皖水150米，南有一小水塘，北临乡间小路，并有一东西向村路直通212省道。2009年第三次文物普查时发现。

所处地带为一河边高台地，东高西低，北150米处有黄龙遗址，遗址呈长方形，面积3000平方米，文化层厚2～3米。遗址地表现为耕地，遗物暴露较少，有附加堆纹陶片、夹砂红陶片、少量的红烧土块，另当地村民还采集到有石斧等石器。应属新石器时期遗存（彩版一二，1、2）。

（3）梅花寨遗址

位于清河乡清河社区清河组南150米，西紧临清桥组，北临东西向的清水河。1984年文物普查时发现，2004年对全县先秦遗址调查时进行了复查，2009年12月第三次文物普查再次复查。

所处地带为一河边长山冈，遗址呈不规则形，东西长南北窄，面积30000平方米。地表现为荒

---

[1] 许闻《怀宁黄龙新石器时代遗址试掘简报》，《文物研究》第二期，1986年。

地，长满杂草，栽有松树，临河边有少量菜地。遗物暴露较少，有夹砂红陶、灰陶片；可辨器形有罐口沿、圆锥状鼎足等；从标本形制分析，应为商周时期遗存（彩版一二，3、4）。

（4）南山嘴遗址

位于清河乡金桥村南山组西北500米，北距严丰圩80米，东南500米有一村村通水泥路直通212省道龙泉桥处，南为原南山陶瓷厂（现已废弃）。1988年文物普查时发现，2004年对全县先秦遗址调查时进行了复查，2009年12月第三次文物普查再次复查。

所处地带为一河边高岗地，西、北50米为清水河，遗址呈近三角形，面积400平方米。地表现为荒地，长满杂草。遗物暴露较少，为夹砂红陶片、石器坯料等。应为商周时期（彩版一二，5、6）。

（5）幼树墩遗址

位于黄龙镇康宁村郑桥组东500米，西距村村路水泥路600米。2009年10月第三次文物普查发现。

所处地带为一河边高台地，东、南、西三面环水，北面临田，遗址呈不规则形，面积5570平方米。遗址上原有砖窑厂（现已废弃），地表现为荒地，栽植有树木，遗物暴露较多，有大量印纹硬陶，应为商周时期遗存（彩版一二，7、8）。

5．八里湖小流域

调查发现1处，为商周遗址。

石库遗址

位于洪铺镇石库村吴燕组西北200米的田间，东南距村村通公路40米，西距石库中心河50米。1984年文物普查时发现，2004年进行了复查，2008年7月第三次文物普查再次复查。

所处地带为一田间土墩，地势平坦，遗址呈近长方形，东西长，南北窄，面积1084平方米，文化层厚约1米左右。现土墩四周被石块用水泥围筑，地表为荒地，长满杂草，部分被开垦为田地。遗物暴露较多，有夹砂黑衣红陶片、夹砂灰陶口沿、绳纹黑衣红陶片、夹砂红陶鬲足等。应属商周时期（彩版一三，1、2）。

商周遗物

器口沿：石采：1夹砂灰陶，圆唇侈口，腹饰绳纹（图四六，1）。

鬲足：石采：2夹砂红陶，足尖残饰绳纹（图四六，7）。

6．七里湖小流域

调查发现1处，为商周遗址。

旺山遗址

又称师姑墩遗址，位于江镇镇联山村旺山组，南临皖河外滩，外滩南为皖河，东临联山排灌站，西距洪平公路1公里。1985年文物普查时发现，2004年进行了复查，2008年6月第三次文物普查再次复查。

所处地带为一河边高地，高约7米，与河堤坝相连，大联圩村路由东向西穿遗址而过，遗址呈不规则长方形，面积12000米，灰土层厚约2米。遗址上现有联山村堤委会房屋一座，地表为荒地，有

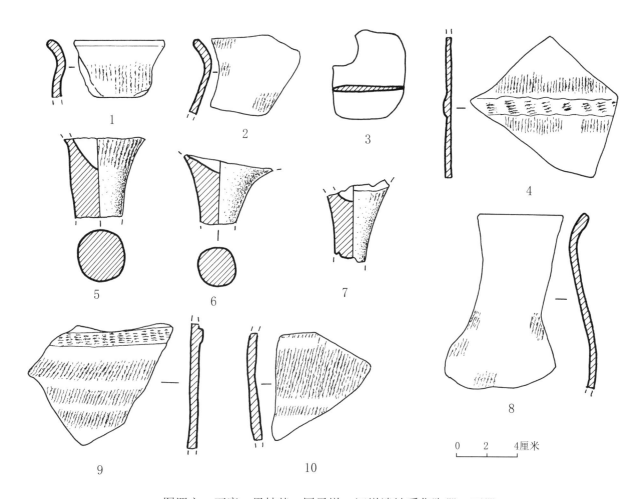

图四六　石库、思姑基、国灵墩、汪墩遗址采集陶器、石器

1.陶器口沿（石采：1）　2.陶鬲口沿（国采：3）　3.石刀（思采：1）　4.陶盆腹片（国采：4）　5.陶鬲足（国采：1）　6.陶鬲足（汪采：1）　7.陶鬲足（石采：2）　8.陶鬲口沿（国采：2）　9.陶腹片（汪采：2）　10.陶罐腹片（国采：5）

树木以及大量杂草。遗物暴露较少，有陶器口沿等。应属商周时期（彩版一三，3、4）。

7．皖水小流域

（1）共调查发现5处，为商周遗址。

思姑基遗址

旧名思姑基，位于平山镇岗山村车形组南150米，西距潜河200米，东临一简易小路直通村部及大洼至油坝乡公路。1985年文物普查时发现，2004年对全县先秦遗址调查时进行了复查，2009年10月第三次文物普查再次复查。

所处地带为一西洋圩内高墩，高约6米，处在三河汇流处的东岸。早年平整农田，使遗址部分被挖，顶部被平整。遗址呈不规则形，面积31000平方米。地表现为洼地，开垦有田地，并长有杂草。遗物暴露较多，有夹砂灰陶、红陶居多，少量石器、泥质陶，纹饰绳纹居多，有少量的弦纹、附加堆纹，器形有罐口沿、鬲足、鼎足等，此遗址应为商周时期遗存（彩版一三，5、6）。

商周遗物

石刀　1件。思采：1，青灰色，正方形，为残石铲改制，残留石铲半孔（图四六，3）。

（2）国灵墩遗址

位于平山镇鸣凤村朱屋西100米,胜天圩内,四面环田,东、西各有一村路直通大洼公路,东20米为朱家塘。1985年文物普查时发现并登录,2004年对全县先秦遗址调查时进行了复查,2009年10月第三次文物普查再次复查。

所处地带为圩内高台地,高约3米,遗址呈不规则形,南北长,东西窄,面积1048平方米。地表现为荒地,少量开垦为菜地,并有大量芭茅。遗物暴露较多,多为鬲器残片和盆残片,有绳纹夹砂红陶片,夹砂灰陶口沿等,从标本形制分析,应为商周时期遗存(彩版一三,7、8)。

商周遗物

鬲足:国采:1,夹砂红陶,圆锥形,实足较高,形体较粗(图四六,5)。

鬲口沿:国采:2,夹砂灰褐陶,手工制作,较粗,手指按压窝清晰。侈口,圆唇,束颈,溜肩微弧腹,腹饰弦纹,颈部素面,口径13厘米(图四六,8)。国采:3,夹砂红褐陶,外黑衣,侈口圆唇,通体饰绳纹。口径27厘米(图四六,2)。

盆腹片:国采:4,夹砂灰陶,直腹,饰绳纹,中饰一道附加堆纹按压绳纹(图四六,4)。

罐腹片:国采:5,夹砂灰陶,通体弦断绳纹(图四六,10)。

(3)汪墩遗址

又称安山村乌龟墩遗址,位于腊树镇安山村汪墩村民组,南距邱桥组340米,西临汪墩塘,东北距长河300米,东南200米有一南北向的村路,北与潜山县交界。1984年文物查时发现,2004年对全县先秦遗址调查时进行了复查,2009年3月第三次文物普查再次复查。

所处地带为一河边高台地,高约4.5米,遗址西边200处有窑山遗址。遗址呈不规则形,面积约4200平方米。地表现全部开垦为田地,并栽有少量树。遗物暴露较多,有夹砂红陶、灰陶片,纹饰有绳纹等。可辨器形有罐口沿、鬲足等,此遗址应为商周时期遗存(彩版一〇,6)。

商周遗物

鬲足:汪采:1,夹砂灰陶,圆锥形,高实足,素面(图四六,6)。

腹片:汪采:2,夹砂白灰陶,通体弦断绳纹,并饰有附加堆纹按压绳纹一周(图四六,9)。

(4)邱墩遗址

又称师姑庵遗址,位于腊树镇安山村邱墩村民组的西稻场,北距长河河堤200米,西距邱桥组380米。1984年文物普查时发现,2004年对全县先秦遗址调查时进行了复查,2009年3月第三次文物普查再次复查。

所处地带为一河边台地,遗址呈不规则形,面积2184平方米。遗址现为邱墩组稻场,四周栽有树。遗物暴露较多,有夹砂红陶鬲足、附加堆纹红陶片、绳纹黑衣红陶片等,时代应为商周时期(彩版一〇,7、8)。

(5)窑山遗址

位于腊树镇安山村产家老屋组西北400米,东南临刘家湖,西北距马王山300米。1984年文物普查时发现,2004年对全县先秦遗址调查时进行了复查,2009年3月第三次文物普查再次复查。

所处地带为一河边岗地,西北高东南低,三面环田,一面临湖,遗址呈不规则形,面积12000平方米。遗址上全部开垦为田地.采集标本较少,有夹砂陶片、鬲足、残石器等,时代应为商周时期(彩版一四,1、2)。

8．麻塘湖小流域

共调查发现5处，其中3处新石器遗址， 2处商周遗址。

（1）狮山遗址

位于腊树镇山湖村狮山脚西，邹老屋东100米，北临长河。1984年文物普查时发现，2004年对全县先秦遗址调查时进行了复查，2009年4月第三次文物普查再次复查。

遗址为怀宁与潜山县交界处，与潜山隔长河相望，所处地带为一洼地，比较平坦，遗址呈近正方形，面积20000平方米。地表现为荒地。遗物暴露较少，有夹砂红陶片、鼎足等，时代应为新石器时代，属薛家岗文化（彩版一四，3、4）。

（2）八一村遗址

位于腊树镇八一村五新村民组、前进村民组。遗址分别位于五新组金龙岭和前进组蔡屋，两者相隔不足100米，文化堆积相同，为同一时期的文化，因而合并为一处。东边有一南北向的八一村水泥路。1984年文物普查时发现，2004年对全县先秦遗址调查时进行了复查，2009年3月第三次文物普查再次复查。

所处地带为一河边高岗，总面积17000平方米，文化层厚约1～1.5米。地表开垦有田地。遗物暴露遗较多，有夹砂红陶、夹砂灰陶、泥制红陶等。纹饰有弦纹等，可辨器形有罐口沿、鼎足、豆盘、石锛、豆把、器底等，多夹砂陶，少量泥质陶，纹饰有蓝纹、附加堆纹、镂孔、刻划纹、弦纹等，时代应为新石器时代。历年调查采集的标本表明这里的石器磨制精细，且多为小型器，有铲、锛、镞等；陶器大多为夹砂红陶，大部分为宽扁足鼎，并有长颈红陶鬶，个别商周鬲足（彩版一四，5、6）。

新石器时代遗物：

鼎足：八采：1，夹砂红陶，鸭嘴形，侧面各刻槽沟一道，断面椭圆形，质较松（图四七，14）。八采：2，夹砂红陶，鸭嘴形，侧面三角形并各刻槽沟一道（图四七，11）。八采：3，夹砂红陶，鸭嘴形，侧面各刻槽沟一道。残高6厘米（图四七，8）。八采：4，夹砂红陶，鸭嘴形。正面残高6厘米（图四七，15）。八采：5，夹砂红陶，素面（图四七，2）。八采：6，夹砂灰陶（图四七，12）。八采：7，夹砂灰红陶，侧扁形，侧面各刻有叶脉纹，正面按压窝纹。残高4厘米（图四七，10）。

盆口沿：八采：8，泥质灰褐陶，敛口，圆唇，外起一圈凸沿，斜直腹，素面（图四七，5）。

口沿：八采：9，泥质白灰陶，外饰一层黑衣，敛口，外起一圈折痕，方唇（图四七，16）。

豆把：八采：10，泥质灰红陶，上饰镂孔（图四七，6）。八采：11，夹细沙灰红陶，拼饰刻划纹（图四七，9）。

器腹片：八采：12，夹砂红陶，质松，厚1厘米，饰弦纹数道（图四七，7）；八采：13，夹砂红陶，黑衣陶，上饰凸弦纹和附加堆纹，按压纹（图四七，3）。

石镞：八采：14，青黑色，质坚硬，柳叶形，背凸起，断面棱形（图四七，4）。

历年采集品：

石钺：1件。八采：16，磨制，单孔，双面钻，刃部凸起，顶平。长12、宽8、厚1.6厘米（图四七，1）。

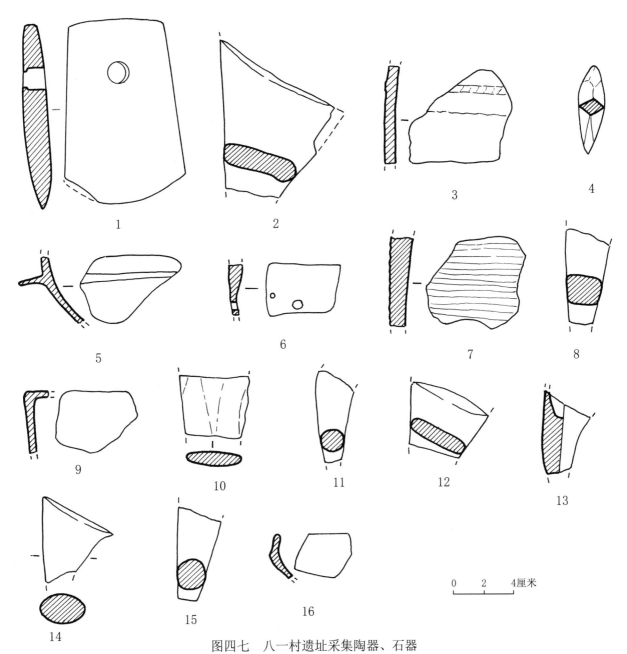

图四七　八一村遗址采集陶器、石器

1.石钺（八采：16）　2.陶鼎足（八采：5）　3.陶器腹片（八采：13）　4.石镞（八采：14）　5.陶盆口沿（八采：8）
6.陶豆把（八采：10）　7.陶器腹片（八采：12）　8.陶鼎足（八采：3）　9.陶豆把（八采：11）　10.陶鼎足（八采：7）
11.陶鼎足（八采：2）　12.陶鼎足（八采：6）　13.陶鬲足（八采：15）　14.陶鼎足（八采：1）
15.陶鼎足（八采：4）　16.陶器口沿（八采：9）

鬲足：八采：15，夹砂红陶，圆锥体，三角形，实足高（图四七，13）。

（3）朱山嘴遗址

位于石牌镇永固村朱屋组的山冈上，北100米为普净寺。1985年文物普查时发现，2004年对全县先秦遗址调查时进行了复查，2009年4月第三次文物普查再次复查。

遗址是在皖水、潜水、长河三流会合处，所处地带为古河道边山冈，高约8米，东有一条南北向

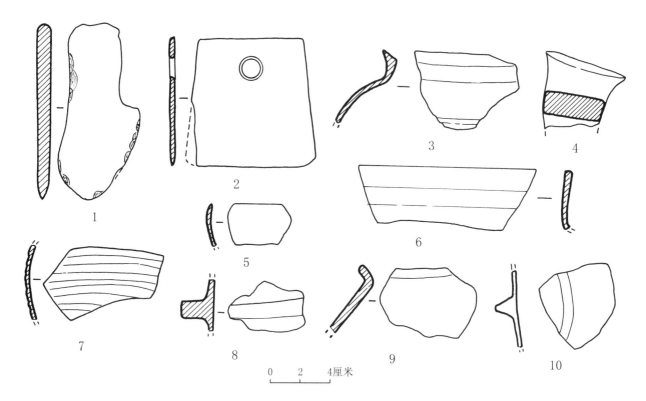

图四八　朱山嘴、邬家庄遗址采集陶器、石器

1.石刀（朱采：7）　2.石钺（朱采：8）　3.陶罐口沿（邬采：1）　4.陶鼎足（朱采：1）　5.陶豆盘（朱采：4）　6.陶罐口沿
（朱采：3）　7.陶器腹片（邬采：2）　8.陶器腹片（朱采：5）　9.陶罐口沿（朱采：2）　10.陶罐底（朱采：6）

的古河道，面积约30000平方米，文化层厚约1米。现为居民区。采集标本较多，有大块红烧土，标本有鸭嘴形鼎足、锥形鼎足、罐口沿、凸弦纹陶片、泥质陶豆盘等，时代应为新石器时期的文化遗存。属薛家岗文化。另历年调查采集的标本有鸭嘴和三角形鼎足，器口沿、器底及腹片，陶质有夹砂红陶、泥质红陶、泥质灰陶。石器有钺、石刀（彩版一四，7、8）。

新石器时代遗物

鼎足：朱采：1，夹砂红陶，陶质松，火候低，侧面像鼻形，正面长圆形，素面（图四八，4）。

罐口沿：朱采：2，泥质灰陶，侈口，圆唇，溜肩，素面（图四八，9）；朱采：3，泥质红陶，黑衣陶，直口平唇，束颈。口径26厘米（图四八，6）。

豆盘：朱采：4，泥质红陶，圆唇，敛口（图四八，5）。

器腹片：朱采：5，夹砂红陶，中起一圈长方凸棱（图四八，8）。

罐底：朱采：6，泥质灰陶，球腹，圈足，胎体较薄（图四八，10）。

历年采集品：

石刀：1件。朱采：7，灰色，器表保留部分打制疤痕，背脊微弧，双面刃，两面磨光，刃首方形，刃部微弧。长11.6厘米（图四八，1）。

石钺：1件。朱采：8，青色，大孔，双面钻，体薄，刃纯，磨制较细（图四八，2）。

（4）邬家庄遗址

位于石牌镇邵墩村胡家墩，西紧临怀太公路。1984年文物普查发现并登录，2004年对全县先秦遗址调查时进行了复查，2009年4月第三次文物普查再次复查。

所处地带为一高岗地，西高东低，遗址东、北均为农田，西南为邵塅村工业园。遗址呈不规则形，面积11506平方米。遗址为居民区，建有房屋，部分被取土用掉。遗物暴露较多，有大量印纹硬陶片，可辨器形有罐口沿、器底等，从采集标本判断，应为商周时期的遗存。（彩版一五，1、2）

商周遗物

罐口：邬采：1，夹砂红陶，束颈，丰肩，双唇，肩下饰凹弦纹（图四八，3）。

腹片：邬采：2，夹砂红陶，上饰凹弦纹数道（图四八，7）。

（5）仓盐墩遗址

位于石牌镇保湖村陈家墩东100米，万全电灌站南400米，西200米为西堤。1985年文物普查时发现，2004年对全县先秦遗址调查时进行了复查，2009年4月第三次文物普查再次复查。

所处地带原为湖中长方形台地，现高约1~2米。当地村民曾在遗址上搭台唱戏。遗址现呈不规则形，面积3600平方米，文化层厚约1.5米。现全部开垦为油菜地。遗物暴露较多，有夹砂红陶片、夹砂灰陶片、印纹硬陶等，多夹砂灰陶、红陶，纹饰有附加堆纹、弦断绳纹等，可辨器形有鼎足、

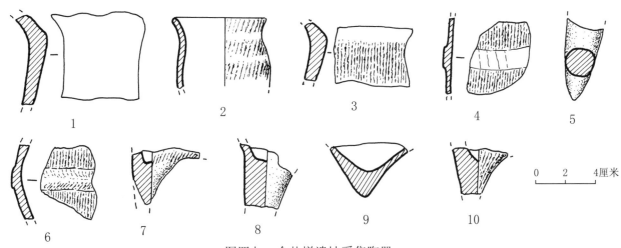

图四九　仓盐墩遗址采集陶器

1. 甗腰（仓采：8）　2. 鬲口沿（仓采：6）　3. 甗腰（仓采：7）　4. 腹片（仓采：9）　5. 鼎足（仓采：2）
6. 腹片（仓采：10）　7. 鬲足（仓采：3）　8. 鼎足（仓采：1）　9. 鬲足（仓采：4）　10. 鬲足（仓采：5）

罐口沿、鬲足等，从采集标本来判断，应为商周时期遗存（彩版一五，3、4）。

商周遗物

鼎足：仓采：1，夹粗沙红褐陶，圆锥足，素面（图四九，8）。仓采：2，夹砂白灰陶，圆锥形。残高5.5厘米（图四九，5）。

鬲足：仓采：3，夹砂白灰陶，火候高，剖面椭圆形，足根上部饰绳纹，实足较高（图四九，7）。仓采：4，夹砂白灰陶，圆锥形，乳状足，上饰绳纹（图四九，9）。仓采：5，夹砂白灰陶，圆锥形，足素面，根上部饰绳纹，实足高，裆稍平（图四九，10）。

鬲口沿：仓采：6，夹砂灰褐陶，侈口，圆唇，斜直腹，饰绳纹（图四九，2）。

甗腰：仓采：7，夹砂红褐陶，侈口，厚折沿，沿口以下饰竖绳纹（图四九，3）。仓采：8，夹

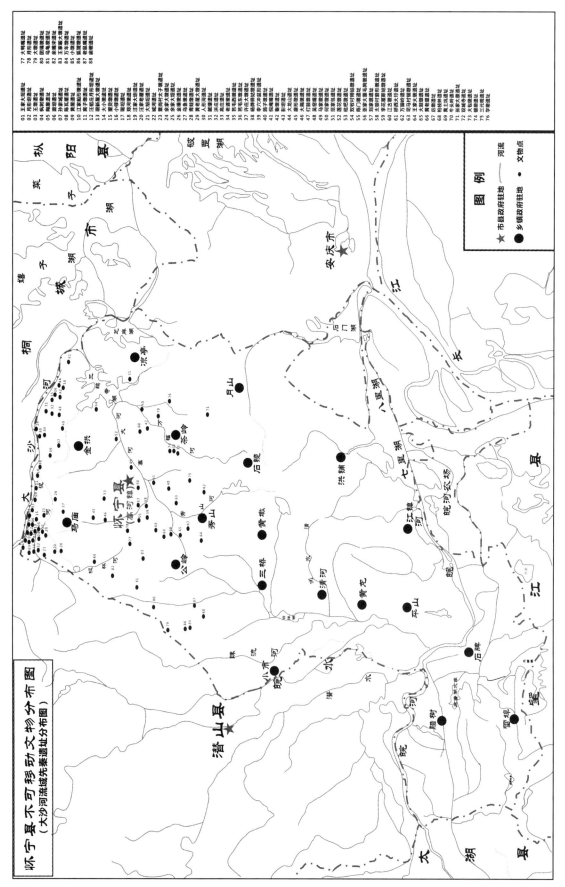

图五〇　大沙河流域先秦遗址分布示意图

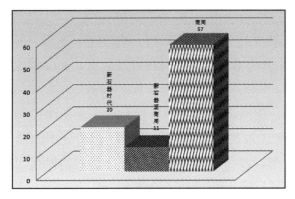

图五一 怀宁县大沙河流域先秦遗址统计图

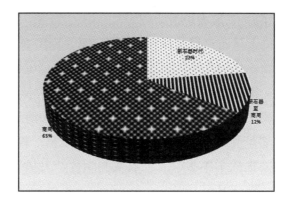

图五二 怀宁县大沙河流域先秦遗址统计图

砂灰褐陶，侈口，厚折沿，唇上有压印绳纹，通体饰细绳纹（图四九，1）。

腹片：仓采：9，夹砂灰褐陶，直腹，上饰附加堆纹按压窝纹一周（图四九，4）。仓采：10，夹砂白灰陶，腹微弧，通体绳纹，最大腹径处饰附加堆纹绳纹一周（图四九，6）。

（二）大沙河流域先秦遗址

大沙河流域的地形地貌主要以圩畈、丘陵岗地地区为主。周边多湖泊，支流较多，地势呈南高北低，县内属该流域的共有七个乡镇，分别是马庙镇、金拱镇、高河镇、茶岭镇、公岭镇、秀山乡和凉亭乡。临近大沙河的马庙镇和金拱镇的大部分为圩畈地区。大沙河干流为怀宁和桐城的界河，河的南岸属怀宁县境，可分为育儿河、泥河、高河大河、人形河、枫林河、万福河、秀山河等小流域。

经过调查，在县内的大沙河流域共发现先秦遗址88处，其中新石器遗址20处、新石器--商周遗址11处、商周遗址57处（图五〇、五一、五二；附表七）。先秦遗址主要分布于大沙河南岸的圩畈地区，以育儿河和人形河小流域为多，别的支流遗址分布较少。大沙河流域诸小流域先秦遗址数量如表五所示（附表五）。越靠近大沙河，周边的遗址越多，特别是沿大沙河南岸一带（东西向长廊）的圩畈地区，先秦遗址分布比较密集和有规律，几乎平均每隔300米左右就有一处遗址，有的甚至只隔100余米。西部遗址密度大，而东部遗址较少。从遗址数量来看，大沙河流域的先秦遗址数量远远多于皖河流域。

从分布的地理特点看，新石器时代遗址多属岗地型，南部山区较少，北部平畈和低缓岗地多。文化面貌以薛家岗文化和张四墩类型为主，并发现了少量早于薛家岗文化的遗存。采集标本主要以夹砂红陶为主，有一定数量的泥质陶和残石器，器形有鼎、鬶、豆等。商周时期的遗址很多，主要是临近河流的高土墩和岗地。有部分的遗址发现有红烧土堆积。采集的标本以夹砂灰陶居多，红陶次之，有印纹硬陶。纹饰主要以绳纹、附加堆纹为主。器形主要有罐、鬲、盆等。

下面按照遗址所属的小流域对此88处先秦遗址进行简单的介绍，并从中选择 42处遗址详介。

1.育儿河小流域

共调查发现先秦遗址19处，其中7处新石器遗址，2处新石器—商周遗址，10处商周遗址。

（1）王家大坦遗址

位于马庙镇育儿村方井组北50米，南距育儿--金拱公路50米，北距大沙河250米。东南、西各有一水塘。1984年文物普查时发现并登录。2004年对全县先秦遗址调查时进行了复查，2008年第三次全国文物普查时再次进行了复查。

遗址地处圩畈地区，地势平坦，为一河边岗地，中间高四周低。呈近圆形，面积约1300平方米。遗址上现开垦有旱地，现代坟若干，栽有杂树，东20米为月形坦遗址，两遗址中间隔有田地。采集标本不多，有红衣灰胎陶片、夹砂红陶片等，纹饰有绳纹。时代应为新石器时代（彩版一五，5、6）。

（2）月形坦遗址

位于马庙镇育儿村方井组北50米，南距金拱—育儿村水泥路50米，东南、西各临一水塘，北距大沙河250米。1984年文物普查时发现并登录。2004年对全县先秦遗址调查时进行了复查，2008年第三次全国文物普查时再次进行了复查。

地处圩畈地区，地势平坦。遗址为一河边岗地，呈不规则形，面积约2100平方米。表面高低起伏，开垦有田地，有现代坟若干。采集标本较少，以夹砂灰陶居多，纹饰以绳纹为主，可辨器形有罐口沿、鬲足等。时代应为新石器时代（彩版一五，7）。

罐口沿：月采：1，夹砂灰陶，敛口，尖唇，口沿下及颈下饰有绳纹（图五三，6）。

鬲足：月采：2，夹砂灰陶，柱状足，足身饰有绳纹，残高4厘米（图五三，9）。

（3）王墩遗址

位于马庙镇育儿村王家老屋西50米，北距育儿—金拱村村通水泥路150米，西距209省道700米，东、南各临一水塘。1984年文物普查时发现并登录。2004年对全县先秦遗址调查时进行了复查，2008年第三次全国文物普查时再次进行了复查。

遗址地处圩畈地区，两面环田，两面临水，四周地势平坦，为一河边岗地，呈不规则形，面积约1100平方米。现开垦有大片田地，并有现代坟1座。采集标本较少，有夹砂红陶片、夹砂灰陶片、夹砂黑衣红陶片等，纹饰有凸弦纹等，可辨器形有罐口沿等。时代应为新石器时代（彩版一五，8）。

罐口沿：王采：1，夹砂灰陶，侈口，卷沿，素面（图五三，5）。王采：2，夹砂红陶，敛口，圆唇，素面（图五三，2）。

（4）枫树墩遗址

位于马庙镇育儿村前进组东10米，南距育儿—金拱水泥路300米，西距209省道安潜段400米，西临一水塘，另三面环田。东北距大沙河150米。1984年文物普查时发现并登录，2004年对全县先秦遗址调查时进行了复查。2008年第三次全国文物普查时再次进行了复查。

遗址地处圩畈地区的低矮岗地上，地势较平坦，东部稍有起伏，呈不规则长条形，面积约1200平方米。采集标本不多，有夹砂红陶、灰陶片、灰褐陶片等，发现有红烧土块以及颗粒。从包含物分析判断，此遗址应为新石器时代（彩版一六，1）。

（5）陶屋遗址

位于马庙镇育儿村东风组北270米，东距陶屋40米，西紧临一芯板厂，有一小路直通金拱—育儿水泥路，西北有一水塘。2009年第三次全国文物普查时发现并登录。

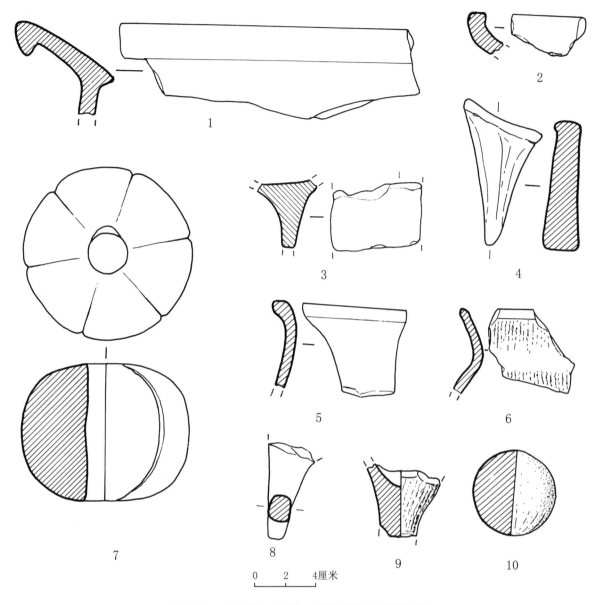

图五三 月形坦、王墩、孙家城遗址采集陶器

1.罐口沿（孙采：1） 2.罐口沿（王采：2） 3.鼎足（孙采：5） 4.鼎足（孙采：2） 5.罐口沿（王采：1）
6.罐口沿（月采：1） 7.网坠（孙采：6） 8.鬲足（孙采：3） 9.鬲足（月采：2） 10.陶球（孙采：4）

遗址地处圩畈地区，地势南高北低，位于平缓山冈上，呈不规则形，西北长而东南窄，面积约2000平方米，表面起伏不平，开垦有旱地，并栽有树林。采集标本较少，以夹砂红陶居多，可辨器形有侧装鼎足等，时代应为新石器时代，属张四墩类型[1]。

（6）面坦遗址

位于马庙镇育儿村大河组，北距朱老屋100米，南距育儿—金拱水泥路130米，2009年第三次全国文物普查时发现并登录。

遗址地处圩畈地区，为一高墩，三面环田，一面临水塘，呈近圆形，面积约1100平方米，高出

[1] 大沙河流域部分遗址所缺标本照片和器物图，将出现在本文第四章第一节《大沙河流域区域系统调查研究》中。

四周约2米。现上开垦有旱地，并栽有树木。采集标本较丰富，有夹砂红陶鼎足，黑衣红陶片，石锛等。从采集标本来分析，此遗址应为新石器时代遗存。

（7）黄屋遗址

位于马庙镇郑河村幸福组，东临村村通水泥路，南300米为一村通水泥路与东临水泥路相通，东北10米为大沙河，隔大沙河与桐城市青草镇相望，西200米为孙家城遗址，东有离子墩遗址。1984年文物普查发现并登录。2004年对全县先秦遗址调查时进行了复查。2008年第三次全国文物普查时再次进行了复查。

遗址地处圩畈地区，地势稍有起伏。为一河边岗地，呈不规则形，面积约21600平方米，遗址上建有民宅，开耕有田地，栽有树以及竹林，文化层厚约0.6米。采集标本有夹砂红陶、泥制褐陶片等，纹饰多素面，可辨器形有鼎足、罐口沿等。时代应为新石器时代。

（8）孙家城遗址

位于马庙镇粟岗村孙城屋和费屋村民组，北临大沙河，距桐城县境仅一河之隔，南距育儿—金拱水泥路约200米，1984年文物普查时发现并登录，2003—2006年省文物考古研究所多次复查并局部钻探，2008年第三次全国文物普查时再次进行了复查。

遗址位于大沙河南岸的平畈地带，地势较为平坦，海拔28米左右，周边有土垣，大致呈圆角长方形，东、南、西三面大体保存完好，高约1～3米，东北角、西北角及北面被毁，现存外圈面积约25万平方米。遗址上除两个村民组居住外，大多数为水田，沿大沙河部位多为杂草树木。2007年、2008年由省文物考古研究所进行了两次发掘[1]，发掘面积约600平方米，证实土垣为新石器时代的本地张四墩类型时期，距今4500年左右，略晚于薛家岗文化；遗址各区域的文化堆积都较为丰富，一般厚1—2米，局部厚达3米左右。在费屋地点还发现了早于薛家岗文化的孙家城一期、二期文化，年代约距今5800—5500年左右；在遗址的多处地点均发现了薛家岗文化和张四墩类型的文化堆积，以及商周时期堆积，少数地点另有汉—六朝的文化堆积。是目前安徽省西南部发现的面积最大、延续时间最长、文化序列最完整的一处遗址（彩版一六，2）。

孙家城一期、二期文化以大量彩绘陶为特点，陶器多罐形、釜形鼎，以夹植物（炭）陶为主，与北阴阳营和崧泽文化较为接近；而张四墩类型的灰坑多呈长条形、圆形，陶器多鼎、鬶、罐、壶、杯等，鼎以篮纹、侧装三角形足为特征，与石家河文化相对接近，并具有较多淮河流域文化因素。不同时期的文化趋向性体现了地处文化交汇地带的文化变迁的多元复杂性（彩版一六，3、4）。

孙家城城址是目前长江下游地区除良渚古城外仅有的另一个新石器时代城址。遗址的早期遗存为寻找薛家岗文化的来源提供了明确的线索，城址及丰富的张四墩类型遗存对探讨本地薛家岗文化之后的衰落以及淮河中游、长江中游和下游三者之间原始文化的关系具有十分重要的意义（彩版一六、5）。

该遗址的发掘成为入围"2007年度全国十大考古新发现"终评的24个项目之一，并入选国家文物局主编的《2008全国重要考古发现》一书中。

---

[1] 朔知《安徽怀宁孙家城遗址发现新石器时代城址》，《中国文物报》2008年2月15日第2版；朔知、金晓春《安徽怀宁孙家城遗址第二次发掘主要收获》，《中国文物报》2009年4月17日第4版；国家文物局主编《2008全国重要考古发现》，文物出版社，2009年3月。

新石器时代遗物

鼎足：孙采：2，夹砂红褐陶，鸭嘴状足，素面，高约9.5厘米（图五三，4）。孙采：5，泥质灰陶，侧装扁平足，素面，残高4厘米（图五三，3）。

陶球：孙采：4，泥质黑陶，球身上有凹弦纹，呈放射状。圆形直径2.8厘米（图五三，10）。

罐口沿：孙采：1，夹砂灰陶，侈口，卷沿，素面（图五三，1）。

商周遗物

鬲足：孙采：3，夹砂红陶，素面，残高6厘米（图五三，8）。

网坠：孙采：6，石制，呈南瓜状，中间有孔，有六道凹弦纹，外径11、内孔径3.2、通高8.7厘米（图五三，7）。

（9）陈瓦屋遗址

位于马庙镇育儿村长塘组东北，北距大沙河150米，东南距金拱—育儿村村通水泥路300米，东、西临水塘，南、北环田，遗址上有一废弃的养猪场。2009年第三次全国文物普查时发现并登录。

遗址地处圩畈地区，四周平坦低洼，略有起伏，为一河边岗地，呈不规则形，面积约3700平方米，墩高约2米，上面大部分为树林。在遗址东北边临水塘处发现有剖面，并发现灰坑1个，灰坑中采集标本有夹碳红陶，夹砂红陶片等；遗址文化层上采集有夹砂红陶片等。时代应为新石器—商周时期。

（10）江家船形墩遗址

位于马庙镇泥河村黄屋组西南200米，东北距大沙河500米，东北100米有育儿--金拱村路，北距泥河村部200米，西距泥河小学250米，东南临一水塘。1984年文物普查发现并登录。2004年对全县先秦遗址调查时进行了复查，2008年第三次全国文物普查时再次进行了复查。

遗址地处圩畈地区，地势平坦，为一田间高墩，呈船形，面积约6000平方米，墩高约3米。现开垦为大片田地，遗址东北高西南低，中部微凹。采集标本较多，有夹砂红陶、灰陶片、黑衣红陶片

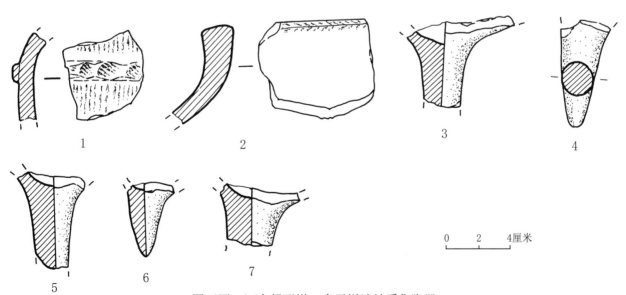

图五四　江家船形墩、离子墩遗址采集陶器

1.器腹片（离采：1）　2.罐口沿（江采：1）　3.鬲足（离采：2）　4.鬲足（离采：3）
5.鬲足（江采：3）　6.鬲足（江采：2）　7.鬲足（江采：4）

等，纹饰有绳纹，可辨器形有罐口沿、鬲足等。时代应为商周时期（彩版一六，6、7）。

罐口沿：江采：1，夹砂灰陶，侈口，方唇，口沿饰有绳纹，颈下素面（图五四，2）。

鬲足：江采：2，夹砂红褐陶，尖锥状实足，足身素面，残高4.4厘米（图五四，6）。江采：3，夹砂红陶，足身饰有少量绳纹，残高5.6厘米（图五四，5）。江采：4，夹砂红陶，柱状实足，足身素面，残高3.4厘米（图五四，7）。

（11）离子墩遗址

位于马庙镇泥河村团结组东20米，南距育儿--金拱水泥路20米，北距大沙河50米。北与桐城市境相望，遗址东、南、西边临水塘，北面临田。1984年文物普查发现并登录。2004年对全县先秦遗址调查时进行了复查，2008年第三次全国文物普查时再次进行了复查。

遗址地处圩畈地区，地势南高北低，为一河边高墩，呈近圆形，面积约11000平方米。现开垦有大片田地，有现代坟若干，栽有杂树。采集标本较多，有夹砂红陶片、夹砂灰陶片、夹砂黑衣红陶片等，纹饰有绳纹、附加堆纹等，可辨器形有鬲足、罐口沿、器底等。时代应为商周时期（彩版一七，1、2）。

腹片：离采：1，夹砂灰陶，上饰附加堆纹，堆纹上滚压饰绳纹，器身饰绳纹（图五四，1）。

鬲足：离采：2，夹砂红陶，足身素面，残高4.4厘米（图五四，3）。离采：3，夹砂红陶，锥状实足，足身饰有少量绳纹，残高6.2厘米（图五四，4）。

（12）汪祖庄月形坦遗址

位于马庙镇育儿村汪祖庄北336米，东北距大沙河300米，东南距琚新屋100米，西北有古河道直通大沙河，南距金拱—育儿村村通水泥路400米。2009年第三次全国文物普查时发现并登录。

遗址地处大沙河南岸的圩畈地区，地势西北高东南低，略呈缓坡，为一河边高墩，呈不规则形，西北高东南低，东西长，南北窄，高出四周田地约3.2米，面积约4000平方米。大部分开垦为田地，并有少量现代坟。采集标本较多，有夹砂红陶，夹砂灰陶，纹饰有附加堆纹，绳纹等，可辨器形有鬲足，器底、罐口沿等，时代应为商周时期（彩版一六，8）。

（13）琚新屋大墩遗址

位于马庙镇育儿村前进组北150米，西南60米为汪祖庄月形坦遗址，两遗址时代相同，北距大沙河100米，遗址北部，大沙河北岸为潜山县界，南距村村通水泥路（金拱—育儿）450米，西有一古河道直通大沙河，四周均为农田，2009年第三次全国文物普查时发现并登录。

遗址地处圩畈地区，为一河边高墩，呈近长方形，面积约3600平方米，东西长南北窄，现上大部开垦为旱地，并栽有少量树林，高出四周田地约3.2米，遗址采集标本较丰富，标本夹砂红陶居多，夹砂灰陶次之，另有少量的黑衣红陶片等，纹饰以绳纹居多，可辨器形有罐口沿，鬲足等。时代应为商周时期。

（14）大小墩遗址

位于马庙镇育儿村大河组，南距朱老屋30米，北距大沙河30米。遗址所在地距金拱—育儿村路260米，地势平坦低洼，2009年第三次全国文物普查时发现并登录。

遗址地处圩畈地区，遗址为南、北相邻的两个高墩，一大一小，大小墩相隔10米，大墩在南，小墩在北，遗址四周均为农田，遗址总面积约2500平方米。现上开垦有旱地，大墩上现有电线杆一根。大墩遗址呈长方形，面积约2千平方米，小墩遗址呈圆形，原先较大，因农田改造时被挖，上面长满杂草，当地人在上面耕作，周围是农田，在遗址的断面上发现陶片，初步断定为商周时期。

（15）望货墩遗址

位于马庙镇育儿村夏榜组东北100米，离育儿—金拱水泥路只有200米，大沙河南岸200米，西南20米有一水塘，四周环田，地势略有起伏，2009年第三次全国文物普查时发现并登录。

遗址地处圩畈地区，遗址呈不规则形，现上开垦有旱地，并栽有竹子及树木。高出四周田地约3米，面积约1600平方米，采集标本较少，有夹砂红陶片，可辨器形有鬲足、罐口沿等，时代应为商周时期。

（16）小樟墩遗址

位于马庙镇育儿村王家老屋西南150米，西距209省道100米，北距金拱—育儿路120米，2009年第三次全国文物普查时发现并登录。

遗址为一田间高墩，呈近圆形，面积约500平方米，现上全部开垦为旱地，并栽有树木。四面环田，东、北30米各有一水塘，地势平坦，地处丘陵地区，遗址高出四周田地约1～2米，遗存丰富，采集标本有夹砂红陶，夹砂灰陶片等，从标本形制分析，应为商周时期遗存。

（17）琚坦遗址

位于马庙镇育儿村三圣组西南100米，北距209省道150米，城河遗址北150米，四面环田，另有水沟环绕，地势较平坦，2009年第三次全国文物普查时发现并登录。

遗址地处丘陵地区，遗址呈不规则形，为一岗地，面积约2400平方米，东西长、南北窄，西高东低，略有缓坡，现上开垦旱地，并建有现代坟若干。采集标本较丰富，有夹砂红陶片，纹饰有绳纹，遗址应为商周时期遗存。

（18）郑河墩遗址

遗址位于马庙镇郑河村郑河组的田畈中，西北距孙家城遗址270米，北距大沙河100米，东、西北、西南紧临古河道，遗址四周地势平坦，有一小路直通金拱—育儿村村通水泥路，交通较为便利，2009年第三次全国文物普查时发现并登录。

遗址地处圩畈地区，遗址为一河边高墩，墩高约2米，面积约1400平方米，呈不规则形，现上有树木及墓地，采集标本较少，有夹砂红陶片等，从标本形制分析，应为商周时期遗存。

（19）汪家大坦遗址

遗址位于马庙镇育儿村育儿组，西南30米为209省道（高河—潜山线），东紧临一乡间砂石路，直通209省道，交通极为便利，北50米有一通信铁塔。位于怀潜两县交界处，西现为水塘，四周地势平坦，2009年第三次全国文物普查时发现并登录。

遗址地处圩畈地区，现存部分呈不规则形，面积约1200平方米，现上开垦为菜地并有现代坟若干，遗存丰富，采集标本有夹砂红陶和灰陶腹片，印纹硬陶，纹饰有绳纹，此遗存应为商周时期遗存（彩版一七，3）。

2. 泥河小流域

共调查发现先秦遗址9处，其中2处新石器遗址，1处新石器—商周遗址， 6处商周遗址。

（1）汪家老屋遗址

遗址位于怀宁县马庙镇乐胜村红星组北10米，东距209省道250米。南临一条东西向村路，交通极为便利，东北200米为乐胜窑厂，遗址紧临汪家老屋。1984年文物普查时发现并登录，2004年对全县先秦遗址调查时进行了复查。2008年第三次全国文物普查时再次进行了复查。

遗址为一河边高墩，呈不规则形，南北长，东西窄，面积1047平方米，遗址东10米为一水塘，三面环田，地势较平坦。遗址地处圩畈地区。西部破坏严重，现被做为稻场。遗址上长满杂草，开垦有少量田地，栽有树。由于破坏严重，采集标本极少，有夹砂红陶等，时代应为新石器时代。

（2）大胡坦遗址

遗址位于马庙镇乐胜村马坦组东20米，北距高河至潜山公路500米，交通极为便利，东北20米为一水塘，2009年第三次全国文物普查时发现并登录。

遗址为一岗地，呈近圆形，面积约800平方米，采集有少量陶片，以夹砂红陶为主，此处为一新石器时代遗存。

（3）城河遗址

位于马庙镇育儿村城河组西150米，四面环水，东距209省道安潜公路150米，交通极为便利。环境优美，水资源丰富。遗址外部地势较低，1984年文物普查时发现并登录，2004年对全县先秦遗址调查时进行了复查，2008年第三次全国文物普查时再次进行了复查。2008年公布为怀宁县县级文物保护单位。相传魏武帝曹操曾在此"浴儿"，故育儿村由此演变而来。

遗址地处圩畈地区。遗址四面环水，为水中小岛，四周高，中间低洼，呈近长方形，面积约21800平方米，东南有一简易土埂路与外界相连。遗址上四周用土堆成，为土城墙，内部地势低，平坦，南部边缘有一户民宅及一养猪厂房，东北边缘有联通塔及工房，遗址上四周长满松树，内部现被开垦为田地，采集标本较多，有绳纹陶片、平跟鬲足、凸弦纹陶片、器耳、印纹硬陶、口沿、鼎足、残石器等。时代应为新石器—商周时期（彩版一七，4、5）。

器耳：城采：1，夹砂灰陶，肩上饰有一扁平纽，外径4厘米，内径2厘米，外宽1.4厘米，内宽0.9厘米，器身饰绳纹（图五五，1）。

罐口沿：城采：2，泥质灰陶，敛口，折沿，圆唇，素面（图五五，2）。城采：3，泥质灰陶，敞口，卷沿，腹上饰有两道凹弦纹（图五五，9）。城采：4，泥质灰陶，敛口，折沿，腹部饰有网格纹（图五五，4）。

鬲足：城采：5，夹细砂灰陶，平跟足，足内侧斜平，足身饰有绳纹，残高7.2厘米（图五五，7）。城采：6，夹砂红陶，锥状实足，素面，残高6.9厘米（图五五，8）。

腹片：城采：7，夹细砂黑灰陶，上饰附加堆纹，堆纹上滚压绳纹，器身饰绳纹（图五五，6）。

陶拍：城采：8，夹细砂红褐陶，拍面有竖向绳纹槽沟，长8厘米，宽5.4厘米，厚约1.8厘米，握手与拍面同长，高1.6厘米，宽1.2厘米（图五五，3）。

残石器：城采：9，青石料，磨制，厚约0.7厘米（图五五，5）。

（4）粟岗村太子墩遗址

位于怀宁县马庙镇粟岗村芦荃庙东北10米，长屋组东30米，东、西各有一村村通水泥路，两路在遗址南交汇成一水泥路，直通马庙镇，仅有1公里，1984年文物普查发现并登录，2004年对全县先

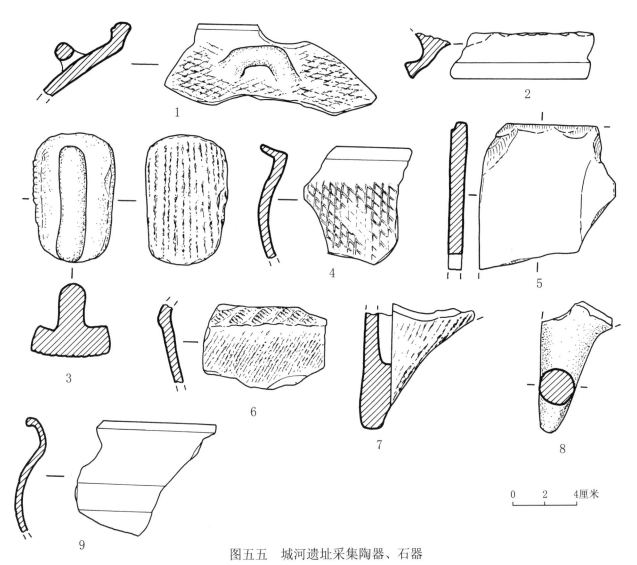

图五五　城河遗址采集陶器、石器

1.陶器耳（城采：1）　2.陶罐口沿（城采：2）　3.陶拍（城采：8）　4.陶罐口沿（城采：4）　5.残石器（城采：9）
6.陶腹片（城采：7）　7.陶鬲足（城采：5）　8.陶鬲足（城采：6）　9.陶罐口沿（城采：3）

秦遗址调查时进行了复查，2008年第三次全国文物普查时再次进行了复查。西南10米芦荃庙，当地宗教文化浓厚。相传三国曹操在此产下太子，故名太子墩。

遗址为一河边圆形高墩，墩高约4米，面积约2900平方米。遗址东、西、北面各有一水塘，地势东北高西南低，北距大沙河2.5公里。地处圩畈地区。遗址现有现代坟若干，有少量田地，长有杂草及杂树。采集标本较多，有夹砂红陶、夹砂灰陶、黑衣红胎陶片等，纹饰有绳纹、弦断绳纹、弦纹等，可辨器形有平跟鬲足、罐口沿等。时代应为商周时期（彩版一七，6、7）。

罐口沿：粟采：1，夹砂黑陶，侈口，卷沿，颈部饰数道凹弦纹，颈下饰弦断绳纹（图五六，2）。粟采：3，夹砂黄褐陶，卷沿，素面（图五六，3）。

鬲口沿：粟采：2，夹砂黑衣红陶，敞口，方唇，颈下部饰弦断绳纹（图五六，1）。

鬲足：粟采：4，夹砂红陶，素面，残高6.4厘米（图五六，4）。粟采：5，夹砂灰陶，平跟实足，足底饰有绳纹，残高8.6厘米（图五六，8）。粟采：6，夹砂灰陶，平跟足空心足，足底及足身

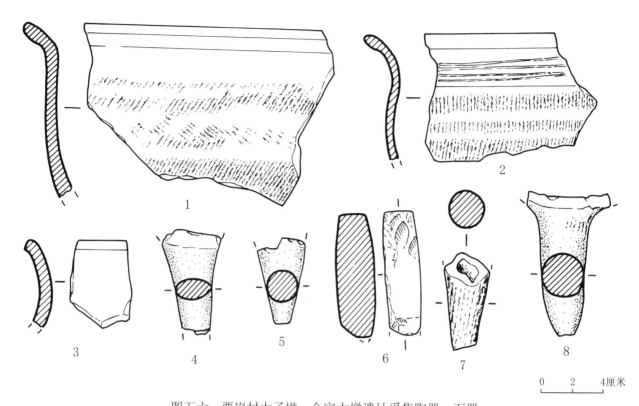

图五六　栗岗村太子墩、余家大墩遗址采集陶器、石器

1.陶鬲口沿（粟采：2）　2.陶罐口沿（粟采：1）　3.陶罐口沿（粟采：3）　4.陶鬲足（粟采：4）
5.陶鬲足（余采：1）　6.石锛（余采：2）　7.陶鬲足（粟采：6）　8.陶鬲足（粟采：5）

饰有绳纹，残高5.4厘米（图五六，7）。

（5）余家大墩遗址

位于马庙镇乐胜村新民组东100米，西南距209省道安潜段700米，西100米有一村路直通安潜公路，东南有一东北至西南流向的古河道，一面临水，三面环田，四周地势稍有起伏，1984年文物普查时发现并登录。2004年对全县先秦遗址调查时进行了复查。2008年第三次全国文物普查时再次进行了复查。

遗址地处圩畈地区，为一河边高墩，高出四周田地约3米，呈椭圆形，面积约4700平方米，遗址上较平坦，现上开垦有大遍田地，并建有现代坟若干。采集标本较多，有夹砂红陶片、夹砂灰陶片、石制品等，纹饰有绳纹、弦纹等，可辨器形有鬲足、罐口沿、石锛等。时代应为商周时期（彩版一七，8）。

鬲足：余采：1，夹砂灰陶，平跟足，内侧斜平，足身饰有绳纹，残高4.8厘米（图五六，5）。

石锛：余采：2，青灰岩料，磨制粗糙，刃部稍损，通高8厘米，宽2.2厘米，最厚处2.4厘米（图五六，6）。

（6）余家大坦遗址

位于马庙镇乐胜村新民组东20米，西临一水塘，东150米为一古河道，距209省道仅有700米，东南30米为余家大墩遗址。1984年文物普查时发现并登录。2004年对全县先秦遗址调查时进行了复查。2008年第三次全国文物普查时再次进行了复查。

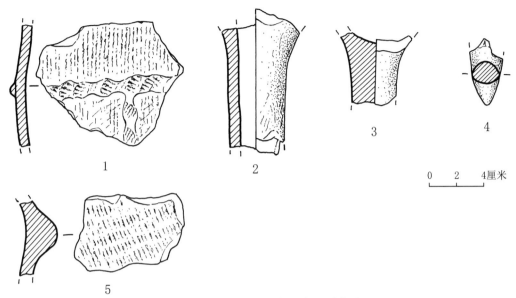

图五七　余家大坦、金壕墩遗址采集陶器

1.器腹片（金采：2）　2.器耳（金采：1）　3.鬲足（余采：2）　4.鬲足（余采：3）　5.器腹片（余采：1）

遗址地处圩畈地区，呈不规则形，面积2154平方米，高低不平，稍有起伏。遗址上现被开垦为田地，有现代坟数座。遗址三面环田，一面环水，采集标本有印纹硬陶片、鬲足等。从标本形质分析，此处为一商周时期遗存（彩版一八，1）。

腹片：余采：1，夹砂灰陶，器身饰绳纹，内侧凸起部分饰有间断绳纹（图五七，5）。

鬲足：余采：2，夹砂红陶，柱状实足，素面，残高4.4厘米（图五七，3）。余采：3，夹砂红陶，尖锥状足，足身有剥落，素面，残高4.5厘米（图五七，4）。

（7）金壕墩遗址

位于马庙镇汪洋村支桥组北200米，北距泥河河埂10米，有一条东西流向的泥河。三面临水，一面临田，遗址所在地四周没有道路，由田间小路进入，1984年文物普查发现并登录，2004年对全县先秦遗址调查时进行了复查。2008年第三次全国文物普查时再次进行了复查。

遗址地处丘陵地区。呈不规则形，面积约480平方米，地势平坦，现遗址上全部被开垦为田地。采集标本有绳纹陶片、豆把、附加堆纹陶片等。时代应为商周遗存（彩版一八，2、3）。

器耳：金采：1，夹砂灰陶，管状，中空，残高9.6厘米（图五七，2）。

腹片：金采：2，夹砂灰陶，上饰附加堆纹，堆纹上滚压绳纹，器身饰绳纹（图五七，1）。

（8）乌鱼墩遗址

位于马庙镇合一社区小湾组东100米，小湾组现有村村通水泥路直通，距209省道约1.4公里，东紧临乌鱼塌（河流），一面临水，三面环田，地势较平坦。1985年文物普查时发现并登录。2004年对全县先秦遗址调查时进行了复查。2008年第三次全国文物普查时再次进行了复查。东南400米为龙王庙，宗教文化浓厚。

遗址地处丘陵地区。呈不规则形，为一河边高墩，高约1—2米左右，面积1596平方米。现上全部开垦为田地，栽有树，采集标本有夹砂红陶、灰陶片、外黑内红陶片等，纹饰有绳纹，可辨器形有鬲足等。遗址为商周时期遗存（彩版一八，4、5）。

（9）青蛙墩遗址

位于马庙镇乐胜村汪家老屋东100米，北距乐胜窑厂100米，北有一东西向村路直通209省道，东南距209省道150米，南20米为一水塘，遗址四面环田，四周地势平坦，2009年第三次全国文物普查时发现并登录。

遗址地处丘陵地区，为一河边高墩，呈不规则形，中间高四周低，现上大部分开垦为旱地，并建有坟及栽有树木若干。面积约700平方米，采集标本较少，有夹砂红陶、夹砂灰陶片等，纹饰有绳纹等，遗址应为商周时期遗存（彩版一八，6）。

3．人形河小流域

共调查发现先秦遗址16处，其中4处新石器遗址，4处新石器——商周遗址， 8处商周遗址。

（1）黄老屋大墩遗址

位于金拱镇人形河居委会黄庄组西南。位于桐怀两县市交界处，北过大沙河与桐城市界相望，西距206国道仅有500米。2004年对全县先秦遗址调查时进行了复查。2008年第三次全国文物普查时再次进行了复查。

遗址呈长条形，面积约5500平方米。现部分为黄庄组稻场，部分开垦为农田，各有一东西向、南北向砂石路穿遗址而过。遗址破坏严重，原为一高墩，现已被挖平改田。四周地势平坦，南、西面视野开阔，地处圩畈地区。1984年文物普查发现并登录。采集标本较少，有夹砂灰陶，纹饰有绳纹，弦断绳纹等，此处遗址应为新石器时期遗址 （彩版一八，7、8）。

（2）人形河遗址

位于金拱镇人形河居委会工农组，西距206国道人形河大桥70米，紧临206国道以及人形河居委会，北临大沙河，与桐城市交界，北紧临一东西向村水泥路，为一河边山冈地。地势西高东低，落差较大，东、西地势平坦，视野开阔，1984年文物普查发现并登录。2004年对全县先秦遗址调查时进行了复查。2008年第三次全国文物普查时再次进行了复查。

遗址地处丘陵地区，呈不规则形，面积约14000平方米。现上西部建有民房以及人形河菜市场，另大部分开垦为田地，上有电线杆数根。由于破坏严重，采集标本较少，有夹砂绳纹红陶片。此处遗址应为新石器时期遗址（彩版一九，1、2）。

（3）高庄遗址

位于金拱镇白莲村高庄组，西有一村路直通206国道，西北距合界高速480米，南部地势高，北部地势平坦，视野开阔，北有一东西流向的小河沟，西有一水塘，2009年第三次全国文物普查时发现并登录。

遗址地处半圩畈地区，遗址为一长山冈，呈不规则形，面积约2500平方米，部分开垦为旱地，上有住宅，遗址早年为一高山冈，由于村民在上建房，故对山冈进行了平整，采集标本较少，有夹砂红陶片，可辨器形有口沿，侧装鼎足等，从标本形制分析，应为新石器时代遗存。

（4）洪庄遗址

遗址位于金拱镇白莲村河南组西430米，东距村水泥路400米，东南200米有一东西向沙石路直通

206国道，西北距合界高速约2公里，西南有一东西向古河道，西100米为戴壕遗址，地势平坦，1984年文物普查时发现并登录。2004年对全县先秦遗址调查时进行了复查。2008年第三次全国文物普查时再次进行了复查。

遗址地处圩畈地区。呈不规则形，面积约1000平方米。为一河边岗地，现已挖平，开垦为农田，采集标本极少。有夹砂红陶片，应为新石器时期遗存（彩版一九，3、4）。

（5）戴壕遗址

位于金拱镇白莲村高庄组东240米，西北距合界高速2125米，东距白莲村村部700米，东400米有一水泥村路（南北向），北有一东西向沙石路，直通206国道，北、南面有一田埂小路，四面环水，地势平坦，1984年文物普查时发现并登录，2004年对全县先秦遗址调查时进行了复查。2008年第三次全国文物普查时再次进行了复查。

遗址地处圩畈地区，呈不规则形，面积约4000平方米，现上全部开垦为农田。采集标本较少，有夹砂红陶片，印纹硬陶鬲足等，应为新石器至商周时期遗存（彩版一九，5、6）。

鬲口沿：戴采：1，夹砂灰陶，敛口，颈下饰有绳纹（图五八，3）。

罐口沿：戴采：2，夹砂灰褐陶，侈口，卷沿，颈下饰有绳纹（图五八，2）。

器底：　戴采：3，印纹灰硬陶，平底（图五八，1）。

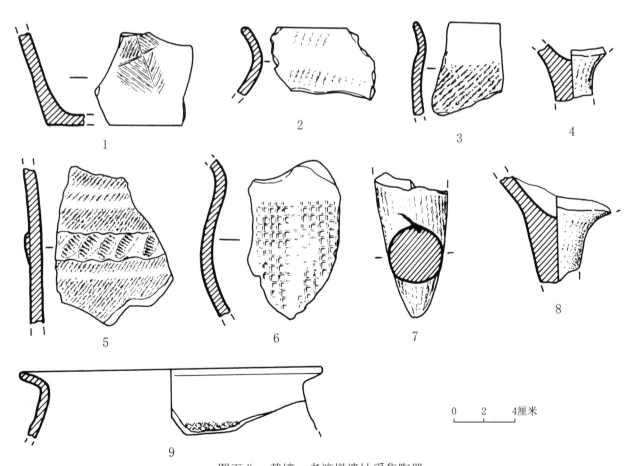

图五八　戴壕、老渡墩遗址采集陶器

1.器底（戴采：3）　2.罐口沿（戴采：2）　3.鬲口沿（戴采：1）　4.鬲足（戴采：4）
5.器腹片（老采：3）　6.器腹片（老采：2）　7.鬲足（老采：5）　8.鬲足（老采：4）　9.鬲口沿（老采：1）

鬲足： 戴采：4，夹砂灰陶，柱状足，素面，残高3.2厘米（图五八，4）。

（6）老渡墩遗址

位于金拱镇人形河居委会东升组，东50米为合界高速，西北距206国道1.5公里，东、北面有一水沟，遗址西、北两边临农田。东北、西南一马平川，视野开阔，1984年文物普查时发现并登录。2004年对全县先秦遗址调查时进行了复查。2008年第三次全国文物普查时再次进行了复查。遗址上现有"接云寺"寺庙一座。

遗址为一河边高墩。遗址呈椭圆形，面积约19000平方米。遗址上现住有十几户人家，南部地势较高，地处圩畈地区，遗存丰富，采集标本较多。有夹砂红陶，夹砂灰陶、黑陶等。纹饰有附加堆纹，凸弦纹、绳纹、网格纹等。可辨器形有罐口沿、尖状鬲足等，遗址应为新石器时代—商周时期遗存（彩版一九，7、8）。

鬲口沿：老采：1，夹砂灰陶，折沿，颈下饰有网格纹(图五八，9)。

腹片：老采：2，夹砂灰陶，上饰方格纹(图五八，6)。老采：3，夹砂灰陶，上饰附加堆纹，堆纹上滚压绳纹，器身饰弦断绳纹（图五八，5）。

鬲足：老采：4，夹砂红陶，绳纹，残高4.7厘米(图五八，8)。老采：5，尖锥状实足，夹砂灰陶，绳纹，残高8.4厘米（图五八，7）。

（7）芭茅西墩遗址

位于金拱镇久远村芭茅组南紧临，北过芭茅组为大沙河，与桐城市交界，西北距彭坦遗址50米，三面环田。地势平坦开阔，2009年第三次全国文物普查时发现并登录。

遗址地处圩畈地区，为一河边土墩，呈不规则形，现大部分被开垦为旱地，并堆有稻草。面积约4000平方米。遗址遗存丰富，采集标本较多，有夹砂红陶、夹砂灰陶、印纹硬陶等，纹饰有凸弦纹等，可辨器形有侧装鼎足，鬲足、罐口沿等，遗址遗存应为新石器—商周时期。

（8）芭茅东墩遗址

位于金拱镇久远村芭茅组南80米，西北100米为芭茅西墩遗址，北临一水塘，另三面环田，地势平坦开阔，遗址所在地芭茅组西500米有一南北走向的村水泥路，2009年第三次全国文物普查时发现并登录。

遗址地处圩畈地区。为一河边土墩，近正方形，面积约1600平方米，现上全部开垦为旱地，遗址遗存丰富，采集标本较多，以夹砂红陶居多，夹砂灰陶次之，有少量的印纹硬陶，纹饰有弦纹等，可辨器形有鼎足、鬲足、罐口沿等，遗址应为新石器—商周时期遗存（彩版二〇，1）。

（9）许庄大墩遗址

位于金拱镇兴胜村许马组南30米，遗址所在地许马组有一条水泥路，距206国道1.5公里，北临小水塘，遗址南视野开阔。1984年文物普查时发现并登录。2004年对全县先秦遗址调查时进行了复查。2008年第三次全国文物普查时再次进行了复查。

遗址为一河边高墩，东西长，南北窄，呈不规则形，面积约1000平方米，地势北高南低，三面环田，一面临水塘，地处丘陵区。遗址上长满杂草，栽有杂树。采集标本较多，有夹砂灰陶，夹砂红陶等，纹饰有绳纹，附加堆纹等，可辨器形有罐口沿、鬲足等，此处应为商周时期遗存（彩版二〇，2、3）。

（10）杨牌师姑墩遗址

位于金拱镇人形河居委会杨牌组北300米，东500米为合九铁路，遗址东紧临一沙石路。大沙河南岸边。沙河北岸为桐城市界，为一河边高岗地。1984年文物普查时发现并登录，2004年对全县先秦遗址调查时进行了复查。2008年第三次全国文物普查时再次进行了复查。1982年曾在杨牌组出土大量青铜器。

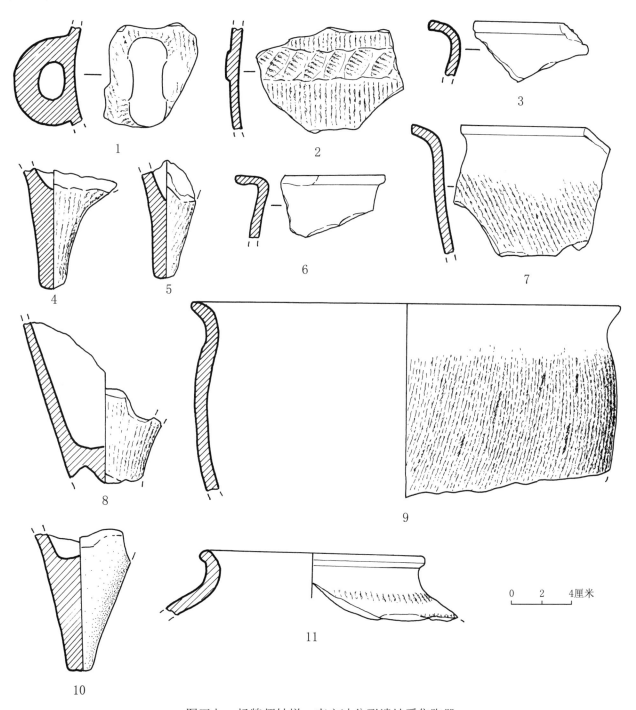

图五九　杨牌师姑墩、李穴冲盆形遗址采集陶器

1.器耳（杨采：6）　2.器腹片（杨采：4）　3.罐口沿（杨采：2）　4.鬲足（杨采：3）　5.鬲足（杨采：5）　6.罐口沿（杨采：1）
7.罐口沿（李采：2）　8.鬲足（李采：3）　9.鬲口沿（李采：1）　10.鬲足（李采：5）　11.罐口沿（李采：4）

遗址地处丘陵地区，呈不规则形，面积约18400平方米。东西长，南北窄，高约13米，文化层堆积厚约1米。遗址上现全部为松树林，现代坟若干。采集标本较多，有夹砂灰陶、夹砂红陶，夹砂黑衣红陶等，纹饰有绳纹，附加堆纹等，可辨器形有罐口沿、器耳、平跟鬲足等，此处遗址应为商周时期遗存（彩版二〇，4）。

罐口沿：杨采：1，夹砂灰陶，折沿，素面（图五九，6）。杨采：2，夹砂灰褐陶，方唇，折沿，素面（图五九，3）。

鬲足：杨采：3，夹砂红陶，平跟实足，足内侧斜平，足身饰绳纹，残高7.6厘米（图五九，4）。杨采：5，夹砂灰陶，平跟足，足内侧斜平，足身及足底饰有绳纹（图五九，5）。

腹片：杨采：4，夹砂灰陶，上饰附加堆纹，堆纹上滚压斜绳纹，器身饰竖向绳纹。（图五九，2）

器耳：杨采：6，夹砂灰陶，圆纽形，四周饰有绳纹，外径6厘米，内径2厘米，宽4厘米（图五九，1）。

（11）李穴冲盆形遗址

位于金拱镇人形河居委会李冲组西北100米，东40米为窑厂，北临大沙河，与桐城市界隔河相望。有一村路直通206国道，南、西地势开阔、平坦，均为农田。1984年文物普查发现并登录，2004年对全县先秦遗址调查时进行了复查。2008年第三次全国文物普查时再次进行了复查。

遗址地处丘陵地区，为一河边长山冈，呈盆形，面积约6000平方米。遗址上现长满杂草，开垦有少量棉花地，栽有松树，并有现代坟若干。遗址遗存丰富，采集标本较多，有夹砂红陶，夹砂灰陶，红烧土块等。纹饰有绳纹、弦断绳纹等，可辨器形有罐口沿、鬲足等，遗址应为商周时期遗存（彩版二〇，5、6）。

鬲口沿：李采：1，夹砂灰陶，敞口，卷沿，颈下饰细绳纹（图五九，9）。

罐口沿：李采：2，夹砂灰陶，敞口，方唇，颈下饰绳纹（图五九，7）。李采：4，夹砂灰陶，敞口，卷沿，颈下饰弦断绳纹（图五九，11）。

鬲足：李采：3，夹砂灰陶，绳纹，残高4.6厘米（图五九，8）。李采：5，平跟实足，夹砂灰陶，绳纹，残高7.8厘米（图五九，10）。

（12）鸽子墩遗址

位于金拱镇双河村鸽子组东100米，南紧临合界高速公路（怀宁出口500米牌处），西为鸽子组以及双河小学，西另有一村路直通206国道（仅有200米），北临一水塘，地势较低，东部均为农田。1984年文物普查发现并登录。2004年对全县先秦遗址调查时进行了复查。2008年第三次全国文物普查时再次进行了复查。

遗址地处丘陵地区，为一河边岗地，呈长条形，面积约3300平方米，东西长，南北窄，由于修高速公路，使遗址破坏严重。遗址南部现为合界高速，北部现全部被开垦成农田。采集标本较少，有夹砂红陶、灰陶、黑衣红褐陶等，纹饰有绳纹，可辨器形有罐口沿、鬲足等，此遗址应为商周时期遗存（彩版二〇，7、8）。

罐口沿：鸽采：1，夹砂灰陶，敞口，方唇，颈下饰两道弦断绳纹，腹部饰绳纹（图六〇，2）。鸽采：3，罐口沿：夹砂灰黑陶，敞口，方唇，卷沿，饰绳纹（图六〇，4）。

鬲足：鸽采：2，夹砂红陶，平跟足，绳纹，高6.8厘米（图六〇，7）。鸽采：4，夹砂红陶，锥

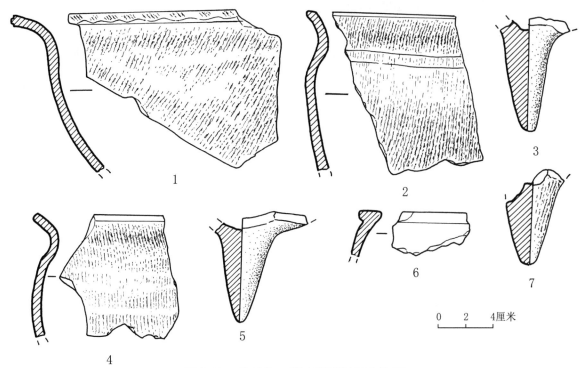

图六〇 鸽子墩、倪庵嘴遗址采集陶器
1.鬲口沿（倪采：1） 2.罐口沿（鸽采：1） 3.鬲足（鸽采：4）
4.罐口沿（鸽采：3） 5.鬲足（倪采：2） 6.罐口沿（倪采：3） 7.鬲足（鸽采：2）

状足，残高7.8厘米(图六〇，3)。

（13）倪庵嘴遗址

位于金拱镇王山村倪庵村民组，西距王山至凉亭村路20米，西80米有一养鱼户，西北距三鸦寺湖400米，四周地势低洼。1984年文物普查发现并登录，2004年对全县先秦遗址调查时进行了复查。2008年第三次全国文物普查时再次进行了复查。

遗址为一河边长山冈，高约3米，呈不规则形，面积约4000平方米。遗址上现建有民宅，遗址一半环水，一半临田。地处圩畈地区，现采集标本较少，有夹砂红陶、夹砂灰陶、红褐陶等，纹饰有绳纹等，可辨器形有罐口沿等，此遗址应为商周时期遗存（彩版二一，1、2）。

鬲口沿：倪采：1，夹砂灰陶，侈口，折沿，圆唇，唇上滚压有绳纹，肩下饰有斜向绳纹(图六〇，1)。

鬲足：倪采：2，夹砂灰陶，尖锥状实足，素面，残高7厘米(图六〇，5)。

罐口沿：倪采：3，夹砂红褐陶，敛口，方唇，素面(图六〇，6)。

（14）秦墩遗址

位于怀宁县金拱镇久远村河埂组，西临一南北向村水泥路，南距村部200米，北距大沙河300米，与桐城市界隔河相望。1984年文物普查发现并登录。2004年对全县先秦遗址调查时进行了复查。2008年第三次全国文物普查时再次进行了复查。

遗址为一高墩，呈近椭圆形，面积约7100平方米，四面环田，地势平坦，视野开阔，地处圩畈地区，遗址上建有住宅以及小米加工厂。采集标本较少，有夹砂红陶、夹砂灰陶等，纹饰有绳纹，可辨器形有鼎足、罐口沿等，此遗址应为商周时期遗存（彩版二一，3、4）。

（15）彭坦遗址

位于金拱镇久远村河埂组，西距秦墩30米，西南距村部180米，西100米有南北走向的村村通水泥路，南部地势平坦，2009年第三次全国文物普查时发现并登录。

遗址地处半圩畈地区，呈不规则，面积约7500平方米，遗址高低不平，现上开垦有少量旱地，并有住宅，三面环田，北有树林，采集标本较多，遗存丰富，有夹砂红陶片等，纹饰有凸弦纹，绳纹等。可辨器形罐口沿等，从标本形制分析，此遗址应为商周时期遗存。

（16）大龙山遗址

位于金拱镇久远村大龙山东北（属芭茅组），西北、东、南三面临河沟，东南20米为十八村水库，西北300米为高湖村至久远村河埂组村村通公路。遗址地处大龙山长山冈岗子头处，地势平坦，现为农作旱地，葬坟处。2009年第三次全国文物普查时发现并登录。

遗址为岗地，上为旱地，东南旱地种有油菜，有六座现代坟，并有少量树木，采集标本较少，全部为夹砂红陶片，纹饰以绳纹为主，从标本形制分析，此处应为商周时期遗存。

4．高河大河小流域

为县境内河，系菜子湖流域的一支流，起源于石境乡的独秀山北麓，沿途于枫林河、查湾河、泉水河等支流汇合，统入三鸦寺湖，再经马踏石出口。入人形河汇入菜子湖，全长15公里，总流域面积176平方公里。

共调查发现先秦遗址17处，其中2处新石器遗址，3处新石器—商周遗址，12处商周遗址。

（1）磨形墩遗址

位于马庙镇洪桥村社塘组西200米，南距合九铁路300米，南100米有一东西向村路。东距209省道安潜段洪桥村部2公里，西南30米有一南北向的河流，遗址四面环田，四周地势东高西低，稍有缓坡。1984年文物普查时发现并登录。2004年对全县先秦遗址调查时进行了复查。2008年第三次全国文物普查时再次进行了复查。

遗址地处圩畈地区。为一河边高墩，高约3米。呈椭圆形，面积2000平方米，地势东高西低，遗址上现开垦有少量棉花地，长满杂草和栽有树木，采集标本较少，有残石器、夹砂灰陶片等。遗址应为新石器时代遗存（彩版二一，5、6）。

（2）大隔墩遗址

位于马庙镇洪桥村陈庄组西北300米，南150米有一东西向村路，东距209省道3公里，西距周庄100米，西北紧临河流，1984年文物普查发现并登录。2004年对全县先秦遗址调查时进行了复查。2008年第三次全国文物普查时再次进行了复查。

遗址为一河边高墩。遗址呈不规则形，面积约4700平方米，三面环田，一面临水，高约4米，西北有一南北流向的河流。地处丘陵地区。遗址东北高西南低，现上开垦有田地，栽有树木。采集标本有夹砂红陶片、灰陶片等，纹饰有附加堆纹，可辨器形有鼎足等。从采集标本来看，此处应为新石器时代遗存（图版二一，7、8）。

（3）打鼓墩遗址

位于高河镇方祠村永丰村民组东20米，遗址所在地属高河镇方祠村、平安村、万兴村三村交界处，归属三村管辖。只有西北有一简易土路经过永丰组到达遗址，1984年文物普查时发现并登录。2004年对全县先秦遗址调查时进行了复查。2009年第三次全国文物普查时再次进行了复查。

遗址由3个土墩组成，3个土墩绵延相连，每墩相连处略有起伏，东西长，南北窄，北、东、南三面临田。跨越地势较高，四周地势平坦，视野开阔，地处丘陵地区，面积约36000平方米，整体呈长条形，现上杂草丛生，有少量田地，并有现代坟若干。文化层厚约1米，早年采集有石器、箭镞、鸟形器纽等，现采集标本有夹砂红陶、夹砂灰陶，印纹硬陶等，纹饰有绳纹、凸弦纹等，可辨器形有罐口沿、扁平鼎足、器底、鬲足等，从早期及现今标本来分析，此处应为新石器时代—商周时期遗存（彩版二二，1、2）。

（4）吴窑嘴遗址

位于高河镇粉铺村吴姚组内，西临小路，北距谢山-秀山村村路水泥路400米，西南紧临一水塘，地势南高北低，北、东、南三面树林环绕。1984年文物普查时发现并登录。2004年对全县先秦遗址调查时进行了复查。2009年第三次全国文物普查时再次进行了复查。

遗址地处丘陵地区，为一小山冈，最高离地表约5米，由于村民在遗址西南边开挖水塘，使遗址部分遭到破坏，遗址呈不规则形，面积约11000平方米，现上杂草丛生，并有现代坟若干。采集标本较少，夹砂红陶居多，灰陶次之，可辨器形有鬲足、扁平鼎足、残石器等，从标本形质分析，此处应为新石器-商周时期遗存（彩版二二，3）。

鬲足：吴采：1，夹砂红褐陶，足身有剥落，素面，残高3.8厘米（图六一，12）。

（5）马家墩遗址

位于高河镇高河社区立新组西50米，东南60米为高河大河及北堤。西距206国道高河段1公里，南有高河大河北堤上的一条村路，地势较低。1984年文物普查时发现并登录。2004年对全县先秦遗址调查时进行了复查。2009年第三次全国文物普查时再次进行了复查。

遗址地处圩畈地区。遗址四面环田，为高出四周约2～4米的土墩，呈不规则形，东西长，南北窄，面积约4000平方米。现上开垦有田地，并栽有竹林、树木，建有现代坟若干。文化层厚约2米，采集标本较丰富，有夹砂红陶、灰陶、黑衣红陶片等，纹饰有绳纹、附加堆纹等，可辨器形有鸭嘴形鼎足、鬲足等，从标本形质分析，应为新石器—商周时期遗存（彩版二二，4、5）。

鬲足：马采：1，夹砂红陶，足身饰有竖向凸弦纹，残高3.3厘米（图六一，10）。马采：2：夹砂灰陶，足身饰有竖向凸弦纹，残高5.5厘米（图六一，6）。

鼎足：马采：3，夹砂红陶，扁平正装足，素面，残高4厘米（图六一，14）。

腹片：马采：4，夹砂灰陶，上饰附加堆纹，堆纹上滚压绳纹，器身饰斜向粗绳纹（图六一，1）。

口沿：马采：5，夹砂红陶，敛口，尖唇，素面（图六一，3）。

（6）何家墩遗址

位于茶岭镇年丰村何墩组西100米，南距河头组200米，遗址东、南、北面为新桥河，西面为群力圩，四周环水。遗址上有原何家祠堂的老堂迹，原祠堂门前的石鼓现还遗存在遗址上。

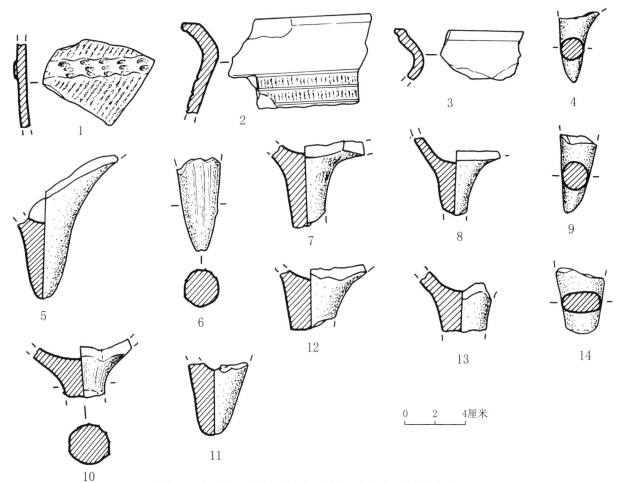

图六一　吴窑嘴、马家墩、何家墩、范家包遗址采集陶器

1. 器腹片（马采：4）　2. 罐口沿（范采：6）　3. 器口沿（马采：5）　4. 鬲足（范采：2）　5. 鬲足（范采：1）
6. 鬲足（马采：2）　7. 鬲足（何采：1）　8. 鬲足（范采：5）　9. 鬲足（范采：3）　10. 鬲足（马采：1）
11. 鬲足（范采：4）　12. 鬲足（吴采：1）　13. 鬲足（何采：2）　14. 鼎足（马采：3）

遗址为一河边不规则形高墩，属丘陵地带，水资源丰富。面积约39000平方米，呈不规则形，遗址1984年普查时发现。遗址上现被村民开垦为田地，原何家祠堂老堂迹在遗址的南部，现为田地，采集标本较多，有夹砂红陶片，夹砂黑陶片，夹砂灰陶片等，纹饰主要以绳纹为主，器形有鬲足、罐口沿等。从采集标本判断，应为商周时期遗存（彩版二二，6）。

鬲足：何采：1，尖锥状实足，夹砂灰陶，绳纹，残高5厘米（图六一，7）。何采：2，夹砂红陶，素面，残高4.3厘米（图六一，13）。

（7）范家包遗址

位于凉亭乡四武村月形组，西南距邓家老屋100米。距凉亭至鸡留桥公路2.5公里，东、北为小河流，西为叶家小圩。西1公里为三鸦寺湖入口，水资源丰富。1985年文物普查时发现并登录，2004年对全县先秦遗址调查时进行了复查，2008年第三次全国文物普查时再次进行了复查。

遗址地处丘陵地区，呈不规则形，面积约13400平方米，为一河边长山冈。上面有部分被村民开垦为荒地，另栽有大量松杉树。遗址高出四周2～10米左右。采集标本有夹砂红陶片、夹砂灰陶片、夹砂黑陶片等，器形有鬲足、罐口沿等，纹饰有绳纹、弦断绳纹等。从采集标本判断，应为商周时期遗存（彩版二二，7、8）。

鬲足：范采：1，尖锥状实足，夹细砂红陶，素面，残高5厘米（图六一，5）。范采：2，尖锥状实足，夹砂红陶，素面，残高3.8厘米（图六一，4）。范采：3，尖锥状实足，夹砂灰陶，素面，残高5.1厘米（图六一，9）。范采：4，夹细砂灰陶，绳纹，残高5厘米（图六一，11）。范采：5，夹砂灰陶，素面，残高3.9厘米（图六一，8）。

罐口沿：范采：6，夹砂红褐陶，卷沿，肩饰弦断绳纹（图六一，2）。

（8）莲花墩遗址

位于高河镇城东村白马组东50米，西南距高河大河30米，西北距206国道2公里，距怀宁县城仅有2公里，1984年文物普查时发现并登录。2004年对全县先秦遗址调查时进行了复查。2009年第三次全国文物普查时再次进行了复查。

遗址地处半圩畈地区，为一河边高墩，东、西、北三面临田，南临水沟，遗址呈不规则形，面积6653平方米。早年修建高河大河河堤时，在遗址上取土，现存部分文化层厚约70厘米，现上开垦为田地，并有现代坟若干。采集标本有夹砂红陶片、灰陶等，纹饰有绳纹，可辨器形有罐口沿，从标本形制判断，此处遗址为商周时期遗存（彩版二三，1、2）。

（9）枇杷墩遗址

位于高河镇凌桥社区大塘组350米田畈中，四周没有成形道路，北距合九铁路260米，西北紧临水库。水库呈东西流向。1984年文物普查时发现并登录。2004年对全县先秦遗址调查时进行了复查。2009年第三次全国文物普查时再次进行了复查。

遗址呈近梯形，面积5238平方米，两面临水，西面临田，遗址现较平坦，全部开垦为农田，四周地势平坦，稍有起伏，地处丘陵地区，文化层厚约70厘米。遗址遗存较丰富，采集标本有夹砂红陶、夹砂灰陶、黑衣红陶等，纹饰有绳纹、附加堆纹等，可辨器形有罐口沿、鬲足等，从标本形制来判断，此处遗存应为商周时期（彩版二三，3）。

罐口沿：枇采：1，夹砂灰陶，敞口，圆唇，卷沿，颈下饰细绳纹（图六二，3）。

鬲足：枇采：2，夹砂灰陶，素面，残高4.5厘米（图六二，10）。枇采：3，平跟足，夹砂灰陶，素面，残高7.5厘米（图六二，7）。

（10）双牧村师姑墩遗址

位于高河镇双牧村三鸦组南180米，东、南、西三面临三鸦寺湖，北有一简易石子路经过双牧村三鸦村民组到达遗址，北临农田，1984年文物普查时发现并登录。2004年对全县先秦遗址调查时进行了复查。2009年第三次全国文物普查时再次进行了复查。

遗址地处圩畈地区。为一延伸至三鸦寺湖边的椭圆形土墩，高出四周约3米，面积约900平方米，现上全部开垦为田地，遗址四周为一圈树木。采集标本不多，有夹砂红陶罐口沿、绳纹陶片、红陶鬲足等，从标本器形及质地分析，此处应为商周时期的遗存（彩版二三，4、5）。

罐口沿：双采：1，夹细砂灰陶，侈口，素面（图六二，1）。双采：2，夹细砂灰陶，侈口，卷沿，素面（图六二，2）。

鬲足：双采：3，夹细砂灰陶，素面，残高2.3厘米（图六二，4）。双采：4，夹细砂红陶，锥状足，绳纹，残高4厘米（图六二，8）。双采：5，夹细砂红陶，绳纹，残高3厘米（图六二，11）。

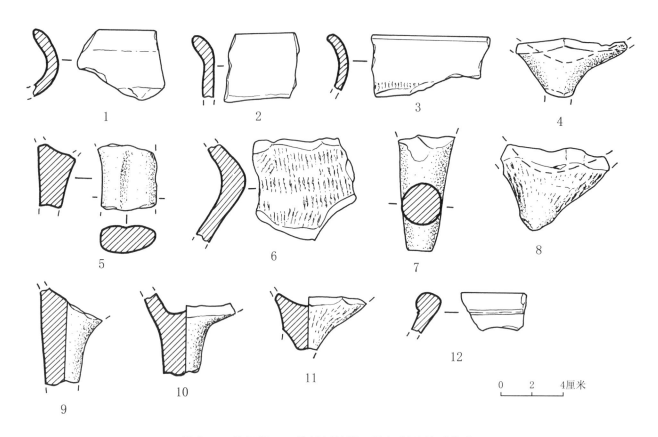

图六二　枇杷墩、双牧村师姑墩、陈门墩遗址采集陶器

1. 罐口沿（双采：1）　2. 罐口沿（双采：2）　3. 罐口沿（枇采：1）　4. 鬲足（双采：3）　5. 鼎足（双采：6）　6. 器腹片（陈采：1）
7. 鬲足（枇采：3）　8. 鬲足（双采：4）　9. 鼎足（陈采：3）　10. 鬲足（枇采：2）　11. 鬲足（双采：5）　12. 口沿（陈采：2）

鼎足：双采：6，夹细砂红陶，扁平足，中有一凹槽，残高41厘米（图六二，5）。

（11）陈门墩遗址

位于高河镇查湾村新建组西500米农田中，北距查湾至路井公路200米，东为南北流向的新建古河道。南、西、北三面为农田，1984年文物普查时发现并登录，2004年对全县先秦遗址调查时进行了复查。2009年第三次全国文物普查时再次进行了复查。

遗址地处丘陵地区，为一临河长岗地，呈不规则形，南北长，东西窄，面积约2000平方米，现上全部为荒地，栽满树木，早年村民在此进行农业生产时，使遗址南部遭到破坏。并发现大量陶器残件。采集标本较丰富，有夹砂红陶片、灰陶片等，纹饰有绳纹，可辨器形有罐口沿、鬲足等，从标本形制分析，此处应为商周时期遗存（彩版二三，6）。

腹片：陈采：1，夹砂灰陶，上饰有绳纹，内侧饰有一排绳纹（图六二，6）。

口沿：陈采：2，夹砂红陶，敛口，卷沿，圆唇，口沿下饰一凸弦纹（图六二，12）。

鼎足：陈采：3，夹砂红陶，正装圆柱状足，素面，残高6.4厘米（图六二，9）。

（12）张家大屋毛狗墩遗址

位于高河镇红旗村张家大屋西南480米，西距合安铁路140米，东北距高河中学800米，遗址处于田畈之中，只有简易田埂路到达遗址。东南有一东西流向的古河流，东临柏杨树林，北为水田，1984年文物普查时发现并登录，2004年对全县先秦遗址调查时进行了复查。2009年第三次全国文物普查时再次进行了复查。

遗址地处丘陵地区，为一河边高墩，呈长条形，高出四周约1.5米，面积约1400平方米，遗址现上为荒地。采集标本较多，夹砂灰陶居多，夹砂红陶次之，纹饰有绳纹，可辨器形有罐口沿、鬲足等，从标本形制分析，此处应为商周时期遗存（彩版二三，7）。

鬲足：张采：1，夹砂灰陶，柱状实足，素面，残高3.6厘米（图六三，13）。张采：2，夹砂灰陶，锥状足，足身饰有少量绳纹，残高5.4厘米（图六三，12）。张采：3，夹砂红陶，锥状足，素面，残高4.3厘米（图六三，7）。

（13）刘家墩遗址

位于高河镇太极村丁家嘴西200米，遗址所在地有一简易田埂路到达丁家嘴，丁家嘴距高河一公岭公路约900米，西南有一水塘，东、北面为树林，南、西面临田。1984年文物普查时发现并登录。

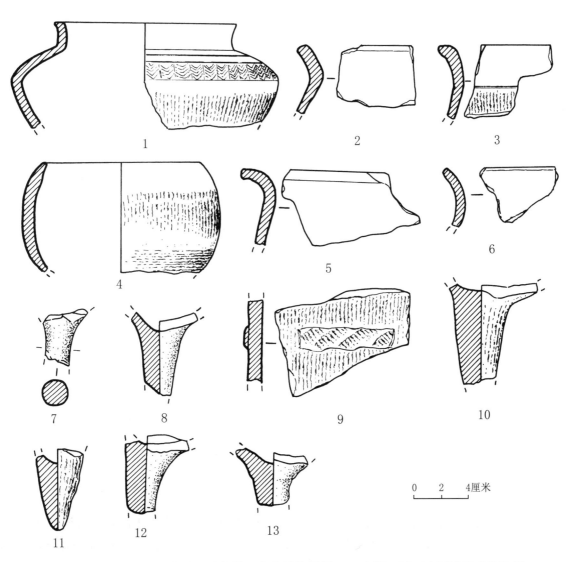

图六三　张家大屋毛狗墩、刘家墩、李花屋斯姑墩、江古墩、桥西大圩遗址采集陶器
1.鬲口沿（李采：1）　　2.罐口沿（刘采：2）　　3.罐口沿（刘采：1）　　4.钵口沿（李采：3）　　5.罐口沿（李采：2）
6.口沿（江采：2）　　7.鬲足（张采：3）　　8.鬲足（桥采：1）　　9.器腹片（桥采：2）　　10.鬲足（江采：1）
11.鬲足（刘采：3）　　12.鬲足（张采：2）　　13.鬲足（张采：1）

2004年对全县先秦遗址调查时进行了复查。2009年第三次全国文物普查时再次进行了复查。

遗址地处丘陵地区，呈不规则形，面积约3400平方米。遗址北高南低，呈缓坡状，现上全部开垦为菜地。遗址文化层厚约1米，遗存较丰富，采集标本有夹砂红陶居多，夹砂灰陶次之，有少量黑衣红陶片。纹饰有绳纹、附加堆纹、弦断绳纹等，可辨器形有鬲足、罐口沿等，从标本形质分析，应属商周时期遗存（彩版二三，8）。

罐口沿：刘采：1，夹砂灰陶，侈口，卷沿，颈部饰有数道凹弦纹，颈下饰有竖向绳纹（图六三，3）。刘采：2，夹砂红陶，侈口，卷沿，方唇，素面（图六三，2）。

鬲足：刘采：3，夹砂红陶，锥状足，足身饰有绳纹，残高6厘米（图六三，11）。

（14）太极村磨形墩遗址

位于高河镇太极村丁家嘴南300米，遗址只有田埂小路能够到达，西北150米为刘家墩遗址。西临一河流，北临水塘，东、南面为农田，1984年文物普查时发现并登录。2004年对全县先秦遗址调查时进行了复查。2009年第三次全国文物普查时再次进行了复查。

遗址地处丘陵地区。遗址呈近圆形，面积约1200平方米，高出四周约1～2米。现上开垦为田地，并栽有树木。文化层厚约1米，遗址包含物丰富，采集标本：夹砂灰陶居多，夹砂红陶次之，有少量黑衣红陶片，纹饰有绳纹、间断绳纹、附加堆纹等。可辨器形有椎状鬲足、平跟鬲足、罐口沿等，从标本形质分析，此处遗址应为商周遗存（彩版二四，1、2）。

（15）李花屋斯姑墩遗址

位于高河镇太极村花屋组东南50米，东临南北流向的高河大河，西北经花屋组到达，从高河—公岭公路有一村村通水泥路直通花屋组，东南、西北均为农田。地势较高。1984年文物普查时发现并登录，2004年对全县先秦遗址调查时进行了复查，2009年第三次全国文物普查时再次进行了复查。

遗址地处丘陵岗地区，面积约500平方米，高出四周农田约1.5米，由于早年改田，把遗址西北部挖掉，现改为农田。遗址现存部分长条形，东西长，南北窄，采集标本有夹砂红陶、夹砂灰陶片、黑衣红陶片等，纹饰有绳纹等，可辨器形有罐口沿等，从标本形质分析，此处应为商周时期遗址（彩版二四，3、4）。

鬲口沿：李采：1，夹砂灰褐陶，侈口，卷沿，斜肩，颈下饰有两道凹弦纹，肩部饰有树叶纹，腹部饰有竖向绳纹（图六三，1）。

罐口沿：李采：2，夹砂红陶，敞口，卷沿、圆唇，素面（图六三，5）。

钵口沿：李采：3，夹砂灰陶，敛口，尖唇，腹中部饰有竖向绳纹，腹下饰有横向绳纹（图六三，4）。

（16）江古墩遗址

位于高河镇万兴村同兴组北150米，西20米紧临一南北向村水泥路，水泥路南直通村部，北50米有一东西流向的河流，四面环田，地势较低。1984年文物普查时发现并登录，2004年对全县先秦遗址调查时进行了复查，2009年第三次全国文物普查时再次进行了复查。

遗址地处圩畈地区，呈不规则长条形，面积约1000平方米，南北长，东西窄，现上开垦有田地，并建有现代坟以及栽有树木。采集标本有夹砂红陶片、夹砂灰陶片等，纹饰有绳纹，可辨器形有鬲足，从标本形质分析，此处应为商周时期遗存（彩版二四，5、6）。

鬲足：江采：1，夹砂红陶，绳纹，残高7.2厘米（图六三，10）。

口沿：江采：2，夹砂红陶，侈口，卷沿，素面（图六三，6）。

（17）桥西大圩遗址

位于高河镇谢山村桥西组北50米，东距谢山村大道200米，南距谢山村部300米，谢山大道直通206国道，交通极为便利。西120米为南北流向的高河大河，四面环田。1984年文物普查时发现并登录，2004年对全县先秦遗址调查时进行了复查，2009年第三次全国文物普查时再次进行了复查。

遗址地处丘陵地区，为一河边高墩，呈不规则形，面积约1700平方米，高出四周田地约1～2米，现上开垦为田地，并建有现代坟若干。采集标本夹砂红陶、夹砂灰陶、黑衣红陶片等，纹饰有绳纹、附加堆纹等，可辨器形有罐口沿、鬲足等，从标本形质分析，此处为一商周时期遗存（彩版二四，7）。

鬲足：桥采：1，夹砂红褐陶，素面，残高5.5厘米（图六三，8）。

腹片：桥采：2，夹砂黄褐陶，上饰附加堆纹，堆纹上滚压斜绳纹，器身饰竖向绳纹（图六三，9）。

5. 秀山河小流域

共调查发现先秦遗址8处，其中1处新石器遗址，7处商周遗址。

（1）万脚岭遗址

遗址位于秀山乡樟岭村联合组南，遗址西、北两边各一村路穿遗址而过，在遗址西南交汇，1985年文物普查时发现并等录。2004年对全县先秦遗址调查时进行了复查。2008年第三次全国文物普查时再次进行了复查。

遗址为河边黄土山冈，面积约7900平方米，南北长，东西窄，呈不规则形，地势两边高，中间低，遗址东、西两边有水塘，属丘陵平岗区。在农田建设中遗址破坏较大，文化层不太明显，采集有夹砂黑衣红器耳，采集标本极少，从标本形质分析，此处为一新石器时代遗存（彩版二四，8）。

罐口沿：万采：1，夹砂红陶，敛口，圆唇，素面（图六四，1）。

器耳：万采：2，夹砂黑衣红陶，残损（图六四，4）。

（2）司马村银墩遗址

遗址位于秀山乡司马村银墩组，西北距黄高线水泥村路（南－北向）15米，四周为开阔的农田，雨水充沛。1985年4月第二次文物普查时发现并登录。2004年进行全县先秦遗址调查时进行了复查。2008年第三次全国文物普查时再次进行了复查。

遗址地处平岗丘陵区，呈近圆形，面积约360平方米，为一高出四周田地约150厘米的土墩，遗址上长满杂草和樟树，南部边缘有一土地庙，西部边缘有近代坟三座，遗址东部部分在2002年被开垦为水田，面积有600平方米左右，现遗址四周均为农田。遗址灰土层厚约50厘米，采集标本有平跟鬲足，夹砂红陶片，灰陶口沿等，纹饰有绳纹等。从标本形质分析，此处为一商周时期遗存（彩版二五，1）。

鬲足：司采：1，夹砂红褐陶，锥状足，足身有剥落，素面，残高7.5厘米（图六四，11）。司采：2，夹砂红陶，平跟鬲足，足外侧斜平，足身饰有绳纹，残高6.4厘米（图六四，8）。司采：

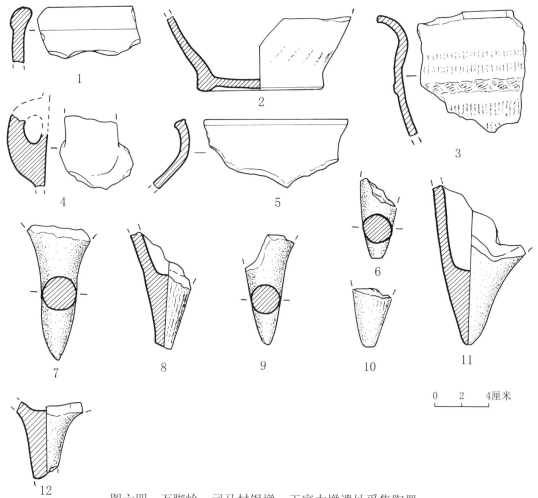

图六四　万脚岭、司马村银墩、王家大墩遗址采集陶器

1.罐口沿（万采：1）　2.器底（王采：2）　3.罐口沿（王采：1）　4.器耳（万采：2）　5.罐口沿（王采：3）　6.鬲足（司采：3）
7.鬲足（王采：4）　8.鬲足（司采：2）　9.鬲足（王采：5）　10.鬲足（司采：4）　11.鬲足（司采：1）　12.鬲足（王采：6）

3，夹砂灰陶，柱状足，素面，残高4.5厘米(图六四，6)。司采：4，夹砂灰陶，柱状足，足底及足身饰有绳纹，残高4.4厘米（图六四，10）。

（3）王家大墩遗址

位于秀山乡西涧村王屋组东北200米，刘家大屋东南200米，西北150米为黄高公路，遗址四周均为农田，视野开阔，1985年4月第二次文物普查时发现并登录。2004年对全县先秦遗址进行调查时复查。2008年第三次全国文物普查时再次进行了复查。

遗址地处丘陵平岗区，为一高出四周田地2.5米的土墩，不规则形，西高东低，稍有缓坡，面积4327平方米，文化层厚约2米。遗址上有田地，长满了杂草。采集标本较多，标本夹砂红陶片，夹砂灰陶片，器形有鬲足、口沿等，纹饰多为绳纹，也有附加堆纹。从标本形质分析，此处为一商周时期遗存。1985年普查时曾在遗址南部剖面处可见红烧土块等遗迹现象（彩版二五，2、3）。

罐口沿：王采：1，夹细砂灰陶，敞口，颈下饰弦断绳纹，腹上饰附加堆纹，堆纹上滚压绳纹（图六四，3）。王采：3，夹细砂红陶，敛口，折沿，素面（图六四，5）。

器底：王采：2，泥质红陶，圈足底，素面（图六四，2）。

鬲足：王采：4，夹砂红陶，锥状实足，素面，残高9.7厘米（图六四，7）。王采：5，夹砂灰陶，锥状实足，素面，残高8.1厘米（图六四，9）。王采：6，素面，残高5.5厘米（图六四，12）。

（4）大鼓墩遗址

位于秀山乡双龙村汪隔组，距栏根至蒋楼公路200米，遗址东、北、西边环汪塘，1985年文物普查时发现并登录，2004年对全县先秦遗址进行调查时进行了复查。2008年第三次全国文物普查时再次进行了复查。

遗址为丘陵山冈区。呈不规则形，面积约5700平方米，为河边一土墩，文化层厚约1米，遗址西住有汪留根一户居民，遗址上开垦有少量田地，采集标本较多，标本有夹砂红陶、灰陶片，黑衣红陶片等，纹饰有绳纹，弦断绳纹，凹弦纹等，器形有罐口沿等。从标本形质分析，此处为一商周时期遗存（彩版二五，4、5）。

罐口沿：大采：1，夹细砂灰陶，侈口，斜肩，肩下饰细绳纹（图六五，1）。大采：2，夹砂灰陶，侈口，颈下饰弦断绳纹（图六五，2）。大采：3，夹砂灰陶，敞口，方唇，颈饰绳纹，肩下饰绳纹（图六五，3）。

鬲足：大采：4，夹砂红陶，平跟足，素面，残高8.4厘米（图六五，5）。大采：5，夹砂红褐陶，锥状足，素面，残高9.7厘米（图六五，4）。大采：6，夹砂红陶，锥状足，素面，残高6.8厘米（图六五，9）。大采：7，夹砂灰陶，尖锥状足，素面，残高11.4厘米（图六五，11）。

（5）黄老屋遗址

位于秀山乡双龙村黄东组南紧临，西、南有一乡间小路，两路汇合呈丁字形，东、南有两河流，遗址位于两河流中间，1985年文物普查时发现并登录。2004年对全县先秦遗址调查时进行了复查。2008年第三次全国文物普查时再次进行了复查。

遗址地处丘陵平岗区。为一高出四周的河边长岗地，呈不规则形，面积3530平方米，东、南各有一河流，遗址位于两河道之间，台地高约2米，遗址上开垦有农田，栽有树木，现农田改造，使遗址造成了很大破坏，遗址西部基本被开垦为农田，采集标本较多，标本有夹砂红陶、灰陶片等，纹饰有绳纹，器形有罐口沿、鬲足等从标本形质分析，此处为一商周时期遗存（彩版二五，6）。

鬲足：黄采：1，锥状实足，夹砂黄褐陶，绳纹，残高13.7厘米（图六五，10）。黄采：2，夹砂红褐陶，绳纹，残高5.1厘米（图六五，8）。

（6）后墩遗址

遗址位于秀山乡双龙村陈湾组北50米，北紧临黄东河古河道，河流东西流向，遗址四周均为田地。1985年文物普查时发现并登录。2004年全县先秦遗址调查时进行了复查。2008年第三次全国文物普查时再次进行了复查。

遗址地处丘陵地区。为一河边高墩，高约3米，面积约990平方米，遗址呈近圆形，文化层厚约0.5米，遗址上现全部被开垦为农田，遗址四周全部为农田，遗址中间有一棵桃树，标本较少，采集标本有夹砂灰陶片等，纹饰有绳纹，器形有夹砂红陶鬲足。从标本形质分析，此处为一商周时期遗存（彩版二五，7）。

鬲足：后采：1，夹砂红陶，锥状足，足身稍有剥落，素面，残高6.4厘米（图六五，7）。

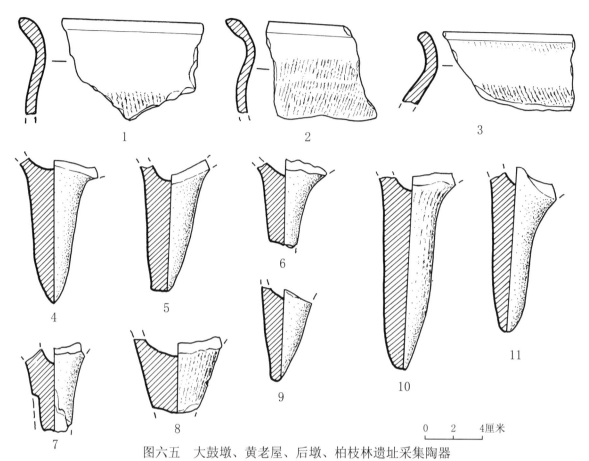

图六五　大鼓墩、黄老屋、后墩、柏枝林遗址采集陶器

1.罐口沿（大采：1）　2.罐口沿（大采：2）　3.罐口沿（大采：3）　4.鬲足（大采：5）　5.鬲足（大采：4）
6.鬲足（柏采：1）　7.鬲足（后采：1）　8.鬲足（黄采：2）　9.鬲足（大采：6）　10.鬲足（黄采：1）　11.鬲足（大采：7）

（7）柏枝林遗址

位于怀宁县秀山乡蒋楼村柏枝组东350米，西南方300米为汉代窖藏址，南有汪隔河，另三面为田地，2008年第三次全国文物普查时发现并登录。

遗址地处丘陵平岗区，高出四周约2米，不规则形，面积约13500平方米，遗址上开垦有田地以及杂草，另有若干近现代坟，采集标本不多，有夹砂红陶、灰陶片等。从标本形质分析，此处为一商周时期遗存（彩版二五，8）。

鬲足：柏采：1，夹砂红陶，柱状足，素面，残高6.2厘米（图六五，6）。

（8）黄土坑遗址

位于秀山乡蒋楼村昆塘组西、东临陈祚继宅。西为一小河，1985年文物普查时发现并登录。2004年对全县先秦遗址进行调查时进行了复查。2008年第三次全国文物普查时再次进行了复查。此处老地名叫军驻成林，相传曹操的兵马曾路过此地扎寨宿营。

遗址地处丘陵山冈地区。为一河边长条形高山冈，面积约5700平方米，地势东高西低，呈不规则形，遗址上栽有松树，西部边缘有少量田地，另有若干近现代坟，采集标本有夹砂红陶、灰陶片等，器形有罐口沿等，从标本形质分析，此处为一商周时期遗存（彩版二六，1、2）。

6. 万福河小流域

共调查发现先秦遗址7处，其中 1 处新石器遗址， 6处商周遗址。

（1）牛头岭遗址

位于茶岭镇三元村小隔组牛头山，距206国道2公里，东距杨家畈屋100米，西距高河至方祠公路100米。一条小河由北向南从遗址西流过，遗址上有小隔组十几户人家居住。1984年文物普查时发现并登录。2004年对全县先秦遗址进行调查时进行了复查。2008年第三次全国文物普查时再次进行了复查。

遗址地处丘陵地区。为一河边高出田畈10米长的长山冈，遗址呈不规则长方形，面积约65900平方米，文化层厚约1~2米，遗址上有菜地和大片树林，另有现代坟若干，还有小隔组十几户人家在此居住，采集标本有夹砂红陶，夹碳红陶，夹碳黑陶等，纹饰有附加堆纹，器形有口沿、器耳等。从标本形质分析，此处为一新石器时代遗存（彩版二六，3、4）。

（2）张家大屋遗址

位于茶岭镇范塘村张畈组。距206国道600米，东南有村村通水泥路，交通较便利。东紧临田地，东北、西南各有一条河流，1984年文物普查时发现并登录。2004年对全县先秦遗址进行调查时进行了复查。2008年第三次全国文物普查时再次进行了复查。

遗址为一河边岗地，呈不规则形，面积约6000平方米，遗址所在地为丘陵浅山区，文化堆积厚度不详，现遗址为菜地。由于村民组取土做它用，对遗址造成相当大的破坏，另村民现在遗址上耕作对遗址也造成了一定的影响，故采集标本较少，有鬲足，夹砂绳纹红陶片，夹砂绳纹灰陶片、夹砂附加堆纹陶片等。从标本形质分析，此处为一商周时期遗存。在遗址南部发现有大量的烧土块（彩版二六，5、6）。

腹片：张采：1，夹砂灰褐陶，上饰附加堆纹，器身饰细绳纹（图六六，7）。

鬲足：张采：2，尖锥状实足，素面，夹砂红陶，残高9.4厘米（图六六，10）。张采：3，夹砂红褐陶，素面，残高5.4厘米（图六六，8）。

（3）双城寺遗址

位于茶岭镇万福村平安组，西距206国道150米，西北距平安组40米，东北距大墩遗址50米，南临万福河，1984年文物普查时发现并登录。2004年对全县先秦遗址进行调查时进行了复查。2008年第三次全国文物普查时再次进行了复查。

遗址地势属丘陵岗地。面积约16000平方米，呈不规则圆形，为一河边高岗地，上面建有万佛寺以及当地村民种的油菜，四周缓坡栽有树木。采集标本极少，主要以夹砂红陶为主，纹饰以绳纹为主。从标本形质分析，此处为一商周时期遗存（彩版二六，7、8）。

（4）大包墩遗址

位于茶岭镇万福村平安组，与双城寺遗址东西相望，西南距平安组150米，南距206国道200米，1984年文物普查时发现并登录。2004年对全县先秦遗址进行调查时进行了复查。2008年第三次全国文物普查时再次进行了复查。

遗址地处丘陵岗地，面积15181平方米，呈不规则圆形，为一高墩，北临一小河沟，遗址上栽有树木，长满芭茅，另有现代坟。采集标本极少。有夹砂红陶片，夹砂灰陶片，纹饰以绳纹为主。从标本形质分析，此处为一商周时期遗存（彩版二七，1、2）。

（5）银墩遗址

位于茶岭镇万福村王家大屋东南200米，距206国道仅有2公里，东距龙山150米，宝龙山下有一条南北向村村通水泥路（茶岭—先锋村路），遗址东50米有一条南北向的河流，遗址四周开阔，均为田地。1984年文物普查时发现并登录。2004年对全县先秦遗址进行调查时进行了复查。2008年第三次全国文物普查时再次进行了复查。

遗址地处丘陵地带，遗址呈椭圆形，为一河边高墩，面积773平方米，文化层厚1米左右。遗址上种满油菜，为油菜地，中间有一老庙迹，上面长满杂草。采集标本较多，有夹砂红陶片、灰陶片、黑衣红陶片等，纹饰有绳纹等，器形有罐口沿、锥状鬲足等。从标本形质分析，此处为一商周时期遗存（彩版二七，3、4）。

罐口沿：银采：1，夹砂灰陶，侈口，卷沿，饰绳纹（图六六，2）。银采：3，夹砂灰陶，侈口，卷沿，素面。（图六六，3）

器口沿：银采：2，夹砂灰陶，折沿，方唇，口沿上饰有绳纹，颈下素面（图六六，1）。

（6）三元观遗址

遗址位于茶岭镇泉合村三元组北50米，西紧临杨塘，另三面为田地，1984年文物普查时发现并登录。2004年对全县先秦遗址进行调查时进行了复查。2008年第三次全国文物普查时再次进行了复查。

遗址地处丘陵岗地，为一河边高墩。遗址高约4米，呈近圆形，面积约29000平方米。遗址上现有大片油菜地，另有一高压电塔。采集标本较多，有夹砂红陶片、夹砂灰陶片、印纹陶，纹饰有绳纹，器形有鬲足、罐口沿等。从标本形质分析，此处为一商周时期遗存。

鬲足：三采：1，夹砂红陶，柱状足，足身饰有少量绳纹，残高7.6厘米（图六六，11）。三采：2，夹砂红陶，锥状足，足身有剥落，素面，残高6.8厘米（图六六，13）。三采：3，夹砂黄褐陶，素面，残高4.4厘米（图六六，9）。三采：4，夹砂灰褐陶，锥状实足，不约而同，残高4.6厘米（图六六，12）。

（7）学墩遗址

位于茶岭镇谭桥村河畈组东北100米田畈上，距206国道1公里，东南距小隔组300米，遗址西20米有一南北向古河道，1984年文物普查时发现并登录。2004年对全县先秦遗址进行调查时进行了复查。2008年第三次全国文物普查时再次进行了复查。

遗址地处丘陵地区。为一河边高墩，呈不规则形，面积约12900平方米。遗址高约2米，南部边缘被村民挖去填地，文化层厚约1.5米。遗址上现有大片油菜地，以及现代坟。采集标本较多，有夹砂红陶、夹砂灰陶等，纹饰以绳纹为主，器形有鬲足、罐口沿、器底、器耳等。从标本形质分析，此处为一商周时期遗存（彩版二七，5、6）。

器口沿：学采：1，夹砂黑衣红陶，敞口，卷沿，口沿饰有堆纹，颈下有绳纹（图六六，4）。学采：2，夹砂灰陶，敞口，卷沿，方唇，口沿饰有堆纹，颈下饰有绳纹（图六六，6）。

鬲足：学采：3，夹砂灰陶，锥状实足，素面，残高3.3厘米（图六六，15）。学采：4，夹砂红褐陶，平跟足，素面，残高3.4厘米（图六六，5）。学采：5，夹砂红陶，尖锥状足，素面，残高5.4厘米（图六六，14）。

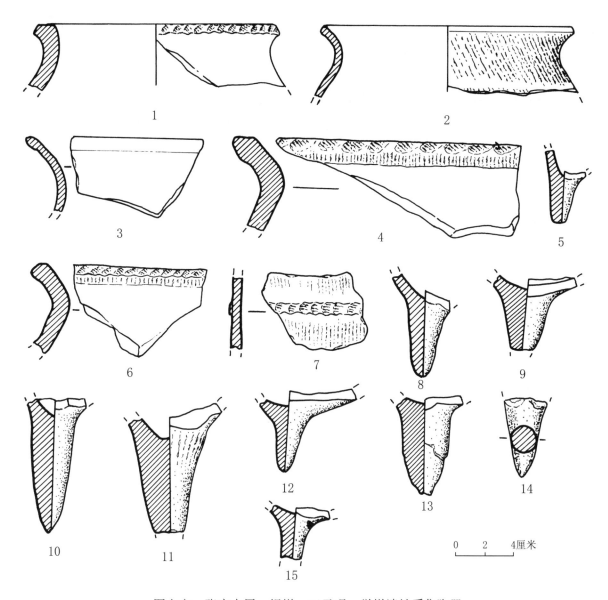

图六六 张家大屋、银墩、三元观、学墩遗址采集陶器

1. 器口沿（银采：2） 2. 罐口沿（银采：1） 3. 罐口沿（银采：3） 4. 器口沿（学采：1） 5. 鬲足（学采：4）
6. 器口沿（学采：2） 7. 器腹片（张采：1） 8. 鬲足（张采：3） 9. 鬲足（三采：3） 10. 鬲足（张采：2）
11. 鬲足（三采：1） 12. 鬲足（三采：4） 13. 鬲足（三采：2） 14. 鬲足（学采：5） 15. 鬲足（学采：3）

7. 枫林河小流域

共调查发现先秦遗址12处，其中 3处新石器遗址，1处新石器—商周遗址，8处商周遗址。

（1）大鸭嘴遗址

位于马庙镇枫林社区石楼组西南200米，北紧临合九铁路，南距枫叶公路70米，遗址上有一西南至东北向的简易小路穿遗址而过。东南、西南各有一水塘，地势西北高东南低，稍有缓坡，东、西均为农田，1985年文物普查时发现并登录。2004年对全县先秦遗址调查时进行了复查。2008年第三次全国文物普查时再次进行了复查。

遗址地处丘陵地区。为一河边高岗地，呈不规则形，面积约3800平方米。遗址现上开垦有大遍田地，一条简易小路横穿遗址，采集标本较少，有夹砂红陶口沿、夹砂红陶鼎足等，从标本形质分析，此处为一新石器时代遗存（彩版二七，7、8）。

（2）月形遗址

位于马庙镇枫林社区斯畈组西北，北距桥头组50米，西南距枫叶公路1公里，东北距三官塘庙500米。从斯畈组有一简易小路直通公路，西南临河流，另三面均为农田，地势较平坦。1985年文物普查时发现并登录。2004年对全县先秦遗址调查时进行了复查。2008年第三次全国文物普查时再次进行了复查。

遗址地处丘陵地区。为一河边高墩，高约1米多。遗址呈不规则形，面积约430平方米。遗址上长满杂草，栽有树木，开垦有北瓜地。采集标本较少，以夹砂红陶为主。从标本形质分析，此处为一新石器时代遗存。

（3）大墩遗址

位于公岭镇联合村祝桥组东南300米，北距高速公路200米，南距五瓦公路400米，东南有一小河，交通极为便利。1985年文物普查发现登录。2004年对全县先秦遗址调查时进行了复查。2008年第三次全国文物普查时再次进行了复查。

遗址为一河边高墩，呈不规则形，面积约270平方米。遗址上现长满杂草，长有三棵树。遗址四周均为田地，地势较平坦，属丘陵区。遗址高出四周田地1～2米左右，部分现已被开挖为农田。采集标本有夹砂红陶片、夹砂灰陶片等，从标本形质分析，此处为一新石器时代遗存（彩版二八，1、2）。

（4）团塥墩遗址

位于公岭镇永兴村史庄组东200米，东南距石桥组150米，西南距村村通路200米，东200米为永兴村村部所在地史庄组，交通极为便利。西50米为一南北流向古河道，水资源丰富，1985年文物普查发现登录。2004年对全县先秦遗址调查时进行了复查。2008年第三次全国文物普查时再次进行了复查。

遗址地处丘陵地区。为一高出四周约2～3米的高墩，呈椭圆形，四周环田，面积约1600平方米。遗址上现开垦为田地，有两棵松树。遗址保存较好。采集标本较多，有夹砂红、灰陶片，纹饰有附加堆纹等。可辨绳纹器形有罐口沿、平跟鬲足等。 时代为新石器至商周（ 彩版二八，3、4）。

鬲足：团采：1，夹砂黑褐陶，锥状实足，素面，残高10厘米（图六七，5）。团采：2，夹砂红陶，尖锥状足，足身饰有少量绳纹，残高7.8厘米（图六七，6）。团采：3，夹砂灰白陶，锥状实足，足身饰绳纹，残高4.6厘米（图六七，11）。

腹片：团采：4， 夹砂灰陶，饰有弦断绳纹（图六七，8）。

口沿：团采：5，夹砂灰陶，敞口，卷沿，颈下饰有绳纹（图六七，3）。

石器半成品：团采：6，青石料，长方体上有一对钻孔（未贯通），六面磨制，稍损，通长8厘米，宽1.5厘米，厚0.6厘。（图六七，7）。

（5）乌龟墩遗址

位于马庙镇新安村大汪庄组西南300米，东500米有一南北向新安-公岭村路，但到遗址没有直通路，东南距新安岭200米，西临一河流，有一旧水闸，三面环田，地势较平坦。遗址西北500米为太子墩。相传魏武帝曹操在太子墩生下太子。1985年文物普查时发现并登录，2004年对全县先秦遗址调查时进行了复查。2008年第三次全国文物普查时再次进行了复查。

遗址地处丘陵地区。为一河边高墩，呈近椭圆形，面积约2300平方米。现遗址基本被开垦为农田，破坏严重。采集标本较少，有夹砂红陶片等，纹饰有附加堆纹等，可辨器形有鬲足、罐口沿等。此遗址应为商周时期遗存。

鬲足：乌采：1，夹砂灰陶，锥状实足，足身剥落，素面，残高4.6厘米（图六七，10）。

（6）余嘴宋遗址

位于马庙镇鹿苑村小杨庄组东南500米，余畈组西北200米，余嘴与余畈之间的田畈中，西南距枫林至叶典公路500米，东50米有南北流向河流，四面环田。1985年文物普查时发现并登录。2004年对全县先秦遗址调查时进行了复查。2008年第三次全国文物普查时再次进行了复查。

遗址地处丘陵地区。为一河边土墩，呈近椭圆形，现基本开垦为田地，四周地势较平坦，面积约800平方米。采集标本较少，有夹砂黑陶片、夹砂红陶片等。从标本形质分析，此处为一商周时期遗存（彩版二八，5、6）。

（7）王家畈大墩遗址

位于马庙镇磨塘村王坂组南20米，东距丁家新屋200米，王坂组北700米为蒋岭-枫林公路。西50米为一河流，四面环田，地势平坦。1985年文物普查时发现并登录。2004年对全县先秦遗址调查时进行了复查。2008年第三次全国文物普查时再次进行了复查。

遗址地处丘陵地区，为一河边高墩，高约2米，呈不规则形，面积约2200平方米。遗址上较平坦，开垦有棉花地，栽有少量杂树，堆有稻草。遗址包含物丰富，采集标本有夹砂红陶片、黑衣红陶片、夹砂灰陶片等，纹饰有绳纹等，可辨器形有罐口沿等，遗址应为商周时期遗存（彩版二八，7、8）。

鬲足：王采：1，夹砂灰陶，素面，尖锥状实足，残高6.8厘米（图六七，4）。王采：4，柱状足，夹细砂红陶，素面，残高4厘米（图六七，12）。

鬲口沿：王采：2，夹砂灰陶，敛口，折沿，颈部以下饰绳纹（图六七，1）。

罐口沿：王采：3，夹砂红陶，敞口，素面（图六七，2）。

（8）万年墩遗址

位于马庙镇严岭村罗庄组西北500米田畈间，南20米为一东西流向河流。四面环田，地势较平坦。1985年文物普查时发现并登录。2004年对全县先秦遗址调查时进行了复查。2008年第三次全国文物普查时再次进行了复查。

遗址地处丘陵地区。为一河边高墩，高约2～5米，呈长条形，南北长，东西窄，面积约3300平方米。现上长满杂草，栽有数棵树。遗址上遗存较丰富，采集标本有夹砂红陶片等，纹饰有戳印纹、网纹、绳纹、附加堆纹等，可辨器形有鼎足、鬲足等。此处遗址应为商周时期遗存（彩版二九，1、2）。

（9）小墩遗址

位于公岭镇瓦窑村龙庄组，东距龙庄新屋200米，南距瓦窑街500米，西距丁家大屋100米。遗址西10米为龙庄新塘和古河道，地南100米有一东西向村路，距公岭—余井公路仅有500米。1985年文

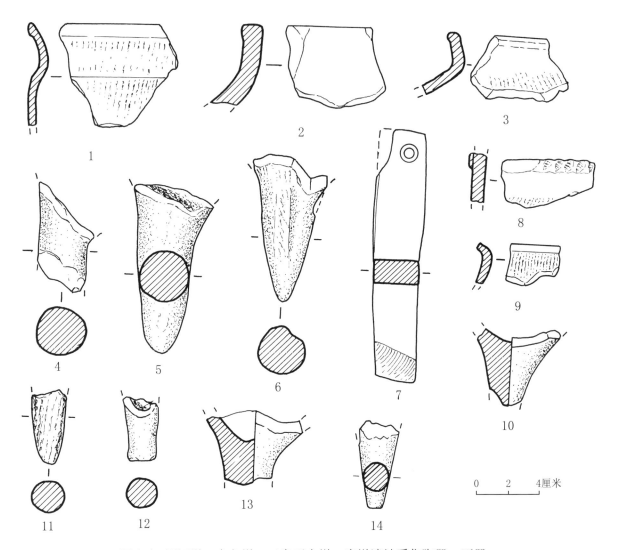

图六七 团塥墩、乌龟墩、王家畈大墩、庙墩遗址采集陶器、石器

1.陶鬲口沿（王采：2） 2.陶罐口沿（王采：3） 3.陶器口沿（团采：5） 4.陶鬲足（王采：1） 5.陶鬲足（团采：1） 6.陶鬲足（团采：2） 7.石器半成品（团采：6） 8.陶腹片（团采：4） 9.陶口沿（庙采：3） 10.陶鬲足（乌采：1） 11.陶鬲足（团采：3） 12.陶鬲足（王采：4） 13.陶鬲足（庙采：1） 14.陶鬲足（庙采：2）

物普查发现并登录，2004年对全县先秦遗址调查时进行了复查。2008年第三次全国文物普查时再次进行了复查。

遗址地处丘陵地区，水资源丰富。呈椭圆形，面积约2300平方米，为一河边土墩，高出四周约1~2米。遗址现开垦田地，上有枫树，四周均为田地。采集标本较多，有夹砂灰陶片、夹砂红陶片、红烧土块等，纹饰有绳纹，附加堆纹；可辨器形有罐口沿。从标本形质分析，此处为一商周时期遗存（彩版二九，3、4）。

（10）狐狸墩遗址

位于公岭镇铁炉村大塘组，距公岭—余井公路1公里，东北距团结水库100米，西南150米为水塘，北200米为一土地庙。1985年文物普查发现登录。2004年对全县先秦遗址调查时进行了复查。2008年第三次全国文物普查时再次进行了复查。

遗址呈不规则形，为一高出四周田地约1～4米的岗地，四周均为田地，面积约1400平方米。视野开阔，地势北高西低，为丘陵地区。遗址上现长满芭毛。采集标本较少，有少量的陶片。从标本形质分析，此处为一商周时期遗存（彩版二九，5、6）。

（11）老鼠嘴遗址

位于公岭镇五岭村燕东组南200米，距三五公路700米左右，西距南北向古河流毛河200米，西南紧临水塘，西部视野开阔，地势东高西低，西前方为一片稻田，1985年文物普查发现登录。2004年对全县先秦遗址调查时进行了复查。2008年第三次全国文物普查时再次进行了复查。

地处平岗丘陵区。为一河边岗地。地势东高西低，呈缓坡状，不规则形，面积约1000平方米。西边高出地面约5～15米，遗址上现开垦为旱地，栽有少量杂树。采集标本有夹砂红陶片，夹砂灰陶片，纹饰有绳纹、附加堆纹，可辨器形有平跟鬲足等。从标本形质分析，此处为一商周时期遗存（彩版二九，7、8）。

（12）庙墩遗址

位于公岭镇庆丰村模范组西南150米，西距童家闸屋100米，南距娘娘庙屋400米，北距粟树嘴600米，东北距公余（公岭—余井）路1公里，距高速公路1.5公里，南30米有一童隔河。1985年文物普查发现登录。2004年对全县先秦遗址调查时进行了复查。2008年第三次全国文物普查时再次进行了复查。

遗址为一高出四周的土墩，呈近圆形，属丘陵地区，四周环田，视野开阔。面积约1100平方米。遗址上现开垦有旱地，并有现代坟若干，上面栽有一棵大枫树，并有一电线杆。采集标本较多，有夹砂红陶片、夹砂灰陶片、黑衣红陶片，纹饰有绳纹，可辨器形有鬲足、罐口沿等。从标本形质分析，此处为一商周时期遗存。

鬲足：庙采：1，灰砂红陶，足身剥落严重，素面，残高4.2厘米（图六七，13）。庙采：2，夹砂红陶，平跟足，足身饰有绳纹，残高5.5厘米（图六七，14）。

口沿：庙采：3，夹砂灰陶，敞口，卷沿，颈及颈下饰有绳纹（图六七，9）。

第三节　古墓葬

怀宁县第三次全国文物普查共计新发现及复查古墓葬57处，其中包括已发掘清理的三桥团山清代墓及石镜青树嘴宋代墓葬2处，故现今普查发现保存的古墓葬为55处：商周至汉时期1处、春秋战国时期1处、汉代16处、汉至南北朝1处、汉代至唐宋2处、南北朝至宋代1处、唐代2处、唐—宋代2处、宋代1处、明代2处、明—清1处、清代15处、时代不详10处（图六八）。

一、墓葬分布

就我县古墓葬分布而言，大致可分两大流域即大沙河流域及皖河流域，历年来发掘出土的文物

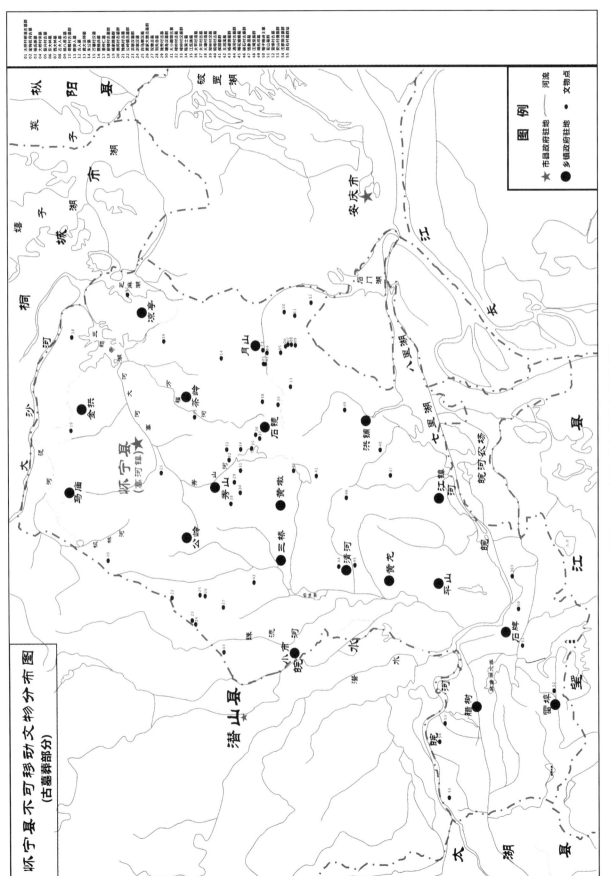

图六八　怀宁县古墓葬分布示意图

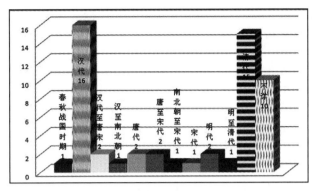

图六九　各时期古墓葬统计图

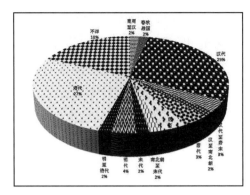

图七○　各时期古墓葬统计图

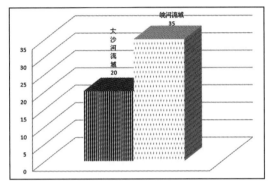

图七一　各流域古墓葬统计图

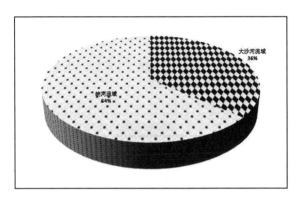

图七二　各流域古墓葬统计图

也可看出我县早期人类多生活在大沙河流域，慢慢到晚期皖河流域生活人逐渐增多。

从各流域古墓葬分布图可以看出，此次普查的55处古墓葬中，皖河流域共发现35处占64%，大沙河流域共发现20处占36%。早期仅有的3座墓葬均在大沙河流域，如孙家城遗址2007年发掘时挖到一处薛家岗文化早期的墓葬并出土许多陶器及石器，杨家牌墓群最早的墓葬能到商周时期，还有前楼村古墓群属春秋——战国时期。而从相对较晚的已知年代的墓葬来看，皖河流域数量明显多于大沙河流域　，皖河流域发现的28处（除不详的7处），比大沙河流域14处（除不详的3处及早期3处）多出整整一倍；占古墓葬总数27%的15处清代墓葬中就有13处属皖河流域，而大沙河流域仅发现2处。另从古墓葬分布来看，皖河流域古墓葬分布比较偏北且较密集，南部较少。这些墓葬分布情况或许隐约反映了历史上我县人口分布的规律。

总体来讲，在我县区域内发现的所有古墓葬除汉代及清代偏多以外，其他各时期墓葬相对都比较少。另从以下图表数据中分析，我县在汉代及清代时期似乎都处于比较繁荣时期。具体各时期古墓葬数目和比例可用图表示如（图六九、七○），两大流域古墓葬数目和比例可用图表示如（图七一、七二）。

二、墓葬形制和随葬品

从墓葬形制和随葬品看，我县最早的墓葬为大沙河流域的孙家城遗址发掘的一座薛家岗文化早期墓葬，为土坑墓，随葬有10余件陶器、石器，年代距今约5300年。与同时期其他区域的新石器时代普通墓葬相似。商周时期的墓葬曾在1982年于金拱镇发现过，曾出土有春秋—战国时期器物；2008年初，在金拱镇前楼村距离现地表6米深处也挖到一处春秋—战国时期墓葬，出有青铜剑以及陶器。但商周墓葬还未正式发掘清理过，形制目前还不清楚。

西汉晚期开始出现的石室墓到东汉在某些地区盛极一时，其中雕刻着画像的"画像石墓"在徐州、南阳等几个区域盛行一时，但淮河以南发现较少。我县石镜乡邓林村发现的一处汉代画像石墓，应是这类墓葬分布较偏南的一处。汉代普通墓葬在我县发现开始增多，多为砖室墓，墓砖不仅厚而大且大多在墓砖四周都刻有种类繁多的纹饰，特点极其明显，这也与全国汉代砖室墓大致相同。

魏晋南北朝的墓葬随葬器物主要是陶瓷器，如杯、盘、碗、壶、果盒等饮食器皿和熏炉、唾盂、虎子等生活用具。我县石牌镇的官山墓群早年由于开山曾出土有鸡首壶、青釉壶、铜镜等20余件器物，都属长江流域南朝时期的典型器物。

唐代墓葬在我县发现较少，1985年腊树安山村发现的安山村唐墓群出土有铜镜、陶器和瓷器等器物，从出土器物来看唐代特征非常明显。但我县发现的唐墓较少，形制结构特点不太清楚。

怀宁的宋代墓葬除了竖穴土坑墓以外，主要是简单的长方形砖室墓、石板砌盖的石室墓。随葬品除陶瓷器外，时有漆器和铜镜，偶尔也有银器。近年来我县发现的宋墓也逐渐增多，一般结构简单，墓砖长、薄、窄。

明清时期的墓葬在怀宁发现很多，结构相对来讲变得简单，一般都是砖室墓较多，少部分墓葬用糯米浆和石子封墓，十分牢固。合葬盛行，到清代基本连随葬物品都很少，甚至有的墓葬几乎没有随葬品，但很有地方埋葬习俗，如多为坐东朝西向或东北西南向，基本都用木棺。其中三桥团山的清代母子合葬墓，为木棺外套石椁，用糯米浆、黄土、石子、石灰浇筑封层，十分坚固，这种独特的葬法在我县属首次发现。

从墓碑来看，也能反映出一些时代的变化。首先是形制上的变化，明代晚期墓碑的形制（如朱公墓碑）略显体宽，顶部略弧，圆角，正面较平而素；至清开始有明显变化，康熙早期基本上是平顶斜角，正面从平素渐变为四周有边廓而面略凹，体也稍显瘦长；到乾隆时期碑体呈十分明显的标准长方形，正面四周边廓明显，面也随之明显内凹，一直延续到光绪时期。而一些无名墓碑，形制十分简单，体形较小，或可能是民国时期当地人对古墓的一种尊重而重立的。其次是碑文上的变化，最明显的是明代碑文一般直称皇帝年号如"万历丁未"，不写"年"字如"万历丁未年"，更不见具体年份比如"万历八年"之类，碑文一般也简略；清代则常见具体年份如"康熙拾贰年"，还常加上"皇清"、"皇恩"之类，一般碑文较多，记载较为详细。

由于调查的墓葬一部分已经过清理发掘，而大多数仅系地表所见，为充分反映本地墓葬特点，本节将已清理发掘的资料完整的1座宋墓、1座清墓作为代表详细描述，杨家牌春秋墓则配发了器物群的整套彩色照片，其他墓葬则先按地域、再按年代顺序分述。

三、已清理发掘墓葬

(一)青树嘴宋墓[1]

位于石镜乡分龙行政村,墓地处于低山脚向外伸出的坡状小山嘴上,地势北高南低。2002年6月30日,因连续几天雨水冲刷,使墓葬南端露出地面,7月1日县文物管理所派人进行抢救性清理发掘(图七三)。

1.墓葬分布与结构

共3座墓葬,均无封土,墓顶距地表0~150厘米,历年来水土流失已使墓葬面貌发生了变化。3座墓相距较近,M1、M2并排安葬,间距20~30厘米,M1向北伸出,M2向南伸出,相错约50厘米。M1墓门正上方发现盗洞,墓葬被盗空;M2被老百姓抠起一块盖板石,并将墓内随葬品取出,M1、M2早年均已被盗,其中M1被盗空,盗洞在墓门正上方(图七四)。

M1、M2墓室结构相同,为石室墓,均有前后室。墓向:M1为185°;M2为180°。墓长4.15、宽1.08~1.50、深1.2~1.7米,前室内长1、宽1米,后室内长2.64、宽0.65~0.7米。石室用花岗岩石料制成,石料厚20厘米左右,正面加工精细,背面粗糙。石壁上端均有子母口,在前后及中间各有子母榫一对,增加了墓的牢固。墓顶盖呈梯形。墓门用整块封门石从外封上,门两边立石柱为门

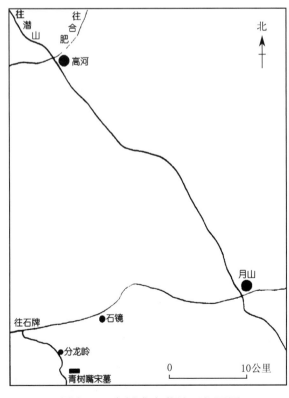

图七三 青树嘴宋墓地理位置图

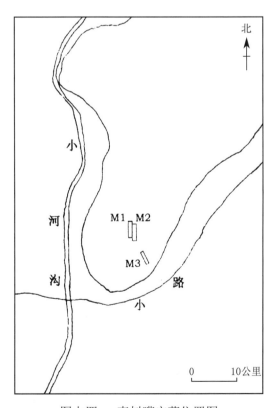

图七四 青树嘴宋墓位置图

[1] 怀宁县文物管理所《怀宁县青树嘴宋墓清理简报》,《文物研究》第15辑,黄山书社,2007年。本文有删改。

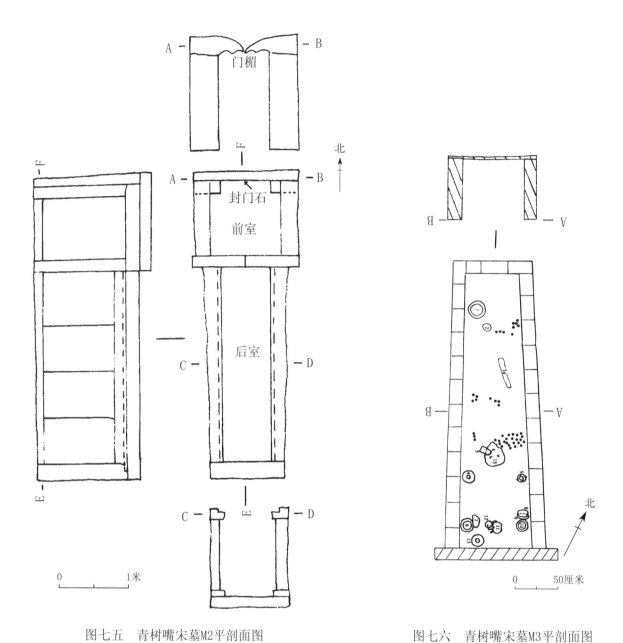

图七五 青树嘴宋墓M2平剖面图　　　　图七六 青树嘴宋墓M3平剖面图

框，墓壁均用条石和石板构成镜框式，底为石板平铺。前后室相连处无门扇，门楣为斗形挑对应相连，内为连弧形。前室短但比后室宽，随葬品放于后室前端，共9件，具体位置不详。棺木已朽，只存留少量棺钉（图七五）。

M3为砖室石板封顶墓，南高北低，墓室长3.14、宽0.8~1、深0.65~0.78米，墓向152°。封门石和上盖板均为花岗岩石，封门石厚12厘米。三面墓壁均为方砖错缝平砌，砖质青灰色，火候较高，尺寸为26×13.5×4厘米，素面无花纹，最高处17层。底为方砖人字形平铺，中间微拱，南端墓门处用6块砖平行铺一长方形。棺木已朽，存少量棺钉。墓内残存头骨和一段股骨，余腐无存。出土器物13件，随葬品多放前端（图七六）。

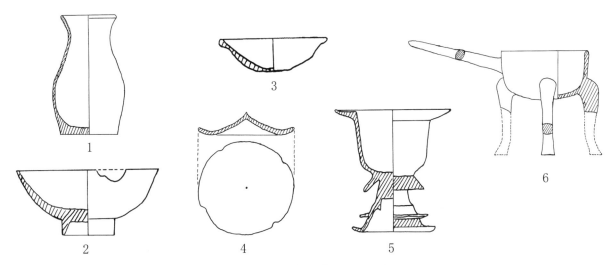

图七七 青树嘴宋墓M2出土器物

1.陶罐（M2：2） 2.瓷碗（M2：5） 3.瓷盏（M2：7） 4.陶器盖（M2：4） 5.瓷净水杯（M2：9） 6.铁鐎斗（M2：1）

2.随葬品

M2出土器物9件，分述如下：

陶罐 2件。M2：2，夹砂灰陶，器体较长，敞口，束颈，圆唇，瓶形腹，平底，腹部饰有凹弦纹4周，轮制。口径12.8、底径12.8、高27.6厘米（图七七，1；图七九，2）。M2：3，口径11.6、底：径12.2、高27.8厘米。

陶器盖 1件。M2：4，夹砂灰陶，平面呈莲叶形，剖面人字形。直径14、高3.6厘米（图七七，4）。

瓷碗 2件。2件相同，施影青釉，底露胎，轮质。直口圆唇，浅腹，高圈足。M2：5，口径15、高6.8、圈足高1.6厘米（图七七，2）。M2：6， 口径15、高6.6、圈足高1.3厘米。

瓷盏 2件。施灰白色薄釉，胎白。小平底，斜浅腹，唇沿外卷。M2：7，口径9、高2.3厘米（图七七，3）。M2：8残。

瓷净水杯 1件。M2：9，青白釉，胎灰白，体薄。浅盘口，圆唇，深腹下收，足上部饰一周向下凸出喇叭圈，圈上饰放射状刻纹一周，足为喇叭形外卷，中部饰凸棱一道。口径14.2、底径10、通高14.3厘米（图七七，5；图七九，1）。

铁鐎斗 1件。M2：1，圆唇，深直腹，环底，3直长蹄形足，扁圆长锥形把。口径17.2、把长18.8、足高14.8、通高20厘米（图七七，6）。

钱币 共计33枚，其中锈蚀不清21枚。全为北宋钱。类别为咸平元宝1枚、祥符元宝4枚、祥符通宝1枚、天禧通宝4枚，均为小平钱，真书体；皇宋通宝1枚，小平，篆书体（图八〇，1～3）。

M3出土器物13件，分述如下：

陶器盖 2件。夹砂灰陶，半圆形，大敞口，圆唇。M3：7，口径12.6、高2.7厘米（图七八，5）。

陶罐 2件。夹砂灰陶，圆唇，喇叭口。M3：6，口径9、底径9.7、高19.6厘米。M3：10，口径9、底径10.3、高19.6厘米（图七八，7）。

陶钵 1件。M3：1，夹砂灰陶，胎厚。敞口，平沿外折，内唇略敛，外唇下阴刻圆圈纹一周，

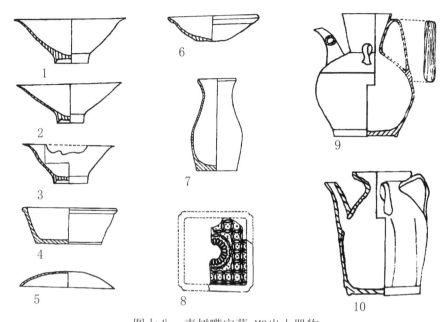

图七八　青树嘴宋墓 M3出土器物

1~3.瓷碗（M3：8、M3：13、M3：4）　4.陶钵（M3：1）　5.陶器盖（M3：7）
6.瓷盏（M3：2）　7.陶罐（M3：6）　8.铜镜（M3：3）　9、10.瓷壶（M3：11、M3：5）

斜直腹，平底。口径21.4、底径14.6、高7.6厘米（图七八，4）。

瓷壶　2件。M3：11，影青瓷，底露胎，胎质灰白。喇叭形敞口，束颈，折肩，球腹，平底，假圈足。颈下有2个钮形系，扁形把手上刻条状纹数道，流口稍低于壶口。口径5.3、底径7.4、通高14.2厘米（图七八，9；图七九，4）。M3：5，灰白胎，施酱黄釉，底露胎。浅盘口，束颈，圆唇，瓜棱形腹，小扁把，颈下有2系，平底，假圈足。口径4.8、底径6、通高9.6厘米（图七八，10）。

瓷碗　3件。M3：4，通体施影青釉，胎薄，六出形葵口，口沿外折，浅圈足，内底饰阴刻圆圈一周，口径12、高5厘米（图七八，3）。M3：13，施影青釉，内外开片，底露胎，胎薄，敞口外侈，斜直腹，小圈足，斗笠形。口径12、足径3、通高4.2厘米（图七八，2）。M3：8，同M3：13，口径11.8、通高4.4厘米（图七八，1）。

瓷盏　2件。M3：2，灰白胎，内施釉，外露胎三分之二。大敞口，口沿外卷，底微平。口径7.8、通高2厘米（图七八，6）。M3：12，口径8.5、通高2厘米。

铜镜　1件。M3：3，已残损，正方形，连弧角，素缘，双线叠钱形底纹，钮座饰菊瓣纹一周。边长23.6、厚0.1厘米（图七八，8；图七九，3）。

钱币　共计53枚，其中锈蚀不清20枚。钱币类别除1枚是唐代开元通宝外，其余均为北宋钱，包括祥符元宝1枚、天禧通宝1枚、嘉祐元宝1枚，为小平，真书体；天圣元宝2枚、景佑元宝2枚、皇宋通宝6枚，为小平，真、篆书体；熙宁元宝2枚、政和通宝1枚、宣和通宝1枚，为小平，篆书体；元丰通宝1枚，为小平，行书体；元祐通宝5枚、绍圣元宝3枚，为小平，篆、行书体；圣宋元宝5枚，为小平，隶、行书体；大观通宝1枚，为小平，瘦金体（图八〇，4~6）。

三座墓葬墓主均头朝山下，脚向山上，采取倒葬方式，应是当时的一种葬俗，当地有"倒葬"传说，原本葬坟应背靠大山，表示有依靠，而且前面开阔，但"倒葬"意有倒发，官到等吉祥用

图七九 青树嘴宋墓M2、M3出土器物
1.瓷净水杯（M2∶9） 2.陶罐（M2∶2） 3.铜镜（M3∶3）） 4.瓷壶（M3∶11）

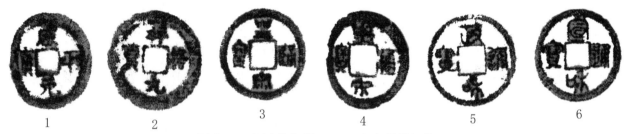

图八〇 青树嘴宋墓 M2、M3出土铜钱拓片
1.咸平元宝 2.祥符元宝 3、4.皇宋通宝 5.政和通宝 6.宣和通宝（1～3.M2，4～6.M3）

意，让后人发财，升官。

从M1、M2墓制看，间距较近，应是同一时期下葬，为夫妻合葬墓，按其特征和当地的风俗看，M2主为男性，M1主为女性。这批墓葬出土器物都具有典型的北宋器物特征。M1、M2为北宋仁宗至英宗年间，M3为北宋晚期。

（二）团山清墓[1]

2007年8月13号，县文物管理所接三桥镇政府报告，在该镇南方村团山组发生炸古墓事件，县文管所立即派人前往进行勘察，发现墓葬已多次被炸，难以保护，在省考古所专家的指导下，县文管所工作人员历时15天，对此墓进行了抢救性清理，墓葬编号分别为2007HNTSM1，2007HNTSM2。

墓葬位于怀宁县三桥镇南方村团山组的一屋场上，东边紧临陈氏祖坟，南、西10米为田地，300米外为至石牌的212省道（图八一）。

1.墓葬形制

墓葬呈东北—西南向，为异穴合葬墓，封土层为半圆形弧顶，第1层为封土层，厚约25～60厘米；第2层为糯米浆夹层，厚约5厘米，夹有糯米浆、黄土、石子、石灰；第3层也是糯米浆层，厚约160厘米，淡黄色，夹有糯米浆、黄土、石子、石灰，一直到石椁顶。墓葬封土层外径东西长800厘

---

[1] 安徽怀宁县文物管理所：《怀宁县三桥团山清代墓葬发掘简报》，《文物研究》第17辑，科学出版社，2010年。本文有较多删改。

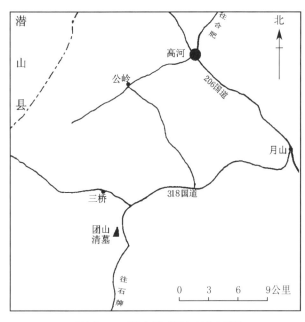

图八一　团山清墓地理位置图

米，南北长670厘米（图八二）。

墓葬由2个石椁组成，石椁截面均呈半圆弧形，前后略错位，中间共用一石墙（图八三、八四）。

M1　位于西边，长230、高120厘米，北偏东40°。顶部为4块扇形长青石条，组合成半圆形，每块长青石条中间用黄泥黏合，宽约3厘米；中间长青石条上刻有一长方形框，内用行书阳刻有"附潘考坟"4个字（彩版三〇，1、2、5左）。西墙由4块长方形青石错缝组成，每块高28厘米。东边与M2西边共用一墙，也由4块长方形青石组成，前后有榫头、榫眼，起到固定石椁的作用。石椁前后各有2块石板，正面4块石板上从右至左行书阳刻"潘坟"二字（彩版三〇，3）。前后上面2块呈半圆形，长92、最高40厘米，下面2块为长方形，长100、宽5厘米。底座石块为长方形，长100、宽14厘米。石椁外南有一排铺地砖向南延伸至弧形糯米浆层下，砖下为一排水沟，外铺地砖三纵两横一纵，呈"7"字形。石椁内全部用糯米浆把木棺密封，糯米浆由黄土、细沙、石灰、糯米搅拌而成。

糯米浆下为一长方形木棺，保存完好。糯米浆层距木棺18厘米，木棺长215、宽51、厚10厘米。木棺底外用糯米浆铺底，厚12厘米。底部东边以及北边有一排纵铺地青砖，成"7"字形，与石椁外青砖相连，同为一排水沟。青砖长25、宽12.5、厚6厘米。长方形木棺内有一骨架，已腐烂，仰身直肢，双手交叉放于胯部。骨架长170厘米，上身穿对襟棉袄，下身穿棉裤，脚穿布鞋，在腰部发现木

揭糯米浆封土层

石棺出露

图八二　团山清墓被炸后发掘现场

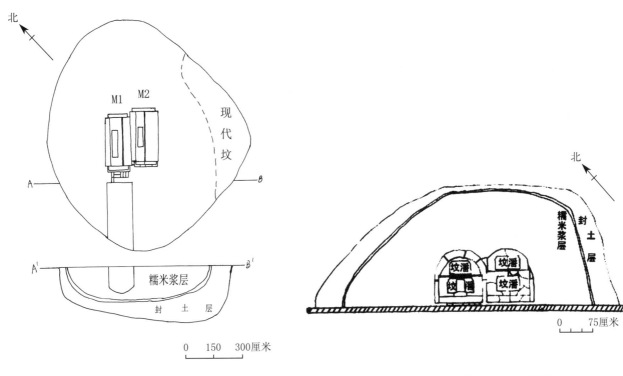

图八三 团山清墓M1、M2平剖面图　　　图八四 团山清墓M1、M2正视图

制带钩1件。全身用石灰包固定，棺内用石灰铺底，骨架下垫一白布。

M2 位于东边，长230、高120厘米。北偏东40°。西边与M1共用一石墙，向北错缝17.5厘米。石椁结构同M1一样，上为3块扇形长石条，中间扇形长石条行书阳刻"潘祖妣坟"四字（彩版三〇，5右）。东墙也由4块长方形青石错缝组成，高28厘米。南、北各有2块石板，分别组成半圆形；下面2块为长方形；底座石板为长方形。

石椁内全部用石灰将木棺密封，石灰内夹有大量木炭。木棺下也为石灰层，石灰层下用糯米浆铺底，厚超过12厘米。木棺用榫头、榫眼固定，密封性相当好。尸体保存完好，仰身直肢，头戴包巾，全身用布包裹，身下前后，左右用石灰包固定，双手放于胯部，三寸金莲，身上放有秤、扇子、梳子；两腿中间有一排纸制饰品。

2.随葬品

保存完好的只有1件。

M1：1 木制带钩。体像螳螂之腹，钩短作龙首形，下有圆柱，柱顶圆形。通长10 、最大直径1.4厘米（彩版三〇，4）。

另在M1北部石椁内紧贴封口石发现牌位碑1块，呈长方形，碑身与底座平行相连。碑身长36、宽27.1、厚5.5厘米，内刻长方形描红凹槽，正中刻凹"山"字形纹饰，描红。底座长方形，长27.1、宽9、厚7厘米（彩版三〇，6）。碑阳面正中用竖式楷书描红阴刻"祖考潘公□翁老大人神主"，左刻"男太学生金孙玉承重孙文座生 纶瑾 琇 潔 瑜 曾孙政宜 宣 祀。

在M2南部石椁外也发现牌位碑1块，碑身与底座相连。碑身长29厘米、宽17.2、厚9厘米。长方形底座，长28、宽10、厚9厘米（彩版三〇，7）。碑阳正中竖式楷书阴刻"清上寿恩深显祖妣潘母许老太君神主"，左刻"男如寅江　孙政令　承重孙政举　曾孙贤"。

该墓的形制为异穴合葬石椁木棺墓。据潘姓家谱记载以及出土的牌位碑来看，此异穴合葬墓应为石溪公继配夫人陈氏与其次子从金。M1为石溪公继配陈氏，M2为其次子从金。墓葬年代应为乾隆三十四年至道光元年。

此墓的结构在安徽西南部比较少见，石刻雕刻精美。而南方地区气候潮湿，雨水较多，女尸能保存这样完好比较罕见。

四、其他墓葬

1. 杨家牌墓群

位于怀宁县金拱镇。地处怀宁县东北部与桐城县交界处的人形河南岸，为一高出地平面约4米的红土丘岗，面积1385平方米，呈不规则形，中间微高，四周较低（彩版三一，1）。

1982年3月1日早晨，杨牌组村民汪孟琪一人来到晒稻场，准备在晒场四周开挖排水沟。当挖到靠坡边的地方时，突然地面塌陷，人掉进了一个坑里，他爬起来用锄头把土层扒开，一批造型别致的器物惊现眼前。他忙叫来家人把这些器物搬回家。回家后他用硬物一试，这满身绿锈斑驳的器物为金属质地。他非常高兴，就叫孩子通知远在5公里外的一位亲戚来帮忙，准备送到镇供销社废品站。但挖出铜器的消息很快传了出去，一时轰动，方圆数公里的人们带着好奇心纷纷前来。其中有一位路过此地的乡教委干部，他看后对汪孟琪说："这东西是文物，不能当废品卖掉，要保管好。"回到乡里后，他马上向乡领导汇报了此事，乡领导及时报告县文物管理所。3月3日，县文物管理所工作人员会同当地乡村有关人员前往汪孟琪家，将出土器物全部运回了县文物管理所。县文物管理所在征集这些文物的同时，将出土前后情况向省文物部门作了汇报，省文物部门得知后，立即派员偕县文物管理所工作人员对出土地点进行了察看。根据出土器物的特点及发掘者的追述，认定为春秋墓葬，出土器物计有青铜器礼器6件，铜削4件，玛瑙4件，绿松石2件，陶器均成碎片[1]。

征集出土的器物分述如下：

铜蝉纹鼎　2件，折沿，方耳外侈，置于口沿上，鼓腹，圆底，蹄足。腹外壁铸有六道扉棱，另有凸弦纹两周。上腹于两周弦纹间饰方格云纹，下腹饰变体蝉纹，其上加乳钉纹，好似蝉眼，耳饰云纹。通高27.7、口径29.5、腹径12.2厘米（彩版三一，4）。

铜牺鼎　1件，折沿，附耳，鼓腹，腹下部垂大，蹄足，前着兽头，有枝角一对，两眼隆起，后下腹部着向上卷曲小尾，形象生动。腹着蟠螭纹一周，角饰重环纹，尾饰云纹，耳饰点线纹。底部三足，通高28、口径21厘米(彩版三一，3)。

铜匜　1件，折沿，瓢形，三蹄足，兽形鋬，流部微上翘。流和腹上饰蟠螭纹，下饰凸弦纹六道，兽形鋬饰重环纹。通高31.4、长56厘米，腹径47×3、流口宽8.5、腹深14.8厘米（彩版三一，2）。

铜釜　1件，折沿，矮领，鼓腹，平底，呈扁球形，肩着半圆耳一对，盖着半圆钮一只。通高

---

[1] 以上内容见怀宁县文物管理所《怀宁杨牌春秋青铜礼器出土记》，《艺术市场》2004年第7期，本文有删改。

24、最大腹径31.5、口径17厘米（彩版三一，5）。

铜盉　1件，上部盆形，敞口，束颈，下部鬲形，鼓腹，袋状足尖，稍有实柱，着短流。手柄前部为六棱体，尾部圆形体，尾端尖圆形向上卷曲，分两截铸造，留有圆孔，作为联结之用。通高19、口径14.5、腹径15、手柄长14、流长2.7厘米（彩版三一，6）。

铜削　4件，身前宽后窄，背微向外弯，尖头，刃口内凹，丁字形柄，饰直线纹。全长22.2、刀身最宽2.4厘米（彩版三一，7）。

玛瑙玦　4件，为六棱体圆圈，留一缺口，直径分别为5.3、4.6、4.4、3.4厘米（彩版三一，8）。

绿松石　2件，圆柱形，颜色绿、白相间，长5.1、直径1.2厘米，已粉状。

这批器物的时代，从器形上看，应为春秋早期遗物。史料记载：进入春秋以后，今庐江、舒城为中心的巢湖以西江北地区有舒、巢、桐、舒鸠、舒蓼、舒庸、舒龙等部。春秋时期怀宁为皖、桐二国属地。《怀宁县志》中述"盖东北占桐者十六，西占皖者十四"。考春秋桐地之位置，《续汉书》"庐江郡舒县有桐乡"注曰"古桐国"，杜顶注"桐小国，庐江西南"。怀宁与桐城（桐城汉属舒县）以人形河相隔，铜器出土地系怀宁东北部边沿与桐城县交界处的人形河南岸，为一高出地平约4米的红土丘岗，春秋之际应为桐国地，这次出土的青铜器与舒地出土器物形制基本相似，但其纹饰少有不同，视为桐器，应无疑问。桐都建于何地，今不可考，这批青铜器也应是一条重要线索资料。

2. 前楼村墓群

位于金拱镇。墓群处在一高土丘上，地势较高，东、南两边临田，呈不规则形，面积大约1308平方米，现上开垦田地，并建有高速广告牌以及防护栏（图八五）。

2008年初，在距离现地表6米深处出土有青铜器以及陶器，初步鉴定此批出土物应为春秋—战国时期遗存。

3. 洪墩汉墓群

位于公岭镇。墓群所在地原为一高墩，呈近长方形，面积2377平方米。由于1974年当地村民在此取土，曾挖出大量器物以及汉墓砖，对墓群造成了很大的破坏。

4. 洪墩汉墓

位于公岭镇。墓葬已被破坏，坐西朝东，东高西低，略有缓坡，面积18平方米。墓砖为长方形大青砖，墓室长6米，宽3米，根据墓形制，判断为汉墓。

5. 双墩汉墓

位于公岭镇。墓地为两个相连的土墩，两墩面积1876平方米，呈不规则形。地势西高东低，呈缓坡状。从出土墓砖的形制判断，应为汉代墓群（图八六）。

图八五　前楼村墓群远景（镜向南）

图八六　双墩汉墓远景（镜向西南）

图八七　　白马墩汉墓远景（镜向西南）

图八八　塘角汉墓群近景（镜向西北）

6. 白马墩汉墓

位于公岭镇。地势东北高西南低，墓葬封土呈斗笠状，近圆形，面积约475平方米。从墓砖形制判断，应为汉代墓葬（图八七）。

7. 塘角汉墓群

位于秀山乡。地势西高东低，面积大约1446平方米，地面暴露有大量墓砖，墓砖横头及正面有纹饰，纹饰种类较多。1985年普查时还发现一块墓砖上有一"土"字，从纹饰以及墓砖形制来判断，此处应为一汉代墓群（图八八）。

8. 樟岭村汉墓群

位于秀山乡。地势西北高东南低，呈缓坡状，墓群呈近长方形，面积约810平方米，1985年文物普查时发现。墓砖长35厘米，宽17厘米，厚7厘米，有纹饰，从原有的墓砖形制以及纹饰来看，应为汉代墓群。

9. 大小廓墩汉墓

位于秀山乡。地势东高西低，为两处高出地面的土塚，两墩相连，总面积1097平方米。大廓墩高4米，直径10米，小廓墩封土略小于大廓墩。此地周围岗地经常发现西汉、东汉土坑墓和砖室墓，推测此两墩为汉墓（图八九）。

10. 万福汉墓

位于茶岭镇。墓葬呈东北—西南向，呈近椭圆形，面积36平方米。从墓的形制、墓砖来看，应为汉墓。

11. 东大林汉墓

位于月山镇。根据1985年普查资料，此墓应为砖室券顶墓，但券顶基本挖掉，为东北—西南向。年代应为汉代。

12. 西大林汉墓

位于月山镇。与东大林汉墓东西相望。西南—东北向，面积4平方米，为砖室券顶墓。年代应为汉代。

13. 白石墓群

位于腊树镇。地处浅山区，地势北高南低，呈缓坡状。墓群呈不规则形，面积约15550平方米。从出土器物以及青砖上纹饰来看，应为汉代墓群（图九〇）。

14. 汪家墩汉墓群

位于腊树镇。面积202平方米，呈近三角形，地势较高，东南地势低，有券顶砖室墓。应为汉代墓群。

15. 邓林汉墓

位于石镜乡。地处浅山区，墓葬坐西朝东，面积大约50平方米。墓口两边有青石槽柱，两边墓壁上有石刻像，原墓门为青石板，现已被村民搬去铺桥，从墓葬形制以及墓壁石刻人物像来判断，应为汉代画像石墓（图九一；彩版三二，1）。

16. 侯园墓群

位于黄墩镇。墓群呈近正方形，面积大约850平方米。1968年发现石条、石门，1985年文物普查时登录。为画像石墓，曾发现画像石1块，雕刻模糊，纹饰为下排等距并列的佛像，上排有侧面朝拜的形象（彩版三二，2）。

17. 杨婆墩墓群

位于小市镇。墓群为高出四周约3米的土塚，呈不规则形，面积约1539平方米。曾发现青砖，汉代砖室墓在此四周已多次发现。1981年文物普查时发现并登录（彩版三二，3）。

图八九　大小廓墩汉墓近景（镜向东）

图九〇　白石村墓群远景（镜向东）

图九一　邓林汉墓远景（镜向西北）

图九二　清河墓群近景（镜向北）

图九三　黄家大墩墓群远景（镜向东北）

图九四　公岭镇墓群出土墓砖

18. 清河墓群

位于清河乡。墓群东高西低，略有缓坡，呈不规则形，面积1516平方米。早年此处出土大量陶俑，应为汉代墓群（图九二）。

19. 黄家大墩墓群

位于公岭镇。呈近圆形，面积1155平方米，封土高约1～4米。发现有墓砖，从墓砖形制判断，应为汉至南北朝时期墓葬群。1985年文物普查时已发现，当时定名为"铁炉墩汉墓"。此处被当地村民传说为魏武帝造兵器之处（图九三）。

20. 汪祠堂墓群

位于洪铺镇。由于当时村民在四周建房，挖出一些墓葬，对墓群造成了一定的破坏。墓群近长方形，面积324平方米。墓葬都为坐东朝西，上面及四周长满杂草。此地过去名"陵墓上"。1984年文物普查时就已发现，80年代挖出一些汉砖，有薄型几何纹砖，应为汉、唐宋时期墓葬。

21. 公岭镇墓群

位于公岭镇瓦窑村等地，西与潜山县余井镇搭界。为一不规则长条形山冈，面积约25万平方米，地势西高东低。20世纪80年代曾经被盗墓分子大量盗挖，为汉代至宋代时期墓葬（图九四；彩版三二，4）。

22. 官山墓群

位于石牌镇。地处丘陵地区，地势较高，面积约20万平方米。早年开山出土有鸡首壶、青釉壶、铜镜等唐宋时期遗物。1985年文物普查时发现并登录（图九五）。

23. 梅花娘娘墓

位于清河乡。面积23平方米。墓碑嵌于封土南部，为清乾隆时期后立（老碑已不见），碑文竖式阴刻：

"皇清乾隆三十三年万戊子岁孟夏月，大唐勒封贞烈梅花娘娘墓，敬酉守弟子汪万盛娘"。梅花娘娘，为唐天宝年间人士，率领梅氏族人抗击流寇，英勇牺牲，被皇帝赐封为贞烈女（彩版三二，5）。

24. 安山唐墓群

位于腊树镇。地势西北高东南低，呈缓坡状不规则形，面积6503平方米。1985年文物普查时发现并登录，曾出土有铜镜、陶器和瓷器等唐代器物（图九六）。

25. 鹿苑墓群

位于马庙镇。墓群呈不规则形，地势北高南低，面积约1500平方米。20世纪80年代初，曾挖掘出数座墓葬，从墓砖形制来判断，应为唐宋时期（图九七）。

26. 奇隆墓群

位于月山镇。墓群位于一山包中的洼地处，分布面积1350平方米。1985年普查时发现薄砖及墓碑，出土有陶瓷碗等。根据当年发现的墓砖、墓碑以及出土的器物来看，此墓群应为唐至宋代（图九八）。

27. 大桥村宋墓

位于月山镇。封土现存为三角形，仅存面积约7平方米。1985年文物普查时发现残砖、宋瓷片（图九九）。

28. 程子刚墓

位于石牌镇。坐南朝北向，占地面积58平方米。墓地有程子刚夫妻墓各一座，两墓紧连，用糯米浆和石子浇筑而成，封土呈斗笠状，墓葬老墓碑由于年久，现已被破坏。该墓葬现

图九五 官山墓群远景（镜向西南）

图九六 安山村唐墓群 远景（镜向北）

图九七 鹿苑墓群远景（镜向北）

图九八 奇隆墓群远景（镜向东）

图九九　大桥村宋墓远景（镜向东南）

图一〇〇　金勾挂月清墓（镜向南）

共用一墓碑，为1987年重立。1984年文物普查时就已发现并登录（彩版三二，6）。

程子刚，生于元统元年（公元1333年），为元末明初人，进士，官至户部主事。

29. 大桥村明清墓群

位于月山镇。墓群地处一隆起的小土岗上，地势较高，周围较平坦，坐东朝西，南北长约105米，东西宽约10米。墓碑上字迹较清晰，据墓碑记载为明嘉靖至清道光年间（彩版三二，7）。

30. 朱公墓

位于茶岭镇。呈近圆形，面积9平方米，处于一高岗地的斜坡地上。墓碑风化严重，碑残高78厘米，宽53厘米，厚13厘米。碑文竖式阴刻，右刻"乡贤□□进士功朗山东　府纪善张大冶题"，中刻"处世朱公　配胡氏孺"，左刻"明万历丁未仲冬既望"（彩版三二，8）。

31. 金钩挂月清墓

位于月山镇。墓葬坐东朝西，墓冢呈斗笠状，南北长5米，东西宽4.5米，墓碑露出地表高110厘米，宽60厘米，碑刻"康熙九年文林郎□□墓"（图一〇〇）。

32. 董仲仁墓

位于凉亭乡。在一田畈山冈上，面积12平方米，呈圆形，东北—西南向，封土呈斗笠状，四周用石块堆筑而成。墓碑高152厘米，宽66厘米，厚11厘米，墓碑有边框，框外有石雕花纹。框内碑文竖式阴刻，右刻"皇清康熙拾贰年岁次癸丑拾贰月伍"，中刻"明二世组考董公仲仁妣郝老孺人之墓"，左刻"孙重应十代孙启"。从墓碑来看，应为董氏二世祖。该墓为董仲仁夫妻合葬墓，墓碑一块，为一整体。墓地保存较好，墓碑有些风化，墓葬封土经过后人加固，四周也用石块堆筑（图一〇一）。

33. 钱象昆墓

位于江镇镇。墓地呈不规则圆形，面积为55平方米。封土呈斗笠状，坐西北朝东南，墓碑分为碑和底座，墓碑右上稍残。碑高130厘米，宽72厘米，厚10厘米，底座刻有长90厘米，高26厘米，厚24厘米。墓碑有边框，框外刻有纹饰。框内字体竖式阴刻，右刻"□□叁拾肆年岁在乙亥孟冬月榖旦公□有□□□□丁未年十二月□□丑时乾山巽向兼亥巳三分□葬于庚申年□□"，中刻"清敕赠文林郎显考老孺人显妣钱公象昆母李氏之墓"，左刻"赐进士第文林郎原任广东茂名口男钱口孙口子科举人候选州通判钱鹏鸣曾孙生员（后为钱姓昌字辈以及元孙辈名）。该墓为钱象昆与其夫人合葬墓，墓主人曾任职广东茂名（图一〇二）。该墓墓碑残缺，但清代只有康熙、乾隆、光绪三帝在位34年以上，查只有康熙34年为乙亥年，故碑文首两字应为"康熙"。

图一〇一　董仲仁墓

34. 大塘清墓

位于石镜乡。为一高出四周的小岭头，墓葬坐北朝南，北高南低，呈椭圆形，面积19.6平方米。墓葬封土较少，墓碑露出地表部分高122厘米，宽63厘米，厚10厘米，碑文竖式阴刻，左刻"口康熙口口口岁次辛卯李夏月吉旦"，中刻"皇清赐进士口文口口显考道口江公之墓"，右刻后人名讳。从碑文来看，此墓应为清康熙年进士之墓（图一〇三）。

35. 王润溪墓

位于三桥镇。墓葬封土较高，呈斗笠状，墓葬坐北朝南，面积84平方米。此墓葬1985年文物普查时登录，原有墓碑，碑文："清雍正年岁次辛亥仲冬月，清待赠显考王润溪之墓另贺礼"。后墓碑被当地村民搬走。

王润溪，清朝进士。

36. 古大人墓

墓位于月山镇。东南—西北向。封土为斗笠状，上面有大量石块，面积8.1平方米。墓碑露出地表部分高30厘米，宽26厘米，厚6厘米，稍有破损。墓碑上刻"乾隆叁拾捌年　古大人之墓"。

图一〇二　钱象昆墓远景（镜向北）

图一〇三　大塘清墓远景（镜向西北）

37. 陈荣士墓

位于石镜乡。墓葬坐北朝南，近长方形，有封土，面积17.5平方米。墓碑高118厘米（露出地表部），宽70厘米，厚13厘米。碑文竖式阴刻，左刻"乾隆四十六年季冬月　"，中刻"清囗囗显考太学陈公荣士老大人之墓"，右刻"囗男囗生生员世元恪孙学囗囗囗囗"。墓碑风化严重，碑文模糊不清 （彩版三三，1）。

38. 太平清墓

位于石镜乡。地势东高西低，坐东朝西向，呈近圆形，墓葬封土较少，面积26.4平方米。墓碑露出地表部高86厘米，宽65厘米，厚16厘米，墓碑前有两排青石台阶，墓碑四周刻有卷云纹。碑文竖立式阴刻，左刻"嘉庆八年岁次癸亥孟冬月，吉旦"，中刻"皇清恩赐修职郎囗公名翁府君之墓"，右刻"囗囗囗囗秀孙嘉囗谋吕曾孙猷国朝立"。由于年久，墓碑稍有风化，另由于文革时期的运动影响，有人有意把姓氏敲掉（彩版三三，3）。

39. 江氏族墓

位于石镜乡。墓葬地处浅山区，为江氏族人合葬墓，西南－东北向，地势西南高东北低，呈近正方形，面积27平方米。墓碑三块，中间大两边小，正中大碑四周刻有龙纹，碑高115厘米（露出地表部），宽72厘米，厚16厘米，碑文竖式阴刻"嘉庆十八岁次癸酉仵冬月　吉旦"，"皇清诰赠朝议大夫江公囗囗俯君之墓"。左右两碑上四周刻有云纹，大小一样，高95厘米（露出地表部），宽63厘米，厚13厘米，碑文竖式阴刻，正文不一样，左碑正文"清例授文林郎乾隆己酉科举人囗囗囗囗囗墓"，右碑正文"皇清囗赠恭人显妣江母汪老恭人之墓"，此三人为同年葬于一墓穴（彩版三三，6）。

40. 龚大法师墓

位于月山镇。南－北向，用石块堆砌而成，面积大约30平方米。地势北高南低，四周为山，南边有一山间小溪。墓后有石堆砌而成的旧庙迹（现已毁），1985年文物普查时发现墓碑一块，年代为清代嘉庆十五年。现今复查，墓碑已不在，在墓葬东边发现一块石碑，右刻"乾隆四十七年季夏吉日"，中刻"天池圣井龙王位"，左刻"众姓同立"。石碑在地表高40厘米，宽30厘米，厚12厘米。该碑是否与墓葬同时尚无证据（彩版三三，7）。

41. 刘先念墓

位于秀山乡。坐东南朝西北向，地势东南高西北低，呈缓坡状。墓碑露出地表部高95厘米，宽66厘米，厚15厘米，墓碑呈"冂"字形，碑文竖式阴刻，左刻"大清道光三年季冬月"，中刻"皇恩钦赠翰林院祖考妣刘公先念母陈汪老大从孖人之墓"，右刻"后人名讳。从碑文来看，此墓应为刘公与三位夫人的合葬墓（图一〇四）。

42. 胡兆祥墓

位于洪铺镇。墓葬坐北朝南，近六边形（四边一圆弧），面积13.2平方米。墓葬封土全部用水泥浇筑，墓碑有简介碑分别用大理石雕刻。据当地村民介绍：胡兆祥为安庆市胡玉美公司的创始人。后修东侧简介碑（竖式阴刻）"皖怀明经堂胡氏四世祖清赠通奉大夫同知衔胡公讳字国瑞号芝田嘉庆乙丑生光绪癸未卒道光十年在安庆创业酱园十四年店号胡玉美一九五四年公私合营一九六七年晋为国营企业至今垂一百六十年载誉国内外家族积善遗风深受乡里推重"。背面修两碑（横式阴刻）"七世孙国栋熙仁粱卒九八十世孙男女同叩立"。西侧简介碑为胡兆祥七世孙立碑，墓碑横式阴刻"一八〇五年生，一八八三年卒；胡公兆祥之墓；公元一九二七年卜吉，一九九二年重修"。墓葬东、南、西有三级水泥台阶（图一〇五）。

43、陈安人墓

位于月山镇。东北—西南向，地势东北高西南低，面积61.6平方米。墓碑高125厘米，宽68.5厘米，厚14厘米，封土较好。墓碑正面右刻"道光二十七岁次丁未孟冬月榖旦"，中刻"皇清例授/弛封安人显祖妣王母陈太安人墓"，左刻后人名。墓碑背面刻一长方形，长34厘米，宽21厘米，阴刻"寅山申向"四字（图一〇六）。

44．樊杨氏墓

位于凉亭乡。为一山包，坡度较缓，东北—西南向，面积28平方米。墓葬封土呈斗笠状，墓碑高82厘米，宽52厘米，厚16厘米。有边框，边框外雕有云纹、棱形纹和三角形纹。长方形边框内碑文竖式阴刻，右刻"同治四年季冬月谷旦"，中刻"皇清口封夫人晋封一品夫人樊妣杨太夫人之墓"，左刻"万林孙从先立"。此墓为樊氏族人祖坟（图一〇七）。

45．杨氏族墓

位于月山镇。坐西南朝东北，近圆形，面积155平方米。封土呈斗笠状，封土用糯米浆浇筑。现原地存墓碑两块，另一墓碑被当地居民所用，墓碑高85厘米，宽60厘米，厚16厘米，墓碑有边框，呈"冂"字形，碑文全部是竖式阴刻，左碑碑文："光绪丙午年

图一〇四 刘先念墓近景（镜向东南）

图一〇五 胡兆祥墓远景（镜向北）

图一〇六 陈安人墓（镜向东北）

图一〇七　樊杨氏墓近景（镜向东北）

图一〇八　杨氏族墓局部（镜向东南）

图一〇九　樟树岭墓（镜向东）

十二月吉旦，皇清诰封奉直大夫国学士顕考杨公镜衡大人之墓，男五品衔候补县丞"。中碑碑文："光绪丙午年十二月吉旦，皇清诰封奉直大夫国学士顕考杨公晓春大人之墓，男起儒、麟（等五人）"。杨氏族墓地有墓葬三座，墓碑两块（图一〇八；彩版三三，2）。

46．樟岭村墓

位于秀山乡。坐东朝西向，封土东高西低，呈缓坡状向西倾斜，面积约12.6平方米。墓碑露出地表部分高28厘米，宽21厘米，厚10厘米。墓碑上刻有"古人墓"字样，估为后人所立。年代不详（图一〇九；彩版三三，4）。

47．独秀村墓

位于秀山乡。所处地地势北高南低，呈缓坡状。墓葬坐北朝南，封土呈覆斗状，面积32平方米。墓碑露出地表部分高30厘米，宽24厘米，厚8厘米，上刻"古墓"二字，墓碑应为后人所立。1985年4月第二次文物普查时就已发现，原发现有古墓两座，现仅存一座。年代不详（彩版三三，5）。

48．独枫村墓

位于高河镇。地势北高南低，呈缓坡状。面积大约12.56平方米，现有少量封土，封土保留有原一正方形内凹石块，据当地村民回忆，早年有青石条，现已搬走挪作他用，初步判断应为一石室墓。1984年文物普查时就已发现并登录。年代不详。

49．杨八房墓

位于月山镇。坐北朝南向，为一椭圆形，面积30平方米。1985年普查时发现墓碑，上刻有"古墓"二字。

年代不详。

50．复兴村墓

位于月山镇。墓葬地势较高，西高东低。墓葬西南向东北，面积14平方米。墓碑面朝东北，墓碑上刻有"古墓"二字，墓葬西边用石块堆砌成一个南北向的石坡。年代不详。

51．古人墓

位于月山镇。墓葬为东北－西南向，现面积3平方米。现存墓碑一块，墓碑刻有"古人墓"。墓葬封土已不存。年代不详。

52．硖石村墓群

位于清河乡。地势北高南低，呈缓坡状，墓群呈不规则形，面积约306平方米。1985年文物普查时发现并登录，早年村民曾挖出石室墓。年代不详。

53．雷埠村墓

位于雷埠乡。地势低洼，曾发现青砖堆砌的墓道，在墓道中出土有陶瓷器。大约面积3465平方米。年代不详。

54．太平村墓

位于石镜乡。墓葬封土已被铲平，据当地村民介绍，墓葬封土原系糯米浆浇筑而成，墓葬面积约20平方米。1985年文物普查时就已发现。年代不详。

55．皖埠村墓

位于黄墩镇。属浅山丘陵区，地势西高东低，墓葬呈椭圆形，坐西朝东，面积约82平方米。1985年文物普查发现登录。当地村民曾发现青石板以及石门。年代不详。

第四节 古建筑

中国悠久的历史创造了灿烂的古代文化，而古建筑便是其重要组成部分。古代涌现出许多建筑大师和建筑杰作，营造了许许多多传世的宫殿、庙宇、园林、民宅、桥梁……。欣赏中国古建筑，就好比翻开一部沉甸甸的史书。那洪荒远古的传说，秦皇汉武的丰功，大唐帝国的气概，明清宫禁的烟云，还有史书上找不到记载的千千万万劳动者的聪明才智，都一一被它形象地记录了下来[1]。

怀宁的经济在皖西南地区比较发达，在文物未被普遍重视之前的几十年间，古建筑遭到大量拆建，现已保存不多，经第三次全国文物普查，只发现32处，主要有民居、坛庙、桥梁、古井官闸四大类（图一一〇；附表八）。

民居类建筑主要是明清时期，分民居、门楼等，共发现19处，主要分布在洪铺镇、凉亭乡、月山镇、马庙镇一带，石镜乡、茶岭镇、秀山乡、黄墩镇、江镇镇、腊树镇这一区域较少，其他乡镇未发现。

---

[1] 梁思成《中国建筑史》，中国建筑工业出版社，2005年。

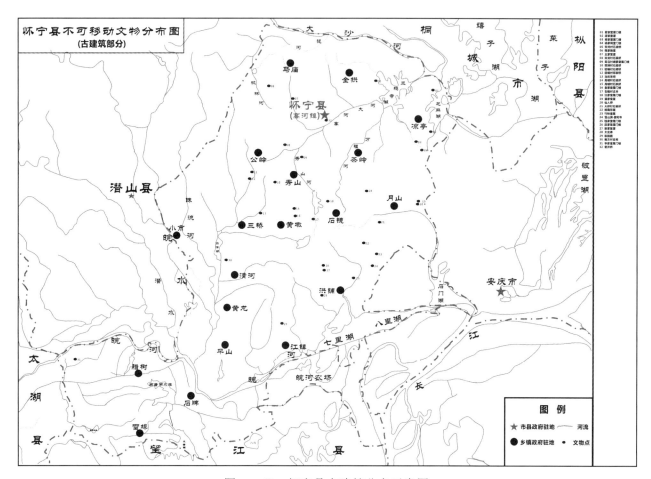

图一一〇　怀宁县古建筑分布示意图

坛庙类建筑只发现1处，位于洪铺镇，其他乡镇未发现。

桥梁类主要有石梁桥和石拱桥两大类，共发现10处，主要分布于月山镇、秀山乡、公岭镇、黄墩镇，其次是高河镇、金拱镇。

古井官闸类只发现2处，都是新发现的文物点，分布在石镜乡和三桥镇。

石牌镇、平山镇、黄龙镇、雷埠乡、清河乡五个乡镇未发现古建筑（图一一一）。

怀宁县古建筑分布情况如表六所示（附表六）。

自开展第三次全国文物普查工作以来，在各级政府部门及社会各界积极支持与配合下，怀宁县古建筑在"二普"的基础上新增了21处文物点。虽分布范围较广，但是总体数量不多，民居和桥梁占主要部分，古井和官闸在我县还尚属首次发现，这些都对研究当时的水利及生活习俗具有重要的历史价值。

32处古建筑中，明代末期以前的全部已毁，明代末期的古建筑1处，其他均为清代古建筑。民居多为木结构框架主体，基本上都有二至三进，并有天井、门楼，现均以祠堂的形式保留至今。门楼大部分都有石刻、砖雕或石雕，雕刻精美，尤其是清康熙年间的宰相张英的石刻"清白流风"颇有价值。

桥梁类主要是石梁桥，建于清代的比较多，主要建筑材料是麻石条和青石条，部分是当时的主

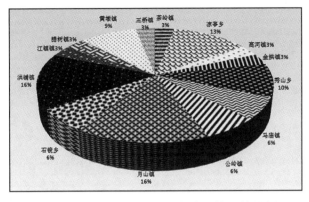

图一一一 怀宁县各乡镇古建筑数量统计图

要官道必经之地,大部分桥面都保留有特有的独轮车痕;石拱桥的面积都较小,拱形结构,在我县较为少见。

民居、坛庙、古桥梁、古井官闸在当时给人们的生活带来了极大的便利,并且影响至今,有些建筑还具有很高的欣赏价值。它给我们以审美享受,为研究中国古代历史和文化提供实证,为新建筑设计和新艺术创作提供借鉴。它不仅是中华民族文明发展的历史见证,而且是一部极有价值的爱国主义教科书。

一、民居

民居,作为传统的主要建筑内容之一,它们具有鲜明的地方特色和浓厚的民族特色。由于各地区的历史传统、生活习俗、人文条件、审美观念的不同,加上各地的自然条件和地理环境也不一样,因而,各地民居的平面布局、结构方法、造型和细部特征也就有自己的特色。民居可以适时地根据当地的自然条件、自己的经济水平和当地的建筑材料等相关特点,因地因材来进行相应的建造,而不像官方的建筑一样具有一套正规的程序化的规章制度和具体做法。因而在民居当中就可以充分反映出建筑中最具有本质的、最具有灵魂的东西:功能是最实际的、最合理的,设计是最灵活的,构造材料是最经济的,外观形式是最朴实的等等。

怀宁的民居主要是明清时期的建筑,有些建筑的主体已不存,而仅保存了门楼,有些以堂屋或祠堂的形式保存,在此一并归入民居类,共计19处。定为明代的2处,分别位于月山镇和凉亭乡两个乡镇;清康熙年间1处,位于月山镇;清雍正年间2处,分别位于月山镇和凉亭乡两个乡镇;清乾隆年间1处,位于黄墩镇;清嘉庆年间1处,位于洪铺镇;清道光年间1处,位于月山镇;清代未知其详细年代的11处,位于马庙镇、凉亭乡、茶岭镇、石镜乡、秀山乡、江镇镇、洪铺镇、腊树镇8个乡镇。

这些材料虽然没有奢华之处,但却是与本地老百姓普通生活密切相关的真实记录,反映了怀宁古建筑的现存状态,有鉴于此,我们尽可能地将它们公开发表,一是对更广泛的学术研究有益,二是对掌握现状、促进保护有益。

(一)明代末期民居

目前只发现1处。

潘家堂屋

位于月山镇黄岭村三组(横塘组、芦塘组、大隔组)交界处,南距月山老街300米,东南距仙人桥400米,东距仙人洞500米。

根据当地村民所述,此建筑始建于明代崇祯七年(1634年),1985年文物普查时发现,当时命名为"潘老屋堂屋"。2008年5月第三次文物普查时再次复查，根据此次普查定名标准，定名为"潘家堂屋"。

为砖木结构的二层楼房，三进三天井，坐北朝南，占地面积558平方米（图一一二）。

正门为双面开的门，位于中轴线上，并设有挡门槽；前进为两个厢房，从正门前两侧进入，为后期重建。

前天井门楼现存有四棱角，前后各有石刻匾两块，"半封火式"屋墙，砖雕石刻非常精美。前面的石刻匾中刻"清白世家"，石刻匾上方图案为莲花

图一一二　潘家堂屋正门（镜向北）

在水中绽放，左侧花纹为双鹤松下准备展翅飞翔，右侧花纹为三鱼在水中头朝下游，下面花纹为对称的双龙戏珠，在石门的两侧刻有石楹联一副，前面石刻匾为潘强斋书刻"春辉秋明海微岳静，隼平绳直规园矩方"；后面石刻匾中刻有"槐桂交华"，石刻匾上方图案为缠枝花纹，左右两边及下方的花纹由于年久长期遭风雨的原因有所风化，门的两侧刻有石楹联一副，为"欲除烦恼须忘我，历尽艰难好作人"（彩版三四，1）。

中进木结构主体保存较完整，有八根架柱落地，八个复盆式石柱础，为明代建筑，保存较好（彩版三四，2）。

后进分为上下两层，均为三开间，楼板木制结构，为后期重建。上层中间部位摆设有潘氏祖宗牌位台，两侧厢房从两侧上楼，均为后期照旧修缮，楼板现为水泥浇筑；下层中间为敞开的房，两侧各有厢房。

（二）清代早期民居

主要是清康熙至乾隆年间的民居，共发现3处。

1. 杨藕形屋

位于月山镇广村村杨藕形组，东南距月洪公路150米，西南距月山一中80米。1985年对此建筑进行了复查，根据1985年复查材料中记叙其年代，叙述如下："根据石门框里垫压的铜钱以及残存匾额所记时间，建房最迟应是清康熙年间"。2008年4月第三次文物普查时再次进行复查。

为中轴棋盘式建筑，三进两天井，坐西北朝东南，面积367.5平方米。

正门前30米处为半月形塘，原有两米多长的石板栏杆相围，现已移至别处（图一一三）。

前进有南、北厢房各两间，两侧均为厅堂院落，西侧一间已拆做新房。前天井门楼上有石刻匾、砖雕图案，从右往左，石刻字为"尺五天"，石刻、砖雕图案保存较好（彩版三四，4）。

中进为正厅三开间，木构框架主体，并有石柱础，为清康熙年代建筑（彩版三四，3）。

后进改做居民房三间，由于1997年发生了火灾，后进楼房现已烧毁。

2.谢家堂屋

位于洪铺镇白云村谢花组，南距莲花塘20米。2008年6月第三次文物普查发现。

为砖木结构的二层楼房，三进二天井，坐北朝南，占地面积180平方米。

正门前有前檐，石柱基。正门为木制双面开大门，位于中轴线上，并设有挡门槽，保存较好（图一一四）。

前进为木框架结构主体，保存较好。前天井门楼上有边框，框外有纹饰，框内有石刻匾，正文横式凸刻"江左遗风"。正文东、西边竖式阴刻，西刻："雍正乙卯岁仲冬月"（"雍正乙卯岁"即雍正十三年），另有一款记。东刻："石湖杨汝穀题"，另有两款记（彩版三四，5）。

中进为三开间，木框架主体结构，木雕精美，后期因未按"修旧如旧"的原则进行修缮，部分有所损坏。中天井门楼上的砖雕相当精美，镂雕、凸雕有人物、花卉、动物、文字等（彩版三四，6）。

图一一三 杨藕形屋全景（镜向西北）

图一一四 谢家堂屋全景（镜向北）

后进为两层，上层现摆有谢氏族人牌位台，下层为空出的一开间，两侧厢房现已毁。

从前进门楼碑刻中"雍正乙卯岁仲冬月"中可以初步断定，此建筑始建于清雍正十三年（1735年）。

3.刘氏宗祠

位于黄墩镇谷泉村祠堂村民组，东距318国道仅3公里，西距黄高公路100米。

谷泉村刘氏家谱对此有所记载，确定其始建于清乾隆十二年（1747年），现宗祠主要作为刘氏族人祭祖用。2008年11月第三次文物普查发现。

为砖木结构楼房，三进两天井，呈长方形，占地面积为1083平方米。（图一一五）

前进在1970年左右被拆除，现全部为后期重建，但保留有挡门石和门前石鼓。

中进为木结构框架主体，穿梁式结构，柱础分为圆柱形和正方形，柱础上均雕刻有花纹，如几何纹、龙纹等；这些均为清代的建筑。中进两侧后期扩建有厢房。

图一一五　刘氏宗祠远景（镜向西北）

图一一六　太史第全景（镜向西）

后进为后期改建，全部用木门、窗封闭，现摆放有刘氏宗族牌位台。

（三）清代晚期民居

1. 太史第

位于洪铺镇金鸡村谢大埫组，东50米为水田，北150米为古河道。2008年6月第三次文物普查发现。

为砖木结构平房，三进两天井，木构框架，坐西朝东，面积252平方米。原建筑墙体保存较好，后期维修时全部用水泥加固，防火墙为后期按原布局进行维修（图一一六）。

正门上原有木制匾一块（文革时期遭破坏，现已不存），后按原匾在正门上用水泥刻字，正文横式凸刻"太史第"，北竖式凸刻"清嘉庆十年已科会试恩赐谢恩翰林院检讨"，南竖式凸刻"一九九三年癸酉岁孟冬月重修"。从匾上提到的"清嘉庆十年"（1805年），可以初步断定为其始建年代。

前进有前檐，石柱基，南北两侧有厢房，为后期重建。前天井门楼上有石刻和壁画（原壁画已毁，为"子牙钓鱼"和"刘备招亲"），石刻为横式凸刻"竹苞松茂"，两边各有凸刻花纹。

中进为抬梁式木制结构，两侧有"门"形通道门，两边柱础用铁窗围住。

后进有阁楼，摆设有牌位，为便于族人管理，后用铁门封住。

2. 竹林堂屋

位于月山镇广村竹林组高尚塝，西距月洪公路约200米。2008年4月第三次文物普查发现。

原有三进两天井，由于后进已毁，现有二进二天井，坐东朝西，呈长方形，占地面积440平方米。

门前原为一院落，现已不存。正门设有挡门板，门为木制大门，双面开，并在门上绘有彩绘的门神，保存较好，这在此次普查众多发现的古建筑中还是非常罕见的（图一一七）。

前进有前檐，并有南、北各两厢房，木结构框架主体，并不同花纹的木雕，保存较好。前天井门楼上有石刻匾，上刻（从右至左）："道光戊子年　庆溢吾门　把圆题"。门楼南墙保存原有的形状，北墙由于年久失修，曾下大雨后倒塌。为防止北墙再次倒塌，当地族人未按"修旧如旧"的原则恢复原状，而改为现代的砖。从石刻中提到的"道光戊子年"即道光八年（1828年）初步断定就是其始建年代（彩版三五，1）。

前天井南、北各有一摆放有序的六棱形花池。

中进为正厅三开间，木构框架主体，上有木雕。石柱础为清代的。后部搭建有木构平台，摆放有杨氏祖宗的牌位牌（彩版三五，2）。

图一一七　竹林堂屋全景（镜向东北）

（四）其他清代民居

共4处。由于无法断定其具体的年代，所以置后集中介绍。

1. 程家新屋

位于马庙镇严岭村程新屋组，东50米为一河流。1985年文物普查时发现，2008年12月第三次文物普查时复查。2009年被怀宁县人民政府公布为县级重点文物保护单位，并划定了保护范围及建设控制地带。

为砖木结构的平房结构，三进两天井，坐西朝东，呈长方形，占地面积700平方米（图一一八）。

正门前原有一院落，现已不存。正门为木制大门，双面开，前进两侧厢房从门的两侧进入。

前进有前檐，木构框架主体，石础基，木雕纹。由于下雨，一侧厢房的上部已塌落。

前天井门楼上有砖雕、石刻匾，石刻匾分三部分，正中刻"伊川世第"，左刻"履中"，右刻"蹈和"，门楼上以及前天井南北两侧墙体上共有四组砖雕，雕刻精美（彩版三五，3）。

中进木制结构框架上有木雕，雕刻精美，圆形石柱础。中进前南、北两侧各有一拱形门，现已封闭（彩版三五，4）。

后进现保存有一间，摆设有程氏家族牌位台。两侧为后期建房占用。

2. 胡家堂屋

位于凉亭乡源潭铺村胡大屋组，西

图一一八　程家新屋全景(镜向西)

图一一九　胡家堂屋全景(镜向北)

图一二〇　艺穀园全景（镜向西南）

北紧临胡中久宅，北靠山冈。1985年文物普查时命名为"胡家大屋"。2008年5月第三次文物普查时复查，根据此次定名标准，定名为"胡家堂屋"。

此堂屋原有三进三天井，由于早期发生过火灾，现保存有前进门楼和后进。堂屋坐北朝南，呈长方形，占地面积约600平方米（图一一九）。

正门为木制门，双面开，并设有挡门槽。

前进有前檐，木构框架主体，前进两侧原均有厢房，现已毁。前天井门楼东西墙体保存完好，门为石雕门，呈"∏"形，并设有挡门槽，呈"凹"形。门的左右方设有不同的石雕，刻有不同的花纹图案。门的上方有三块石刻，中间的石刻呈长方形，上刻"香山高步"。左方和右方石刻均为正方形。石刻上面的花纹图案已被风化无法进行识别。位于石刻上方有三排不同的砖雕，并刻有花纹，雕刻非常精美。屋檐上瓦当保存较好，刻有不同的花纹。从前天井门楼形制特征初步断定为清代的建筑（彩版三五，5）。

中进现已全毁，其东侧一部分被当地"五保户"居民开垦为菜地。中天井门楼保存较差，形制与前天井相近，但西墙体已毁，门上未刻字，只是三排不同的砖雕，其花纹图案已被风化。

后进只保留一小间，其上盖的瓦已换成现代的瓦。

3. 艺穀园

位于江镇镇赵山村金山组，西北临赵山村路。2008年6月第三次文物普查发现。

据徐姓后人徐际连介绍，为清末徐姓贡生所建，徐贡生由于不愿为官，回乡种田，栽桑树，故取名"蓻穀園"（艺穀园）。由此可以初步断定其始建年代是清末。

为砖木结构的平房，二进一天井（图一二〇）。

正门为双面开木制大门，设有挡门槽，上有一石刻匾，呈长方形，长1.5米、宽0.95米，横式凸雕，保存较好，从右至左刻有"艺穀园"三字。

前进有前檐，木构框架主体（彩版三五，6）。

后进由于划归赵山村村部管理，木构框架保存较好，但后期改造较大。

4. 王家堂屋

位于马庙镇洪桥村王家大屋，三面均有当地村民住宅。1984年文物普查时发现，2008年11月第三次文物普查时再次复查。

为砖木结构的平房，三进两天井，坐东北朝西南，面积约383平方米。

正门前有一呈"八"字形的门墙向外延伸至简易石子路，正前方为半月形水塘，中间为门前广场，门墙上各有两排砖雕，雕刻精美。

前进有前檐，木框架结构主体保存较好，并刻有木雕构件。前天井门楼上有一石刻匾，横式凸刻为"耕读传家"；檐下有三排砖雕，雕刻精美。

中进为三开间，石柱基，上雕有精美的木刻；前进和中进基本上是清代时期的建筑（彩版三六，1~4）。

后进为后期重建，摆设有王氏家族牌位牌。

（五）门楼

门楼原是古建筑中的一部分，也是一户人家贫富的象征，所谓"门第等次"即为此意，故名门豪宅的门楼建筑特别考究。门楼顶部结构和筑法类似房屋，门框和门扇装在中间，门扇外面置铁或铜制的门环。门楼顶部有挑檐式建筑，门楣上有双面砖雕，一般刻有"紫气东来"、"竹苞松茂"之类的匾额。有的匾额还显示出该房祖先根在何处。有些豪门大宅在大门左右各放一对石狮子或一对石鼓。

怀宁县现存门楼9处，1处为明代建筑，其他8处均为清代至民国时期建筑，这些门楼都有较好的碑刻和精美的砖雕，整体保存一般。

1. 明代的门楼

董家堂屋门楼

位于凉亭乡金鸡村陈南组董家老屋，西8米为一水塘。1985年文物普查时发现，2008年6月第三次文物普查时再次复查。

原为董家堂屋前天井门楼，早期董家堂屋被毁，仅存此残门楼。门楼呈长方形，坐东朝西，一条小路穿门而过，门楼残高4米，面积1.67平方米（彩版三六，5）。

门为石雕门，门楣上有一石刻匾，中楷书阴刻"学足三馀"四字，两端为正方形石雕，凸雕有"渔樵耕读"图。门檐为三排不同的砖雕，门眉左右各有一砖雕。雕刻精美绝伦。门楼及其上的石刻、石雕由青石雕刻而成（彩版三六，6）。

2. 清代至民国时期的门楼

（1）杨家祠堂门楼

位于凉亭乡双岭村杨屋组。1985年文物普查时发现，2008年6月第三次文物普查时复查。

为砖石结构，原为杨家祠堂前天井门楼，早期祠堂被毁。门楼呈长方形，坐东朝西，面积约4平方米（图一二一）。

门楼为石雕门，门楣上有一石刻匾，上文："皇清雍正甲寅岁菊月之吉"，正文："明德贻谋"，下文："象峰丁江书（无宗）"。石刻上为三排不同的砖雕，雕刻精美。石刻左、右两边均有长方形边框，其花纹由于年久已完全风化，无法分辨。从石刻中所提到的"雍正甲寅岁"即雍正十三

图一二一　杨家祠堂门楼全景（镜向西）

图一二二　杨家堂屋门楼全景（镜向南）

图一二三　汪家堂屋门楼（镜向东）

年（1734年），由此可以初步断定是此建筑的始建年代（彩版三七，1）。

（2）杨家堂屋门楼

位于凉亭乡双岭村保屋组，南15米有一水塘。2008年6月第三次文物普查发现。

为砖石结构，原为杨家堂屋前天井门楼，早期堂屋被毁，现只存留前天井门楼和后进门。门楼呈长方形，坐北朝南，面积3平方米（图一二二）。

前天井门楼，门为石雕门，门楣上为张英题的石刻匾，右刻上一款记"仲秋月"，中刻"清白流风"，左刻"龙眠张英题"，下刻有两款记。石刻匾上有三排不同的砖雕，雕工精美。据当地村民介绍，保屋组杨家曾在清代出一武状元，此门楼上石刻就是清朝著名的宰相张英为当时杨氏家族出了一名清朝的武状元所题（彩版三七，2）。

（3）汪家堂屋门楼

位于茶岭镇峡山村桂园组内。2008年5月第三次文物普查发现。

为汪家堂屋前天井门楼，长方形，坐东朝西，前进、后进以及正门已全部被毁。门楼长约8.6、宽约1.13米，面积约10平方米（图一二三）。

此门楼的门为石雕门，两边有圆形栓门孔；门楣上正中为石刻匾，长方形，有边框，边框内文字为竖式阴刻，从右至左为"清白传家"。石刻左右两边均有砖砌的边框，由于长期暴露在外，图案已完全风化。石刻上方为三排排列有序并错落有致的砖雕，每排砖雕形状不同，雕刻精美。砖雕上方至今还保留有当时的瓦当

（彩版三七，3）。

（4）查家堂屋门楼

位于石镜乡马山村马山组。据当地村民所叙查氏家谱对此建筑有所记载，其年代可能始建于清顺治年间。2008年9月第三次文物普查发现。

为砖石结构，原为查家堂屋前天井门楼，现查家堂屋已毁。门楼呈长方形，坐西朝东，占地面积约3平方米（图一二四）。

门楼为石门，设有"凹"形挡门槽，门上有一石刻匾，横式阳刻"珠口凌霄"四字，长1.15、宽0.50、厚0.12米；石刻上方为三排不同的砖雕，雕刻精美，石刻左、右两边均有长方形边框，其花纹由于年久已完全风化。砖雕上方为现代的瓦片（彩版三七，4）。

图一二四　查家堂屋门楼(镜向西)

（5）钱家堂屋门楼

位于洪铺镇东风村鱼石组。2008年6月第三次文物普查发现。

为砖石结构，原为钱家堂屋前天井门楼，现大部分被毁，仅存此前天井门楼。门楼坐北朝南，面积约4平方米（图一二五）。

图一二五　钱家堂屋门楼外景（镜向北）

门楼上有石刻匾、砖雕，石刻匾呈长方形，横式凸刻"经畬世泽"。砖雕相当精美，雕刻有人物、花鸟、云纹等。由于后期维修，对墙体进行了加固，对石刻、砖雕刷了一层石灰（彩版三七，5、6）。

（6）司马村胡家堂屋门楼

位于秀山乡司马村胡老屋，东南距黄高线水泥村路50米。根据当地村民介绍，此门楼原为胡家堂屋前天井门楼，而胡家堂屋始建于清代，距今约有300年。原为三进两天井，面积约322平方米。在文化大革命期间被村民拆除，现只残存此门楼。2008年9月第三次文物普查发现。

门楼为砖石结构，长方形，坐东朝西，面积12平方米（彩版三八，2）。

门楼为石雕门，门楣上有一长方形石刻匾，横式双勾刻有"祥开鳌第"四字。门楼上有各类石雕、砖雕，雕刻有动物、花卉和纹饰，雕法为凸雕，雕工精美。门楼檐上有一组砖雕，相当精美（彩版三八，3、4）。

（7）李家堂屋门楼

位于腊树镇白石村窝龙村民组，西距村水泥路300米。原为李家堂屋前天井门楼，早期李家堂屋

图一二六　李家堂屋门楼内景（镜向西）

图一二七　段家堂屋门楼（镜向东）

图一二八　段家堂屋门楼"耕读家风"石刻

被毁，残存此门楼，其他均为后期重建。2009年3月第三次文物普查发现。

为砖石结构，呈长方形，坐东朝西，面积约7平方米（图一二六）。

门为石雕门，门楼上共有66处砖雕。门楼上有一长方形石刻匾，正中横式阳雕四字"绍厥先猷"，另雕刻有人物（八仙）、花卉、动物等各种纹饰，雕刻精美。福、禄、寿砖雕分布面积23.04平方米。有少量砖雕被后期维修时用水泥浇筑（彩版三八，1）。

（8）段家堂屋门楼

位于洪铺镇白云村立新组前屋。2008年6月第三次文物普查发现。

为砖石结构，原为段家堂屋前进部分，此门楼坐东朝西（图一二七）。

门楼的门楣上有一石刻匾，长1.1、宽0.50米，石刻有长方形框，框外雕有花纹，框内正文字体横式凸刻"京兆世第"。右落款竖式阴刻"裔孙侠夫敬书"（彩版三八，5）。

另在段家堂屋前进还放有一块"耕读家风"石刻，据当地村民所叙，这也是此堂屋的石刻，为同一时期所建。石刻有边框，框外雕有花纹，上有竖式阴刻"民国三十七年仲冬月谷旦"，两块石刻为同一人所书（图一二八）。

二、坛庙

坛庙在本县只在洪铺镇发现1处，为佛教寺庙。

普陀寺与雪山洞

位于洪铺镇冶塘村雪山组女儿岭

和长安岭之间,西北距月洪公路100米。第二次文物普查发现,2008年7月第三次文物普查时复查。1982年2月被怀宁县人民政府公布县级重点文物保护单位,并划定了保护范围和建设控制地带。普陀寺与雪山洞总面积约405平方米。

普陀寺始建于明代,坐南朝北,依雪山洞而建,原普陀寺现只保存有洞口前佛厅,其余为现代宗教建筑(图一二九;彩版三八,6、7)。现寺庙内 有明清时期的重修碑,碑记共21块,全部镶于墙体内,佛厅及东厢房保存较完好(经过后期维修),厅北厢房因2000年发生火灾原貌基本不见。

雪山洞为寒武纪石灰岩洞,洞口原有一砖雕牌楼,后被雨水冲掉。洞口上现有石刻,横式阴刻"严脱金身",两边各有一石雕,保存较好。

图一二九 普陀寺(上)与雪山洞(下)

三、桥梁

中国古代桥梁技术的辉煌成就举世瞩目,而古桥造型是古桥技术最直观、最重要的组成部分。按桥型划分,中国古代桥梁不外梁桥、拱桥、浮桥、索桥等类型。我国的桥梁,大致经历了四个发展阶段。

第一阶段以西周、春秋为主,包括此前的历史时代,是古桥创始期。此时的桥梁除原始的独木桥和汀步桥外,主要有梁桥和浮桥两种形式。由于生产力水平落后,多数只能建在地势平坦、河身不宽、水流平缓的地段,桥梁也只能是木梁式小桥,技术问题较易解决。而在水面较宽、水流较急的河道上,则多采用浮桥。

第二阶段以秦、汉为主,包括战国和三国,是古代桥梁的创建发展时期。秦汉是我国建筑史上一个璀璨夺目的发展阶段,这时不仅发明了人造建筑材料的砖,而且还创造了以砖石结构体系为主题的拱券结构,从而为后来拱桥的出现创造了先决条件。战国时铁器的出现,也促进了建筑方面对石料的多方面利用,从而使桥梁在原木构梁桥的基础上,增添了石柱、石梁、石桥面等新构件。不仅如此,它的重大意义,还在于由此而使石拱桥应运而生。石拱桥的创建,在中国古代建桥史上无论是实用方面,还是经济、美观方面都起到了划时代的作用。石梁石拱桥的大发展，不仅减少了维修费用、延长了桥的使用时间，还提高了结构理论和施工技术的科学水平。因此，秦汉建筑石料的使用和拱券技术的出现，实际上是桥梁建筑史上的一次重大革命。故从一些文献和考古资料来看，在东汉时期，梁桥、浮桥、索桥和拱桥这四大基本桥型已全部形成。

第三阶段是以唐宋为主，包括两晋、南北朝和隋、五代时期，这是古代桥梁发展的鼎盛时期。隋唐国力较之秦汉更为强盛，唐宋两代又取得了较长时间的安定统一，工商业、运输交通业以及科学技术水平等十分发达，是当时世界上最先进的国家。东晋以后，由于大量汉人贵族官宦南迁，经济中心自黄河流域移往长江流域，使东南水网地区的经济得到大发展，经济和技术的大发展，又反过来刺激桥梁的大发展。

第四阶段为元、明、清三朝，这是桥梁发展的饱和期，几乎没有什么大的创造和技术突破。这时的主要成就是对一些古桥进行了修缮和改造，并留下了许多修建桥梁的施工说明文献，为后人提供了大量文字资料。

怀宁县境内有大沙河和皖河两大流域，河道也较多，但目前桥梁多数已不存，经此次"三普"调查发现的古桥梁只有11处，均为用石料建造的桥梁，分石梁桥和石拱桥两大类，保存较好的有月山镇大桥村石梁桥、月山镇大桥村仙人桥和秀山乡西涧村石梁桥等。从类型上看主要是石梁桥，主要建筑材料是麻条石和青条石，大部分桥面都保留有独轮车辙痕；年代以清代居多。石拱桥数量极少，拱形结构在县内较为少见，跨度、面积都较小。

（一）石梁桥

石梁桥包括石梁石柱桥和石梁石墩桥等。其中以石梁石墩桥最为常见。这种桥比用石墩木梁又更进一步，避免了木梁桥面易于腐朽、常需维修的缺点。中小型的石梁桥，其优点为构造方便、材料耐久、维修省力，这是民间最为常用的一种桥形。

目前怀宁的石梁桥发现共9处计12座，大都属清代所建，部分年代难以确定，可以明确年代的有2处，均位于月山镇，一为康熙末年，一为嘉庆年间，分别为大桥村石梁桥和仙人桥；可定为清代的有4处，位于金拱、高河、秀山三个乡镇；年代难以确定的有3处（6座），位于黄墩、公岭两个乡镇。

1. 大桥村石梁桥

位于月山镇大桥村大桥头，东距月洪公路700米，北距安合铁路100米。

桥下为广村河由南向北穿桥而过，为当时岳西、潜山、太湖、宿松、桐城通往安庆的主要通道，是古代官道中的重要桥梁。2008年4月第三次文物普查发现。

此桥的始建于清代，但具体年代不清。原为四墩五孔桥，现为四墩四孔，整体呈东西向。现全长27.4米、宽2.3米，面积约63平方米（彩版三九，2）。

桥面两旁原栏杆已毁，现为水泥筑成的栏杆；桥面为长方形，原为青条石所铺，现被水泥在上面平铺；桥墩为长方形条石堆砌而成，位于北面桥墩的条石平面均为长方形，位于南面桥墩的条石平面均为三角形，桥墩与桥墩之间相距4.2米，桥墩高2.4米，两边桥围原为青条石、麻条石堆垒而

图一三〇 大桥村石梁桥碑记　　　　　　　图一三一 仙人桥全景（镜向东北）

成，现为水泥在上面平铺（彩版三九，1）。

桥西面有长方形碑记，碑上记载了重修此桥年月即"重修于清康熙六十年"，并记载重修时所捐款人的姓名、金额。由于石碑长期暴露在外，加上年久风化，碑上部分字迹已无法辨清（图一三〇）。

2.仙人桥

位于月山镇黄岭村洞山组西100米，南距月山老街100米，北距仙人洞100米，西北距潘家老屋400米。桥下西马鞍山河（原名泥巴河）由北向南流过，为当时村民通往此河的重要桥梁。2008年5月第三次文物普查发现。

仙人桥始建设于清代，单孔，呈东西向，面积为约51平方米。

桥面由三块长石条组成，石条长短不一，最长的石条长6.2米，宽0.4米，厚0.36米。桥墩均呈倒梯子形，桥围均用青石堆筑而成，并呈"凵"字形。整体保存较好（图一三一）。

在桥西北面的桥围上发现有一处记载桥的历史的桥志碑记，碑记的内容依旧清晰可见，主要记载建桥的缘由以及具体年代等。碑高0.38米，宽0.30米，厚0.10米。碑文竖式七排，竖式阴刻如下："我姓仙人桥修自宋季历为　专家之任颓败数次□因车　水取鱼淘沙□石以致口崩　硔颓分我□□认禁止硔宕　车水取鱼如犯罚□□合置　酒三席各宜凛遵母违是幸""嘉庆二十一年三大房公立"（彩版三九，3）。

从桥的碑记上可以初步断定，此桥建于清嘉庆二十一年（1816年）。

3.双河村石梁桥

位于金拱镇双河村，东北距徐塝组475米，北距合界高速公路488米。此桥为旧时桐城至安庆的必经之路，是古代官道当中的重要桥梁。桥下为一老河道由南向北流过，并直通三鸦寺湖。2008年12月第三次文物普查发现。

此桥始建于清代，一墩两孔，呈东西向，全长约7米，残宽约1.1米，面积约8平方米。

桥面原为八块长条石组成，两桥孔上分别为四条长石条平铺于桥面，由于大水冲走两块长条石，现存六块长条石在桥面上。两桥孔上分别为三条长石条平铺于桥面，桥面上的长石条现依旧能清晰可见其独特的独轮车辙迹。桥面上的每块条石长短基本一致，其长约3.5米，宽约0.35米。一桥墩位于桥的中间部位，桥墩北部的条石平面为三角形，部分已被大水冲走，桥墩南部的条石平面呈长方形，桥墩均用青条石、麻条石堆砌而成。两边桥围全部用长短不一的条石错缝垒成（图一三二、一三三）。

4.普济桥

位于高河镇高河社区中街河边组。桥下为高河大河由东向西流过，河流曾通过菜籽湖与长江相连，许多过路的轮船常停靠在这里，当时是很繁华的地段。水质曾清澈见底，素有"普济桥下水，独秀山上茶"之美誉。普济桥附近有一座有名的普济庵，普济桥由此而得名。1984年文物普查时发现，2009年6月第三次文物普查时复查。

此桥始建年代不清，五墩六孔，南北向，全长34米，宽3.9米，高7米，面积139.83平方米。

图一三二　双河村石梁桥全景（镜向南）

图一三三　双河村石梁桥桥面（镜向东）

桥的两边原各有一组护栏，由白条石、麻条石和杉木组成，麻条石与白条石上下各有两个圆孔，用以贯穿杉木料。现已经遭到破坏。桥面原由多块麻条石平铺而成，七纵六横，每横并架6根条石，麻条石的接头处全用糯米浆灌浇。桥墩由麻条石和青条石堆砌而成分水，桥墩长约4.5米，宽约3.1米（图一三四）。

普济桥曾经是旧时合肥至安庆的官道在此的唯一桥梁，历史悠久，清末曾维修，抗战中遭日机轰炸，后期又对其进行多次重修。

5.双龙村石梁桥

位于秀山乡双龙村陈楼组北50米，西北距黄老屋遗址200米。桥下为黄东大河由东向西穿桥而

图一三四 普济桥全景（镜向东北）

图一三五 双龙村石梁桥全景（镜向西）

过，此桥原为三桥乡至高河镇的重要交通要道，是古代官道中的重要桥梁。2008年9月第三次文物普查发现。

此桥始建于清代，五孔四墩，南北向，全长18.60米，宽1.04米，高2.60米，面积24.54平方米。

桥面为长方形，五桥孔上均用三块长条石平铺而成，共计15块长条石在桥面上平铺，桥面上依旧清晰可见当时的独轮车辙痕迹。桥墩均用条石堆砌而成，东西两边的桥墩平面均呈三角形，其直径约0.60米，各桥墩之间的间距为2.5米。两边桥围呈八字形，全部用青条石和麻条石堆砌而成（图一三五）。

6. 西涧村石梁桥

位于秀山乡西涧村王屋组，西距王屋组150米。桥下有一古河流由北向南穿桥而过，现南五米处为新建西涧河新大桥。此桥原为潜山－安庆的必经之路，是古代官道中的重要桥梁。2008年9月第三次文物普查发现。

此桥始建于清末，三孔两墩，东西向。全长12.4米，宽1.2米，面积35平方米。

图一三六　西涧村石梁桥全景（镜向西）

图一三七　田铺村石梁桥全景（镜向北）

桥面为长方形，三桥孔上均用三块长条石平铺而成，共计9块长条石在桥面上平铺，桥面上依旧清晰可见当时的独轮车辙痕迹。桥墩均用条石堆砌而成，南北边桥墩条石平面均为三角形，各桥墩之间的间距2.80米。两边桥围呈八字形，全部用青条石和麻条石堆砌而成（图一三六）。

7. 高楼村石梁桥

位于黄墩镇高楼村，共有四座桥。据当地村民介绍，此四座古桥梁为同一时期所建，均为当时通往安庆官道中的桥梁。2008年11月第三次文物普查发现。

四座桥分别命名为大桥组桥、藕闸桥、查桥、高庄桥。有两条古河道穿桥而过，其中大桥组桥、藕闸桥、查桥均坐落在杨嘴河古河流之上，高庄桥坐落于高庄河古河流之上，每桥相距约240米。形制结构基本相同（彩版三九，4）。

大桥组桥始建于清代，三孔二墩，东西向，面积约11平方米。

桥面为长方形，三桥孔上均用三块长条石平铺而成，共计9块长条石在桥面上平铺，每块麻条石基本一致，长2.50，宽0.30，厚0.20米，桥面上依旧清晰可见当时的独轮车辙痕迹。桥墩呈板凳形，上面横一麻石，两头有榫眼。各桥墩之间间距约2.40米，两边桥围全部用青条石和麻条石堆砌而成。

8. 田铺村石梁桥

位于公岭镇田铺村月塘组，西北距胜利水库和公余公路1公里，北50米有一同向水泥制石拱桥。桥下为一古河流由北向南穿桥而过，此桥被当地村民称为"大官桥"，是旧时潜山、太湖、岳西到安庆的必经之路。2008年11月第三次文物普查发现。

此桥的始建年代不清，三孔两墩，呈东西向，全长8.4米，宽约1米，高2.3米，面积9平方米。

桥面呈长方形，三桥孔上均用三块长条石平铺而成，共计9块长条石在桥面上平铺，桥面上现有少量水泥填补长条石之间的缝隙。桥墩均用青条石堆砌而成，南北边桥墩条石平面均为三角形，各桥墩之间的间距约2.3米。两边桥围全部用青条石堆砌而成（图一三七）。

9. 田铺村郑家桥

位于公岭镇田铺村学堂组东300米，北临一新建水泥桥，西距村村通水泥路500米。

桥下为赵闸河由北向南穿桥而过，此桥原为潜山、太湖、岳西通往安庆必经之路，是古代官道中的重要桥梁。2008年11月第三次文物普查时发现。

此桥始建年代不清，五孔四墩，东西向，全长约10.4米，宽约0.9米，高约2.2米，面积约10平方米。

桥面呈长方形，五桥孔上均用三

图一三八　田铺村郑家桥全景（镜向北）

块长条石平铺而成，共计15块长条石在桥面上铺成，桥面上依旧清晰可见当时的独轮车辙痕迹。四桥墩东西两边的桥墩呈板凳形，上面横一青石条，两头有榫眼；其下为两青石条进行支撑。中间两桥墩由于被大水冲没，后期对其进行了加固维修，全用青石条堆砌而成，并用水泥填补缝隙。北边中间的两桥墩条石平面均呈三角形，南边中间两桥墩条石平面呈长方形，各墩墩之间的间距约2.4米。两边桥围呈八字形，全部用长条石堆砌而成（图一三八）。

（二）石拱桥

石拱桥的桥洞一般成弧形，外形比较优美，其主要承重结构为拱圈。拱圈一般用拱石在强度较大的拱架上进行砌筑；也有以片石或弧形板石代替拱石的。因而，石拱桥的建造难度要明显大于石梁桥。

怀宁"三普"调查中发现的石拱桥只有1处，为黄墩镇的高楼村石拱桥。桥的形制均为单拱石桥，较为简单。

高楼村石拱桥

位于黄墩镇高楼村东南100米，距黄高（黄墩至高河）公路700米。桥下为一古河流由东向西穿桥而过，此桥原为当地村民通过河流的必经之路。2008年11月第三次文物普查发现。

此桥始建年代不清，单拱桥，呈弧形，南北向，桥体跨度约2.30米，宽约1.40米，高约1.80米，面积约3平方米。

桥面呈长方形，桥面原为长石条平铺而成，现部分已被表土所覆盖。桥体用半弧形长条石构筑而成，长条石呈竖五横二进行排列，竖式五块为中间三块，宽两边二块窄；横式二块大小基本相等。两边桥围均用石块和土进行堆砌（图一三九）。

四、古井和官闸

怀宁"三普"调查中只发现了古井和官闸各1处，但在县境内尚属首次发现。

图一三九　高楼村石拱桥（镜向西南）

图一四〇　石镜村古井全景（镜向东北）

（一）古井

井是主要用于开采地下水的工程构筑物，以竖向为主，可用于取水、排水，也可用于注水。根据地下水的埋藏分布、含水层岩性结构，人类创造了多种多样的井型。为了开采深部地下水，需要管井，一般中国民间长期习用的是适宜于开采浅层地下水的圆形筒井，直径多为1~2米，深度一般为数米到20~30米。

怀宁"三普"调查中只在石镜乡发现古井1口，属明代。

石镜村古井

位于石镜乡石镜居委会学塘组村民居住区的平地上，始建于明代。井水由东北向西南渗入一水塘，为古时用水之来源。2008年9月第三次文物普查发现。

古井只有一口，分为饮水井和生活用水井两类。呈东北－西南向，共计全长11.70米，面积共约14平方米。饮水井呈梯形，长2.60，东北宽1.80，西南宽0.90，深约1.20米，四周原用青石堆砌而成，现为大理石和青石混合进行堆砌，并用少量水泥在四周进行了加固。饮水井处常年往外出水。生活用水井呈长方形，长9.10，东北宽0.9，西南宽0.64，深约1米，四周原用青石堆砌而成，现为大理石和青石混合进行堆砌。在饮水井和生活用水井之间用大理石分开并隔断（图一四〇；彩版四〇，1）。

（二）官闸

水闸是建在河道、渠道及水库、湖泊岸边，具有挡水和泄水功能的低水头水工建筑物。水闸按其功用可分为：节制闸、进水闸、分洪闸、排水闸、挡潮闸、冲沙闸。官闸是各个历史时期官方建立的水闸，一般都具有在一定区域内宏观调控水源的作用，工程量都较大。

怀宁"三普"调查中只在三桥乡发现1处，属清代。

南方村官闸

位于三桥镇南方村桥西组。闸下为白洋湖水，清代时期主要是控制白洋湖水而建。民国十七年

（1928年）进行了维修，解放后因修建新闸而废。2008年9月第三次文物普查发现。

此官闸俗称"朝天闸"，东北－西南向，拱形闸，闸高约6米、闸面长约6.3米，宽约4米，面积约143平方米。

此闸的构建是全部用长方形青石和麻石堆砌而成，稍有风化。在位于闸的东北、西南面上各刻有"官闸"二字，字体为横式阳刻，从右至左书写。闸上的平面原为长条石平铺而成，现已被土所覆盖，已为村路。闸的两边外围各呈八字形，均为长条石构筑而成，其下各有一排石（彩版四〇，2、3）。

根据当地人所述，在清代闸的旁边原有官闸公所和一休息亭，官闸公所是便于管理人员进行管理，一休息亭便于路人休息所用，但目前全部被毁，无任何遗迹。

《怀宁县水利志》也对此闸有所记载，记载如下："清乾隆年间在白洋湖口，建三洞斗门嘉庆四年，将原三座斗门改建为一座规格条石砌的通天大闸（开敞式，称朝天闸），经历几个冬春才建成，虽然三座斗门改造为一口大闸，但每年梅雨期，白洋湖内依然要受到水的威胁，当地人民反映：'三洞并一洞，十万两银子何去用'。一九五七年解放大闸建成后，即将朝天闸封闭保留，停止使用。"[1]

第五节　碑刻与墓志

碑刻与墓志，是中国历史上两种镌刻文字图像、记言叙事的方式。据考证石刻产生于周代，兴盛于秦代。东汉树碑立传之风很是盛行，所以遗存的碑刻为数最多，其形制也渐渐地固定下来，立碑的习俗就一直延续到现代。宋至明清以来的碑刻，其体制、字体、形式都沿袭前代已定的规模。明代的碑刻较为盛行，数量甚多。

怀宁县第三次全国文物普查中，碑刻发现的数量很少，仅有复查的2处（图一四一）。从碑刻内容上看，有与戏曲相关的，也有水文方面的，但分布不均，全县20个乡镇，仅集中分布在洪铺一镇（附表九）。

此外，怀宁县馆藏墓志，虽属可移动文物，但系历年田野抢救性发掘和征集所得，其中方柏堂墓志、诰封方母苏氏墓志及皖江叶公墓志有助于我们了解本地社会发展的基本情况。因此，将墓志一并纳入到本节内容之中，以充实相关材料。

一、碑刻

共2处，以金鸡碑—五猖神庙碑、道光水文碑最为著名，前两者是与戏曲有关，后者与水文有关。

1. 金鸡碑

位于洪铺镇金鸡村金鸡组南200米、西圩北50米处，地势北高南低，四周为田地，属丘陵及半圩畈区（彩版四〇，4）。

碑立于高约1米，宽0.75米的天然岩石前，前有石雕供案。碑身呈长方形，基本完好，边缘有残破，长1.15米，宽0.56米，厚0.115米。碑的边线刻缠枝花纹，碑文楷书阴刻，正文为"金鸡社令正

[1] 怀宁县水利局编《怀宁县水利志》（内部资料），1987年。

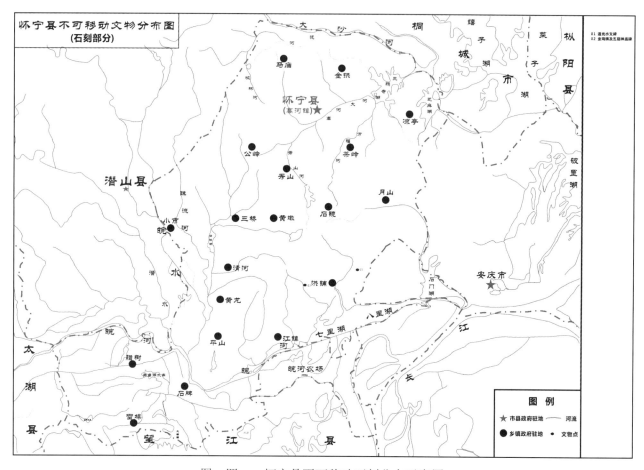

图一四一　怀宁县不可移动石刻分布示意图

直之神位"，碑首处右刻"日"，左刻"月"；右上款题为"庚戌岁冬月吉旦众生祀奉"，左下款是立碑人"本社"、"信官"、"信士"、"生堂"杨文堂等25人姓名（彩版四〇，5）。

由于金鸡碑是研究我国戏曲史的活化石，早在1986年7月，安徽省人民政府就将其确立为省级文物保护单位。

关于金鸡碑

金鸡碑是戏神碑，是研究我国戏曲史的重要资料。大量的史料表明，"金鸡"就是旧时社戏所祀之神，属于道教文化的产物，它来自艺术之神"二郎神座"下的"金鸡"和"玉犬"，且在怀宁徽班的早期就被供为所祀戏神。金鸡碑在全国目前仅存2块，除怀宁这块保存完好外，福建省漳浦县也立有1块，但这块与怀宁有着不可分割的渊源。

金鸡碑款记"庚戌"，年号不清。五猖神庙碑纪年为"嘉庆"，碑文有"金鸡社五猖神昔无庙宇"句，可知先有金鸡社而后建五猖庙，金鸡碑应早于五猖庙碑，推断立碑时间应为清乾隆五十五年（1790年）或者更早一些。据1995年和2005年出版的《怀宁县志》记载："金鸡碑的立碑时间最晚应是清雍正八年(1730年)，或者上到明代。"但有待进一步考证。

需要解释的是："正直"者，"正值"也，《汉书·京房传》曰："分六十四卦，更直日用事。"《周礼·注》云："更相代直月"，皆为"值日"、"值月"的意思。"日"、"月"为

"明"，言及"神明"。

历年来，对于金鸡碑的认识有不同观点，代表性的有以下两种：

（1）金鸡碑是戏神碑，中国音乐学院佛教音乐研究专家何昌林先生的《北京书简》称："'金鸡'何神？福建省漳浦县聱鳌中林相公庙(戏神庙)中，原有'吹笛金鸡'神像一尊，至今仍保存在该村蔡同志家；而漳州、漳浦一带流行着一种'安庆调'，实即'石牌调'(吹腔)。中国音乐学院和中国戏曲研究院的有关专家先后著文论述，一致肯定其戏曲文物的历史价值。可见戏曲之乡石牌的艺人们，连曲加戏带戏神(金鸡神)都传到闽南去了！"[1]

（2）金鸡社是地名，余淑华对于戏神碑的说法有不同的看法[2]，认为金鸡社令正直之神是地方神的称谓，这个称谓关键不是金鸡，而是社令。金鸡社是地名，不是戏曲社团组织名号。金鸡社令是金鸡社这个地方的主宰神官，隶属本邑城隍神管辖。社，在明朝及清代早期是地方行政最基层单位，隶属于乡。安庆地区各地皆有祭祀社神的风俗：农历二月初二为春社日，八月初一为秋社日，隆重祭祀社神，以求祈福礼义禳灾，年丰岁熟，人畜兴旺。社神原为后土神，即俗称土地神。安庆地区群众多信奉我国道教正一道，正一道中灵宝派道徒在作法事道场时，要向天上诸神申奏公文，同时需向本邑城隍大王神和本方社令正直之神呈报，碑额冠有"日、月"二字，表示该神与日月同辉，与天地永恒。在金鸡社令神碑附近有五猖神庙碑记，正文中有"金鸡社五猖神昔无庙宇"的记述，这进一步表明金鸡社是地名，不是社团组织之称。说明白一点，五猖神庙不可能建在一个金鸡神这供奉戏神社团之中，而是金鸡社这个地方昔日无五猖神庙，今建之。众生员供奉的是当地社神，而不是戏曲神。

综合上面两种看法，笔者更倾向于其为戏神碑的说法。石碑所在地即是怀宁古老的剧种"夫子戏"流行之乡，对于戏曲之乡——怀宁的戏曲史研究更有其重要的历史价值。

2. 五猖神庙碑

位于洪铺镇金鸡村金鸡组南，在金鸡碑东南侧3米。

碑呈长方形，高0.9米，宽0.6米，厚0.11米。碑边缘有残破。碑额由右至左横行楷书"五猖神□碑"[3]。中刻正文四行，记述建庙立碑之缘由，后为捐款建庙名单20余人及款额，右刻"大清嘉庆□□年大吕月立"，字迹部分漫漶不清，年代在嘉庆十一年至二十年之间（1806—1815年）（彩版四〇，6）。

1986年7月3日，安徽省人民政府公布为省级文物保护单位。

关于五猖神与五猖会

五猖神，又称五显神、五通神，一般口语称之为"五猖神"，庙上多写作"五显神"。本是婺源本土的地方神，后随着徽州商人的足迹而逐渐分布到江浙、福建等地。这一神祇的信仰清初曾受

[1] 何昌林《北京书简——关于石牌"金鸡碑"》，安徽《戏曲志讯》1985年。

[2] 余淑华《 怀宁金鸡碑探考》，《文物研究》第14辑，黄山书社，2005年。

[3] 据耿敬、姚华调查研究，认为"□"应为"庙"字。"最初知道五猖神的存在是在江西婺源了解晓起村"水口"的时候。因为在古徽州地区的大部分村庄都拥有"水口"，而且在"水口"附近都建有各式各样的神庙。随着历史变迁，尤其是"文化大革命"的冲击，大部分"水口"周围的地上建筑都不复存在了。在进行"水口"附属建筑的考察中，了解了关帝庙、文昌庙、水口庙、水口亭等建筑的同时，首次知道了有五猖庙这一本土的俗神庙宇的存在。故认为此"□"应为"庙"字。"《现代社会生活中的五猖神信仰》，《民间文化论坛》，2006年第6期。

到严重打击，"文化大革命"中又被当做封建迷信予以批判[1]。

五猖神是一种既可让信者得到帮助或护佑、又可令人们非常戒惧和恐怖的神灵，因此在民间常有祭祀五猖神的活动，称为五猖会。据《中国风俗辞典》记载：五猖会为旧时汉族民间祭祀风俗。流行于长江中下游地区，皖南尤为盛行祭祀五猖的活动。每年农历八月十四（一说八月十日），相传是五圣的生日，在此之前，各家各户预备生鸡血酒、五彩色纸。届时，村中尊长邀集大会，于五圣庙前供献，名曰为五圣"软寿"。翌日，全村男女老幼，团聚庙前，燃爆竹、敲锣鼓，名曰为五猖"祝寿"[2]。另外，胡朴安在《中华全国风俗志》中也对贵池"五猖会"做了描述[3]。随着五猖神的不断流播，"五猖会"的形式也出现了某些变化。流传到四川地区的"五猖会"就被称做"放五猖"。在徐华龙主编的《中国鬼文化大辞典》里，"放五猖"被认为是流传于四川地区的一种祭祀风俗。在当地的民间，人们认为"五猖"是阴间城隍手下的五员猛将，受城隍派遣，专门捉拿恶鬼[4]。

3. 道光水文碑

位于洪铺镇石库村马楼组的冶塘湖畔，西距马楼组100米，东距韩屋组300米，南距朱花窑厂200米。地处半圩畈区，此地地势低洼，圩湖相间，汛期时水患严重。1959年长江流域规划办公室调查时发现。1973年长江流域规则办公室复查时发现碑已被人挖走，后查出，复立原址。1974年3月5日，长江流域规则办公室水文处曾来函安庆行署文化局索取了该碑的拓片资料（图一四二）。

碑呈长方形，坐东北朝西南向，高0.5米，宽0.3米，厚0.09米。碑上稍有残损，略有风化。碑文直式楷书阴刻"道光二十九年潮水至此"。左下方署款"斐辅仁立"。立碑者身份不详，石库一带多裴姓，应为当地人士（彩版四〇，7）。

1982年3月怀宁县人民政府公布为县级文物保护单位。

关于水文碑产生背景

1840年鸦片战争以后，帝国主义列强相继入侵中国，为了确保外国船只在中国沿海和内河航行安全，由其控制的海关在海港、河港码头设置水尺，观测潮水位和江河水位。上世纪20年代以后，中国开始有了自己设立的一批水文测站，观测水文成为关系到一地民生的重要内容。

石库地处皖河下游，皖河经此而下15公里于安庆入江。道光二十八年（1848年）入夏以来，长江中下游沿江各省普遍多雨，江湖并涨，堤圩冲决甚多。道光

图一四二　道光水文碑所处环境（镜向东南）

[1] 耿敬、姚华《现代社会生活中的五猖神信仰》，《民间文化论坛》，2006年第6期。

[2] 乌丙安《中国风俗辞典》，上海辞书出版社，1990年。

[3] 胡志安《中华全国风俗志》，河北人民出版社，1986年。

[4] 徐华龙《中国鬼文化大辞典》，广西民族出版社，1994年。

二十九年，长江中下游鄂、湘、赣、皖、苏诸省继发大洪水。此碑的设立应与这一背景相关。

二、墓志

墓志主要是把死者的简要生平刻在石碑上，以求得人死留名。怀宁县墓志，以馆藏为主，其中方柏堂墓志、诰封方母苏氏墓志2盒及皖江叶公1块墓志，碑文记载最为详细。

1. 方柏堂墓志

方柏堂墓原位于现大龙山镇龙王庙风景区东面的山坳里，清光绪十六年葬于怀宁县大龙山下。后因修高速公路经过墓地，怀宁县文物管理所于1998年对其进行了抢救性发掘（图一四三）。发掘前方柏堂墓，近圆形，覆斗状封土，封土为黄土加糯米浆混合土，土质坚硬，厚约1.8米。墓为砖室木棺葬，砖室为长方形，券顶，四壁为青砖错缝砌，墓底错缝平铺青砖（图一四四）。出土墓志一盒4块。

方柏堂墓志有盒，上下两块，青石质。盒盖长方形，面平，长85、宽41、厚8厘米，上刻"清故奉政大夫五品京卿方公墓志铭"，为篆书阴刻，竖写，每行2字，共15字，由左至右竖读（彩版四一，1）。其下有盒与之对应，尺寸与其相同，素面。墓志铭放于盒与盒盖之间。墓志铭刻于两块长方形青石之上，每块长77、宽32、厚7厘米。正反面都刻字，楷书竖刻，阴文。每行12字，112行，1344字（彩版四一，2）。碑题：桐城方先生墓志铭。年代为清代光绪年间。

盒盖碑文：

清故奉政大夫五品京卿方公墓志铭

墓志碑文：

图一四三　方柏堂墓抢救发掘前　　　　　　　图一四四　方柏堂墓形制

第一块墓志

正面：

荣城孙葆田譔

先生讳宗诚，字存之，先世由婺源迁桐城，为鲁锹方氏，与雍正乾隆朝名臣望溪宗伯苞、恪敏公观承别为一宗。及先生与从兄仪卫先生承其世德，益振厥绪，扶树道教，为儒林宗仰，天下学者翕然同声，名盖与宗伯相埒。始先生从里人许玉峰游，得闻大道。既乃师事仪卫先生，又得霍山吴竹如侍郎与曾文正公讲习扶持之而正学，以明其仕，尝为县令矣！然当时识与不识，咸称曰方先生。光绪十三年冬，安徽学使侍郎贵恒公，以先生正学纯行，奏于　朝得　旨，赏给五品卿衔。时先生已被疾，闻　命感悚。明年春二月癸卯，遂卒于怀宁寓邸，春秋七十有一。逾旬，部牒至，而先生不及见矣！其孤守彝、献彝等守遗命，不为行述。既逾小祥，乃偕先生门人陈澹然为《事略》四卷，刊行于世。又属葆田为志幽之文，曰《铭》，将纳诸墓。欲得学行仕止如先人者。为之词，庶几信而有征。呜呼！葆田于先生未能窥其万一，顾尝辱先生折行辈与交。今先

背面：

生既殁，敢弗撮举懿行，以备异世采择？先生少时家贫，事父赠朝议公，有至性。赠公卒，家有五丧未葬。先生徒步求葬地，义不应科举。遭粤寇之乱，避贼山中，营柏堂以居，不废讲诵。友人罹贼难者，皆为营葬，或抚其遗孤。尝著《俟命録》，以究天时人事致乱之由，与士大夫行己立身弭变之方。时吴侍郎官山东布政使，得先生书，因致书先生，请至使署，与讲习讨论。大学士文端公倭仁，时为师傅，尝摘其语以进。　经筵曾文正之规复安庆也，见先生所论攻守方略，以书币聘先生，先生谢不往。旋游大梁，客巡抚严公幕，为严公草《荐举贤才疏》，皆一时正人，为当世传诵。同治改元，安庆克复，先生感曾文正公知己谊，遂应其聘。其后，文正公由两江总督移节直隶，遂以《人才奏调疏》称方某熟于宋五子书，素讲爱民之术。先生作书辞谢，今方伯贵筑黄公力劝其行，先生既入官，存心利济，任枣强十年，以礼义为教，视民如子，饬伦纪，正风俗，举孝子、悌弟、节妇、孝女，创立敬义书院，祀汉儒董仲舒，又尝釐正祀

第二块墓志

正面：

典，创建义仓，皆他人所视为迂阔，先生独力行不怠。值岁饥，上书大府，请蠲本邑百姓及邻邑钱粮，所全活亿万人。光绪八年，引疾归里，当事延主讲席，皆不就。生平著述无虚日。于近世和合汉宋及专主汉学之说，皆尝辨其误。所著《诸经说都》三十三卷。《柏堂集》九十二卷。《俟命録》、《志学録》、《读书笔记》、《通书讲义》合三十五卷。在官治迹，则有《宦游随笔》、《枣强县志补正》诸书。其他撰著及生平校勘编订者尚数十种。学术之正大，近代所未有也。先生为学，大旨在内外交修，体用兼备。所为谋议，有关于理口治忽之故者甚众。及其行谊治绩，先生门人陈澹然所为《事实考略》备矣！先生貌和而气温，见人一善必称之。尝尚论先儒陈良见推于孟子与楚人屈原口忠义之先，皆宜从祀孔子庙庭。又谓　国朝大儒如张杨园，亦宜从祀。厥後，浙江巡抚杨公以"杨园从祀"入奏，得旨允行，其　议自先生发也。曾文正公尝自指其胸以示客曰："朋辈中此中最好者，莫如方君！"吴侍郎称先生为"好贤若渴，取善不遗"。葆田

背面：

以甲申春始见先生于怀宁，先生许为同志，復命季子献彝从予游，予深愧不敏。呜呼！先生殁，而正学遂不可復闻矣！初，先生高祖孟晙好儒术，以朱子学教其家长子泽姚，郎中蕭实从学，集文所称待庐先生也。泽曾孙东树学守宋儒，晚而自呼仪卫。而季子源实为先生曾祖，与兄口笃友爱，诗文载徐璈、戴钧衡所选《桐旧》、《桐乡》诸集。考松行谊口《安徽通志》赠朝议大夫，妣金口人，生子二，先生其长也。元配口氏，继娶苏氏，均封宜人。四子培浚有文行，早卒。守彝太常寺博士培凝殇，献彝府学生，一女　适同里孙仲平。孙五人。以光绪十六年　月　日葬先生于怀宁县大丰乡龙山之原，铭曰："黄舒之间，奇杰所产，儒释代兴，尝载前简。爰及先生，为世儒宗，载道以言，荷之以躬。在咸同世，干戈淑扰，湘乡武功，方召克绍。乃有先生，三聘始应，以道治民，何任弗胜！政成而退，出处自如，卒荷天褒，矜式乡闾。最厥生平，实惟正学，明体达用，是为先觉。我铭其幽，伊公匪私，呜呼先生，学者之师。"

附：方柏堂生平

方宗诚（1818—1888），字存之，号柏堂。桐城北乡（今鲁镇）人，清桐城派著名作家。曾国藩礼聘他为幕府，遭谢绝。后来，曾国藩来安庆，召他修《两江忠义录》，他却答应了。书成，大受曾国藩赏识。不久，曾国藩移督直隶，奏荐他为枣强县令。方宗诚当了十年枣强县令，政声颇佳，后任总督李鸿章也夸奖他。卸任回家时，属吏和百姓夹道相送，只见他除了四大挑子书外，别无他物，可谓两袖清风。

回到家中，儿子守彝替他整理书籍时发现父亲的文稿里夹着许多金银薄片。方宗诚顿时满脸愧色，只好说出事情的原委：那全是属吏和好友为他卸任离别时送的礼品，他本不想收，但盛情难却，再说为官俸禄除了养家煳口，全用于接济当地的一些穷学生，身无分文积蓄，而自己所写的《俟命录》、《志学录》等几十卷，都无钱刻版刊印。他对儿子说："为父做官十年，未曾贪污半点钱财。这些银两都是朋友临别赠送的，我想用作印书的费用。"守彝听了，说："父亲差矣。为官一任，富在一方。用受礼金银来印自己的道德文章，不仅使文章黯然失色，而且污染铜臭味，儿子今后还能读父亲的文章么？请父亲三思而行！"听了儿子的话，方宗诚幡然醒悟，连忙问儿子这些金银怎么处置？守彝果断地说："父亲有志兴学，培养人才，何不送回枣强，助资办学！"方宗诚凝视儿子，欣喜地说："方氏后继有人，护'清门'之家风有望矣！"

方宗诚的学术思想主要表现在恪遵程朱理学，讲究为学之道；排斥汉学、心学；强调经世致用，主张实体力行三个方面。他在理学方面虽无大的创见，但却较为系统，一定程度上反映了晚清时期程朱理学的理论水平和时代特点。方宗诚是桐城学派后期的代表人物，曾参与多部志书的编修，并就地方志的性质与作用、体例与结构、编纂方法与内容等，提出了具体而独到的见解。

2. 诰封方母苏氏墓志

此墓志是于1998年修合九铁路小市路段发现，石质，近正方形。墓志有盒、带盖，长39、宽38、通高17厘米；盒高10厘米，盖高7厘米（彩版四二，1、3）。墓志铭楷书竖写，繁简结合，有界格，盒文4行，篆书，有界格，每行29字，30行，约870字，年代为清光绪二十七年。该墓志由马其昶撰文，从铭文看，该墓主葬于光绪二十七年正月壬午（彩版四二，2）。

盒盖碑文：

大清诰封恭人方母恭人之墓志

墓志铭碑文：

正面：

诰封恭人方母苏恭人墓志

同里马其昶撰文

怀宁邓执孙书丹

光绪二十七年正月壬午，友人方守彝、守敲丧其母苏恭人。既卒，哭营葬事，以书来，致状请铭。展卷几万言，深痛不能读也。恭人苏氏，桐城人，父求恒，早卒，母汪，以节孝旌其族。祖厚子徵君，躬行儒者，敬汪操，悯其子幼，一女才贤，宜配君子。当是时，柏堂方先生壮年丧室，家贫甚。徵君高其学行，折年辈与之交。慨然为议婚。恭人年十九，遂来归，与方躬执厨爨，忘其新妇。咸丰初，粤寇陷县城，先生避居鲁㠕山，饥饿迍邅，犹日聚故友人子弟，讲学、著书不辍。恭人先鸡鸣而兴，一身百役，以敬事夫子。生徒莘莘，调护臻至。已而，先生应吴侍郎廷栋聘，携长子培浚游山东。培浚，前夫人出也。恭人独与其子及长妇留，一日遇贼山中，贼意恶，恭人急趋长妇所，抱持。贼怒，举刃拟之，姑妇相抱持益固，投于地抵死，大号，卒得免。恭人叹曰："鲁㠕不可栖矣！"转徙数处，其境益困。先生既久客吴侍郎所，道日高，名日闻，当涂书币聘问相属。及居河南幕，乃得将家外出，最后，曾文正公奏荐得官。枣强十年，留子守彝督家。于是，恭人年七十，先生亦且五十九矣。守彝走官所，觐祝从容，言家人子妇诚思慕，诸孙渐长，能读书。先生欣然，顾恭人曰："与尔偕老故山，复何求乎？"又数年，政成，遂投劾归，侨寓皖城。群

背面：

士趋向，如在鲁㠕。其昶亦时到门请业，得拜见恭人堂上。退而与守彝兄弟游申，以新特之好校论家法，一时清旗或鲜逮焉。先生将卒之年，天子嘉其耆学，给五品卿衔。后十有二年，而恭人以恸其女适孙氏者早寡而殒。遗孤稚昧，春秋既迈，伤怀天属，亦遂告终，年七十有五。长子培浚前卒妇，徐有节行。次子守彝太常寺博士，次守敲附贡生光禄寺署正。孙七人：时涵，县学生，分省直隶州知州；时裘，县学生，江苏候补知县；时简，县学生；时翩；时晋；时亮；时乔。曾孙三人。顾言袝京卿墓守彝、守敲，廼以光绪丙午年正月五日奉柩葬于墓右，京卿讳宗诚，柏堂，其别号也。先用知县优叙晋级　　，覃恩四品封典，恭人得封如其级，墓在怀宁县北三十里铺，孙君葆田志其家世已详。自其昶与守彝兄弟交垂三十年，则见其门祚方隆，起不可量。今所述行，乃皆其前时侧陋危苦之词，盖欲其子姓念之而永无忘也。创业之艰难，独其身知之耳，及子者鲜，及孙者加鲜。悲夫！周公之言曰："否则侮厥父母曰：'昔之人无闻知！'"吾不知为父母者，驰骤毕世，为其子若孙计留而不获休止，果何为也？岂当隆周时已有如斯人者耶？然则思厥艰若吾友者，足为天下之凡为子者告已！因推本其意，而为之铭曰："更百苦立其家，躬不有委祉遐，维俗敝维踵奢，后指前公揄揶，念哉朔谇无涯。"

3.皖江叶公墓志

此墓志是于1998年修合九铁路小市路段发现。皖江叶公墓志铭，志中断开，长方形，两下角缺。高37厘米，宽72厘米，厚8厘米。正反刻字，楷书由右至左竖读，繁简结合，每行14字，50行，约700字。年代清代。（彩版四二，4）

碑文：

正面：

皇清诰授光禄大夫头品顶带□□□

抚皖江叶公墓志铭

诰授奉政大夫同知衔太平县学教论同邑世愚弟北马徵□□首拜撰全椒邑庠生世愚侄金家庆□首拜书公姓叶氏□伯英字孟候号冠卿安庆怀宁人也其先世定箸始於南阳叶县自春秋时楚沈尹戊□子诸梁□□□□□□□□□县□□□氏叶出于沈沈在汝南为

周文王子武王母北□季所食采也其后有盛二公字大缘任钱塘县学教谕明洪武初始□怀宁家焉□公之曾祖讳□开赠光禄大夫妣氏张封一品夫人祖讳玉□赠光禄大夫妣氏赵封一品夫人考讳坤厚举道光丁酉拔萃科朝考以知县用官至河南南汝光道封光禄大夫妣氏徐封一品夫人□公之初筮仕也以附贡生官户部广东司主事大学士宝鋆公家宰毛公昶熙交推之及毛公以□京□出为河南圃练大臣奏□□□公偕时捻股□如虫胃□□□时□公乃清□□□□□□□□□

背面：

如□□□□□□□□□□□□濠以□□贼之□□□□□□□□频年□□偕獗而民能□□□□如江皖之残破者坚壁清野□□□□□□捻以陈大□张凰□□□□□□□汝南征□□□□□□□□□□□老巢匪□而陈逆成□□□□□成功焉□以知府留□□□□平白号□孽部云清尚□□□□卢寨诸教匪竞依之捻□□□刑刘狗□□□以抗拒官军使□□□□□无功□□□□□□□公□□□劳军□□□□□队□□□□□□贼

□□□□□百余曰□始□□□□□□□□□□□□□□□□□忍矣□□□□□□□□谷民团□缴军□并平毁而□各寨堡□公以时□□持不可士民赖之诶亦安□无他患戍辰引见奉□□者以道□□归直隶待次旋晋花翎按察使□其督曾文正公方奏举清讼练兵治河三事深契□□□□饷□□□处任焉因陈饷事簧□□□□寿新章皆嘉纳之明年注上考文正调任两江令□大学

第六节　近现代重要史迹及代表性建筑

一、近现代不可移动文物普查概况

近现代文物的普查是第三次全国文物普查的一项重要内容，其中多数属新增门类，如何开展调查、如何定性、是否登录都是一个新问题。

（一）普查原则

1. 今天的现实就是明天的历史

怀宁县普查办既重视与重大事件、重要人物有关的文物点，还重视具有地方特色的人和事，注意克服片面，主张"多多益善"。原因有二：一是近现代不可移动文物如同古代不可移动文物也不能再生产；二是由于这些不可移动文物太普通，缺乏古代不可移动文物的历史厚重感和古色古香的神秘感，因此消失的速度相对更快，及时将其登录，为后人留下较多的材料，是具有紧迫感的抢救性的工作。

2. 以历史观来认识普查对象

近代不可移动文物大多数外观普通，甚至简陋，缺乏艺术价值，其价值主要是其所拥有的历史内涵。过去，人们主要受传统观念影响，重视革命史迹，对其他史迹尤其是经济方面的史迹不够重视，认为一座不起眼的工厂、一间店铺，其本身就不是文物，没有保存价值。但很多史迹当今还难以充分认识其历史价值，需数十年上百年后才会有一个客观、充分的认识。因此我们以历史观为指导，立足于真实地反映历史，这样，我们的眼界才能放宽，才能尽可能少地留下历史空白，为后人留下真实的历史。

3. 明确认识普查对象的价值

多多益善并不是说不分良莠，而是要建立在对普查对象的价值有明确认识的基础上。评价标准是是否在当时当地有影响或意义，是否是一个时期的代表性的历史见证。在第三次全国文物普查中，我们重视集思广益，普查对象进行充分的讨论、分析、定位。如位于小市镇的扬旗村排灌站，1976年建成使用，对当时当地的农田灌溉起到很大作用，也是当时的一个标志性工程，虽然现已废弃，但仍反映了解放后我国农业生产的发展进程，是农村进行社会主义革命和建设的重要历史见证。

4. 认清形势，加大普查力度。

通过近现代濒临消失文物的普查，我们发现近现代不可移动文物的消亡和破坏受自然因素和人为因素影响很大，人为因素远大于自然因素，这是最让人痛心的。

自然因素主要是雨淋和风蚀。烈士墓地经日晒雨淋等自然环境的一些破坏已略有风化和封土流失现象。革命旧址的建筑大部分比较破旧，现基本废弃，这些原因都对此类文物的本体造成伤害。

人为因素的破坏，有三个方面的原因。一是历史原因。由于在文化大革命时期，破"四旧"，文物保护意识淡薄，造成近现代不可移动文物损毁严重。如许多近现代墓碑被人挖起做为田埂和小河沟上的小桥，石牌坊被推倒埋在土下。二是基础性设施建设，大规模城乡建设和城市化进程的加快造成近现代文物损毁和破坏。随着现代科学技术和经济建设的快速发展，社会生产、生活和物质条件迅猛改善，人们为了经济发展而乎视文物保护，在经济建设与文物保护发生冲突时，图一时之快，弃文物于不顾，致近现代历史上各类普查中有重要价值的在、实物资料加速灭亡，抢救保护工作日趋紧迫，刻不容缓。近年来，随着大规模城乡建设和城市化进程的加快，具有鲜明民族性和地域性特征的受到了不同程度普查中的破坏。农业生产造成近现代文物消亡。农村农业生产使近现代不可移动文物破坏较大，近现代不可移动文物面积随农业生产不同程度在逐年减小。近现代不可移动文物地处偏僻，陷入自生自灭的窘地。三是修缮违背了"修旧如旧，不得改变文物原状"原则。有的村子里以前老房子很多，不知道是文物，被村民拆掉了。或因年代久，一些地方群众对近现代不可移动文物进行了维修，但这种维修往往没有经过科学论证，没有积极寻求文物部门的指导，随意改造，破坏了文物本体。

（二）普查方法

在第三次近现代不可移动文物普查中，县普查办、县普查队认真分析形势。针对当前近现代不可移动文物的种种危机。在时间紧，任务重的情况下，提出第三次近现代不可移动文物普查要和时间赛跑，加大近现代不可移动文物的力度，争取发现早、保护早，以最短的时间、最快的速度和工作效率把濒临破坏和即将消失的近现代不可移动文物登记保护下来。

1.广泛调查，摸清底数

通过与老军人、老党员、老干部座谈、走访，与党史研究部门、民政部门沟通等方式，尽可能多地了解本地区革命斗争历史，从而形成一个大致清晰的脉络。这样就可以区分重点，心中有数。

2.仔细甄别，反复查证

近现代文物和事件由于年代久远，涉及面广，牵涉人复杂，最重要的是确定真伪，绝不能凭一时热情，感情用事。在调查与革命文物相关的事件的时候，会常常遇到几个当事人说法不一致的情况，这就需要深入实地，反复调查，多方印证，以求得到最真实可靠的资料。

3.注重"红色文物"的普查

把"红色文物"普查作为重点，及时引导和教育群众，使他们认识到保护"红色文物"的意义和价值。2007年，怀宁县共同组成红色文物普查保护领导小组，组织专门力量与地方史志，采取查阅史料、实地考察、人物探访、文物鉴定等方法，全面展开红色资源普查和挖掘工作，准确掌握了抗日战争、解放战争时期和中华人民共和国时期的53处红色文物点基本情况。

4.关注安全，及时保护

在做好普查的同时认真对普查的地点进行安全检查，及时消除一些安全隐患，使一些价值较高的散落文物（诸如：碑刻）得到较好的集中保护。在做好田野文物普查的同时，还采取了"边普查边申报"的办法，对普查中发现的重要近现代文物及时申报县保，并与城建和土地部门合作，完成了对其保护范围和建设控制地带的划定。

（三）怀宁县近现代不可移动文物的六大特点

此次近现代不可移动文物的亮点是增添了更多的新门类，有了更多新发现。这是自历年普查以来登录上的新突破。怀宁县近现代不可移动文物分布特点也更加明显，面积、年代、归属，以及红色文物特征更为明确。

1.主要集中于经济发达的北部及东部地区，南部、西部及中部相对较少

第三次全国文物普查，怀宁县近现代不可移动文物点多面广，60处文物点在20个乡镇中，仅黄龙镇没有发现近现代不可移动文物。其他19个乡镇近现代不可移动文物分布情况是：马庙镇4处，石镜乡4处，小市镇4处，秀山镇3处，雷埠镇3处，黄墩镇2处，腊树镇2处， 三桥镇2处，公岭镇2处，

金拱镇2处，洪铺镇3处，石牌镇4处，高河镇8处，月山镇5处，茶岭镇2处，凉亭乡4处，江镇镇2处，清河乡3处，平山乡1处（附表一一）。

文物点主要分布在经济发达的北部及东部地区，且保存较好，北部高河镇占12%，月山占9%；东部洪铺镇占5%。南部及西部保存现状一般，基本在2%～3%左右。烈士墓、墓葬大部分在地势较高的山坡，树木林立，交通不便利，且地处多在偏远的山区，基本上无人烟。革命旧址、宗祠、驻地、故居、老店铺基本上位于村镇及村民组内，交通便利，四周为民房，街道以及商埠，经济较为发达。遗址、桥，大多在田畈间、山脚处和支河流边，便于人行走或耕作。遗址有一部分在主干道路边，如铁铺岭战斗遗址距206国道仅10米。水利设施主要在主干河流处，如扬旗村排灌站（图一四五）。

2.遗址、旧址所占面积较大

第三次全国文物普查近现代不可移动文物60处，总面积51387.469平方米，其中旧址26558.978平方米，遗址19043平方米，烈士墓2247.75平方米，桥35平方米，老店铺82.62平方米，宗祠746平方米，名人墓2594.973平方米，名人故居25.574平方米，水利设施25.574平方米，近现代墓28平方米。四处近现代不可移动文物县保单位4129.333平方米。遗址中旧址所占面积较大，占54%，遗址占39%，烈士墓占4.99%。

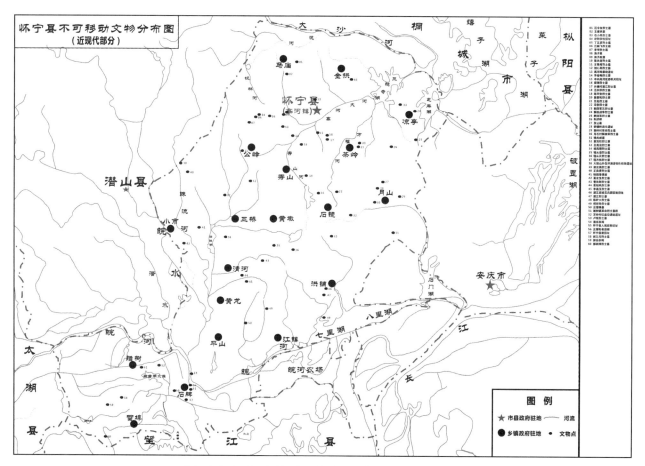

图一四五　怀宁县不可移动近现代文物分布示意图

3.门类广，多新发现

近现代重要史迹及代表性建筑类别共计17项，此次普查怀宁县近现代不可移动文物类别占到9项。涉及重要历史事件和重要机构旧址、重要历史事件及人物活动纪念地、名人故居、名人墓、烈士墓及纪念设施、中华老字号、水利设施及附属物、文化教育建筑及附属物、其他近现代重要史迹及代表性建筑。发现数量多，是前两次普查的9倍，占近现代不可移动文物涉及类别的48%。

第三次全国文物普查60处近现代不可移动文物中。包括遗址3处、烈士墓40处、旧址6处、古墓葬1处、墓群1处、宗祠2处、水利设施1处、驻地1处、故居1处、老店铺1处、名人墓2处、桥1处。其中烈士墓占68%，遗址占2%，旧址占10%，水利设施和墓群各占1%，驻地、故居、老店铺、名人墓、桥各占2%，宗祠占3%（图一四六、一四七）。

此次全国第三次文物普查，全县新发现不可移动近现代文物55处，复查近现代不可移动文物5处，新发现比例较大，占92%，复查不可移动文物占8%。新发现的近现代不可移动文物是对近现代不可移动文物部分内容的一次很大的充实和丰富，弥补了近现代不可移动历史资料的不足，对研究近现代史提供了有力的佐证。

4.年代跨度大，且有延续性

全县境内60处近现代不可移动文物，年代自民国开始，经第二次国内革命战争时期、解放战争时期至中华人民共和国，完整记录了怀宁县近现代历史发展进程。其中第二次国内革命战争时期及中华人民共和国近现代不可移动文物居多。第二次国内革命战争时期近现代不可移动文物24处，占40%；中华人民共和国近现代不可移动文物25处，占41%；其次为解放战争时期10处，占17%；民国时期最少，仅1处，占2%（图一四八、一四九）。

5.以集体所有、集体使用为主，保存现状总体较好

近现代不可移动文物归属，属国家2处、属集体43处、属个人15处。特别是烈士墓以及革命旧址，还有其他的一些重要建筑，它们所占用的是集体的土地，所以这些属于集体所有。烈士墓属集体所有42处，占71%，所占比例较大。其次为私人所有，由于有些烈士的后人还健在

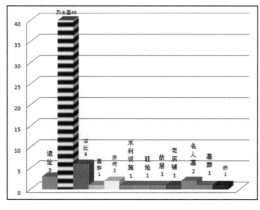

图一四六　怀宁县近现代不可移动
文物类别统计图

图一四七　怀宁县近现代不可移动
文物类别统计图

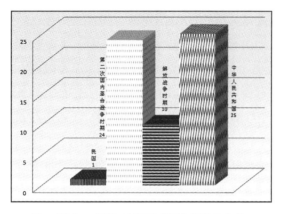

图一四八　怀宁县近现代不可移动文物
时代统计图

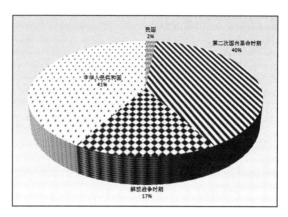

图一四九　近现代不可移动文物
时代统计图

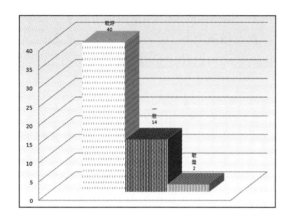

图一五〇　怀宁县近现代不可移动文物
保护现状统计图

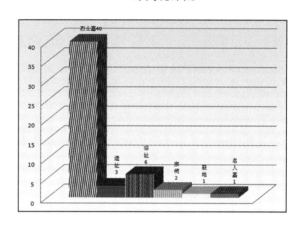

图一五一　怀宁县近现代不可移动文物
"红色文物"统计图

以及当地的名人故居的长辈还居住在此，故居属于他的私人财产（如高河镇的海子故居），故有些烈士墓及故居属私人所有，这类性质的不可移动文物有15处，占26%。还有2处革命旧址以及政府旧址现为国有单位所在地，故属于国家所有占3%。

由于在前期怀宁县文物管理所做了大量工作，通过报刊、电视新闻媒体，加大了文物保护的宣传，使《文物保护法》深入人心。把怀宁建设成"红色旅游大县"又是县委、县政府的一大战略决策，各地方乡镇政府对文物保护亦越来越重视，因此从第三次文物普查总体看，近现代不可移动文物总体保存较好，保存较好的40处，占68%；保存好的4处，占5%；保存状况一般的14处，占24%；保存状况较差的2处，占3%（图一五〇）。

6. "红色文物"所占比例较大

全县共普查"红色文物"53处，其中烈士墓40处，占75%；遗址3处，占6%；旧址6处，占11%；宗祠2处，占4%；驻地1处，占2%；名人墓1处，占2%（图一五一、一五二）。

"红色文物"的年代自第二次国内革命时期、解放战争时期、中华人民共和国建立至今。中华人民共和国时期的烈士墓包括有抗美援朝、对越自卫反击战、因公殉职、忠于职守、抢救落水儿童牺牲等新时代烈士陵墓。

上述文物点中被列为爱国主义教育基地的近现代不可移动文物5处，怀宁县委、县政府列为爱国主义教育基地4处（其中遗址1处，烈士墓3处），凉亭乡的当地爱国主义教育基地烈士墓1处。

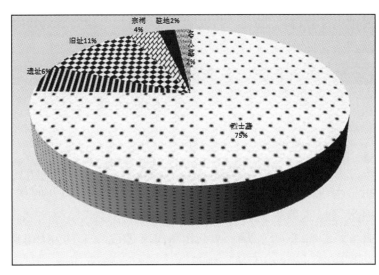

图一五二　怀宁县近现代不可移动"红色文物"统计图

二、近现代重要史迹及代表性建筑

第三次文物普查，共普查近现代不可移文物60处。时代自民国时期、第二次国内革命战争时期、解放战争时期至中华人民共和国成立之后。

从数量上看，有民国时期1处、第二次国内革命战争时期23处、解放战争时期11处、中华人民共和国25处。其中有县文物保护单位5处。

从类别上看，民国时期仅有墓葬；第二次国内革命战争时期有旧址、遗址、烈士墓、桥梁；解放战争时期有旧址、烈士墓、老店铺；中华人民共和国时期有旧址、水利设施、烈士墓、名人墓、名人故居（附表一〇）。

本节按上述四个年代顺序，分别择其要者予以介绍。

（一）民国时期

仅登录墓葬1处。

张公墓

位于月山镇学田村张家虎形山上，南距206国道150米，西距藕塘组30米，为张公夫妻合葬墓。

墓地为近圆形，坐北朝南，封土呈斗笠状，长7米，宽4米，面积28平方米。墓碑4块，南北各2块，各有"门"形边框，框外刻有花纹。框内字体竖式阴刻，左为考墓，右为妣墓，考墓右刻"民国二年岁次癸丑季冬月吉旦"，中刻"钦加五品衔候选分府奉直大夫张公讳□老大人墓"，左刻"江西行检毕业生孙宣模曾孙北顺立"。妣墓碑上方横刻二十世，右竖刻"民国二年岁次癸丑季冬月吉旦"，中刻"壬山祖妣丙向张母江老子儒人之墓"，左刻"孝男光源、荷、灵孙宣旺、哲、昇、润、桂、恩曾孙北根同立"，考墓碑上横刻"二十考世祖"。年代为民国二年（1913年）（彩版四三，1）。

（二）第二次国内革命战争时期

第二次国内革命战争时期近现代不可移动文物24处。含旧址4处、遗址3处，烈士墓15处、桥梁1处。其中县保单位2处，为郝氏宗祠（民众抗日后援会遗址）和操球烈士墓；怀宁县委、县政府列为爱国主义教育基地3处，为铁铺岭战斗遗址、杨兆成墓和何世玲烈士墓；凉亭乡列为爱国主义教育基地烈士墓1处，为新四军烈士墓。

1．旧址类

（1）中共高河区委机关旧址

位于高河镇谢山村，北紧临祠堂组。

旧址为长方形，面积大约4098平方米。原驻地为清代操氏祠堂，现已毁，仅存二进门楼一组。旧址东面立有标志牌和简介碑。标志牌和简介碑坐北朝南，长270厘米，高150厘米，厚18厘米，标志牌中刻"中共高河区委机关旧址"，右下刻"中共怀宁县委　人民政府　2005年5月立。"简介碑文为："中共高河区委成立于1928年9月，先后隶属怀宁县委、安庆中心县委，其鼎盛时下辖8个支部，党员28人。区委通过成立'文学研究会'、'农民协会'等形式，宣传党的方针，扩大党的影响，组织农民自救，操球同志担任书记，曾成功组织发动震动省城安庆的'高河埠暴动'，并拉出武装参加清水寨暴动，为组建工农红军三十四师作出贡献。"（图一五三）

高河埠是怀宁、潜山、桐城三县边缘地带的经济交通要道。1928年春，党的工作重点由城市转到农村，共产党员操球回到高河埠，在操氏宗祠开私塾，并秘密进行建党和农运工作。1930年4月29日在区委领导下，以农民自救会出面组织了声势浩大的一千六七百人的农民暴动，安庆党组织十分重视，安庆中心县委及时向各县发出号召："我们要以高河区委工作推动他处工作的深入和扩大"，高河区委改为中心区委。高河农民暴动的胜利，引起了反动政府极端恐惧和仇视，进行包围，搜捕暴动骨干，在此形势下，中心区委进行了转移[1]。

（2）高河埠暴动旧址

位于高河镇高河社区上街高河镇粮站内，地处高河老街，交通便利。

旧址近长方形，面积大约9166平方米。其上西北边为粮库四间，东南边为职工宿舍两栋，粮库与宿舍间为大棚。该地原为高河镇的经济中心所在地。

1930年4月，中共高河区委在党的武装反抗国民党的方针指引下，借高河地区春荒之机组织一千六七百饥民在高河埠举行抢米暴动，威震省城。暴动后，区委书记操球率部分暴动武装转移潜山，参加中国工农红军。高河埠暴动沉重打击了地主奸商的嚣张气焰，动摇了国民党反动派在安徽的

图一五三　中共高河区委机关旧址简介碑

---

[1] 怀宁县地方志编纂委员会《怀宁县志》，黄山书社，1996年，2005年。

反动统治根基，大长了贫苦人民和城镇居民的革命志气。

（3）郝氏宗祠（民众抗日后援会遗址）

位于雷埠乡郝山村郝山组，北临郝山小学，南临供销社。

遗址为长方形，南北长32米，东西长23米，面积698平方米。以郝氏宗祠为核心，宗祠始建于清乾隆13年（1748年），为石木结构，整体建筑分为前、中、后进，后进现已毁，中进木构建筑尚保存。（图一五四、一五五、一五六）

遗址东北角有怀宁县委和人民政府立的标志碑和简介碑，标志碑上刻"民众抗日后援会遗址"，简介碑刻有："抗战时期，为了更好地组织抗战工作，县抗日动员委员会与省动员委员会同期成立。

"七七事变"后，查化群，郝晓辉等一批爱国青年在郝氏宗祠成立了县第四区抗战后援会，用写标语、演戏、唱革命歌曲、募集物资等形式宣传、动员组织民众，有钱出钱，有力出力，共赴国难。"

2005年郝氏宗祠被中共怀宁县人民政府公布为"民众抗日后援会遗址"。2008年8月公布为县级重点文物保护单位（图一五七）。

（4）世则学校旧址

位于马庙镇磨塘村丁家栗树嘴。

旧址坐北朝南，呈长方形，面积1166平方米。分前进、中进和后进，前进有厢房两间，中进为防雨的过道，东西两侧为小天井和厢房，后进有房两间。1952年经县人民政府同意，改为区、乡、社办公地点，后又改为粮站，1981年收回教育部门，今经县教育部门拨款，又修葺一新（图一五八、一五九）。

图一五四　郝氏宗祠外景（镜向西）

图一五五　郝氏宗祠局部

图一五六　郝氏宗祠石柱础

图一五七　抗日后援会遗址简介碑（镜向北）

图一五八　世则学校校址（镜向西）

图一五九　世则学校木匾

世则学校是我国大教育家陶行知的故交丁柱中先生于1930年创办的。丁柱中（1899～1940年），怀宁县马庙镇人，现代知名人士，翻译家、陶行知教育思想实行者。20世纪20年代留法归来，追随陶行知先生，先后在南京晓庄师范、上海自然学园共事达七八年之久，大力普及乡村教育，世则学校就是在这种思想引导下建立的。1931年，他在家乡利用丁氏祠产（族产）创办世则小学，作为陶行知先生教育思想实验园地。世则小学从创办至1951年的20年中成绩卓著，为普及乡村教育作出了重要贡献，在安徽教育史上有一定地位。

2．遗址类

（1）大别山外白洋湖游击队驻地遗址

位于三桥镇湖滨村汪塘组。

遗址呈不规则形，面积约12000平方米。遗址的西南有一水库，四周均为农田，地势较为平坦，视野比较开阔。

在遗址的西南50米处有一块怀宁县委和县政府立的简介碑（2006年8月立），立碑处建有碑亭。碑亭为重檐六角形，高约3米。纪念碑保存较好，碑上刻简介："在井冈山、大别山、皖南中共地下组织的作用下，进步知识分子陈皋闻和陈传应等人组织起一支百余人的农民武装，1930年底，在回三桥途中不幸被密探侦悉，举事前夜，突遭国民党武装围剿，30多人被捕，国民党怀宁县政府反动县长王粹民迅速以'赤匪'罪将陈皋闻、陈传应、陈传明、陈和尚、陈传有、陈传旺六人枪杀示众"。　其下刻有"大别山外白洋湖游击队驻地遗址"。碑左右刻有挽联，左刻"浩气长存"，右刻"后世风范"（图一六〇）。

此遗址是怀宁县目前发现的唯一一处游击队驻地遗址。

（2）芝岭村红庙交通站遗址

位于腊树镇芝岭村红庙村民组，北临怀太公路。

遗址为坡地，半圆形，遗址上现为红庙村民组，原貌已改变。怀宁县政府1992年立有纪念碑，纪念碑碑高200厘米，宽130厘米，大理石镶嵌，长方形三层碑座（图一六一）。

红庙交通站是中共桐怀潜中心县委于1939年10月建立的地下交通站，其主要任务是传递党内情报，接转撤退同志和过往人员，1940年春遭破坏。

（3）铁铺岭战斗遗址

位于月山镇学田村红旗组学田包上，东距206国道（月山段）约10米，南紧临月山铜矿龙门山矿区。

遗址是新四军在皖中铁铺岭对日军的伏击战遗址，为一南北向的长条形山冈，岗高约10米，面积6000余平方米。遗址东南角有怀宁县委、县政府将此处列为爱国主义教育基地的立碑（有碑座），通高135厘米，宽110厘米，厚15厘米，标志碑和简介碑镶嵌其上。正面为标志碑，残半，仅留"铁铺岭"三字，背面为简介："1938年10月17日，新四军四支队在此伏击日军车队，毙敌分队长1人，士兵28人，缴枪29支和一批军用物资。"（图一六二、图一六三）

1938年秋，新四军第4支队第7团第3营进至铁铺岭一带活动，破坏安庆至桐城公路上日军的运输。17日中午11时许，从安庆方向开来日军汽车3辆，遭到新四军伏击，整个伏击战历时半小时，击毙日军分队长1名、士兵28名，缴获长29支、日本旗1面、军用品一批。新四军士兵阵亡4人，伤1人[1]。

图一六〇 白洋湖游击队驻地遗址简介碑（镜向东）

图一六一 红庙交通站遗址纪念碑（镜向东南）

3. 烈士墓

（1）杨兆成墓

位于月山镇广村村元冲组。

[1] 怀宁县地方志编纂委员会《怀宁县志》 黄山书社出版， 1996年。

图一六二　铁铺岭战斗遗址（镜向东）

图一六三　铁铺岭战斗遗址纪念碑（镜向东）

墓地呈圆形，坐东北朝向西南，面积80平方米。封土呈半圆形，拜台正面墙嵌有大理石，上刻简介："杨兆成（1902—1926年），月山人，1926年安庆地委书记，同年8月被捕，被押往南京、蚌埠，受尽酷刑。军阀陈调元出兵阻抗北伐军前夕，残忍地将杨兆成杀害祭旗，杨兆成为安徽省第一个牺牲的共产党员。"墓碑有新旧两碑，旧碑在左，新碑在右，并排而立。新碑立于2005年5月，上刻：杨兆成烈士墓（图版四三，2）。

杨兆成，原名杨自涛，化名杨昭，东广村（今月山镇新光村）人，是安徽省第一个为革命捐躯的共产党员。1920年9月考入安徽省立第一师范学校。1924年加入中国社会主义青年团。1925年3月，杨兆成协助薛卓俊、李竹声等组建了一师团支部，还创办了校工夜校。1925年6月，安庆各校学生集会、游行，杨兆成带领革命青年走上街头，组织募捐，查禁日英货物。同年10月10日共青团安庆特支干事会成立，杨兆成被推选为干事会书记。12月13日共青团安庆特支改组为安庆地方执行委员会，杨兆成又被推选为执委书记。同年12月20日，国民党（左派）安庆市党部成立，杨兆成以个人身份加入国民党，并担任国民党安徽第一师范区分部书记。1926年1月9日，中共安庆特支成立，杨任特支书记，并兼任安庆团地委书记。1926年秋8月，杨兆成被捕，1926年9月10日晚在蚌埠小南山下英勇就义，年仅24岁。1927年9月，中共安徽省临委在他牺牲一周年之际，发表了《安徽省临委悼杨兆成同志》的文章，赞誉他"是青年工作的指导者"。

2005年元月怀宁县委、县政府公布为爱国主义教育基地。

（2）操球烈士墓

位于高河镇长铺村桐塘组，东距怀宁输油站约30米，北距村村通水泥路100米。

墓地坐北朝南，面积61.36平方米。墓葬封土呈斗笠状，全部用石块水泥浇筑而成，墓碑立于1982年，墓碑高104厘米，宽77厘米，厚24厘米。墓碑边缘刻有卷云纹，碑文竖式阴刻右刻"公元一九八二年清明节拜奠"，中刻"革命烈士操建球永垂不朽"，左刻"中共高河公社管委会、高河公社委员会、高河区委员会"（彩版四三，3）。

操球（1894—1931年），怀宁县人，1927年加入中国共产党，曾任中共怀宁中心县委委员、怀宁县高河区区委书记、中国工农红军中央独立二师第三团团长。1930年4月29日，组织和领导了高河埠农民暴动，同年6月，参加了王步文领导的清水寨暴动。1931年2月6日，在安庆被捕，同年2月8日壮烈牺牲。

1983年，此墓被怀宁县人民政府公布为县级重点文物保护单位。

（3）陈炉火烈士墓

位于洪铺镇黄山村陈屋组小山西边山脚下，西北距杨湖约200米，东北距陈屋组约200米，于1988年经祁门县和怀宁县民政部门从安徽省祁门县迁葬于此。

墓地坐北朝南向，面积28平方米，封土呈斗笠状，四周用石块水泥浇筑。墓碑位于墓葬南面，西有三级水泥台阶。墓碑高108厘米，宽67厘米，厚18厘米，两侧雕有花纹。墓碑上横式凸刻"革命先烈，永垂不朽"。碑正文竖式阴刻"怀宁县洪镇乡黄山村，陈炉火烈士之墓，洪镇乡人民政府一九八八年 三月三十日立"（图一六四）。

陈炉火（1908—1933年），1930年在祁门县雷湖乡参加工农红军，任军事部长，1933年3月在祁门县牺牲。

（4）汪增禄墓

位于江镇镇新联村小洼山顶，东南山脚下为汪洼村民组。

墓地南北向，面积12.54平方米。墓葬封土呈斗笠状，南用青石堆筑而成二级台地。旧碑位于南边，镶嵌于墓冢上，前为怀宁县委和政府2006年9月新立碑。原碑竖式阴刻"民国三十二年冬月己亥汪公增禄之墓，男光昇"。新纪念碑记载汪增禄烈士的生平（彩版四三，4）。

汪增禄（1900—1930年），又名汪增六，怀宁县江镇镇新联村人。曾在安庆六邑中学、省立第一师范、江西省立将校讲习所就读。后在国民党第十三路军石友三部任军事教官等职，受革命先驱恽代英、蔡晓舟等人的影响，积极参加声援五四运动和"六二"学潮。1926年秋，汪增禄率石友三旧部武装300余人到江镇宣布起义，迎接北伐军和宣传土地革命活动。1927年12月，在中共潜山特支领导下，汪增六、汪文波率领起义军参加梅城暴动，后因叛徒告密，在新联被与汪增钊、汪啸东、何世敬等人一同被俘，于1930年冬被秘密杀害于安庆饮马塘监狱[1]。

（5）无名烈士墓

位于茶岭镇茶岭村寨孙山脚下，北距寨山组约300米，西距查振和烈士墓3米。

图一六四　陈炉火烈士墓（镜向东）

[1] 怀宁县地方志编纂委员会《怀宁县志》 黄山书社出版，1996年，2005年。

图一六五　无名烈士墓（镜向东）

图一六六　新四军五烈士墓（镜向南）

图一六七　何世玲烈士墓远景（镜向东）

墓地南北向，面积30平方米，封土呈斗笠状。墓地南有三级台阶，墓碑上方中间凸雕五角星，碑文竖式阴刻，右："生的伟大"，中："光荣革命烈士之墓"，左："死的光荣万桥人民公社"（图一六五）。

（6）新四军五烈士墓

位于凉亭乡四武村青龙组青龙岭，西北临毛塘。

墓地坐东南朝西北，面积19平方米。墓葬封土呈覆斗状，四周用石块水泥堆筑而成。墓葬西北的原墓碑已用水泥堆积起来，在墓葬西北1米处为后来县政府所立新墓碑，墓碑下为三级水泥台基。墓碑正文右刻"县级重点保护"，中刻"抗日战争烈士墓"，左刻"怀宁县人民政府一九九一年八月一日"。在第一级台基上刻"八一"二字和五角星，台基西北方有正方形水泥拜台。墓碑背面刻有"一九四四年五月份有五名新四军在凉亭境内与日军作战光荣献身，他们长眠在这里"（图一六六）。

（7）何世玲烈士墓

位于江镇镇上丰村双桥组，东距双桥组村路200米。

墓地坐南北向，面积16.4平方米，包括墓碑两块，墓葬1座，墓葬封土呈覆斗状，全部用水泥筑成（图一六七）。老墓碑在封土南，上竖式阴刻"中华民国二十九年仲冬月　何公世玲之墓，男承耕奉命拜"（图一六八）。新碑正文竖式阴刻"县级重点保护单位　何世玲烈士之墓　怀宁县人民政府　1991年8月1日立"。碑后为简介："何世玲（1902—1927年）

江镇上丰村人，中共党员，曾任武昌湖学兵团政治部主任、北伐军第七军军部秘书，中共武昌市市委、政治部宣传科长等职，1927年受中共安徽省临委派遣回安庆开展革命活动，遭敌逮捕，于7月3日被害。"（图一六九）

1991年怀宁县政府公布为"县级爱国主义教育基地"。

（8）江鹏飞烈士墓

位于马庙镇枫林社区老屋组东约100米，东南10米为马庙至枫林公路。

墓地坐西北朝东南，面积14平方米。墓葬东、西、北三面为松树林，封土呈半圆形，全部用石块和水泥堆砌而成。墓碑呈"∩"形，正文竖式阴刻"江鹏飞烈士之墓"，右刻"怀宁县革命委员会 一九七七年十一月建"（图一七〇）。

江鹏飞，在抗日战争时英勇牺牲。

（9）李甲烈士墓

位于马庙镇南山村土桥组南50米，南距南山村路约150米，东北距枫林-叶典公路约250米。

墓地坐东朝西，封土呈近梯形，面积13.92平方米。墓葬封土全部用水泥浇筑，墓碑紧镶于封土西部，碑高约82厘米，宽56.5厘米，厚13厘米。碑文竖式阴刻，左刻"公元一九八三年仲冬月谷旦"，中刻"革命烈士李甲之墓"，右刻"怀宁县南山委员会 枫林乡人民政府立"（图一七一）。

李甲，为潜山野寨中学学生，因参加革命，被叛徒出卖并杀害。

（10）杨凤翔烈士墓

位于石镜乡太平村红旗组杨花屋。

墓地坐东北朝西南，面积15平方米，封土呈椭圆形。墓葬西北紧临两座近代坟，

图一六八 何世玲烈士墓旧碑（镜向北）

图一六九 何世玲烈士墓新碑（镜向北）

图一七〇 江鹏飞烈士墓（镜向西北）

图一七一　李甲烈士墓（镜向东）

图一七二　杨凤翔烈士墓墓碑正面（镜向东北）

封土与烈士墓的封土几乎连在一起，四周用石块和水泥浇筑，墓碑露出地表部分高115厘米，宽96厘米，厚21厘米。碑文竖式阴刻，左刻"公元一九九三年，清明节立，"右刻"怀宁县石镜乡人民政府"，中刻"杨凤翔烈士之墓"。墓碑背面为烈士简介（图一七二）。

杨凤翔，生前系桐柏游击队大队长，1943年牺牲。

（11）王高法烈士墓

位于石镜乡分龙村高屋组大排山山顶。

墓地为2007年重修，依山而建，坐东北朝西南，墓地面积160平方米，依山有半圆形水泥围墙，墓葬封土全部用水泥浇筑，墓葬西南有二级水泥台阶，在二级台阶有一对华表。墓碑两块，一为老碑，一为重修碑。旧墓碑镶于墓葬封土西南方，碑高50厘米，宽37厘米，厚13厘米，碑文竖式阴刻，左刻"民国三十九年孟冬月谷旦"，中刻"王启苗之坟墓"，右刻"男□清臣立"。新碑为2007年重修立，碑高150厘米，宽138厘米，厚16厘米，碑文描红，竖式阴刻，左："生经白刃头方贵　公元二〇〇七年十月重建"，中间："王高法烈士之墓"，右刻"死葬黄土骨亦香　中共怀宁县委怀宁县人民政府敬立"。碑背面为王高法烈士的生平简介（彩版四三，5）。

王高法，字启苗，1913年7月5日生，1943年春参加新四军，曾任游击队员、乡长、党支部书记，1945年农历5月27日，在执行任务时遭日寇偷袭，壮烈牺牲。

（12）冯奎烈士墓

位于石镜乡石镜居委会大元组韭菜山。

墓地坐北朝南，面积25.4平方厘米，墓葬封土呈斗笠状，墓葬左有冯氏族人墓葬1座。墓碑高54厘米，宽46厘米，厚10厘米。碑文竖式阴刻，左刻"公元六六年四月五日"，中刻"冯奎烈士永垂不朽"，右刻"甘露六石小学合立"，从碑文以及当地居民介绍，烈士墓为后迁墓葬（图一七三）。

冯奎，曾任柏子山区委员，柏子山游击队指导员，1945年在抗日战争中牺牲。

（13）谢汝民烈士墓

位于小市镇毛安村张塘组南松树林东部边缘。

墓地坐北朝南，面积14.72平方米，封土全部用水泥浇筑。封土左、右、后为半圆形水泥围挡。墓碑露出地表部高90厘米，宽54厘米，厚19厘米。碑文竖式阴刻，左："一九九〇年四月二十一日"，中："谢汝民烈士墓"，右："毛安村委员会小市乡人民政府赠玉华村民组立"（图一七四）。

谢汝民，新四军战士，在战争中光荣牺牲。

（14）王良贵烈士墓

位于小市镇毛安村李新屋南300米，东为藕塘水库，另三面为松树林，东南距三桥中联村藕塘屋约300米。

墓地坐西朝东，面积19平方米。墓葬封土全部用水泥浇筑。墓碑高约102厘米，宽62厘米，厚14厘米，碑文：左刻"公元一九九〇年孟秋月"，中刻"烈士王良贵墓"，右刻"小市乡人民政府立"。碑前左右立有一对华表，左刻"革命烈士永垂不朽"，右刻"小市乡人民政府赠"（图一七五）。

王良贵，新四军战士，在战斗中被国民党杀害。

（15）郝晓辉烈士墓

位于雷埠乡牛店村善土组北50米一小山坡上，西为金鸡岭水库。

墓地坐北朝南，地势北高南低，呈缓坡，面积25平方米，墓葬封土全部用水泥及石块浇筑而成，呈半圆形。墓碑高130厘米，宽77厘米，厚20厘米，碑文竖式阴刻描红，左刻"公

图一七三 冯奎烈士墓（镜向西）

图一七四 谢汝民烈士墓（镜向东北）

图一七五 王良贵烈士墓 （镜向西）

图一七六　郝晓辉烈士墓（镜向北）

图一七七　利济桥（镜向南）

元一九八五年八月立"，中刻"郝晓辉烈士墓"，右刻"雷埠乡政府立"（图一七六）。

郝晓辉（1914—1941年），为中共怀宁县抗日后援会主要成员，1941年2月牺牲。

4. 桥梁类

利济桥

位于凉亭乡磨山村利济组，南距磨山村路50米，西距乡道50米，东距村部150米。

为东西向单拱石桥，桥下有小河自北而南流过，桥面、桥体保存较好。桥面长12米，宽3米，呈弧形，用长短不一的青石铺成。桥体用三排青石堆筑而成，桥护坡厚实，用石头垒砌，上铺黄土。桥北弧顶正中扇形青石右竖式阴刻有"民国二十年"，中有三横排圆圈，内横式阴刻三字："利济桥"，左竖式阴刻"季冬月建造"（图一七七）。

（三）解放战争时期

解放战争时期近现代不可移动文物11处。有旧址2处、烈士墓8处、老店铺1处。其中县保单位1处：潘氏宗祠（第九游击纵队驻地旧址）；怀宁县人民政府公布为爱国主义教育基地1处：渡江烈士墓。

1. 旧址类

（1）渡江战役五兵团驻地旧址

位于洪镇镇洪镇街道居委会，洪镇正街52、54号。

旧址为长方形，坐东朝西向，现存三进两天井，进深33.46米，面阔8.7米，面积290平方米，为民国时期建筑。正门上有毛主席语录："最高指示，为人民服务"，字迹模糊。前进为枋架阁楼式，分上下两层，前进与中进为封闭式天井，阁楼环天井而建，楼梯口位于天井处，阁楼木栏及窗户为镂雕花格纹，木雕精美。现中进有厢房一间，现居民为居住方便从中用砖墙隔开，后有厢房两间。中进与现存的后进间为一条封闭的走廊，后进由于居民改建，北面布具不很清楚，但东南紧临小天井处有一间厢房还保持原样（图一七八）。

渡江战役五兵团司令部1949年4月19日至4月23日设在怀宁县城东北45公里的洪家铺（今名洪镇乡）。据刘会奇老人（70岁）回忆，在渡江战役前夕，当时第二野战军五兵团司令杨勇、政委苏振华曾率部队住在前进和中进。

杨勇，原名杨世峻，男，1912年10月28日出生于湖南省浏阳县文家市，中国人民解放军著名高级将领。

图一七八 渡江战役五兵团驻地旧址（镜向东）

1949年4月，杨勇率部驻安庆以西至望江一段，4月13日兵团进驻洪镇。4月20日，毛主席、朱总司令发布向全国进军令，杨勇果断利用黄昏前敌人戒备疏忽之际，提前渡江，17时50分突击队即开始渡江，胜利登陆，23日兵团司令部即离开洪镇，渡江[1]。

（2）潘氏宗祠（第九游击纵队驻地旧址）

位于石牌镇潘段社区居委会中街路10号。

宗祠始建于康熙三十一年（1692年），现存有前进、中进和天井，本着修旧如旧的原则，现已基本修复.整个祠堂为"7"字形，坐东朝西向，面积746平方米，前进南有厢房一间，后进南面有厢房一间，北有天井（彩版四三，6、7、8）。

1939年4月，安徽省第九游击纵队调到怀宁驻石牌潘氏宗祠。1947年下半年皖西支队配合刘邓大军的三纵队"三打石牌"，两次进驻潘祠召开会议，征集军需物资。1949年，皖西军区在潘祠召开千人大会，宣告石牌解放，是石牌解放纪念地。

2008年怀宁县人民政府公布为县级重点文物保护单位。

2．烈士墓

（1）渡江烈士墓

位于洪铺镇洪镇街道居委会东冲组，东南距洪镇中学30米。

墓地坐北朝南，面积141平方米，现全部用水泥浇筑，在东西北外围用石块堆筑一半圆形围墙。南有一墓碑，墓碑东、西、北三面各有一怀宁县人民政府所立保护碑及简介碑（图一七九）。墓碑高125厘米，宽67厘米，厚17厘米。碑文竖式阴刻，右刻"奠祭 1949年3月团凸山战斗"，中刻"革命烈士之墓"，左刻"重建一九七二年十月一日"。保护碑及简介碑下呈梯形，上部中间圆凸。东为保护碑："县级重点保护 渡江烈士墓 怀宁县人民政一九九一年八月一日立"（彩版四四，1）。西为简介碑："一九四九年三月初，人民解放军第二野战军第三兵团先头部队，自桐城南下，围攻安庆，

[1] 怀宁县地方志编纂委员会《怀宁县志》 黄山书社出版，2005年。

图一七九　渡江烈士墓（镜向北）

图一八〇　解放战争烈士墓（镜向东北）

图一八一　解放战争烈士墓碑（镜向西北）

准备横渡长江，在洪镇团凸山与敌军作战，有五名解放军官兵壮烈献身，他们长眠在这里。"

一九九一年怀宁县人民政府公布为爱国主义教育基地。

（2）解放战争烈士墓

位于凉亭乡凉亭居委会店屋组，西南距凉五路200米，西北距凉亭乡政府300米。

墓地坐东南朝西北，面积12平方米，呈圆形，封土呈斗笠状，四周用石块、水泥堆筑而成。墓碑高80厘米，宽50厘米，厚9厘米，碑文竖式阴刻，右刻"乡级重点保护"，中刻"解放战争烈士墓"，左刻"凉亭乡人民政府　二〇〇一年四月五日重立"（图一八〇、一八一）。

据当地村民介绍，此烈士墓地埋葬有3位解放军烈士，为1947年被叛徒出卖，牺牲于此。

（3）解放战争烈士墓

位于凉亭乡双岭村占井组，地处一山脚下。北距凉五公路、安合高速约40米。

墓地南北向，面积7.85平方米，墓葬封土呈覆斗状，墓葬东西栽有松柏树。墓碑为他人之碑，在碑上重新凿槽，中刻"解放战争烈士墓"，右刻"乡级重点保护"，左刻"凉亭乡人民政府　2001年4月5日重立"。

据当地村干部介绍，此烈士墓为原安合高速建设时，迁葬到此。现为凉亭乡的乡级爱国主义教育基地。

（4）黄岭村革命烈士墓

位于月山镇黄岭村永胜组，南距永胜组30米，西距月山老街50米，西北距黄岭村部100米。

墓地坐西南朝东北，墓地呈不规则长方形，面积40平方米。原墓碑现已不在，现墓碑为怀宁县磷肥厂1980年立，碑高100厘米，宽67厘米，厚16厘米，碑正中凸刻一五角星，下有一"冂"字形边框。碑文竖式阴刻，右刻"为解放安庆而献身"，"生的伟大"，中刻"革命先烈之墓"，左刻"死的光荣"，"安徽省怀宁县磷肥厂"、"一九八零年奠"（图一八二）。

图一八二　黄岭村革命烈士墓（镜向南）

据村民介绍，此处所葬解放军遗骸，为当年解放安庆城战斗中牺牲的革命先烈。

（5）陈平安烈士墓

位于秀山乡樟岭村胡店组，北距樟岭村部80米，西临村路。

墓地坐东北朝西南，面积14.5平方米，近圆形，墓葬封土呈覆斗状，封土四周用水泥、石块浇筑而成。墓碑高85厘米，宽60厘米，厚12厘米，碑文竖式阴刻，左刻"乡级重点保护"，中刻"陈平安烈士之墓"，右刻"秀山乡人民政府立　一九九三年清明"（图一八三）。

图一八三　陈平安烈士墓（镜向东北）

陈平安，在解放战争中英勇牺牲

（6）月石村解放军烈士墓

位于月山镇月石居委会黄祠组。

墓地坐北朝南，四周用石块堆筑，面积9平方米，封土呈斗笠状，上浇筑水泥，墓碑两块，一碑镶入墓围中，长40厘米，高35厘米。碑文竖式阴刻，右刻"一九六五年"，中刻"解放军烈士墓"，左刻"黄祠生产队"。另一墓碑为后人纪念而立，碑高75厘米，宽58厘米，厚15厘米，碑拦腰断，碑文竖式阴刻："革命先烈永垂不朽"（彩版四四，2）。

此处为爱国主义教育基地。

（7）长铺村渡江烈士墓

位于高河镇长铺村桐塘组，东距怀宁输油站约40米，北距村村通水泥路约100米，东紧临操球烈士墓。墓地坐北朝南，面积61.36平方米。墓葬封土呈斗笠状，全部用水泥浇筑而成。墓前有新碑

图一八四　长铺村渡江烈士墓 （镜向东北）

图一八五　长铺村渡江烈士墓旧碑和华表（镜向北）

图一八六　郝三元烈士墓（镜向东）

（图一八四），另在封土的水泥中嵌入有旧石墓碑一块，立柱一对。旧碑上部为阳刻五角星，右刻"渡江十八位烈士纪念碑"，中刻"永垂不朽"，左刻"怀宁县高河人民公社　一九六六年十月一日立"。两侧立柱上刻有"生的伟大"、"死的光荣"（图一八五）。新墓碑高152厘米，宽100米，厚8厘米。墓碑正面右刻"县级重点保护"，中刻"渡江烈士墓"，左刻"怀宁县人民政府　一九九一年八月一日立"。背面为简介："1949年三月初，中国人民解放军第二野战军第三兵团先头部队自桐城南下，准备横渡长江，在围攻安庆的战斗中有二十七位解放军官兵，在高河埠榨塘塝大树岭壮烈献身"。

（8）郝三元烈士墓

位于雷埠乡腾云村联合组东南200米，东距村部158米。

墓地坐东朝西，面积19平方米，墓葬封土呈斗笠状，墓碑高69厘米，宽46厘米，厚14厘米。碑文竖式阴刻，左刻"公元一九九三年四月五日建碑"，中刻"郝三元烈士墓"，右刻"雷埠乡人民政府"（图一八六）。

郝三元，中共地下党员，解放战争期间，在潜山县黄泥镇一带被敌人杀害。

3. 老店铺类

汪顺和老店铺

位于石牌镇下街社区后街8号。

店铺为当时商人汪焕昌所建，

取名"江顺和杂质铺",始建于民国三十五年（1947年），为长方形，占地面积82.62平方米。建筑坐东朝西，为临街老门面，分为两层，上层为木制阁楼，店铺东为天井，现仍为店铺（彩版四四，1）。

（四）中华人民共和国

近现代不可移动文物25处，包括旧址2处、水利设施1处、烈士墓19处、名人墓2处、名人故居1处。其中县保单位2处：海子故居和王星拱墓。

1. 旧址类

（1）怀宁县人民政府旧址

位于石牌镇建新路140号。

旧址为近长方形，周边有院墙，现占地面积2617平方米。门楼坐东朝西，两侧各有一厢房，大门原为木质结构，分为两层，经过后期翻修（彩版四五，2）。

院内现存早年楼房两栋（7号楼、8号楼），为砖木结构，均有木阁楼。

7号楼为悬山顶，东墙上写有"鼓足干劲，力争上游，多快好省地建设社会主义！"，南北各有5间房，共20间，中有过道（彩版四五，3）。

8号楼为四面坡，正门两侧各有4间房，共16间，南面有走廊。此院落为新中国建立后怀宁县人民政府驻地，是当时怀宁县政治、经济、文化、政策决策地，是一处重要的机构旧址。

（2）怀宁县县委旧址

位于石牌镇下街姜网居委会。

旧址现存有门楼，周边有院墙，分前、后院，前院2幢，后院2幢，共四幢房屋，整体坐南朝北向，总面积9221平方米。年代为20世纪50年代和90年代。

门楼为长方形，坐北朝南向，东西长19.70米，南北宽10.40米，高10米，门楼正中有红五星（彩版四五，4）。大门宽3米，墙厚0.40米，左右各两间厢房，两厢房间有一灰瓦封顶的空场，空场处立有四根红漆大柱，呈对称分布，径约60厘米。正门两侧各有一排房子，西侧有7间房，东侧6间，共13间。

前院南为会议楼，长方形，水泥建筑结构，长29.60米，宽16.90米，坐东朝西向。北为办公楼，长方形，坐北朝南向，上下两层，长46米，宽15米。正门对面为上二楼楼梯口，两侧各有九间办公室，共36间。

后院南北各一幢办公楼，均为长方形。南楼坐北朝南向，上下两层，此楼西、北、东三面筑楼，在南面形成了一个空场，整体呈"凹"字形，东西长35米，南北宽13米。楼梯口位于北楼中部，西有办公室6间，东有7间，共26间。

北楼坐北朝南向，上下两层，东西长36米，南北宽13米，正门正对的是后门，后门两侧各有一楼梯口，东西各有办公室8间，共32间。

旧址除西边和东边各有一幢新建楼房外，整体保存较好。此旧址是怀宁县的领导机关驻地，为怀宁县重要政策方针决策的地，见证了怀宁的发展，曾是怀宁政治、经济和文化中心

图一八七　程从元烈士墓（镜向西南）

图一八八　董阳凤烈士墓（镜向南）

（彩版四五，5）。

2．水利设施类

扬旗村排灌站

位于小市镇扬旗村珠湖组西南195米。

排灌站平面呈长方形，硬山顶，墙体用水泥砖错缝相砌而成，面积25.574平方米。站内现有旧排灌设备一组（现已废弃），排水管道，下大上小，直径12厘米为进水管，直径10厘米为出水管，由西引珠流河水向东灌溉农田。1976年建成使用，现已废弃。当时对当地的农田灌溉起到了很大的作用（彩版四五，6、7）。

3．烈士墓

此时期烈士墓共19处，其中包括3处在抗美援朝时期牺牲的烈士墓，1处为迁葬在一起的烈士墓群，10处为解放后因公殉职的烈士墓，2处为忠于职守而牺牲的烈士墓，还有3处为抢救儿童而牺牲的烈士墓。

3处在抗美援朝时期牺牲的烈士墓如下：

（1）程从元烈士墓

位于黄墩镇高塘组南山洼。东距石子路20米。

墓地呈近圆形，面积11平方米，坐西北朝东南向，墓葬封土呈斗笠状，四周为松树林。墓碑为后人所立，露出地表部高130厘米，宽56厘米，厚17厘米。碑文竖式阴刻。右刻"公元一九八五年仲冬月　谷旦"，中刻"志愿军程公从元烈士之墓"，左刻"男学凡、友、平同立"（图一八七）。

（2）董阳凤烈士墓

位于清河乡龙泉组与双山组之间，东紧临村村通公路。

墓地坐南朝北，面积18.80平方米。碑为"凸"字形，高115厘米，宽66厘米，厚12厘米。碑文竖写阴刻，右刻"抗美援朝流出一点热血"，中刻"革命烈士董阳凤烈士之墓"，左刻"公元1954年9月9日立"（图一八八）。

（3）李昌玉烈士墓

位于清河乡泉月村中塘组。

墓地坐东南朝西北，面积19.60平方米。晕首墓碑，碑高79厘米，宽56厘米，厚14厘米。碑文阴刻，左刻"公元一九五四年五月二十八日立"，中刻"革命烈士李昌玉同志之墓"，右刻"为抗美援朝流出一点热血"。

1处烈士墓群为腊树镇革命烈士墓群，墓群内包括了解放前、对越自卫反击战和1990年牺牲的3位烈士墓。

腊树革命烈士墓群位于腊树镇腊树社区红旗村民组，北距怀太公路50米，西临腊树中学，东临孟屋村路。烈士墓群坐西北向东南，西北宽20米，东南宽22米，长19米，呈梯形，面积393.37平方米。三位烈士分别为查化群、潘红银、李结海。查化群烈士于1943年锄奸运动中因故蒙冤被错杀，1981年平反。潘红银烈士1990年在部队因病去世。李结海烈士在对越反击战中牺牲（图一八九）。

图一八九 腊树镇革命烈士墓群（镜向西北）

10处为解放后因公殉职的烈士墓如下：

（1）查刘旺烈士墓

位于石镜乡横塘村。

墓地面积3.45平方米，东西向，墓葬封土用水泥浇筑，四周用石块堆砌而成，呈近圆形。墓碑高90厘米，宽64厘米，厚17厘米。碑文竖式阴刻，右刻"革命烈士"，中刻"查刘旺烈士墓"，左刻"永垂不朽"（图一九〇）。

图一九〇 查刘旺烈士墓（镜向东南）

查刘旺（1948—1973年），海军战士，班长，因海练而牺牲，被评为革命烈士。

（2）汪永跃烈士墓

位于秀山乡司马村银墩组，西北紧临黄高线水泥村路。

墓地坐西北朝东南，圆形，面积26.40平方米。墓葬封土四周用弧形石条堆砌而成，东南有两级台阶。简介碑镶于封土东南边，碑高164厘米，宽76厘米，厚20厘米，简介碑东南95厘米处为后人所立墓碑（图一九一）。

汪永跃，怀宁县高河人，1960年参加工作，在保护人民生命财产，救火中严重烧伤，于1984年8月26日牺牲，终年四十六岁。被省政府追认为革命烈士。

图一九一　汪永跃烈士墓（镜向西南）

图一九二　王惟青烈士墓（镜向西北）

图一九三　刘心高烈士墓（镜向西北）

（3）程方桃烈士墓

位于三桥镇双河村程屋组西松树边。

墓地坐北朝南，面积9.07平方米。封土呈覆斗状，高约1米。墓碑露出地表部分高54厘米，宽42厘米，厚15厘米。

程方桃，1968年4月入伍，同年7月27日在贵州省降龙里县国防施工中光荣牺牲，被追认为共青团员、五好战士。

（4）王惟青烈士墓

位于公岭镇田铺村和平组东北300米，西北距公余公路30米，东临东冈村路，北距公岭镇政府1公里。

墓地坐东北朝西南，面积12.56平方米，封土呈斗笠状。墓碑高76厘米，宽52厘米，厚17厘米。碑文左刻"中国人民解放军八七三三部队四九分队战士　王惟青烈士之墓"，右刻"怀宁县新安人民公社　一九七〇年三月四日"，中刻"永垂不朽"（图一九二）。

王惟青，1970年在贵州省平坝修建防空洞时光荣牺牲。

（5）刘心高烈士墓

位于公岭镇公岭社区高庄组西南100米松树林内，西南距公岭—麦元公路100米。

墓地坐西北朝东南，地势西北高东南低，呈缓坡状，面积19.525平方米。墓葬封土呈覆斗状，三角形。墓碑高120厘米，宽62厘米，厚17厘米，碑文左刻"中国人民解放军六三〇〇部队刘心高烈士之墓"，右刻"怀宁县新安区革命委员会，一九七七年十二月三十日建"，中刻"永垂不朽"（图一九三）。

刘心高，因在部队抢险救灾而光荣牺牲。

（6）丁正彦烈士墓

位于马庙镇枫林社区丁冲组南30米松树林中，南距合九铁路150米，东距马枫公路300米。

墓地坐北朝南，呈近圆形，面积7.06平方米，封土全部用石块及水泥浇筑而成，封土中部微凸。墓碑紧镶于封土南部，呈"∩"形，上刻五角星，左刻"公元一九八一年十二月廿五日"，中刻"革命烈士丁正彦之墓"，右刻"枫林社区革委会立"（图一九四）。

丁正彦，在部队服役期间光荣牺牲。

图一九四　丁正彦烈士墓（镜向北）

（7）汪令友烈士墓

位于金拱村兴胜村曹庄组东10米，村部西北30米的竹林中，西南30米有一村路。

墓地坐西南朝东北，面积12.56平方米。封土全部用水泥浇筑，呈覆斗状。墓碑高87厘米，宽59厘米，厚24厘米，碑上部正中横式阴刻："永

图一九五　汪令友烈士墓（镜向西南）

垂不朽"，碑文竖式阴刻，左："公元一九七零年八月　怀宁县革命委员会"，中："革命烈士汪令友同志"　右："中国人民解放军八七三三部队　高河区、金拱公社、兴胜大队革委会"（图一九五）。

汪令友，在部队因公牺牲。

（8）石小丙烈士墓

位于金拱镇双河村大院组东15米，双河小学南20米，南距合界高速10米，西距206国道150米。

墓地坐北朝南，面积27.67平方米，封土呈斗笠状，全部用水泥浇筑，封土四周有三级环形台阶。墓碑呈"∩"形，碑文左刻"公元一九七四年四月五日立　怀宁县革委会"，中刻"革命烈士石小丙"，右刻"中国人民解放军九六一三部队　双河大队金拱公社革委会"，碑上端刻有"永垂不朽"（图版四四，3）。

石小丙，在部队因公牺牲。

图一九六　查振和烈士墓（镜向西南）

图一九七　李金梅烈士墓（镜向西）

（9）夏玄生烈士墓

位于小市镇受泉村红旗组，王家山遗址北部边缘遗址保护标志碑东。

墓地坐西朝东，面积7.69平方米。墓葬封土呈圆形，全部用水泥浇筑。墓碑高106厘米，宽57厘米，厚15厘米。碑首正中刻红五角星，碑文描红竖式阴刻，左："孝男　夏金菊"，中："烈士夏玄生之墓"，右："一九八〇年六月二十五日"（彩版四四，4）。

夏玄生,1980年在部队年因公牺牲。

（10）曹先财烈士墓

位于清河乡龙池村曹埂组南150米，西临峡石至旨水村路。

墓地坐东南朝西北，面积15.7平方米。墓碑位于墓葬西北，碑高114厘米，宽54厘米，厚11厘米。碑文左："公元1974年2月11日牺牲"，中："曹先财烈士"，右："1974年2月14日安葬"。

曹先财,1974年在四川服兵役时因公牺牲。

2处为忠于职守而牺牲的烈士墓如下：

（1）查振和烈士墓

位于茶岭镇茶岭村林场，寨子山山脚下，北距寨山组300米。

墓地南北向，面积42平方米，墓地南有三级台阶，封土呈斗笠状。新墓碑用大理石雕刻（旧碑在墓的西边，用青石雕成），墓碑中凸雕五角星，碑文竖式阴刻，右："镇级保护"，中："革命烈士查振和之墓"，左："茶岭镇人民政府立，一九九二年三月"。

查振和，被国家司法部评为"优秀人民调解员"光荣称号，1990年因在调解人民群众纠纷时牺牲，年仅34岁（图一九六）。

（2）李金梅烈士墓

位于高河镇独枫村李户组洋塘冲，东、南、北三面为松树林，西为洼地。

墓地坐东朝西，墓地面积17.51平方米，封土四周用水泥、石块浇筑而成，封土西侧用长方形石块、水泥浇筑成"八"字形围墙。墓碑立于正中，墓碑高102厘米，宽62厘米，厚8厘米（图一九七、一九八）。

李金梅（1973—1992年），在岳西县米厂工作，1992年10月12日晚，为保护国家财产，光荣牺牲。

还有3处为抢救儿童而牺牲的烈士墓如下：

（1）陈永定烈士墓

位于秀山乡蒋楼村昆塘组中间田地内。

墓地坐东北朝西南，面积26.4平方米，墓葬封土呈斗笠状，墓葬封土西南有八字形石围墙，东、西两边栽有两棵松柏树。墓碑高116厘米，宽64厘米，厚14厘米。碑文竖式阴刻，左："因抢救落水儿童而英勇献身"，中："陈永定烈士之墓"，右："秀山乡人民政府立 一九九四年四月四日"（图一九九）。

陈永定，1991年因抢救两名落水儿童牺牲。

（2）程从信烈士墓

位于黄墩镇良加村中闸组，东紧临良加"村村通"水泥路。

墓地坐东北朝西南向，呈近梯形，面积12平方米，墓葬封土全部用水泥浇筑。墓碑高134厘米，宽72厘米，厚15厘米，碑文右刻"在小市茅蓭河为抢救落水儿童光荣牺牲"，中刻"程从信烈士墓"，左刻"中共怀宁县委小市公社委员会 怀宁县小市人民公社管委会"（图二〇〇）。

程从信，1966年抢救落水儿童牺牲。

（3）卢军烈士墓

位于平山镇猫山社区西800米，西距11万伏变电所200米。

图一九八 李金梅烈士墓碑（镜向东）

图一九九 陈永定烈士墓（镜向东北）

图二〇〇 程从信烈士墓（镜向东北）

墓地坐东朝西，面积9.525平方米。墓碑高125厘米，宽70厘米，厚11厘米。墓碑左刻"县级重点保护"，中刻"卢军烈士墓"，右刻"2000年6月9日立　怀宁县人民政府"（彩版四四，5）。

卢军，1998年7月2日在石牌中洲街皖河抢救落水儿童，英勇牺牲。

4. 名人故居和名人墓

（1）王星拱墓

位于高河镇凌桥社区团结组。

墓地为2007年后重新修缮，墓呈长方形，南北长70米，东西宽35米，占地面积2422平方米（彩版四四，6）。墓地北部并立有"一代完人"四字大理石碑4块，间距0.30米，碑宽1米，高2.7米。石碑南2米为墓冢及墓碑，墓冢用黑大理石建成，南北长4.2米，东西宽2米。墓碑为后立，位于墓冢南1米处，碑高1.2米，宽0.80米，厚0.15米。

王星拱（1888—1949年），高河镇王家大屋（今高河镇凌桥村）人，我国著名的教育家、科学家、爱国人士。早年留学英国，获伦敦皇家理工学院硕士学位，回国后任北京大学教授，曾先后任北京大学二院主任兼总务长，武汉大学、中山大学、安徽大学校长等职。早年积极参加孙中山先生领导的反清进步活动，并曾掩护过陈独秀、李大钊，逝世时陈毅同志曾送"一代完人"的挽联，以示哀悼[1]。

1996年9月怀宁县人民政府公布为县级重点文物保护单位。

（2）海子故居

位于高河镇查湾村大隔组。

故居为长方形，坐东北朝西南，门前为"村村通"水泥路，南100米为高河—公岭公路。故居为三开间平房，中为大厅，两侧各有厢房两间，共四间，西侧正房后为厨房，东侧正房为海子书屋，后为洗手间和楼梯口，故居后为小院。建筑面积201平方米。门前有一院落，两边栽有鲜花、树木（彩版四四，7）。

海子（1964—1989年），原名查海生，高河镇查湾人，诗人。1979年15岁时考入北京大学法律系，1983年分配至北京中国政法大学哲学教研室工作，1989年3月26日卒于河北省山海关。

从1982年至1989年，在不到7年的时间里，海子以超乎寻常的热情和才华，创作出诗歌、文学评论、小说、随笔等近200万字的作品。已结集出版的有长诗《大地》、《海子、骆一禾作品集》、《海子的诗》、《海子诗全编》。1986年他的作品获北京大学第一届艺术节"五四"文学大奖赛特别奖，1988年获第三届《十月》文学奖荣誉奖，2001年，荣获第三届人民文学诗歌奖。2001年，在中学语文教

---

[1] 为了更好地保护王星拱墓，怀宁县在征求其家人同意后，根据安徽省人民政府办公厅《关于做好王星拱先生墓地修缮工作的通知》（秘函[2005]266号）文件精神，对墓地进行修缮，共分为三期。一期为迁葬，于2007年1月27日开始，历时5天。二期于2008年11月开工，2009年2月竣工，以科学的文化内涵为宗旨，朴素方正的外观为形式，突出一代教育名家的大家风范和朴实作风，包括树立"一代完人"石碑、雕刻先生各个不同时期的历程和业绩的石柱、铺盖花岗坟冢和铺设鹅卵石道路。在进入墓园的道路正中，以石刻形式突出先生主张的"科学万能"四个大字。主墓采用方形设计，象征先生的治学严谨及先生桃李满天下。主墓正后的大型石刻，是被陈毅元帅誉为"一代完人"的四个大字；墓两侧的立柱各4根，共8根，分别雕刻上先生一生各个不同时期的历程和业绩，有事事如意之象征及圆满，亦象征先生提倡的"科学万能"教育事业兴望发达。三期工程绿化正在积极筹备之中。

学改革的呼声中，《面朝大海，春暖花开》被选入人民教育出版社出版的高中语文必修教材，使得这首诗开始为全国的中学生所知。海子代表了20世纪80年代中国诗歌的一个神话，也是"20世纪为数不多的中国诗歌大师之一"。海子诗的特点，一是意象空旷，让人联想到更多的内容；二是以实显虚，以近显远；三是语言纯粹。海子诗歌的美学意义主要表现在以下几个方面。第一，吸取了传统诗歌的写作技巧与借鉴了西方诗学的有益成分，古今融会贯通的取向与中西结合的立场十分明显。第二，海子诗歌的美学蕴藉建立在对平凡事物与生活气息的努力挖掘之上。第三，海子的诗歌具有某种融合现实主义与浪漫气息[1]。海子故居2008年被怀宁县人民政府公布为县级重点文物保护单位。

（3）海子墓

位于高河镇查湾村大隔组山塘洼，西南距高河--公岭公路100米。

墓地坐东北朝西南，整体为长方形，面积172平方米。墓地地面用水泥铺成，四周用水泥浇筑，墓四周植有四十多棵松柏，墓前两棵松柏为高河中学师生所栽。墓冢西南处水泥壁上左右各有一龛，右边龛内镶嵌有海子生前从西藏背回的两尊玛尼石雕佛像，左边龛内镶嵌有海子遗像，两龛间嵌旧墓碑。旧碑晕首处刻："廿五世祖"，两侧刻描金龙纹；碑身右刻"公元一九九四年仲秋月□□"；中刻"显考查公海子、海生老大人之墓"；在"显考"两字处左刻"申向"，右刻"寅山"；碑左下刻"男查谋、□、健敬拜"。

墓前立有新墓碑，碑高2米，阳刻"海子墓"三字，由书法家邓晓峰题写（图版四四，8）。

海子墓为2008年12月1日，由当地政府拨款，及诗歌爱好者捐款重修。

三、近现代墓葬的时代变化特点

（一）墓葬演变

近现代墓葬中民国时期墓葬很少，仅张公墓一处。

第二次国内革命战争时期开始，本地出现了一类非普通百姓正常埋葬的新的墓葬形式，即烈士墓。这类墓葬在怀宁有一定数量，虽然在体量、外形上与一般百姓墓葬无差别，但其变化更具有时代特征，特别是融入了很多政治性的内涵。可从以下几个方面分析：

1.墓葬方向

民国时期墓向坐北朝南，但有时因地就势并不拘于南向。第二次国内革命战争时期、解放战争时期墓向分南北向、坐东北向西南、坐北朝南、坐西北朝东南、坐东朝西、坐东南向西北六类。到中华人民共和国时期墓向种类明显减少，墓仅有坐西北向东南、坐南朝北、坐东南朝西北三类。

2.墓地结构

民国时期墓地为近圆形，封土呈覆斗状。20世纪60年代时曾在墓前有立柱。70年代后期修葺保护时用料出现了水泥，墓地四周用石块、水泥堆筑成廓或浇筑墓冢，又在部分墓的外围用石块堆筑一半圆形围墙。自80年代开始，墓冢周围用石条加水泥砌筑围墙。90年代以后，墓上都栽有松柏。

[1] 童庆炳《文学理论教程 》，北京高等教育出版社，1998年；朱寨、张炯《当代文学新潮 》，北京人民文学出版社，1997年；王庆生《中国当代文学》（下卷），武汉华中师范大学出版社，1999年；李怀青《海子的诗与80年代中国审美诗学的短暂复兴》，吉林广播电视大学学报，2007年；洪子诚《中国当代文学史 》，北京大学出版社，1999年。

3. 墓碑形制

民国时期墓和墓碑为同一时期，基本为长方形，有凸起的边框，框外刻有花纹，碑面内凹。

20世纪30年代至90年代的立碑多为长方形，此时期墓和碑多数为早期墓，晚期立碑。碑面平，墓碑有凸起的边框，框外刻有花纹，碑面内凹。同期而立的很少，仅40年代何世玲烈士墓一处。50年代、70年代多为晕首碑和"凸"字形。

60年代的碑体较小，70年代至本世纪的碑体较大。

4. 合葬形式

民国时期主要为家族及夫妻合葬墓，夫妻合葬墓左为考墓，右为妣墓。

第二次国内革命战争时期、中华人民共和国时期，出现烈士墓群。多人合葬一墓或多人共一墓地而分别埋葬，概当时特殊原因所致。一是由于战争年代，当地老百姓出于对烈士的敬仰，又因条件限制，匆忙埋葬；二是建国后，由于基础设施建设，人为迁葬。

（二）墓碑碑文格式演变

1. 官方立碑

20世纪50年代，墓碑常在上方中间凸雕五角星。"生的伟大，死的光荣"开始出现，碑文竖式阴刻，右："生的伟大"，中："光荣革命烈士某某之墓"，左："死的光荣"及"某某公社"。如新四军烈士墓。

60年代，70年代碑文格式简单，碑文竖式阴刻， 中刻"某烈士永垂不朽"或"某烈士之墓"，右刻立碑单位立、赠或合立，左刻年月日。在70年代，墓碑立碑人位置出现了文革时期的特定称谓"革命委员会"。如江鹏飞烈士墓。

80年代，墓碑碑额常刻有"革命先烈，永垂不朽"，碑文竖式阴刻描红，墓碑上刻"生的伟大，死的光荣"继续盛行。在墓碑的正中凸刻一五角星，中刻部分更趋简单，仅刻"某烈士墓 "，如郝三元烈士墓。

90年代初，在墓前立新碑， 碑额上凸雕"八一"二字和五角星，墓碑背面开始有简介，有的就在墓碑左边刻简介，简单两句话，言简意赅，如李金梅烈士墓。

21世纪初（2000—2005年），有两种格式。一是单个墓地墓碑，墓碑左边加上了"保护级别"，如卢军烈士墓。二是烈士陵园墓碑，2005年，采用了黑大理石，标志碑阴刻描金， 碑后有简介，如腊树镇革命烈士墓群。

2. 民间立碑内容演变

20世纪30年代、40年代采用传统的立碑格式，中刻敬称某公某大人之墓，左刻后代立碑者谦称及姓名，右刻年代和月份。如汪增禄墓。

50年代立碑，碑文格式，为竖式阴刻，墓碑中刻部分，在"革命烈士"后面加上"同志"，左刻年月日，右刻事因和缘由，如董阳凤烈士墓。

60年代、70年代立碑，墓碑左边开始刻有烈士的部队番号， 中为某烈士墓，右刻年月日、事因及个人简介。有的在中间和左边刻有"永垂不朽"， 如曹先财烈士墓。

80年代（1981—1985年）立碑，沿用传统立碑格式。只是在中刻的敬称前加上了部队名称。如汪永跃烈士墓。

3. 特例

除以上介绍的官方和民间立碑内容外，还有些特例内容，它们或为政治时代刚刚改变而仍按原记年方式，或为复古式，或为著名人物而按当时官方方式。

（1）按原记年方式。如王高法墓碑是1950年立，但立碑上仍按民间传统写"民国三十九年"。

（2）复古式。多晕首碑，晕首处刻"某某世祖"，两侧刻描金龙纹；碑身右刻"公元某年某月某日"；中刻"显考某公某某老大人之墓"；在"显考"两字处左右刻上墓向，碑左下刻"男某某敬拜"。如海子墓（1994年）。

（3）官方方式。碑横书阴刻，中为某之墓，左上为保护级别，右下为行政单位落款及年月日。如王星拱墓（2009年）。

（三）墓葬反映的社会思潮变化

1. 民国时期由于受传统家族形式和文化的影响，家族及夫妻合葬墓较多，并形成了严格的等级区别、体现了男尊女卑思想，长辈葬在前，晚辈在后，男在左，女在右。

2. 出现了一类非普通百姓正常埋葬的新的墓葬形式，即烈士墓。

第二次国内革命战争时期开始，革命势力迅猛发展，1927年开始，蒋介石血腥屠杀共产党人和革命群众。1945年8月至1949年9月中国人民解放军在中国共产党的领导和广大人民群众的支援下，摧毁了国民党各级反动政权。怀宁人民在民国38年（1949年）3月支援渡江战役，为解放全中国做出了卓著的贡献。50年代初，为保家卫国，中国人民志愿军奉命出兵朝鲜，援助朝鲜。1979年对越反击战，怀宁籍战士英勇战斗，捍卫了国家主权，维护了领土的安全。此外，在新中国成立后，还涌现出忠于职守，无私奉献，为保护国家财产，或抢救落水儿童、忠于职守的英雄。在这些大的政治背景下，都出现了英勇献身的烈士，他们的墓均以烈士墓的形式存在。

3. 碑刻"生的伟大，死的光荣"的产生

1947年3月下旬，毛泽东带领中共中央机关转战陕北途中，听了中共中央书记处书记、中央纵队司令员任弼时向他汇报了刘胡兰英勇就义的事迹，毛泽东深受感动，挥笔写下了"生的伟大，死的光荣"。所以，从20世纪50年代开始，出现了一批碑文上刻有这八个大字的墓碑。

4. 用材的变化

墓葬封土一直以来是以土、石为主，到了20世纪90年代，保护用料开始用水泥，墓地四周用石块水泥堆筑成廊或浇筑墓冢，旧碑嵌于墓前或位于一边，有的旧碑镶嵌于墓冢上。

第四章 专题研究

大沙河流域区域系统考古调查报告

皖西南地区在新石器时代晚期出现了富有区域文化特点的薛家岗文化，目前已经发现了一大批薛家岗文化时期的墓地和居住址。与此同时，张四墩遗址和黄鳝嘴遗址的发掘也为薛家岗文化源流的探讨提供了线索，而孙家城早、中、晚期遗存明确的地层关系将黄鳝嘴文化、薛家岗文化和张四墩文化衔接起来，为该区域建立了比较准确的年代框架。为了进一步探索区域内史前文化演变的社会背景，我们选择以孙家城城址所在的大沙河流域为切入点，通过区域系统调查的方式开展对大沙河流域内史前聚落考古的研究。

在第一阶段，2009年12月至2010年1月间，由安徽省文物考古研究所、北京大学考古文博学院和怀宁县文管所联合对孙家城城址周边5公里范围的马庙镇辖下及沿大沙河的金拱镇辖下区域进行了拉网式的先秦遗址普查。

大沙河流至桐城县尖刀嘴分为两支：一支流经北部的桐城境内，称为柏年河；一支流经怀宁育儿、金拱，称人形河，下游交汇后流入菜子湖。受季风气候影响，降雨不均造成汛期雨量集中，大沙河上游与中游高度落差大，排洪不畅造成大沙河经常在这两个支流间摆动，形成许多支流。区域内还有育儿河发源自西南低山丘陵地带，向东北汇入人形河。调查区域地形明显的西高东低，北以大沙河为界，南至丘陵边缘（大致40米等高线以下），总体地貌特征以低矮丘陵和圩畈平原为主（彩版五二）。

拉网调查的间距为50～100米，临近丘陵的岗地调查密度较大，而明显的圩田区则适当调大间距（图二〇

图二〇一 拉网调查

一。鉴于圩畈平原内人工河网密布不宜集中展开大规模的调查网络，我们采取机动灵活的分组方式，每组4人，每组以2人为基本的调查单位。发现遗物后，调查间距缩小至10米，并根据周边遗物分散程度，组织相应的调查单位参与踩点记录。针对长江中下游地区史前遗址选址与微地貌关系的特殊性，我们采用遗址记录和采集点记录相结合的记录方式。遗址记录包括遗址位置信息、遗物分布状况、面积判断、断面记录等相关信息；采集点记录主要针对地表遗物，以10米×10米为一个采集点，收集区域内所有地表遗物。由于河网密布区稻作农业精耕细作的特点，遗物并不十分丰富。也有极少数遗址发现有丰富的遗物，我们在采集点中按2米×2米做随机采集，统一在采集点西南角进行GPS定点。调查底图采用1∶10000大比例地形图（2004年测绘西安80坐标系2.5米等高线图，遗址范围面积根据陶片散落区域和微地貌环境进行综合估算，直接标示在地形图上（图二〇二、二〇三、二〇四）。我们现将遗址状况和采集的典型标本介绍如下：

1. 枫树墩（1222HMYJ）

1984年第二次全国文物普查时已发现，遗址位于怀宁县马庙镇育儿村琚新屋村民组北部，坐落于一片低矮岗地顶部，西北被琚新屋建筑覆盖。遗址上植被有水田及荒地，大沙河距遗址东北约200米处，遗址西面为大面积的水塘。陶片较丰富，分布于遗址各处。遗址东南部发现有一断面，可

二〇二　断面观察

二〇三　遗址记录

二〇四　定点钻探

见文化层。根据陶片分布及地貌特征判断，遗址面积约为12000平方米。采集标本有夹砂灰黑陶凹面鼎足，属于孙家城早期遗存；泥质黑皮红胎豆柄和有段石锛，为薛家岗时期；夹砂红陶、灰陶鼎足为张四墩时期；夹砂灰陶圆锥形鬲足和拍印席纹的硬纹陶片，属于商周时期（彩版四六，1）。

地屋断面P1位于遗址东南，呈325°东南—西北走向。第①层厚度约10厘米褐色耕土；第②层厚度约10厘米，黄褐色土；第③层厚度50～60厘米，浅灰色土，包含少量红烧土颗粒；第④层清理15厘米不到底，灰黑色土，包含大量炭屑（彩版四六，2）。

标本B001:1，侧装鼎足，夹砂灰陶，足一侧面与足尖均残，残高7厘米（图二〇五，1）。

标本B001:2，侧装鼎足，夹砂灰陶，足体扁平，足尖残，残高5.7厘米（图二〇五，2）。

标本H001:2，侧装鼎足，夹砂红陶，足体扁平，足根及足尖均残，残高6.4厘米（图二〇五，3）。

标本H004:2，侧装鼎足，夹砂红陶，仅存足尖一侧面，残高4.5厘米（图二〇五，4）。

标本H004:1，横装鼎足，夹砂红陶，凿形，足尖残，残高6.4厘米（图二〇五，5）。

标本E001:1，横装鼎足，夹砂灰陶，足体扁平，条形，足尖残，残高4.7厘米（图二〇五，6）。

标本H002:1，豆柄，泥质红胎黑皮，豆柄根部残存见凹弦纹和一圆形镂孔，残高3.1厘米（图二

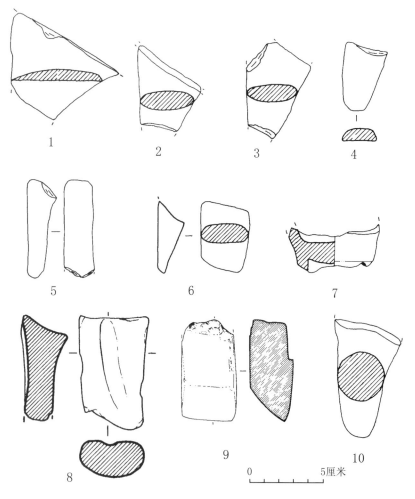

图二〇五　枫树墩遗址采集陶器、石器标本

1.陶鼎足（B001:1）　2.陶鼎足（B001:2）　3.陶鼎足（H001:2）　4.陶鼎足（H004:2）　5.陶鼎足（H004:1）
6.陶鼎足（E001:1）　7.陶豆柄（H002:1）　8.陶鼎足（F001:1）　9.有段石锛（F001:2）　10.陶鬲足（H001:1）

〇五，7）。

标本F001:1，横装鼎足，夹砂灰黑陶，足体扁平，足面正中有一竖向凹槽，残高7.2厘米。（图二〇五，8）。

标本F001:2，有段石锛，灰黑色，表面打磨精致，单面刃，背部起段，顶部残，残高6.8厘米。（图二〇五，9）。

标本H001:1，鬲足（鼎式鬲），夹砂灰陶，锥形足体表面不规整，有竖向刮抹，足尖残，残高7.7厘米（图二〇五，10）。

标本C003:1，印纹硬陶残片，器表饰有席纹（彩版四六，2、4～6）。

2. 陈瓦屋（1222HMYC）

陈瓦屋遗址位于怀宁县马庙镇育儿村陈瓦屋村民组北部，北距大沙河河堤仅50米，东面有成片水塘。由于破坏严重，遗址现成不规则形，根据地势推测原为墩形。目前北部覆盖有树林，南部为工厂建筑。陶片偶见于遗址北部，遗址东南部有一断面可见文化层及灰坑。据地貌特征判断遗址现存面积约为3600平方米。断面灰坑中采集的标本有夹砂黄褐陶绳纹陶罐残片（绳纹极浅），为商周时期遗物。还发现有属于张四墩时期夹炭灰黑陶和夹粗砂红陶残片。

地层断面P1位于遗址东北，呈58°东北—西南走向。第①层厚度约15厘米，为黑灰色耕土层；第②层厚度20～25厘米，黄褐色土，含有少量炭屑；第②层下灰坑H1，属于商周时期，断面呈桶形、平底。口部最大径约35厘米，堆积深度30厘米。浅灰色粉沙土，有较大块的烧土颗粒，土质疏松，陶片集中于灰坑底部。陶片甚残，夹砂灰黑陶或黄褐陶，部分饰有绳纹（彩版四六，7、8）。

3. 育儿村北（1223HMYY）

该遗址位于怀宁县马庙镇育儿村育儿村民组西北约200米，南部紧邻马庙至源潭的209省道。遗址破坏及其严重，形状及面积均已不能判断，仅从目前新挖的水塘壁上发现一个灰坑及文化层，地表未见陶片。

地层断面P1位于育儿村西北，209省道北沿水塘北壁，呈300°东南—西北走向。第①厚约20厘米，褐色耕土层；第①层下灰坑H1断面最大口径390厘米，底径300厘米，堆积深度30厘米，土质疏松的黑灰色黏土，含有大量陶片和木炭（彩版四七、1）。灰坑中发现有残鬲足和印纹陶片，时代为东周时期。

4. 琚新屋大墩（1223HMYQ）

该遗址位于怀宁县马庙镇育儿村前进村民组北约150米。遗址呈墩形，保存状况一般，其上种植旱地作物，大沙河位于遗址北约100米处。陶片较丰富，分布于遗址东、南及西部，从陶片散落面积及地貌特征判断遗址面积约为3600平方米。采集标本有夹砂灰陶、红陶残片，器表饰弦断绳纹和浅绳纹，时代为商周时期（彩版四七，2、3）。

标本F002:1，鬲足，夹砂灰陶，锥形足体上为袋状，足面饰绳纹，残高9.6厘米（图二〇六，1）。

标本F002:2，鬲足，夹砂红陶，锥形足体，足尖平整。残高7.9厘米（图二〇六，2）。

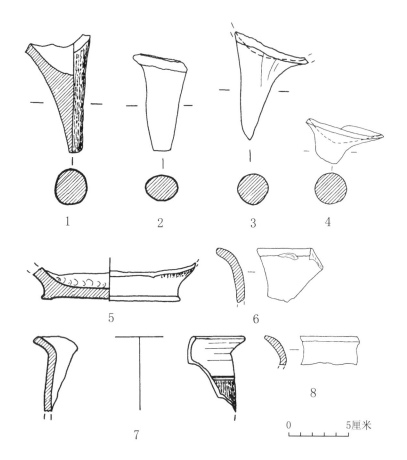

图二〇六　琚新屋大墩、望货墩、汪祖庄月形坦、离子墩、大小墩遗址采集陶器标本
琚新屋大墩：1.鬲足（F002:1）　2.鬲足（F002:2）　5.罐底（F002: 3）；望货墩：3.鬲足（F004:1）；
汪祖庄月形坦：4.鬲足（F001:1）　6.罐口沿（F001:2）；离子墩：7.罐口沿（B003:1）；　大小墩：8.罐口沿（D002:1）

图二〇七　琚新屋大墩、汪祖庄月形坦、离子墩、太子墩、乌鱼墩遗址采集陶器标本纹饰拓片
琚新屋大墩：1.弦断绳纹（F002:4）；汪祖庄月形坦：2.绳纹+附加堆纹（C001:1）；
离子墩：3.细绳纹（B003:1）　4.方格纹（C005:1）；太子墩：5.弦断绳纹（C005:1）；乌鱼墩：6.弦断绳纹（E002:1）

标本F002:3，罐底，泥质黑皮红胎，底部较平，内侧有按窝，外侧残存绳纹。外底径11.8厘米，残高3.6厘米（图二〇六，5）。

标本F002:4，泥质褐陶残陶片，饰弦断绳纹（图二〇七，1）。

5. 汪祖庄月形坦（1223HMYW）

该遗址1984年第二次全国文物普查已发现，位于怀宁县马庙镇育儿村汪祖庄村民组北约350米。遗址呈墩形，保存状况一般，平面为不规则形状，其上种植旱地作物。大沙河位于遗址东北方向300

米处，陶片可见状况一般，主要分布于遗址东南部。从陶片散落面积及地貌特征判断遗址面积约为4000平方米。采集陶片有夹砂红陶鬲足、夹砂灰陶罐口沿、泥质灰陶罐底和夹砂灰陶绳纹陶片，时代为商周时期。

标本F001:1，鬲足，夹砂红褐陶，仅残存足根，残高3.6厘米（图二〇六，4）。

标本F001:2，罐口沿，夹砂灰陶，卷沿方圆唇，残高4.4厘米（图二〇六，6）。

标本C001:1，夹砂灰陶残陶片，饰绳纹和附加堆纹（图二〇七，2）。

6. 陶屋（1223HMYT）

该遗址位于怀宁县马庙镇育儿村东风村民组北约270米。遗址位于岗地顶部，破坏严重，现呈不规则形状，其上种植旱地作物，大沙河位于遗址北部约140米处，陶片偶见于遗址南部，从陶片散落面积及地貌特征判断遗址面积约为2000平方米。采集标本主要为夹砂红陶鼎足，时代为张四墩时期（彩版四七，4、5）。

F003:1，侧装鼎足，夹砂红陶，残高3.5厘米（图二〇八，1）。

F003:2，侧装鼎足，夹砂红陶，残高3厘米（图二〇八，2）。

7. 望货墩（1223HMYX）

该遗址位于怀宁县马庙镇育儿村夏塝村民组东北约100米。遗址呈墩形，保存状况一般，现呈不规则形状，其上种植旱地作物及树林。大沙河位于遗址东北方向200米处，陶片偶见于遗址东部边缘。从陶片散落面积及地貌特征判断遗址面积约为1600平方米。采集标本有夹砂红陶残片和夹砂灰陶鬲足，时代为商周时期（彩版四七，6、7）。

标本F004:1，鬲足，夹砂灰陶，锥形，足面有划痕（图二〇六，3）。

8. 大河队月形坦（1223HMYY）

1984年全国第二次文物普查已发现，该遗址位于怀宁县马庙镇育儿村大河村民组北约150米。遗址呈墩形，破坏严重，现存形状呈弯月状（可能为取土原因造成），陶片偶见与遗址东部。从陶片散落情况及地貌特征判断遗址现存面积约为1000平方米。月形坦西北距王家大墩仅50米，关系密切。本次调查发现有夹砂红陶罐底和夹砂红陶残片，属于商周时期。2008年全国第三次文物普查发现有绳纹陶片和鬲足也属同一时期。

9. 面坦（1223HMYM）

该遗址位于怀宁县马庙镇育儿村大河村民组，遗址位于岗地顶部，大沙河位于遗址北部300米处，其上种植旱地作物，平面大致呈圆形。陶片较丰富，主要分布与岗地顶部及东部。遗址东部断面发现文化层，厚度不明。从陶片散落情况及地貌特征判断遗址面积约为1500平方米。采集标本有夹砂黑衣红胎罐底、夹砂红陶鼎足和残石锛等，时代为薛家岗至张四墩时期（彩版四八，1、2）。

标本H004:1，侧装鼎足，夹粗砂红陶，足体较扁，残损严重，残高5.3厘米（图二〇八，4）。

标本H003：1，石锛，青灰色，可见明显的斜向纹理。锛体呈长方形，通体磨制较粗，顶部平整，器表留有较多的崩缺，单面刃，刃口残，两侧面留有大量的打磨痕迹，长8.4厘米，宽3.4厘米，厚2.4厘米（图二〇八，7）。

10. 王家大墩（1223HMYW）

为1984年全国文物普查已发现的王家大坦遗址，位于怀宁县马庙镇育儿村大河村民组北约100米，遗址明显呈圆墩形。陶片分布状况一般，遗址面积约1000平方米。王家大墩东距大河庄月形坦仅50米，关系密切。本次调查未发现遗物，据第二次全国文物普查发现的夹砂红陶片和绳纹陶片判断其为商周时期。

11. 大小墩（1223HMYD）

遗址位于怀宁县马庙镇育儿村朱老屋村民组西南，遗址呈东西大小二墩，两墩可能本为一墩，近代取土造成中间低洼。遗址破坏严重，现存面积约1000平方米。大小墩南距面坦约70米，西北距陶屋不足100米，三者关系密切。采集标本有夹砂灰陶绳纹陶片、夹砂红褐陶罐口沿，时代为商周时期（彩版四七，8）。

标本D002：1，罐口沿，夹砂红褐陶，侈口圆唇，残高2.3厘米（图二〇六，8）。

12. 离子墩（1227HMNT）

1984年第二次全国文物普查已发现。遗址位于怀宁县马庙镇泥河村团结村民组东约20米，遗址呈不规则墩形，大沙河位于遗址北向50米，遗址现存面积约1000平方米。遗址上覆盖旱地作物。地表陶片丰富，主要分布于土墩西北和东南边缘。采集陶片有夹砂红陶鬲足和夹砂灰陶鬲足（鬲足足跟两次包裹形成，内层有绳纹）、夹砂绳纹陶片，时代为商周时期。

标本B003：1，罐口沿，泥质灰褐色硬陶，卷沿圆唇，肩部饰两周凹弦纹，其下饰细绳纹（拓片见图二〇七、3），外口径18厘米，残高5.8厘米（图二〇六，7）。

标本C005：1，残陶片，夹砂灰陶，饰方格纹（图二〇七，4）。

13. 黄屋（1224HZX）

1984年全国第二次文物普查已发现。位于怀宁县马庙镇郑河村幸福村民组，分布于岗地上，距东北大沙河200～300米，其上覆盖覆盖有水田和树林，被现代村庄破坏较为严重，遗址形状不明。地表陶片极少，偶见于岗地东北部，从陶片散落情况及地貌特征判，断遗址面积约为2000～3000平方米。在岗地东北部进行局部钻探，未发现明显文化层，灰黑色耕土深度15～20厘米；其下有黄色黏土，含有青灰色斑，土质较硬，厚度20～30厘米；再下为黄色土层，含有铁锰结核。根据钻探情况判断，遗址可能被现代村庄建筑覆盖殆尽。采集标本有夹砂灰陶鼎足、夹砂红陶残片，时代为张四墩时期。夹砂黑皮红胎罐底和网格纹陶片，时代为东周时期（彩版四八，3、4）。

标本D009：1，侧装鼎足，夹砂灰陶，足体呈三角形，根部残，残高5.6厘米（图二〇八，5）。

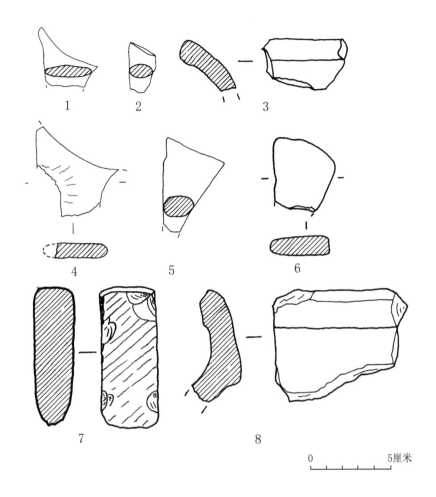

图二〇八　陶屋、面坦、黄屋、郑河墩遗址采集陶器、石器标本

陶屋：1.陶鼎足（F003:1）　2.陶鼎足（F003:2）；面坦：4.陶鼎足（H004:1）　7.石锛（H003:1）；
黄屋：5.陶鼎足（D009:1）；郑河墩：3.陶鼎口沿（H002:1）　6.陶鼎足（H001:1）　8.陶缸口沿（D001:1）

14．郑河墩（1224HMZZ）

遗址位于怀宁县马庙镇郑河村郑河村民组南100米，东距黄屋遗址200米，西距孙家城遗址300
米，距正北面大沙河约150米。其上覆盖旱地作物，为圆墩形遗址，西部和南部边缘各有一水塘。陶
片偶见于土墩南及东部。从陶片散落情况及地貌特征判断，遗址面积约为2000平方米。采集陶片有
外红内灰粗泥夹炭陶、夹砂红陶残片，时代为薛家岗至张四墩时期（彩版四八，5、6）。

标本H001:1，侧装鼎足，夹砂红褐陶，足体扁平，仅存足根，残高4.4厘米（图二〇八，6）。

标本H002:1，鼎口沿，夹砂褐陶，敞口圆唇，残高3厘米（图二〇八，3）。

标本D001:1，缸口沿，夹砂灰褐陶，仰折沿圆唇，残高6.6厘米（图二〇八，8）。

15．江家船形墩（1224HMNY）

1984年全国第二次文物普查已发现。遗址位于怀宁县马庙镇泥河村村部正南约270米，为墩形遗
址，现呈中间低凹，两端略高的船形分布，推测为后期破坏所致。西南距大沙河支流（芦峰河）550
米左右。遗址被旱田和荒地覆盖，陶片较为丰富，主要分布于土墩顶部。从陶片散落情况及地貌特征

判断，遗址面积约为4000平方米。采集标本有夹砂红陶鬲足和夹砂灰黑陶甗腰，时代为商周时期。

标本E003:2，甗腰，夹砂灰黑陶，器表饰有绳纹。残高5厘米（图二〇九，1）。

标本E003:3，罐口沿，夹砂灰陶，敞口，尖圆唇。残高3.4厘米（图二〇九，2）。

标本H004:1，鬲足，夹砂红陶，仅存锥形足尖，残高3.9厘米（图二〇九，4）。

标本E003:1，鬲足，夹砂红陶，锥形足残损明显，足体内中空，残高4.2厘米（图二〇九，5）。

标本H006:1，鬲足，夹砂红陶，胎色不均锥形，仅存足根，根内面略凹，残高3.9厘米（图二〇九，6）。

16．小樟墩（1225HMY）

遗址位于怀宁县马庙镇育儿村王家老屋村民组西南150米，遗址呈圆墩形，西距209省道200米，东南距王墩遗址150米，现存面积约500平方米。其上种植旱地作物。北部25米内有水塘，陶片较为丰富，主要分布于土墩顶部。采集标本中有夹砂粗绳纹黄褐陶和大量汉代瓦片，包含商周时期遗存。（彩版四八，7、8）。

标本B005:1，罐口沿，泥质灰陶，宽折沿方唇，残高3.4厘米（图二〇九，3）。

标本B008:1，盆口沿，泥质红陶，直口圆唇，器表饰有两道凹弦纹，残高6.6厘米（图二〇九，9）。

17．太子墩（1225HMLT）

1984年全国第二次文物普查已发现。遗址位于怀宁县马庙镇栗岗村长屋村民组东30米，东北距

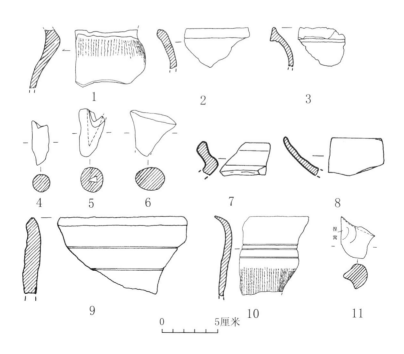

图二〇九　江家船形墩、小樟墩、太子墩、王墩、乌鱼墩遗址采集陶器标本

江家船形墩：1. 甗腰（E003:2）　2. 罐口沿（E003:3）　4. 鬲足（H004:1）　5. 鬲足（E003:1）　6. 鬲足（H006:1）；
小樟墩：3. 罐口沿（B005:1）　9. 盆口沿（B008:1）；太子墩：10. 鬲口沿（B003:1）；
王墩：7. 罐口沿（H026:1）　8. 豆盘（H026:2）；乌鱼墩：11. 鬲足（H001:1）

育儿河约40米，为圆墩形遗址。其上被旱地、荒地和现代坟冢覆盖，土墩东西两侧各有一水塘。遗址东部发现有堆积超过2米的文化层。陶片分布状况一般，主要分布于土墩顶部。采集标本有夹砂红陶鬲足、黑皮灰胎绳纹陶片和夹砂红陶鬲，时代属商周时期。

地层断面位于遗址东部，呈329°西北—东南走向。第①层灰黑色土，厚0～1.1米，为现代扰乱堆积；第②层1.1～1.3米黄色土，致密，含有绳纹陶片、红烧土颗粒；第③层1.3～1.54米，灰黑色土，较致密，含有红烧土和炭颗粒，以及绳纹陶片；第④层1.54～1.8米，黄色土，较致密，夹有红烧土颗粒；第⑤层1.8～1.9米，灰黑色土，较致密，夹有炭颗粒；第⑥层1.9～2.1米，黄色土；第⑦层2.1米，黑色土，之下未清理到底。H1为锅底形灰坑，填土灰黑色，底部有少量陶片。

标本B003:1，鬲口沿，夹砂红陶，卷沿，尖圆唇，器表饰有凹弦纹和绳纹（图二〇九，10）。

标本C005:1，夹砂灰陶残片，饰弦断绳纹（图二〇七，5）。

18. 王墩（1225HMYW）

1984年全国第二次文物普查已发现。遗址位于怀宁县马庙镇育儿村王家老屋村民组正西100米，南距育儿河500左右，西距城河遗址400米。其上覆盖旱地作物，遗址东、西、南三面皆分布有大面积水塘。从陶片散落情况及地貌特征判断，遗址面积约为1000平方米。采集标本有夹砂灰陶罐和豆盘，时代为商周时期。

标本H026：1，夹砂灰陶罐口沿，方唇折沿，沿面内凹，残高3厘米（图二〇九，7）。

标本H026：2，夹砂灰黄陶豆盘，圆唇弧腹，残高3.5厘米（图二〇九，8）。

19. 余家大墩（1226HMDX）

1984年全国第二次文物普查已发现。东南、西北方向并列两墩，东墩为余家大墩，西墩为余家大坦，两墩相距不足30米，本次调查将二者合并为一处遗址。遗址位于怀宁县马庙镇东胜村新民村民组正东20米。北部为育儿河支流。遗址现呈不规则墩形，可能为后期破坏，形成两个墩形。其上被旱田覆盖，陶片偶见于土墩顶部。采集标本有夹砂红陶残鬲足和泥质黑皮红胎、灰陶印纹（叶脉纹）陶片，时代为商周时期。

20. 乌鱼墩（1226HMHX）

1985年全国第二次文物普查已发现。遗址位于怀宁县马庙镇合一社区小汪村民组西南260米。呈近圆形的土墩，北邻乌鱼塥（育儿河支流）。陶片发现较少，从陶片散落情况及地貌特征判断，遗址面积约为1000平方米。采集标本有夹砂灰陶鬲足和绳纹陶片，时代为商周时期。

标本H001:1，鬲足，夹砂灰陶，仅存残足根，残高3.6厘米（图二〇九，11）。

标本E002:1，夹砂灰褐陶残陶片，饰弦断绳纹（图二〇七，6）。

21. 城河（1227HMYC）

1984年全国第二次文物普查已发现。城河遗址位于怀宁县马庙镇育儿村城河村民组西200米。遗址为一近圆形城址，西面紧邻一片岗地，四面环水，水面宽度50～70米。城址墙体现存高度3米左

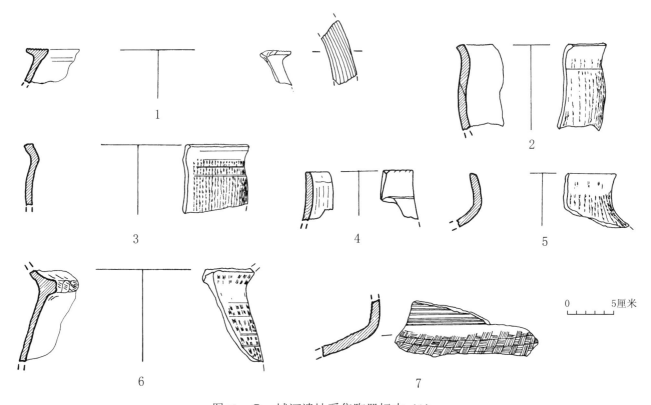

图二一〇　城河遗址采集陶器标本（1）

1.罐口沿（C020:2）　2.鬲口沿（C021:3）　3.鬲口沿（C015:2）　4.高领罐口沿（C020:3）
5.鬲或罐口沿（B005:1）　6.甗腰（E001:1）　7.罐颈部（F002:1）

右，墙体厚度约为5米。南北各有一豁口。陶片主要分布于城内，周边河漫滩上也散落很多陶片。城址保存较为完好，城内种植旱地作物，城墙上为荒地。现存面积约1万平方米。采集标本有夹砂灰陶鸭嘴形鼎足、夹砂灰陶横装鼎足，属于薛家岗晚期至张四墩时期；夹砂灰陶、黑皮红胎鬲、鬲足，以及印纹硬陶残片，属于商周时期（彩版四九，1、2）。

标本C020:2，罐口沿，夹砂黑陶，敛口宽沿方圆唇，沿面上饰八道凹弦纹，外口径28厘米，残高3.6厘米（图二一〇，1）。

标本C021:3，鬲口沿，夹砂灰陶，卷沿方唇尖缘，沿下饰细绳纹（拓片见图二一二，2），外口径16厘米，残高8.8厘米（图二一〇，2）。

标本C015:2，鬲口沿，夹砂黑皮红胎，卷沿方唇尖缘，肩部饰两道凹弦纹，其下饰细绳纹（拓片见图二一二，1），外口径24厘米，残高7.2厘米（图二一〇，3）。

标本C020:3，高领罐口沿，夹砂黑陶，直口圆唇，唇上有压印，颈部饰凹弦纹一周，内侧有竖向刮抹痕，外口径11.6厘米，残高5厘米（图二一〇，4）。

标本B005:1，鬲或罐口沿，夹砂灰褐陶，卷沿圆唇束颈，颈部以下饰绳纹，外口径15.6厘米，残高5.6厘米（图二一〇，5）。

标本E001:1，甗腰，夹砂灰陶，器表饰间断绳纹，腰外径22厘米（图二一〇，6）。

标本F002:1，罐颈部，泥质灰胎印纹硬陶，缘部残缺，颈外饰凹弦纹，肩上饰席纹（拓片见图

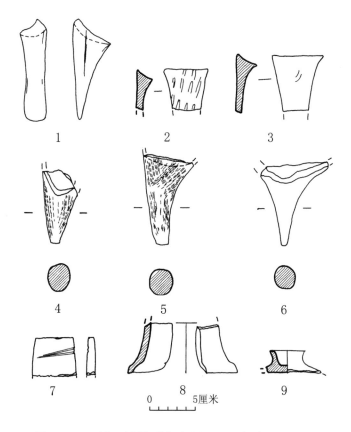

图二一一 城河遗址采集陶器、石器标本（2）

1.陶鼎足（C019:1） 2.陶鼎足（C021:2） 3.陶鼎足（C021:1） 4.陶鬲足（C020:1） 5.陶鬲足（D003:1）
6.陶鬲足（C015:1） 7.残石器（F001:1） 8.陶圈足（C017:3） 9.陶器盖（B007:1）

二一三，1），残高5.8厘米（图二一〇，7）。

标本C019:1，侧装鼎足，夹砂灰陶，足体呈鸭嘴状，残高10.6厘米（图二一一，1）。

标本C021:2，横装鼎足，夹砂黑皮红胎，足体扁平，仅存残足根，足面上饰有数道斜向刻划纹，残高4.2厘米（图二一一，2）。

标本C021:1，横装鼎足，夹砂灰陶，足体扁平，足尖残，残高6厘米（图二一一，3）。

标本C020:1，鬲足，夹砂灰陶，近锥形足体饰细绳纹（拓片见图二一二，9），残高7.6厘米（图二一一，4）。

标本D003:1，鬲足，夹砂红陶，柱形足体饰粗绳纹（拓片见图二一二，8），残高9.6厘米（图二一一，5）。

标本C015:1，鬲足，夹砂灰陶，锥形足体，残高8.8厘米（图二一一，6）。

C017:3，圈足，夹砂黑皮灰胎，底端外凸呈台阶状，器表不规整，外底径12厘米，残高5厘米（图二一一，8）。

标本B007:1，器盖，泥质红陶，捉手呈盅形，外底径4厘米，残高2.4厘米（图二一一，9）。

标本F001:1，残石器，器体扁平，一端残断，两侧面可见细密的摩擦痕，一面有两道刻划痕（图二一一，7）。

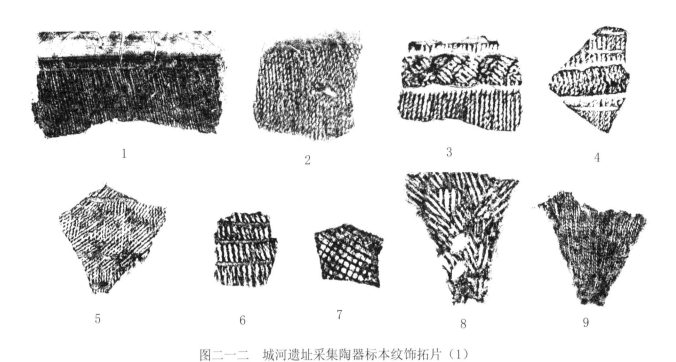

图二一二 城河遗址采集陶器标本纹饰拓片（1）

1.细绳纹（C015:2） 2.细绳纹（C021:3） 3.附加堆纹+绳纹（E001:2） 4.弦断绳纹+附加堆纹（C017:2）
5.弦断绳纹（D002:1） 6.弦断绳纹（D004:1） 7.方格纹（E001:4） 8.鬲足粗绳纹（D003:1） 9.鬲足细绳纹（C020:1）

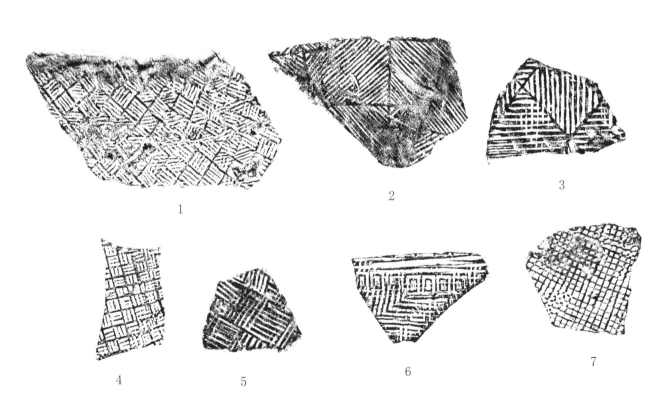

图二一三 城河遗址采集陶器标本纹饰拓片（2）

1.席纹（F002:1） 2.填线方格纹（C017:1） 3.填线方格纹（E006:2） 4.席纹（E001:3）
5.席纹（C018:1） 6.回形纹（C021:4） 7.网格纹（F001:3）

标本E001:2，夹砂黑皮红胎陶鬲或罐肩部，饰附加堆纹和绳纹（图二一二，3）。

标本C017:2，泥质褐胎印纹硬陶片，饰弦断绳纹及附加堆纹（图二一二，4）。

标本D002:1，夹砂灰陶残片，饰有弦断绳纹（图二一二，5）。

标本D004:1，夹砂灰陶残片，饰弦断绳纹（图二一二，6）。

标本E001:4，泥质灰胎印纹硬陶片，饰方格纹（图二一二，7）。

标本C017:1，泥质褐胎印纹硬陶片，饰填线方格纹（图二一三，2）。

标本E006:2，泥质灰胎印纹硬陶片，饰填线方格纹（图二一三，3）。

标本E001:3，泥质灰胎印纹硬陶片，饰席纹（图二一三，4）。

标本C018:1，夹砂红陶残片，饰席纹（图二一三，5））。

标本C021:4，泥质灰胎印纹硬陶片，饰回形纹（图二一三，6）。

标本F001:3，泥质灰胎印纹硬陶片，饰网格纹（图二一三，7）。

22. 汪家老屋（1227HMLW）

1984年全国第二次文物普查已发现，遗址位于怀宁县马庙乐胜村汪家老屋村民组东100米。正北距育儿河400米，西北200米左右为青蛙墩遗址。呈圆墩形，其上覆盖旱地作物，破坏较严重，现存面积不足500平方米。陶片偶见于土墩顶部。采集标本有夹砂红陶片、夹砂绳纹陶残片和千枚岩石料一块，时代为张四墩及商周时期（彩版四九，3、4）。

B008，罐口沿，夹砂灰陶，陶质疏松，卷沿，圆唇（图二一四，1）。

23. 青蛙墩

遗址位于怀宁县马庙镇育儿村汪家老屋村民组东北100米。北距育儿河200米，呈不规则墩形，破坏严重，其上为荒地，现存面积约300平方米。仅于遗址顶部发现一片夹砂红陶残片，东南距汪家

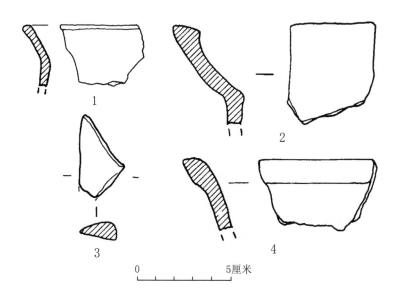

0   5厘米

图二一四 汪家老屋、琚坦、高庄遗址采集陶器标本

汪家老屋：1.罐口沿（B008）；琚坦：2.鼎口沿（C012:1）；高庄：3.鼎足（E003:1） 4.鼎口沿（C002:1）

老屋墩形遗址仅200米，怀疑两处为同一遗址。

24．琚坦（1227HMYS）

遗址位于怀宁县马庙镇育儿村三圣村民组西南100米。呈不规则形位于岗地坡上，南距育儿河约400米，东南距城河遗址200米，其上种植旱地作物，陶片偶见于岗地东部，从陶片散落情况及地貌特征判断遗址面积约为2500平方米。采集陶片有夹砂红陶残片，夹砂灰陶残片，夹砂灰陶陶胎中包含大量黑色细小炭屑，时代均属于张四墩时期，另外还发现绳纹陶片为商周时期遗物（彩版四九，5、6）。

标本C012:1，鼎口沿，夹砂灰陶，仰折沿方唇，沿面内凹，残高5厘米（图二一四，2）。

标本C011:1，夹砂灰褐陶残陶片，饰有交错绳纹（图二一五，1）。

标本C010:1，夹砂陶残陶片，外黑内红，饰有弦断绳纹（图二一五，2）。

25．金壕墩（1228HMWZ）

1984年全国第二次文物普查已发现.遗址位于怀宁县马庙镇汪洋村支桥村民组北200米。呈圆墩形，破坏较为严重，北、西、南三面环水，南面自东至西有到低矮岗地环绕。正北紧邻育儿河支流河堤，陶片主要发现于土墩东南部，从陶片散落情况及地貌特征判断遗址现存面积约为500平方米。

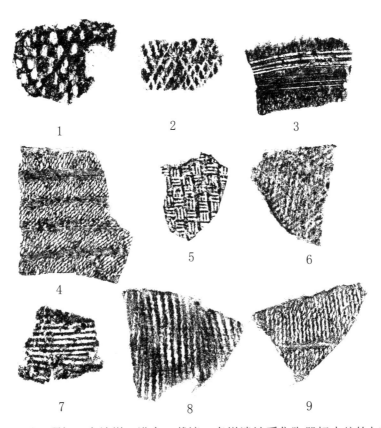

1　　　　　2　　　　　3

4　　　　　5　　　　　6

7　　　　　8　　　　　9

图二一五　琚坦、金壕墩、洪庄、戴壕、秦墩遗址采集陶器标本纹饰拓片

琚坦：1.交错绳纹（C011:1）2.弦断绳纹（C010:1）；金壕墩：3.细绳纹（F002:1）4.弦断绳纹（F002:2）；洪庄：5.凹弦纹+绳纹（E002:1）；戴壕：6.席纹（A002:1）7.细绳纹（A003:2）；秦墩：8.弦断细绳纹（C006:4）9.粗绳纹（C006:3）

采集标本有夹细砂黑皮红胎罐（瓿）残片，其上饰弦断绳纹，另外还有夹砂灰陶残鬲足，时代为商周时期。

标本F002:1，罐或鬲口沿，夹砂黑皮红胎，卷沿尖圆唇，束颈微鼓肩，沿面缘端有一周凹槽，颈部饰数周凹弦纹，肩部残存有细绳纹（拓片见图二一五，3），残高5厘米（图二一六，8）。

标本F002:2，夹砂灰陶残陶片，饰弦断绳纹（图二一五，4）。

26. 高庄（1229HJBG）

遗址位于怀宁县金拱镇白莲村高庄村民组北，大沙河位于遗址正北500余米，地处岗地坡面，其上为荒地，形状不明，保存状况一般，陶片极少见，又无地形参考不能判断其准确面积。根据微地貌环境判断岗地坡面可能均属遗址范围，约超过1000平方米（图版四九，7、8）。

标本E003:1，侧装鼎足，夹砂红陶，足体扁平，足尖残，残高4.1厘米（图二一四，3）。

标本C002:1，鼎口沿，夹砂黑皮红胎，敞口方唇，残高3.6厘米（图二一四，4）。

27. 黄屋大墩（1229HJRH）

即2004年发现的黄老屋大墩遗址，遗址位于怀宁县金拱镇人形河村三圣（黄家老屋）村民组西北，呈不规则墩形，陶片偶见于遗址西北部。其上种植旱地作物，大沙河位于遗址正北20米处。现在位于大沙河一级阶地上，受过河水冲刷和近代建筑的破坏严重。现陶片散落面积约3000平方米。采集的标本有夹砂绳纹陶片和夹砂红陶罐，时代为商周时期。

标本B001:1，罐口沿，夹砂红胎灰皮，折沿，圆唇。残高1.7厘米（图二一六，3）。

28. 洪庄（1229HJBH）

1984年全国第二次文物普查时已发现。遗址位于怀宁县金拱镇白莲村许马（河南）村民组西430米，呈圆墩形，散落面积约2000平方米。大沙河位于遗址正北300米处，现在植被为水田，遗址位于大沙河一级阶地上，破坏非常严重。陶片散落于墩顶。西距戴壕遗址仅100余米。采集标本主要有夹砂灰陶和夹砂红陶残片，因为陶胎均致密，不见明显器形，可能时代较晚，暂定为商周时期。

标本E002:1，残陶片，夹砂红陶，器表饰有数周凹弦纹（图二一五）。

29. 戴壕（1229HJBX）

1984年全国第二次文物普查已发现。位于遗怀宁县金拱镇白莲村高庄村民组东240米，呈圆墩形，其上种植旱地作物，大沙河位于遗址正北350米处，陶片散落于遗址各处，散落面积约1500平方米。四周环水，南侧紧邻山冈，东距洪庄遗址100余米，东距村部700余米。采集的标本有夹砂黑皮红胎陶片，装饰有附加堆纹，另外还有夹砂红陶罐和夹砂灰陶鬲足，以及印纹硬陶残片，时代为商周时期。

标本A003:1，罐口沿，夹砂红陶，斜直口方唇，残高4.6厘米（图二一六，4）。

标本A002:2，鬲足，夹砂灰陶，仅存足尖。残高3.8厘米（图二一六，5）。

标本A002:1，泥质灰胎印纹硬陶，饰席纹（图二一五，6）。

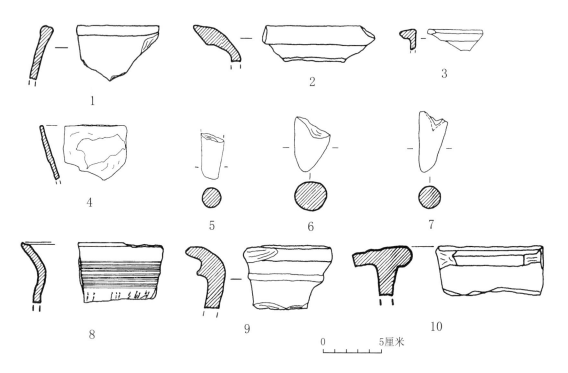

图二一六　秦墩、金壕墩、黄屋大墩、戴壕遗址采集陶器标本

秦墩：1.罐口沿（C006:2）　2.缸口沿（D005:2）　6.鬲足（B001:1）　7.鬲足（B002:1）　9.缸口沿（C006:1）
10.盆口沿（D005:1）；金壕墩：8.罐或鬲口沿（F002:1）；黄屋大墩：3.罐口沿（B001:1）；
戴壕：4.罐口沿（A003:1）　5.鬲足（A002:2）

标本A003:2，夹砂灰黑陶，饰浅细绳纹（图二一五，7）。

30. 人形河（1229HJRG）

该遗址1984年全国第二次文物普查已发现。位于怀宁县金拱镇人形河居委会工农村民组，大沙河紧邻遗址北部，遗址西部被206国道破坏，东部暴露部分种植旱地作物，其余部分被民居和人形河市场覆盖。据以往调查材料知该遗址正坐落于自东向西延伸的上岗坡脚，破坏殆尽，本次调查仅在旱田内发现极少陶片，为夹砂红陶，陶质疏松，为张四墩时期。

31. 秦墩（1230HJJH）

该遗址1984年全国第二次文物普查已发现。位于怀宁县金拱镇久远村秦家埂村民组，现呈不规则墩形，大沙河河堤位于遗址北部约300米。遗址西部被村村通水泥路破坏，在路旁沟断面上发现有陶片及石锛。墩顶两端地势较高，中间连接，偏西为秦河埂村民组民居，偏东种植旱地作物。两墩中间应为现代取土破坏，中间的水沟内仍发现有陶片。整个土墩东侧有水塘，水塘东西宽约50米，水塘东侧为一墩形坡地。坡顶发现有陶片，最初定名为彭坦遗址，后判断应与秦墩为同一遗址合并。根据散落陶片状况判断秦墩遗址约为8000平方米。值得注意的是彭坦东面约50米处为芭茅西墩遗址，距离较近，且均有商周时期遗物。彭坦与秦墩两地点采集的标本有夹砂红陶鬲足和绳纹陶片，时代均为商周时期。

彭坦地点：

标本C006:2，罐口沿，泥质黑皮红胎，敛口圆唇，残高4.6厘米（图二一六，1）。

标本D005:2，缸口沿，夹砂灰陶，折沿，厚方唇。残高3厘米（图二一六，2）。

标本C006:1，缸口沿，夹砂灰陶，侈口圆唇，颈部有一周凸棱。残高5.2厘米（图二一六，9）。

标本D005:1，盆口沿，夹砂红陶，沿面宽，上有两道凸弦纹，残高4厘米（图二一六，10）。

标本C006:4，夹砂红陶残片，饰弦断细绳纹（图二一五，8）。

标本C006:3，夹砂灰陶残片，饰粗绳纹（图二一五，9）。

秦墩地点：

标本B001:1，鬲足，夹砂红褐陶，锥形。残高4.5厘米（图二一六，6）。

标本B002:1，鬲足，夹砂陶，外灰内红，锥形，仅存残足尖。残高5厘米（图二一六，7）。

32．芭茅西墩（1231HJJB）

该遗址位于怀宁县金拱镇久远村芭茅村民组南部，呈不规则墩形。大沙河河堤紧靠遗址北部，其上现种植旱地作物。遗址北部破坏较严重，陶片较为丰富，散落于遗址顶及四周，散落面积约5000平方米。西距秦墩遗址仅50米，东距芭茅东墩仅70米，三墩距离很近，关系非常密切。采集的标本中泥质夹植物红陶罐口沿为薛家岗早期，夹砂红陶鼎足和夹砂红陶鼎口沿为张四墩时期，夹砂灰陶鬲足、印纹陶残片和夹砂红胎黑皮陶残片为商周时期（彩版五〇，1、2）。

标本B003:2，鼎（或缸）口沿，夹砂灰陶，仰折沿圆唇，残高4.5厘米（图二一七，1）。

标本B004:1，罐口沿，泥质夹植物陶，灰胎外红，折沿圆唇，外口径14.4厘米，残高4厘米（图二一七，2）。

标本B004:2，罐口沿，夹砂灰褐陶，卷沿圆唇，残高4.2厘米（图二一七，3）。

标本B003:1，侧装鼎足，夹砂红陶，足尖残，足体扁平，残高8厘米（图二一七，4）。

标本B005:1，侧装鼎足，夹砂红陶，仅存残足根，足体扁平，残高5.8厘米（图二一七，5）。

标本B004:3，鬲足，夹砂灰陶，锥形足仅存足根部，残高6.6厘米（图二一七，6）。

标本B002:1，泥质褐胎印纹硬陶，内面有刮抹痕，饰雷纹（图二一八，1）。

标本B001:1，夹砂黑皮红胎残片，饰交错细刻划纹。（图二一八，2）。

33．芭茅东墩（1231HJJB）

该遗址位于怀宁县金拱镇久远村芭茅村民组南部约80米，呈圆墩形。大沙河河堤位于遗址北部约100米，其上种植旱地作物。遗址除东北部外均发现有零散的陶片，根据陶片散落面积判断遗址约1600平方米。

标本B011:1，侧装鼎足，夹砂红陶，足体扁平，仅存足根部。残高7.3厘米（图二一七，7）。

标本B008:1，侧装鼎足，夹砂灰陶，足体较厚呈三角形，足根部残，残高6.2厘米（图二一七，8）。

标本B009:1，侧装鼎足，夹砂褐陶，足尖呈凿形，足根残，残高5.5厘米（图二一七，9）。

标本B006:1，横装鼎足，夹砂红陶，足体扁平，足尖略残，残高6厘米（图二一七，10）。

标本B011:2，横装鼎足，夹砂灰陶，，足体扁平呈条形，足根部残，残高7.1厘米（图二一七，11）。

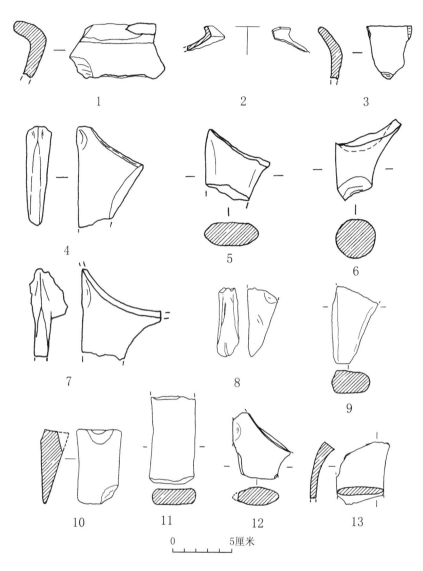

图二一七　芭茅西墩、芭茅东墩、大胡坦遗址采集陶器标本

芭茅西墩：1. 鼎（或缸）口沿（B003:2）　2. 罐口沿（B004:1）　3. 罐口沿（B004:2）　4. 鼎足（B003:1）
5. 鼎足（B005:1）　6. 鬲足（B004:3）；芭茅东墩：7. 鼎足（B011:1）　8. 鼎足（B008:1）　9. 鼎足（B009:1）
10. 鼎足（B006:1）　11. 鼎足（B011:2）　大胡坦：12. 鼎足（A002:1）　13. 鋬手（A002:2）

标本B007:1，夹砂灰胎硬陶片，饰凹弦纹、压印附加堆纹和细绳纹（图二一八，3）。

标本B009:2，黑皮红胎陶残片，拍印绳纹（图二一八，4）。

标本B006:2，夹砂红陶，压印附加堆纹和凸弦纹（图二一八，5）。

标本B011:3，夹砂灰胎硬陶片，拍印叶脉纹（图二一八，6）。

标本B011:4，夹砂红陶残片，饰细绳纹（图二一八，7）。

34. 大胡坦（0312HMLM）

遗址位于怀宁县马庙镇乐胜村马坦村民组东20米，育儿河支流位于遗址以东100米，处于一片低矮岗地边缘，顶部种植旱地作物。陶片发现极少，偶见于遗址中部，根据地貌特征判断遗址现

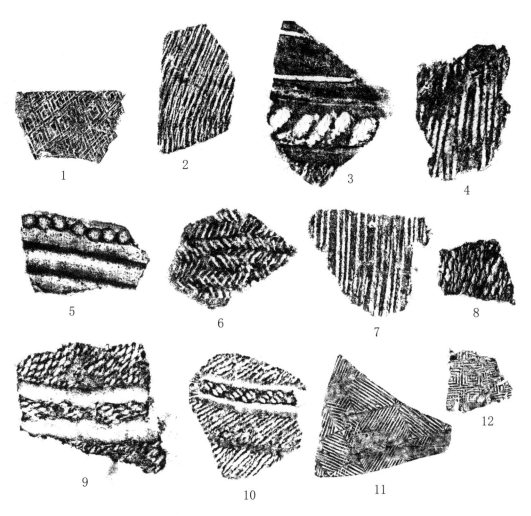

图二一八 芭茅西墩、芭茅东墩、大龙山、老渡墩、四姑墩遗址采集陶器标本纹饰拓片
芭茅西墩：1.雷纹（B002:1） 2.交错细刻划纹（B001:1）3.凹弦纹、压印附加堆及细绳纹（B007：1）
芭茅东墩：4.绳纹（B009:2）5.压印附加堆纹+凸弦纹（B006:2）6.叶脉纹（B011:3）7.细绳纹（B011:4）；
大龙山：8.绳纹（D004:1）；老渡墩：9.交错绳纹+附加堆纹（A001:2）；
师姑墩：10.弦断绳纹+附加堆纹（F002:2）11.填线方格纹（F002:1）12.雷纹（D005:1）

存面积约1000平方米，遗址以东距城河遗址约800米。采集标本较少，主要为夹砂红陶鼎足（彩版五〇，3、4）。

标本A002:1，侧装扁足，夹砂红陶，仅存残足根。残高5.3厘米（图二一七，12）。

标本A002:2，宽带状残鋬手，夹砂红陶。残高5厘米（图二一七，13）。

35. 老渡墩（0102HJRD）

该遗址1984年全国第二次文物普查已经发现。位于怀宁县金拱镇人形河居委会东升村民组，呈圆墩形。大沙河位于遗址北部约700米处，其上为现代建筑覆盖，东距合界高速约100余米。陶片较为丰富，根据陶片散落及地貌特征判断遗址面积约为15000平方米。遗址现高于周围地表6～8米，并在遗址东部发现近两米的文化层，遗址西南和西北方向均有水塘，东南60米范围内的旱田里均发现有散落的陶片，怀疑为现代在遗址周边取土散落形成。

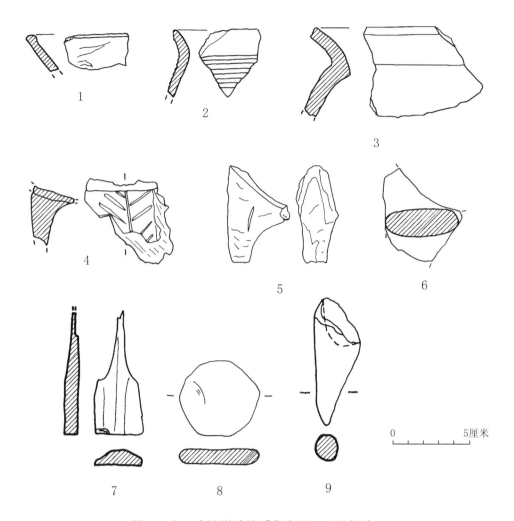

图二一九　老渡墩遗址采集陶器、石器标本

1.陶豆盘（D009:1）　2.陶罐口沿（C002:1）　3.陶罐口沿（B007:1）　4.陶鼎足（A001:1）　5.陶鼎足（B003:1）
6.陶鼎足（D009:2）　7.石镞坯料（D011:1）　8.圆陶片（D009:3）　9.陶鬲足（D004:1）

遗址东部地层断面P1呈东南—西北走向。第①层0～30厘米，褐色耕土层，质疏松，含大量植物根系；第②层30～40厘米，褐色土，质地疏松，含大量烧土块及炭粒；第③层40～57厘米，褐色土，上下垫有极薄的黄色土，夹有陶片、烧土颗粒和植物根系；第④层57～73厘米，黑色土，夹有陶片和炭颗粒；第⑤层73～90厘米，黄褐色土，质地较硬，含有炭颗粒和陶片；第⑥层90～95厘米，黄色土，较纯净，质地硬；第⑦层95～105厘米，灰色土，含有大量红烧土颗粒；第⑧层105～125厘米，灰褐色土，夹有大量黄土块，质地较硬，夹有大量红烧土颗粒和陶片；第⑨层125～150厘米，灰色土，质地较硬，夹有红色夹砂陶片；第⑩层150～165厘米，灰黑色土，质地较疏松，夹有大量炭粒和少量陶片；第⑪层165～180厘米，灰褐色土，夹有大量红烧土颗粒；第⑫层180～190厘米，黑色土，包含大量炭屑，该层未见底（彩版五〇，7、8）。

标本D009:1，豆盘口沿，夹细砂黑皮灰胎，残高2.2厘米（图二一九，1）。

标本C002:1，罐口沿，夹砂灰陶，卷沿尖圆唇，颈外饰数周凹弦纹。残高4.2厘米（图二一九，2）。

标本B007:1，罐口沿，泥质灰陶，仰折沿方唇，沿面微凸，口沿下饰有一周凹弦纹。残高5.6厘米（图二一九，3）。

标本A001:1，横装鼎足，夹砂红褐陶，足面饰有叶脉状刻划纹。残高5.4厘米（图二一九，4）。

标本B003:1，侧装鼎足，夹砂黑皮红胎，足尖残，足体呈鸭嘴形，外表破损严重，一侧面有一竖向刻槽，残高6.1厘米（图二一九，5）。

标本D009:2，侧装鼎足，夹砂红陶，足尖残，残高5.8厘米（图二一九，6）。

标本D004:1，鬲足，夹砂褐陶，锥形足体，残高7.8厘米（图二一九，9）。

标本D009:3，夹砂灰陶圆陶片，周边经过打磨（图二一九，8）。

标本D011:1，石镞坯料，镞身中部以上被切平，背面平整，正面微起脊，镞身横剖面近略似梯形，近底部切削成长铤，略残，铤横剖面为近椭圆形，通体磨制较粗，可见细密的磨痕。残长7.6厘米（图二一九，7）。

A001:2，夹砂灰陶罐肩腹部。饰交错绳纹和附加堆纹（图二一八，9）。

36．大龙山（1231HJJB）

该遗址位于怀宁县金拱镇久远村梁燕村民组西北800米，芭茅村民组西南400米。遗址位于岗地顶部，陶片散落及岗顶略呈圆形分布，其上种植旱地作物。大沙河位于遗址东北400米处，陶片较为丰富，现存面积约2500平方米（彩版五〇，5、6）。

标本D003:1，罐口沿，夹砂灰陶，敞口方唇。残高2.8厘米（图二二〇，1）。

标本D003:2，缸口沿，夹砂红陶，敛口方唇，唇面上饰有两道凸弦纹。残高2.3厘米（图二二〇，2）。

标本D005:1，鬲足，夹砂红褐陶，锥形足体仅存残足根。残高4.3厘米（图二二〇，3）。

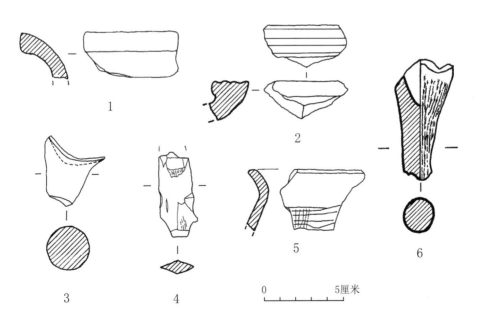

图二二〇　大龙山、李家冲盆形采集标本

大龙山：1.陶罐口沿（D003:1）　2.陶缸口沿（D003:2）　3.陶鬲足（D005:1）　4.陶石镞（D006:1）；
李家冲盆形：5.罐口沿（B003:2）　6.陶鬲足（C001:1）

标本D006:1，石镞，青灰色，通体磨制较精，镞尖及铤部残缺。镞体有残损，正背起脊，横剖面为菱形，缘部锋利，铤横剖面为椭圆形。残长5.1厘米（图二二〇，4）。

标本D004:1，夹砂灰褐陶残片，饰绳纹（图二一八，8）。

37．师姑墩（0103HJRY）

该遗址1984年全国第二次文物普查已经发现。位于怀宁县金拱镇人形河居委会杨家牌村民组西300米。遗址位于一片上岗的顶部，岗地由东南呈三角形延伸至西北的大沙河方向，育儿河在岗地西北汇入大沙河。遗址所在岗地紧邻大沙河，顶端高出岗地其他区域约6～8米，遗址顶端地貌为四周高、中间低且平坦的盆形，面积约1000平方米。中心下陷为一天然岩洞豁口，其成因不明。岗地东南部沿村路两侧也发现有陶片，综合判断遗址的面积应包括这一区域，为25000平方米。另外80年代在遗址东南相距约300米的上岗最高点还发现一座春秋时期青铜器、玉器窖藏，现为燕屋村民组所在。所出器物现藏于安徽省博物馆。本次调查采集标本有夹砂红陶、灰陶鬲足，呈圆锥形，夹砂红陶附加堆纹残片，以及印纹硬陶片，时代属于商周时期。

标本F002:2，夹砂红陶残陶片，饰弦断绳纹及附加堆纹（图二一八，10）。

标本F002:1，泥质灰胎印纹硬陶，器表饰填线方格纹（图二一八，11）。

标本D005:1，泥质灰胎印纹硬陶，器表饰雷纹（图二一八，12）。

38．李家冲盆形（0103HJRL）

1984年全国第二次文物普查已经发现该遗址，位于怀宁县金拱镇人形河居委会李家冲村民组西北约100米。遗址位于一片岗地的北部顶端，岗地北部紧靠大沙河，断面陡峭。岗地南部地势较高，而且走向平直，疑似土埂，是否为人工堆筑尚不能确定。北、东、南三面明显较高，覆盖树林或为荒地，中间及西部较平坦，种植旱地作物，遗址整体呈面向西面的簸箕状，且西面紧邻一条南北向的河沟，由南向北汇入大沙河。遗址西面40米处为现代窑场，面临取土破坏的可能性较大。初步判断遗址面积为6000平方米（彩版五一，1）。

标本B003:2，罐口沿，夹砂黑皮红胎，卷沿尖圆唇，口沿下饰有刻划纹。残高3.7厘米（图二二〇，5）。

标本C001:1，鬲足，夹砂红陶，足体饰有斜向绳纹（图二二一，1）。残高7.4厘米（图二二〇，6）。

标本B003:1，夹砂灰陶罐肩部残片，饰弦断绳纹（图二二一，2）。

39．孙家城（0104HMLS）

1984年全国第二次文物普查已发现该遗址。位于怀宁县马庙镇育儿村孙城和费屋两个村民组范围内，北部紧邻大沙河，断面陡峭。地势北高南低，北部为一片岗地，2007年在岗地南部边缘的发掘孙家城早期遗存早于当地薛家岗文化的遗存，与皖西南地区黄鳝嘴类型面貌一致。薛家岗文化早期堆积直接叠压在该类遗存之上，还发现有薛家岗文化早期墓葬一座。遗址南部及东部更广阔的区域内地势平缓，遗址东、西、南三面皆保留有城垣，东北角、西北角及北面被毁，城垣所围面积约

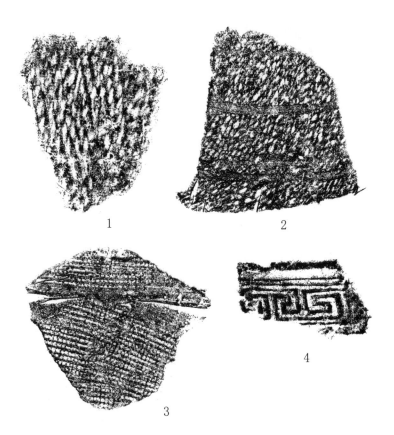

图二二一　李家冲盆形、孙家城，及散点采集标本纹饰拓片
李家冲盆形：1.鬲足绳纹(C001:1) 2.弦断绳纹（B003:1）；孙家城：3.方格纹（F004:1）；
散点：4.弦纹和雷纹（1229HJBHE001:1）

25万平方米。通过对周边南部城垣的解剖，发现城垣始建于张四墩文化时期，城中大部分区域都分布有与城垣同时期的遗存。2008年在遗址东部的发掘发现了薛家岗文化到张四墩文化时期丰富的文化遗存，在葫芦田地点还发现一座薛家岗晚期墓葬。

通过本次拉网调查，我们未在城垣范围之外发现同时期的遗物。城内地表发现的遗物主要为薛家岗晚期至张四墩文化时期，以及商周时期，地面调查仅发现极少量粗泥夹炭陶片属于孙家城早期遗存。采集标本有泥质夹炭陶罐口沿、泥质黑皮灰陶残片、夹粗砂红陶、夹砂黑皮红胎陶鼎（罐）口沿、夹粗砂红陶鼎足以及汉六朝时期瓦当。

在遗址中部偏北部分，自西至东共钻探4孔，Z1位于低洼正中部位，第①层0～20厘米，灰色耕土层，水分大，有植物根系；第②层20～60厘米，灰色土夹有黄色纹；第③层60～90厘米，浅黄色土；第④90～110厘米，青灰色土，沙性渐强，底部发现1.5厘米大小卵石，第⑤层110～130厘米，青灰色土，含大砂粒；第⑥层130～170厘米，青灰色土，含大砂粒及红色锈斑；第⑦层170～210厘米，灰色土，细腻且致密，含有红色锈斑，疑似淤泥；第⑧层210～240厘米，青灰色土，粉砂性增强。Z2位于洼地东部边缘，与Z1情况近同，均未见明显的文化层，该洼地形成时间较早，可能为早期冲沟。Z3位于Z2以东2米，土埂西侧台地上，第①层0～15厘米，青灰色耕土层，含植物根系；第②层15～70厘米，青灰色土，土质疏松，沙性强；第③层70～90厘米，90厘米以下未钻探，包含炭粒和红烧土颗粒，少量泥质灰陶残片（似薛家岗晚期，或张四墩时期）。Z4位于南北向土埂之上，东侧即为葫芦田发掘区。第①层0～20厘米，青灰色土耕土层；第②层20～60厘米，红褐色土，包含大量烧土颗粒；第③层60～65厘米，灰褐色土；第④层65～80厘米，深灰色土，烧土颗粒较多，含有少量泥质灰陶残片；第⑤层80～100厘米，灰色土，夹有大量白色斑块、烧土颗粒，沙性较强，其下未钻探。该土埂为早期堆积形成，由于葫芦田地点发现和生活堆积有关的大面积的红烧土堆积，该土埂很可能与防水有关（彩版五一，2～8）。

遗址北部岗地发现断面P1，方向为20°东北-西南走向，堆积情况如下：第①层0～40厘米，灰黑色耕土层，土质疏松，含大量植物根系，少量红烧土块，以及残陶片，可辨器形的有夹砂红陶鬲足、夹砂灰陶残片饰交错绳纹；第②层40～62厘米，黄色土层，夹有大量黑色斑点和红烧土颗粒及碎陶片；第③层62～106厘米，黄色土层，夹有大量炭粒、夹砂红陶残片，可辨器形的有侧装三角

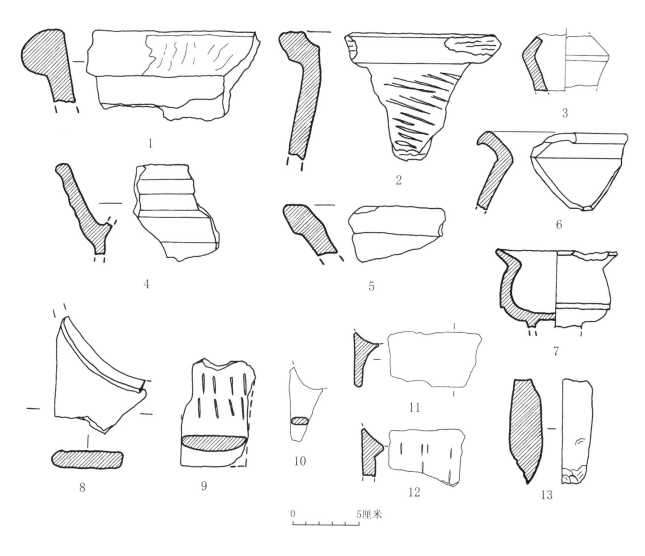

图二二二　孙家城遗址采集陶器、石器标本

1.陶缸口沿（C005:1）　2.陶缸口沿（E002:3）　3.陶豆柄（F007:1）　4.陶甑箅（E002:2）　5.陶缸口沿（P1③:2）
6.陶罐口沿（E003:1）　7.陶罐形豆（E002:1）　8.陶鼎足（P1③:1）　9.陶鼎足（E002:4）　10.陶鼎足（C003:2）
11.陶鼎足（E001:1）　12.陶鼎足（C003:1）13.石凿（A001:1）

形鼎足；第④层106～125厘米，黄色土偏灰，含大量红烧土颗粒及炭粒，北高南低倾斜；第⑤层125～140，之下未清理，灰土层，质地较硬，北高南低倾斜堆积。据堆积特征判断该处可能是北侧城墙的残体。

标本C005:1，缸口沿，夹砂红褐陶，敞口厚圆唇，器表饰横篮纹，残高6.6厘米（图二二二，1）。

标本E002:3，缸口沿，夹砂褐胎黑皮，折沿圆唇，沿面凸起。残高9.4厘米（图二二二，2）。

标本F007:1，残豆柄，泥质红胎黑皮，呈算珠形，残高4.1厘米（图二二二，3）。

标本E002:2，甗鏊，夹砂灰陶，宽沿斜直，方唇，沿外有三道凹弦纹，残高7厘米（图二二二，4）。

标本P1③:2，缸口沿，夹砂灰胎黑皮，敞口尖圆唇，残高4.2厘米（图二二二，5）。

标本E003:1，粗泥夹炭红陶罐口沿，折沿圆唇，唇面外翻，斜直壁，残高5.6厘米（图二二二，6）。

标本E002:1，罐形豆，泥质灰陶，陶胎中夹有一层红陶，折沿圆唇，折腹圜底，豆柄残。残高5.6厘米，外口径9.2厘米（图二二二，7）。

标本P1③:1，侧装鼎足，夹砂红陶，足体扁平，足尖残。残高8.4厘米（图二二，8）。

标本E002:4，横装鼎足，夹砂红陶，足体宽扁，足面并排饰有八道刻划短线，足根有一圆孔，残高8厘米（图二二二，9）。

标本C003:2，侧装鼎足，夹砂红陶，足体扁平，略呈三角形。残高5.4厘米（图二二二，10）。

标本E001:1，横装鼎足，夹砂红陶，足体宽扁，仅存足根部。残高4厘米（图二二二，11）。

标本C003:1，横装鼎足，夹砂红陶，足体宽扁，足面有数道短刻划纹。残高4.2厘米（图二二二，12）。

标本A001:1，石凿，青灰色，通体打磨粗糙，顶部平整，双面刃，刃部有崩口，器表多打制疤痕，可见打磨痕迹。残高7.8厘米（图二二二，13）。

标本F004:1，夹砂灰陶罐，肩部拍印方格纹（图二二一，3）。

除具有明确微地貌特征的遗址外，本次调查还发现了10余处散点，作为散点的前提条件是在一

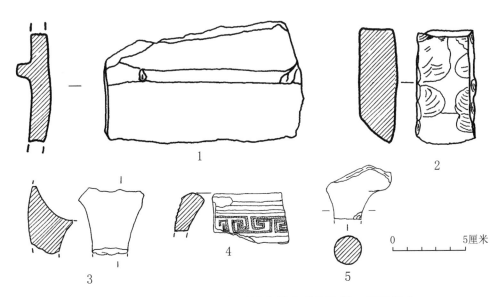

图二二三 调查区域内散点采集陶器、石器标本

1.陶缸壁（1231HJJBB012:1） 2.石铸（1231HJJHD001:1） 3.陶鼎足（1231HJJLD007:1）

4.陶罐口沿（1229HJBHE001:1） 5.陶鬲足（1231HJJLD006:1）

个采集点只发现1、2件标本，周边100米范围内再无采集点，而且微地貌特征明显为不适宜人类居住的低地。产生散点原因非常复杂，既可能与当时人类大范围的活动有关，也可能与历史过程中的其他后堆积过程有关。这里我们只选取典型标本介绍如下：

标本1231HJJBB012:1，缸壁，夹粗砂红陶，器表饰有凸棱和附加堆纹。残高8厘米（图二二三，1）。

标本1231HJJHD001:1，石锛，色青灰，整体呈长方形，顶部较平，器表留有大量打制疤痕，仅刃部磨制，单面刃，刃口较钝。高7.4厘米（图二二三，2）。该石锛发现位置与秦墩遗址距离较近，可能和秦墩遗址西部村道的铺设有关，石锛发现于道路西边路沟内。

标本1231HJJLD007:1，正装鼎足，夹砂红陶。残高4.3厘米（图二二三，3）。

标本1229HJBHE001:1，口沿，夹砂红陶，敛口，方唇，器表饰有弦纹和雷纹（图二二一，4）。残高3.3厘米（图二二三，4）。

标本1231HJJLD006:1，鬲足，夹砂红陶。残高3.5厘米（图二二三，5）。

本次调查共发现遗址39处，均位于沿人形河和育儿河的二、三级阶地上。其中，薛家岗文化遗址6处，所发现标本大都属薛家岗晚期，这些遗址均依托岗地边缘分布，利用了天然地势（彩版五三）。另外我们还在枫树墩、孙家城和芭茅西墩三个遗址发现了相当于孙家城遗址早期（黄鳝嘴文化）的遗物，此三处遗址均为于人形河南岸的岗地边缘；张四墩文化遗址16处，大多数选址仍依托天然岗地，也有少量遗址出现在相对平缓的地带（彩版五四）。这一时期聚落规模和数量均较前一段阶段剧增，孙家城城垣也修筑于该时期，城内大部分区域都发现和生活有关的红烧土堆积；发现商周文化遗址33处，其中有育儿村北等极少数遗址为东周时期外，绝大多数遗址属于西周时期，而且以西周早期，乃至晚商时期为主。这些遗址大部分为人工堆筑的墩形，许多遗址都有清晰的断面，堆筑层次明显。目前该区域商周之际考古学文化面貌还不是十分清晰，具体时代判断还有待于仅一步探讨。商周之际遗址数量的剧增很可能与南部相邻地区的铜矿资源的开发有很大关系（彩版五五）。下一步，我们将通过更大面积的系统考古调查了解整个大沙河中游地区人地关系的演进，并根据系统采样建立的地理信息系统数据库进一步量化分析，以期探索区域内史前人口规模变化和归纳长江中下游区域系统考古调查的方法和理论。

第五章 普查成果与社会发展

一、不可移动文物普查数据汇总

（一）第三次全国文物普查的不可移动文物统计

按照《第三次全国文物普查不可移动文物分类标准》，古遗址、古墓葬、古建筑、石窟寺及石刻、近现代重要史迹及代表性建筑、其他文物的总量统计和分类统计。

截止到2009年8月中下旬，我县全面结束第三次全国文物普查第二阶段任务（即野外实地踏查任务），共登记不可移动文物点303处。消失不可移动文物点17处。在登记的不可移动文物点中复查186处，新发现117处。其中古遗址151处（新发现28处、复查123处）；古墓葬55处（新发现11处、复查44处）；古建筑32处（新发现23处、复查9处）；石窟寺及石刻2处（复查2处）；近现代文物60处（新发现55处、复查5处）；其他类3处（复查3处）（图二二四、二二五；附表一二）。

（二）第三次全国文物普查的不可移动文物的新发现、复查、消失文物的分类统计

此次普查我县复查登记不可移动文物点186处，新发现117处。消失不可移动文物点17处（图二二六、二二七；附表一三）。

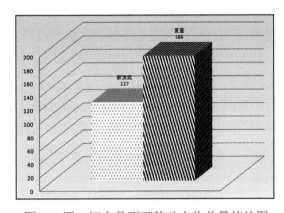

图二二四 怀宁县不可移动文物总量统计图

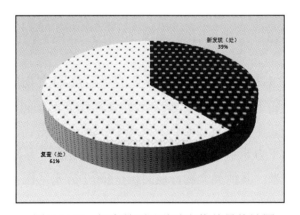

图二二五 怀宁县不可移动文物总量统计图

（三）第三次全国文物普查的不可移动文物的年代的分类统计

怀宁县第三次全国文物普查所普查登记的不可移动文物的年代包括古新世中期（1处）、旧石

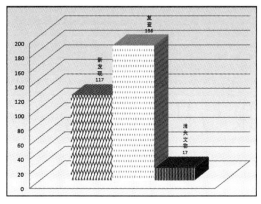

图二二六　怀宁县不可移动文物
统计图

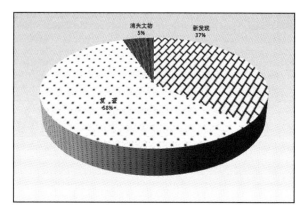

图二二七　怀宁县不可移动文物
统计图

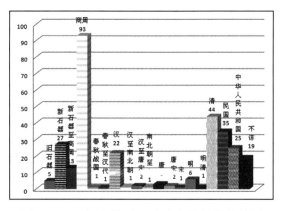

图二二八　怀宁县不可移动文物年代统计图

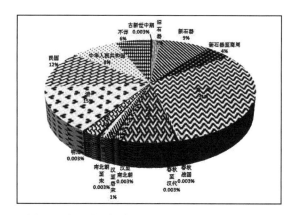

图二二九　怀宁县不可移动文物年代统计图

器时代（5处）、新石器时代（27处）、新石器-商周（13处）、商周（93处）、春秋战国时期（1处）、春秋-汉代(1处)、汉代（22处）、汉代-南北朝（1处）、汉代-唐宋（2处）、南北朝-宋（1处）、唐（3处）、唐宋（2处）、宋（1处）、明（6处）、明清（1处）、清（44处）、中华民国（35处）、中华人民共和国（25处）、年代不详（19处）（二二八、二二九；附表一四）。

（四）第三次文物普查的不可移动文物的占地面积的分类统计

怀宁县第三次全国文物普查野外普查登记的所有不可移动文物的总占地面积是26034022平方米。其中古遗址占地面积是1978425平方米；古墓葬占地面积是498129平方米；古建筑占地面积是5848平方米；石窟寺及石刻占地面积是23平方米；近现代重要史迹及代表性建筑占地面积是151195平方米；其他类文物占地面积是400平方米（图二三〇、二三一；附表一五）。

（五）第三次全国文物普查的不可移动文物的资料情况的分类统计

怀宁县第三次全国文物普查野外普查登记的不可移动文物的图纸总张数是1532张；拍摄照片2367张，选用照片总张数是1426张；其他资料总本数是326本；选用标本总数量是896个（标本选用类别有陶质、石质、铁质）；摄像595分钟（图二三二、图二三三；附表一六）。

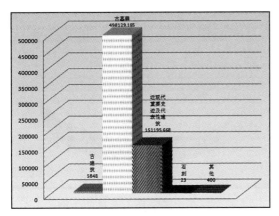

图二三〇　怀宁县不可移动文物占地面积
统计图

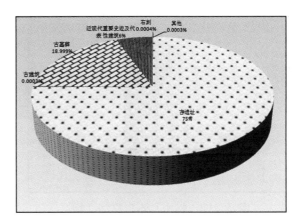

图二三一　怀宁县不可移动文物占地面积
统计图

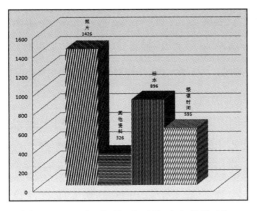

图二三二　怀宁县不可移动文物资料
分类统计图

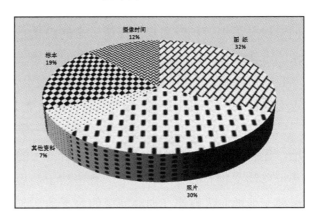

图二三三　怀宁县不可移动文物资料
分类统计图

二、第三次全国文物普查的不可移动文物的态势分析

（一）第三次全国文物普查的不可移动文物、古遗址、古墓葬、古建筑、石窟寺及石刻、近现代重要史迹及代表性建筑、其他文物的所有权（国家所有、集体所有、私人所有、其他）分析

怀宁县此次普查共登记的303处不可移动文物中，文物单位的所有权大部分属集体所有，有228处，占总数的76％；其次为国家所有，有57处，占总数的18％；私人所有占的比例极小，仅有18处，占总数的6％。下面就普查中六大类别的文物单位所有权进行分析：

1.古遗址类：151处古遗址基本为沿河台地以及山冈嘴居多，现有些被开垦为农田，现在虽然农村田地进行了承包，但仍然为村集体用地，故此大类的不可移动文物的所有权全部登记为集体所有。

2.古墓葬类：墓葬大部分坐落在村民组的四周以及山头处，属村集体用地，这类性质的墓葬有54处，所以它们的所有权登记为国家所有；另有1处古墓葬为清代当地名人官吏的墓地，因其后人还在世，故把它的所有权归属为私人所有。

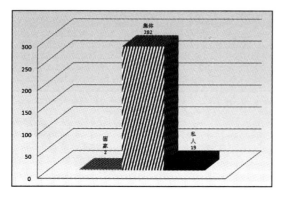

图二三四　怀宁县不可移动文物
所有权统计图

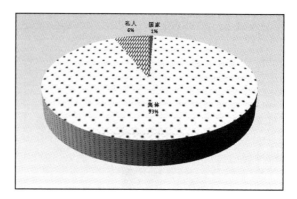

图二三五　怀宁县不可移动文物
所有权统计图

3.古建筑类：古建筑中祠堂门楼和桥梁占有很大的比例，桥梁基本位于农村田间的小河流上，而祠堂以及坍塌的祠堂和堂屋保留下来的门楼是同姓族人的集体房产，这些都属于集体所有，这类性质的古建筑有30处；只有2处堂屋由于后人健在，所以此处属于私人所有。

4.石窟寺及石刻类：我县此类不可移动文物主要为碑刻，只有2处，都位于洪铺镇，分别是省级重点文物保护单位和县级重点文物保护单位，都是属于集体所有。

5.近现代重要史迹及代表性建筑类：这一类别中革命文物占的比例大，特别是烈士墓以及革命旧址，还有其他的一些重要建筑，它们所占用的是集体的土地，所以这些属于集体所有，这类性质的不可移动文物有42处；另外由于有些烈士的后人还健在以及当地的名人故居的长辈还居住在此，故居属于他的私人财产（如高河镇的海子故居）故把有些烈士墓及故居归属于私人所有，这类性质的不可移动文物有15处；还有3处革命旧址以及政府旧址的所在地现为国有单位内，故把它们归属于国家所有。

6.其他类：此类别的3处分别位于村集体所拥有的山头以及村民组内，所以它们的所有权全部为集体所有。

古遗址类、石刻类、其他类的全部、古建筑类的94％、近现代文物类的70％的不可移动文物都属集体所有；古墓葬类的1％，古建筑类的6％，近现代文物类的25％的不可移动文物都属私人所有；古墓葬类的99％、近现代文物类的5％属于国家所有（图二三四、图二三五；附表一七）。

（二）第三次全国文物普查的不可移动文物、古遗址、古墓葬、古建筑、石窟寺及石刻、近现代重要史迹及代表性建筑、其他文物的使用单位（文物、企业、学校、军队、宗教、个人、其他）分析

我县此次普查登记的不可移动文物的使用单位大部分为村民小组，有247处；占总数的80％；其次使用单位为国有单位，有38处，占总数的13％（其中使用单位为行政机关的占12％，为企事业单位的占1％）；最少的使用单位为个人，有18处，占总数的7％。下面就普查中六大类别的不可移动文物的使用单位进行分析：

1.古遗址类：古遗址所在位置都是农村的沿河台地和山冈，这些土地的使用单位都是当地村民小组的村民，故此类别所有的使用单位都是村民组。

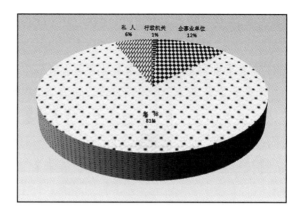

图二三六　怀宁县不可移动文物　　　　　图二三七　怀宁县不可移动文物
使用权统计图　　　　　　　　　　　使用权统计图

2.古墓葬类：古墓葬大部分是位于村民组的四周以及所在地村民组所属的山头，故它的使用单位就是所在地村民组，这类性质的有54处；另外有1处墓葬由于有后人健在，故它们的使用单位应为个人。

3.古建筑类：古建筑大部分是位于村民组以及社区街道内，所占土地都属于村民组以及社区，故它们的使用单位是所在地的村民组和社区街道，这类性质的有31处；另1处古建筑因属于私人所有，故它们的使用单位为个人。

4.石窟寺及石刻类：我县石刻类文物主要是碑刻，只有2处，这两处碑刻属村集体所有，故它们的使用单位是所在地的村民组。

5.近现代重要史迹及代表性建筑类：近现代文物的使用单位比较复杂，由于烈士墓占有相当大的比例，而烈士档案归民政部门管理，故它的使用单位应是当地的民政部门，这类性质的有36处；另有15处属于私人所有，故它们的使用单位是个人；有6处地处村民组内，故它们的使用单位是所在地的村民组；还有3处革命旧址坐落在企事业单位内，故它们的使用单位就是所处的企事业单位。

6.其他类：其他类里的3处不可移动单位位于所在地村民组的四周以及所属的山头，故它们的使用单位就是所在地的村民组。

古遗址类、石刻类、其他类的全部、古墓葬类的92％、古建筑类的96％、近现代文物类的5％的不可移动文物的使用单位是所在地的村组；古建筑类的4％、古墓葬类的8％、近现代文物的类的25％的不可移动文物的使用单位是个人；近现代文物类的65％的 不可移动文物使用单位是行政机关；近现代文物类的5％的不可移动文物的使用单位是企事业单位（图二三六、二三七；附表一八）。

（三）第三次全国文物普查的不可移动文物、古遗址、古墓葬、古建筑、石窟寺及石刻、近现代重要史迹及代表性建筑、其他文物的保存状况分析，包括现存状态（存在、消失）与现状评估（好、较好、一般、较差、差）分析

经过这次普查，发现消失文物17处，虽然这次普查距离第二次全国文物普查相隔20多年，好多文物点还在，但我们在普查中发现不可移动文物的现存状况不容乐观，有的文物点遭到了很大程度

的破坏。我县不可移动文物的保存状况中一般的居多，占总数的47％；其次为保存较好的文物点，占总数的38％；再次之为较差的文物点，占总数的13％；最少的为保存状况好和差的文物点，各占总数的1％。下面就普查中六大类别的不可移动文物的现存状况进行分析：

1. 古遗址类：我县古遗址众多，此次普查共161处，占普查文物点总数的50％以上，仍存在的有151处，已消失10处；消失的遗址占遗址类总数的8.3％，占全部已消失文物点的59％，说明遗址遭到的破坏最为严重。遗址现状较好的有28处、一般的有92处、较差的有30处、差的有1处。

按时代分析，保存较好的主要是新石器和商周时期遗址，一般的是冶炼遗址，而保存较差的是旧石器遗址。

按区域分析，保存较好的多数分布在相对偏远的山区和开发程度较低的怀宁西部地区；一般的分布于本县的东部和北部，差的主要在本县的南部地区。

按类别分析，岗地型和土墩型遗址保存较好，台地型遗址保存一般，冶炼型遗址保存差。

2. 古墓葬类：此次普查共61处，占普查文物点总数的19％，仍存在的有55处，已消失6处；消失的古墓葬占墓葬类总数的12％，占全部已消失文物点的35％。现状较好的有22处、一般的有26处、较差的有6处、差的有1处。

按时代分析，保存较好的主要是汉代、宋代、明清时期；一般的主要是南北朝及唐代墓葬；较差的是春秋战国时期的墓葬。

按区域分析，保存较好的主要分布于本县东面和南；一般的主要分布于北面；较差的主要分布于我县与潜山县交界的西面。

按类别分析，无封土的土坑墓保存较好，而砖室墓保存一般；有封土的墓葬明清两代保存较好。

3. 古建筑类：此次普查共33处，占普查文物点总数的12％，仍存在的有32处，已消失1处；消失的古建筑占建筑类总数的3％，占全部已消失文物点的6％。古建筑现状较好的有18处；一般的有12处；较差的有1处；差的有1处。

按时代分析，我县古建筑主要集中于明清时期，保存现状较好的是清代的建筑；明代建筑由于年代久远，保存现状一般或较差。

按区域分析，我县东边以及南边山区的古建现状保存较好；西边丘陵田畈区的古建保存一般；北边经济较发达地区的古建现状保存较差。

按类别分析，桥梁保存较好，但是祠堂和堂屋由于年久，破坏严重，有的只仅存门楼。

4. 石窟寺及石刻类：此次普查仅有2处，占普查文物点总数不足1％，保存现状均一般。

5. 近现代重要史迹及代表性建筑类：此次普查共60处，占普查文物点总数的21％，无消失文物点。近现代文物由于年代不久，总体保存状况优于其他类别，其中保存现状好的有3处、较好的有39处、一般的有16处、较差的有2处。

按时代分析，保存好或较好的基本上是现代文物；近代文物保存一般，但有少数的近代文物经过后期维修，保存现状较好。

按区域分析，我县经济较发达的北部及东部的近现代文物保存较好；而南部以及西部的近现代文物保存现状就一般了。

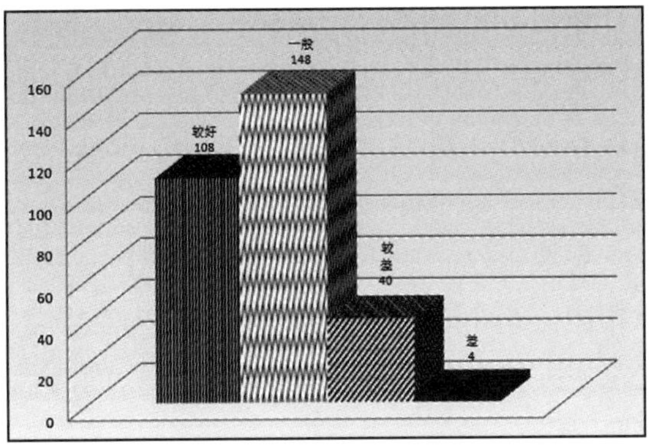

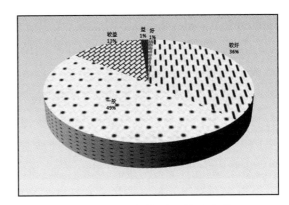

图二三八　怀宁县不可移动文物
保存现状统计图
　　图二三九　怀宁县不可移动文物
保存现状统计图

按类别分析，保存好或较好的基本上是现代的烈士墓；保存一般及较差的是近代的烈士墓、革命旧址以及其他的近现代文物。

6. 其他类：此类文物种类不一，有化石出土地，有旧址等，此次普查共3处，约占普查文物点总数的1%，无消失文物点。保存现状各不一样，较好的有1处、较差的有1处、差的有1处（图二三八、二三九；附表一九）。

（四）第三次全国文物普查的不可移动文物、古遗址、古墓葬、古建筑、石窟寺及石刻、近现代重要史迹及代表性建筑、其他文物的损害变化原因（自然因素、人为因素）分析

地上的不可移动文物的损害变化原因以自然因素为主，主要为常年日晒雨淋造成的材质老化、风化，但建筑类中人为因素也起了较大作用，主要表现在拆建、改造方面；而地下的不可移动文物的损害变化中人为因素起了主要作用，其中遗址类的损害变化因素包括平整土地、建设，墓葬类的损害变化原因则还包括随着收藏热的兴起而导致的盗掘，水土流失等自然原因在地下不可移动的文物损害中仅为次要因素。此外，近十余年来地下不可移动文物被损害的另一因素是大规模建设工程，这类人为因素对地下文物破坏的特点一是快速，二是彻底。

1. 古遗址类：我县主要以先秦遗址为主，遗址类型主要有岗地型、平地型和土墩型三大类，前两者以新石器时代遗址为主，后者以商周遗址为主。自汉代以来，我县即属庐江郡的中心地区之一，土地开发利用程度较高，特别是近几十年来几次大规模的土地平整和工程建设，对遗址的文化层以及遗址整体造成了较大的人为破坏。具体而言，对不同类型的遗址破坏表现为以下几点：

一是对岗地型遗址的破坏。我县多属低矮岗地丘陵区，平缓的岗地边缘是农田的主要分布地带，岗地型遗址一般都分布在这一地带，绝大多数属新石器时代遗址，且文化堆积较薄。历年的农田改造极易对这类遗址造成较明显的破坏，大部分已消失的遗址均属这一类破坏。

二是对平地型遗址的破坏。这类遗址数量较少，多数属新石器时代，虽然因所处环境较好，文化堆积较厚，但所处地带是当地居民生产、生活的主要区域，盖房、平整土地常造成这类遗址的局部彻底损毁，以及文化堆积上层的大面积破坏。

三是对土墩型遗址的破坏。这类遗址数量最多，主要属商周时期，一般都地处低平之地。对这

类遗址的破坏主要有两方面原因：第一，因周围地势低平，而遗址本身堆积较厚，相对地势较高，成为当地居民居住生活的首选之地，不少村落直接叠压其上，对它的破坏主要是建房及其他生活所需而造成，一般易造成局部的彻底破坏，但大部分仍保存较好。第二，因遗址在平地凸起不便于农耕，平整土地易造成对整个遗址的完全破坏。

2.古墓葬类：我县古墓葬从此次普查登记来统计，主要以汉、唐宋、清代墓葬为主。古墓葬的损害原因主要有两个方面：第一，与遗址被破坏原因相同，是由于生产生活的需要而导致损害；第二，由于受经济利益驱使，盗挖现象严重。在上世纪末主要是汉代唐宋墓葬，而近年来的清代墓葬被盗现象也屡有发生。这是近年来墓葬被损害的最主要原因。

3.古建筑类：我县境内因经济相对发达，民房类的古建筑拆建、改造较为频繁，保存下来的很少，现存的大部分为清代和民国时期的桥梁和祠堂，以及坍塌的祠堂和堂屋保留下来的门楼。尚保存的古建筑虽然得到了一定程度的保护，但由于日晒雨淋，材料老化、风化，而缺乏相应的维修，因此仍在缓慢地受到自然损害。

4.石窟寺及石刻类：我县此次普查的此类文物数量极少。仅有的两处碑刻因地处荒郊野外，难以有效保护，有一定程度的风化，同时还存在一定程度的人为涂描损害。

5.近现代重要史迹及代表性建筑类：以烈士墓为主，另有革命活动和革命政府机关旧址。烈士墓地经日晒雨淋等自然环境的破坏已略有风化和封土流失现象。革命旧址的建筑大部分也由于破旧，现主体基本已被拆除。

6.其他文物类：我县此次普查其他类不可移动文物点极少，主要为化石出土地，名人旧址等。由于年代久远，化石出土地已被开垦为水沟。名人旧址现也坍塌，只留有地基。

（五）第三次全国文物普查的不可移动文物、古遗址、古墓葬、古建筑、石窟寺及石刻、近现代重要史迹及代表性建筑、其他文物的环境状况（自然环境、人文环境）分析

怀宁县地处皖西南，处于长江平原区低山、丘陵、岗地、湖泊亚区。属北亚热带湿润季风性气候，四季分明，雨量充足，日照适中的特点。怀宁人文底蕴浓厚，文化遗存丰富。据考证，早在几十万年前就有人类在此繁衍生息。新石器时代这里是薛家岗文化的主要分布区，商周时期更是聚落分布广泛，汉代开始逐渐成为皖西南一带的中心地区，明清两代以及近代本地文化发达，曾孕育了清代书法大师邓石如、中国共产党创始人之一陈独秀等诸多历史名人，是东汉古诗《孔雀东南飞》故事的发生地，是京剧和黄梅戏的发祥地。通过这次普查，就已登记六大类普查对象的周边自然环境和人文环境进行分析。

1.古遗址类：我县古遗址主要分布于北部的大沙河流域和西南部的皖河流域。遗址主要位于河边一、二级地。新石器时代遗址常位于低矮丘陵或岗地的边缘地带或在一条较为狭长而平缓的山冈尽头，附近均有大小不等的河流。商周遗址则绝大多数位于小河边缘的平坦地带或山间盆地的低平之处。

2.古墓葬类：主要以汉——六朝、唐宋、明清墓为主，这三个时期是本县较为发达的时期。墓群以汉——六朝为多，每个墓群的墓葬数量较多，多分布于偏远的丘陵岗地，其所在地较偏僻。唐宋墓葬成群分布的较少，即便成群也是墓葬数量较少，且多分布在现有村落附近。明清两代本地文风较盛，家族墓地较多，墓葬主要分布于村民组的四周，以清代当地文人、官吏为主，所在地交通较为便利。

3. 古建筑类：由于我县多为低矮丘陵岗地，河流众多，石筑桥梁的建造较多，且较易于保存下来。桥梁主要位于田地间小河流之上以及古道的必经之路，不少桥上独轮车迹清晰可见。房屋建筑类因拆建频繁，保存较少，现有的以祠堂为主，盖因本地农村多聚族而居，一村多为一姓，如现地名中大多数都以"张家大屋"、"李家嘴"等为名，每个村庄因此建有本家祠堂，作为一村祭祀、议事之地，因而得以保留，这些祠堂基本位于村民组内。

4. 石窟寺及石刻类：主要为洪铺镇的两处碑刻。当地文风盛行，人文历史悠久，清代地方戏曲也较为盛行。此类文物所在地地势都较平坦，四周均为农田，地处圩畈地区，交通较为便利。

5. 近现代重要史迹及代表性建筑类：怀宁县人民具有光荣革命斗争传统。民国19年（1930年）操球领导的"高河暴动"，百子山抗日游击根据地的革命斗争；民国38年（1949年）3月支援渡江战役等等。在以上历次革命斗争中，发生了许多可歌可泣的英雄事迹，涌现出一大批为了革命的胜利而牺牲的革命先烈们。所以我县此次普查此类文物点中烈士墓所占比例较重，革命旧址次之。烈士墓大部分所在地地势较高，呈缓坡状，俯视感强，四周居多的是：树木林立，交通不便利，基本了无人烟。革命旧址基本上位于村镇及村民组内，交通便利，四周为民房、街道以及商埠，经济较为发达。

6. 其他文物类：其他类不可移动文物在我县此次普查中所占比例极少，仅有三处。一处为清代戏剧家杨月楼故居旧址，位于村民组内，交通都很便利，四周地势平坦，房屋林立，当地戏曲文化较盛。另两处为化石出土地，地处低山区，交通极为不利。

三、不可移动文物分布的总体情况、特点及价值分析

（一）总体情况

第三次全国文物普查我县共登记不可移动文物303处，消失不可移动文物17处。

1. 各类文物的数量分析

在登记的不可移动文物中，古遗址类151处，占总量的47%；古墓葬类55处，占总量的18%；近现代文物类60处，占总量的21%；古建筑类32处，占总量的12%；石窟寺及石刻类2处，占总量的1%；其他类3处，占总量的1%。

总体上看，以遗址、墓葬两类地下文物占大多数，合计为65%，近现代文物占21%，而古建筑、石刻类地上文物只占13%。原因在于地下文物相对易于保存；而地上文物数量少则因人为因素特别是上世纪八十年代以来本地经济的高速发展导致大量古建筑遭到拆毁；近现代文物中多数因革命文物的属性而得到保留，但工业遗产等非革命文物则保留很少。

2. 各类文物的年代分析

年代与数量的关系：本次调查的不同时代的文物数量有较大的差距，虽然这些数量有被损害程度不同的原因，但总体上看还是能够反映本地不同时期的发展状况的。现以调查的不可移动文物数量作一分析，可以了解到，本地的发展在新石器和商周时期是一个高峰，其次为汉代，到明清时期再次达到一个高峰（图二四〇）。

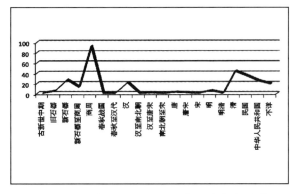

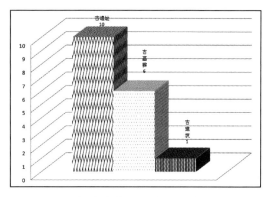

图二四〇　怀宁县不可移动文物分布年代走势图　图二四一　怀宁县消失不可移动文物统计图

3.各类文物的地理分布

我县地形复杂,有丘陵山区、平原畈区、湖泊区。在丘陵山区主要以古遗址和古墓葬居多,分别占其总数的46%和60%;近现代文物次之,占其总数的55%;有一定数量的古建筑,占其总数的50%;其他类文物最少,占其总数的65%。平原畈区主要也是以古遗址居多,占其总数的45%;古墓葬和近现代文物次之,分别占其总数的34%和40%;古建筑虽不多,但占其总数的50%;石刻类文物全分布于此地区,总的只有两处;其他类文物只有一处,占其总数的35%。湖泊区边缘地带的不可移动文物分布也主要是以古遗址居多,占其总数的 9%;近现代文物次之,占其总数的5%;有一定数量的古墓葬,占其总数的6%。

4.各类文物分布与经济区域的关系

怀宁县东部及北部是经济发达地区,特别是北部,是怀宁的政治、经济、文化中心,东、北部的不可移动文物数量居多,占全县不可移动文物总数的65%,虽然文物点众多,但此两地区由于经济发达,工农业建设较多,故不可移动文物的保护状况堪忧;而南部和西部经济不发达地区的不可移动文物数量虽只占全县总数的35%,但由于土地开发较少,保持原貌较好,故不可移动文物的保护状况较好。

5.消失文物的分析

消失的文物是指第二次文物普查以来消失的各种文物,这是本次普查工作中需要研究的一个重要问题,对其分析可以了解将来需要重点关注的对象及采取相应的策略。从图中可以看出,本次调查中消失的文物最主要集中在古遗址和古墓葬两类,古建筑相对较少,而其他类别则未发现。最多的两类正是不易被发现、也不易被社会关注的地下文物,而地上文物则因具有明显的可视性,受到的破坏相对少得多,说明近年来随着农业开发和工程建设的发展,内涵丰富的古遗址和古墓葬正在遭到较多的破坏。如何保护好这两类遗存是一个亟待解决的问题(图二四一)。

(二)特点

怀宁县境内多低山、丘陵、岗地、湖泊区,地形复杂,湖泊众多。通过这次野外普查发现,本县文物具有一些明显的特点。

一是古遗址数量众多。占文物点总数的47%以上,且以商周遗址最多,新石器时代遗址次之,其他遗址数量较少。分布主要集中在皖水流域和大沙河流域。

新石器时代遗址多属岗地型，以薛家岗文化和张四墩类型为主，并发现了少量早于薛家岗文化的遗存，是薛家岗文化最主要的分布区之一。本县的新石器时代遗址包含了皖西南地区整个新石器时代各个阶段的遗存，延续性强，特征明显，内涵丰富，其中孙家城史前城址的发现更是皖西南地区史前考古的一大突破。

商周遗址多属土墩型，文化内涵较为丰富。遗址的堆积特点与省内其他地区的同时期遗址相同，一般面积不大，在2000～4000平方米左右，少数则可达上万平方米。虽然单个遗址的面积较少，但遗址的分布密度较大，分布范围较广，大多数保存状况较好。

二是古墓葬的时代性强，大型墓葬少见。主要集中汉至六朝、唐宋、明清三个时期，多分布于低山、丘陵地区，以汉六朝墓群、清代家族墓地为主，宋代墓葬数量也较多。汉墓中还发现了在南方少见的画像石墓，宋墓则以石板砌筑的墓室最具特点。

三是古建筑数量较少，以桥梁和祠堂为主，民居少见。但大部分古建筑上的石刻、碑刻、砖雕保存较好。

四是近现代文物类中的革命文物相对突出，而工业和农业遗产类保留较少。革命文物中又以烈士墓占多数，旧址数量不多且保存状况较差。

五是石窟寺及石刻数量极少，仅有的两处都为碑刻，内涵较为贫乏。动物化石出土地也很少，但物种特征明显，其中一处出土古新世纪中期的龟化石被命名为"小市安徽龟"。

（三）价值

本次普查的文物大大丰富了本县的文物内涵，部分发现填补了皖西南地区甚至是省内的空白，为研究皖西南地区和安徽古代文化提供了不可多得的线索。具体表现为以下几个方面：

一是遗址的数量位居皖西南地区前列。遗址数量达120处，遗址的分布较为密集，分布具有一定的规律，为研究皖西南地区先秦聚落的变迁提供了很好的材料。

二是遗址的内涵十分丰富。151处遗址中以先秦遗址占绝对多数，包括5处旧石器遗址、27处新石器遗址、13处新石器—商周遗址、93处商周遗址。5处旧石器时代晚期遗址属南方的小石器工业系统，对于研究南方地区从旧石器时代中期的砾石工业系统向旧石器时代晚期的小石器工业系统的转变过程及其动因提供了难得的材料。27处新石器时代遗址涵盖了皖西南地区新石器时代文化的各个阶段，基本上没有缺环，对于研究本区域薛家岗文化的来龙去脉有着十分积极的意义，而孙家城史前城址的发现则填补了我省长江流域无史前城址的空白。13处新石器—商周遗址、93处商周遗址不仅数量较多，而且分布成群，还发现了小型城址的线索，为研究这一时期的聚落群、中心聚落与普通聚落的关系打下了良好的基础。

三是画像石墓、井泉和水利工程设施的发现填补了我县在这一方面的空白。其中汉代画像石墓是南方地区较为少见的。

四、第三次文物普查成果与文物保护事业发展的关系分析

内部：摸清家底、加深认识、宏观把握、制订策略。

外部：普及文物知识、提高保护意识。

1．通过这次文物普查的成果，不仅准确掌握了我县第二次全国文物普查和历年以来复查的不可移动文物的实际变化情况，而且还根据第三次全国文物普查的认定标准，将新的文化遗产品类纳入普查范围，予以认定登记，扩大文物保护工作范畴，这对促进我县文物保护事业全面、有效保护具有十分重要的作用。

2．通过这次文物普查的成果，过去一些没有认识到的宝贵资源现在逐步凸显其重要性，人们对文物保护的认识不断深化，文物的内容不断丰富发展，乡土建筑、工业遗产、文化景观、文化线路、老字号等都已列为文物保护的重要组成部分。

3．通过这次文物普查的成果，提高了各级党委、政府和社会公众的文物保护意识。深入宣传了文物保护事业和国家文物保护政策，有力地促进了文物保护事业的发展

4．通过这次文物普查的成果，我们不仅掌握了第一手文物数据和资料，同时摸清了我县的文物家底，为科学制定文物事业保护发展规划和政策提供了重要的、科学的、翔实的、全面的基础数据。

5．通过这次文物普查的成果，为党和政府决策提供了科学可靠的数据依据；为文物工作者和各类科研人员提供了准确的资料，有利于帮助他们做好文物保护、管理、利用和研究工作；

6．通过这次文物普查的成果，为社会公众提供了最新的文物信息，引导社会各界关注文物保护事业，支持文物保护事业的发展。

五、第三次文物普查成果与国家经济社会发展的关系分析

有效保护、合理利用　统筹兼顾、相得益彰

文物保护事业历来是与国家经济社会发展紧密联系、相互促进、共同发展的。面对当今世界文化相互激荡的大潮，面对国家发展和人民生活改善对文化遗产发展的要求，面对社会文化生活多样活跃的态势，文物保护事业必须走既切合国情又符合时代要求的发展道路：

1．我们要利用这次文物普查的成果，要在有效保护的前提下，更加合理地发挥文物多方面的功能，为社会发展、经济建设和人民生活服务。

2．我们要利用这次文物普查的成果，探索新思路新机制，紧密围绕经济建设这个中心，不断开拓文物保护的新领域。在社会主义新农村建设中，在经济体制改革中，在大规模的城乡基本建设中，要充分发挥乡土建筑、工业遗产、传统意义上的单体文物、老字号、文化景观、文化线路的作用。

3．我们要利用这次文物普查的成果，正确处理不可移动文物与当地民众发展生产、改善生活的关系，做到统筹兼顾，相得益彰。

附 表

表一 怀宁县第三次文物普查不可移动文物年代分类统计表

类别 \ 年代	古新世中期	旧石器	新石器	新石器至商周	商周	春秋战国	春秋至汉代	汉	汉至南北朝	汉至唐宋	南北朝至宋	唐	唐宋	宋	明	明清	清	民国	中华人民共和国	不详	合计
古遗址		5	27	13	93			6				1					2			4	151
古墓葬						1	1	16	1	2	1	2	2	1	2	1	15			10	55
古建筑															4		24			4	32
近现代重要史迹及代表性建筑																		35	25		60
石刻																	2				2
其他	1																1			1	3
合计	1	5	27	13	93	1	1	22	1	2	1	3	2	1	6	1	44	35	25	19	303

表二 怀宁县旧石器遗址一览表

序号	名 称	时 代	面积（m²）	地 点
01	柏木冲遗址	小石器	10545	公岭镇水磨村东风组西南700米
02	油炸嘴旧石器遗址	旧石器	250000	金拱镇前楼村程家富庄西北约600米。
03	钱岭旧石器遗址	旧石器	5431	腊树镇腊树社区钱岭村民组
04	石牌桥旧石器遗址	旧石器	21847	石牌镇城北居委会石牌大桥西桥与中桥之间。
05	白云洞遗址	旧石器	1500	清河乡温桥村观上组北200米，斗姆山下。

表三 皖河流域诸小流域遗址数量统计表

小流域名称	新石器时代	新石器--商周	商 周	合 计
石门湖小流域		1	6	7
白洋湖小流域	1		12	13
珠流河小流域	1	1	6	8
清水河小流域	2		3	5
八里湖小流域			1	1
七里湖流域			1	1
皖水小流域			5	5
麻塘湖小流域	3		2	5
合 计	7	2	36	45

表四　怀宁县皖河流域先秦遗址一览表

序号	名　　称	时　代	面积(m²)	地　点	采　集　物
1	茅狗墩遗址	新石器时代	134090	月山镇大桥村邹家老屋西北150米	夹砂灰陶扁状鼎足，砺石，红烧土。
2	金钩挂月遗址	商周	46578	月山镇大桥村中心组	夹砂绳纹红陶，附加堆纹陶片，红陶口沿，红陶鼎足
3	老林嘴遗址	新石器时代	7665	月山镇黄岭村铺塘组西南	夹砂红陶、戳印纹鼎足、夹砂红陶片、烧土块与残石器。
4	烟墩遗址	商周	23134	月山镇大桥村桥东组	夹砂红陶片，红陶口沿，夹砂褐陶片。
5	鲢鱼墩遗址	商周	4218	月山镇月山居委会碧山组东	外黑内红陶片、陶口沿，纹饰有绳纹、间断绳纹等。
6	吴墩遗址	商周	1050	月山镇月山居委会吴墩组	夹砂绳纹红陶片、黑衣红陶片等。
7	烟墩山遗址	商周	6939	月山镇黄岭村陆嘴组、姚塘组	绳纹夹砂红陶片、泥质灰陶片、鬲足、黑衣红陶片。
8	李小屋遗址	新石器时代	21068	三桥镇湖滨村李屋组西南70米	角形刻槽纹、圆柱形按窝鼎足、扁平凹槽鼎足、石钺、石锛、石簇。
9	黄山遗址	新石器-商周	36379	三桥镇双塘村下围组南50米	夹砂红陶、灰陶，鼎足、鬲足、罐口沿。
10	小坦遗址	商周	2567	黄墩镇独秀山居委会团结组	石器，绳纹陶片。
11	大窑墩遗址	商周	1180	黄墩镇黄墩社区马塘组北50米	夹砂绳纹红陶片，黑衣红陶片、黑陶。
12	江家墩遗址	商周	5922	黄墩镇岭北村江墩组老屋场	夹砂红陶，夹砂灰陶等，纹饰主要以绳纹为主。鼎足、锥形状鬲足、罐口沿。
13	贤杨嘴遗址	商周-汉	2140	黄墩镇栗山村贤杨嘴组南50米	夹砂绳纹红陶片以及汉代瓦当残片，罐口沿
14	汪家嘴遗址	商周	4519	三桥镇社塘岭村西塘组汪家嘴东南300米	夹砂红陶、灰陶片，罐口沿、鼎足、纹饰有绳纹、附加堆纹。
15	张宕遗址	商周	808	三桥镇湖滨村张宕组北300米	夹砂红陶片、夹砂灰陶片、黑衣红陶片，罐口沿、鬲足，纹饰有绳纹，附加堆纹。
16	高墩遗址	商周	22283	三桥镇湖滨村高墩组	夹砂红陶、灰陶、以夹砂红陶为主，鬲足、罐口沿。
17	金方屋遗址	商周	821	三桥镇湖滨村金方屋西北10米	夹砂红陶鬲足。
18	王祠遗址	商周	10366	三桥镇双河村王祠组	夹砂红、灰陶，鬲足，罐口沿纹饰以绳纹为主。
19	王畈墩遗址	商周	3864	三桥镇龙门村王畈组南300米	夹砂红陶、夹砂灰陶片，鬲足、罐口沿。
20	大罗墩遗址	商周	2162	三桥镇社塘岭村新桥组	夹砂红陶、灰陶片、印纹硬陶，罐口沿，纹饰有绳纹。
21	王家山遗址	新石器时代	24000	小市镇受泉村红旗组	三角形鼎足、鸭嘴形鼎足、豆柄、豆盘、陶球、石锛、石斧。
22	白林山遗址	新石器时代	4326	小市镇良湖村大茅屋西北100米	夹砂红陶鼎足、红烧土块、夹砂红陶片。
23	纪龙嘴遗址	新石器—商周	7659	小市镇求雨村新民组纪龙嘴	泥质红陶片、夹砂灰陶片、夹砂红陶片，罐口沿、鼎足、鬲足纹饰有附加堆纹、绳纹、弦纹。

（续表四）

24	程墩遗址	商周	906	小市镇平坦社区程庄组西北200米	绳纹陶片、鬲足、罐口沿。
25	狮子山遗址	商周	1561	小市镇良湖村李家井	夹砂红陶、夹砂灰陶等罐口沿、平跟鬲足，纹饰有绳纹。
26	古城墩遗址	商周	1830	小市镇良湖村古城屋西北100米	夹砂红陶、印纹陶、夹砂灰陶，罐口沿、鬲足纹饰有绳纹、凸弦纹。
27	金盆架遗址	商周	9816	小市镇毛安村金盆组西南500米	夹砂红陶片、红陶口沿、绳纹陶片、鬲足。
28	燕屋遗址	商周	1695	小市镇毛安村燕屋组西100米	夹砂灰陶居多，夹砂红陶次之，罐口沿、鬲足纹饰主要以绳纹为主。
29	黄龙遗址	新石器时代	14940	黄龙镇黄龙居委会杨家嘴	夹砂红陶、夹砂灰陶、泥质红陶，残纺轮、豆盘、鼎足，纹饰有附加堆纺、弦纹等。
30	黄龙舌遗址	新石器时代	3019	黄龙镇黄龙居委会团结组西南200米	附加堆纹陶片、夹砂红陶片，红烧土块。
31	梅花寨遗址	商周	30000	清河乡清河社区清河组南150米	夹砂红陶、灰陶片，罐口沿。
32	南山嘴遗址	商周	404	清河乡金桥村南山组西北500米	夹砂红陶片、石器坯料。
33	幼树墩遗址	商周	5571	黄龙镇康宁村郑桥组东500米	印纹硬陶。
34	石库遗址	商周	1084	洪铺镇石库村吴燕组西北200米	夹砂黑衣红陶片，夹砂灰陶口沿，绳纹黑衣红陶片，夹砂红陶鬲足。
35	师姑墩遗址	商周	12759	江镇镇联山村旺山组	夹砂红陶、灰陶片，罐口沿。
36	思姑基遗址	新石器-商周	31288	平山镇岗山村车形组南150米	夹砂灰陶、红陶居多，少量石器、泥质陶，纹饰绳纹居多，有少量的弦纹、附加堆纹，器形有罐口沿、鬲足、鼎足。
37	国灵墩遗址	商周	1047	平山镇压鸣凤村朱屋西100米	绳纹夹砂红陶片，夹砂灰陶口沿。
38	汪墩遗址	商周	4207	腊树镇安山村汪墩村民组	夹砂红陶、灰陶片，罐口沿、鬲足，纹饰有绳纹。
39	邱墩遗址	商周	2184	腊树镇安山村邱墩村民组西	夹砂红陶鬲足、附加堆纹红陶片、绳纹黑衣红陶片。
40	窑山遗址	商周	12343	腊树镇安山村产家老屋组西北400米	夹砂陶片、鬲足、残石器。
41	狮山遗址	新石器时代	20623	腊树镇山湖村狮山脚西	夹砂红陶片、鼎足。
42	八一村遗址	新石器时代	17750	腊树镇八一村五新村民组、前进村民组	夹砂红陶、夹砂灰陶、泥制红陶罐口沿、鼎足、豆盘、石锛、豆把、器底。纹饰有弦纹。
43	朱山嘴遗址	新石器时代	30000	石牌镇永固村朱屋组山岗上	鸭嘴形鼎足、锥形鼎足、罐口沿、凸弦纹陶片、泥质陶豆盘。
44	邬家庄遗址	商周	11506	石牌镇邵埂村胡家墩	印纹硬陶、罐口沿、器底。
45	仓盐墩遗址	商周	3600	石牌镇保湖村陈家墩东100米	夹砂红陶片、夹砂灰陶片、印纹硬陶，罐口沿、鬲足。纹饰有附加堆纹、弦断绳纹。

表五　大沙河流域诸小流域遗址数量登记表

小流域名称	新石器时代	新石器--商周	商　周	合　计
育儿河小流域	7	2	10	19
泥河小流域	2	1	6	9
人形河小流域	4	4	8	16
高河大河小流域	2	3	12	17
秀山河小流域	1		7	8
万福河小流域	1		6	7
枫林河小流域	3	1	8	12
合　计	20	11	57	88

表六　怀宁县古建筑分布区域一览表

类别／乡镇	民居 复查	民居 新发现	坛庙 复查	坛庙 新发现	桥梁 复查	桥梁 新发现	古井官闸 复查	古井官闸 新发现
茶岭镇		1						
凉亭乡	3	1						
高河镇					1			
金拱镇						1		
秀山乡		1				2		
马庙镇	2							
公岭镇						2		
月山镇	1	2				2		
石镜乡		1						1
洪铺镇	3	1	1					
江镇镇		1						
腊树镇		1						
黄墩镇		1				2		
三桥镇								1
小　计	9	10	1		1	9		2
合　计	19		1		10		2	

表七　怀宁县大沙河流域先秦遗址一览表

序号	名　称	时代	面积（m²）	地　点	采集物
1	王家大坦遗址	新石器时代	1312	马庙镇育儿村方井组北50米	红衣灰胎陶片、夹砂绳纹红陶片。
2	月形坦遗址	新石器时代	2106	马庙镇育儿村方井组	夹砂红陶片。
3	王墩遗址	新石器时代	1064	马庙镇育儿村王家老屋西50米	夹砂凸弦纹红陶、灰陶片、黑衣红陶片，罐口沿。
4	枫树墩遗址	新石器时代	1178	马庙镇育儿村前进组东10米	夹砂红陶、灰陶片、灰褐陶片。
5	陶屋遗址	新石器时代	1926	马庙镇育儿村东风组北270米	夹砂红陶，侧装鼎足。
6	面坦遗址	新石器时代	1059	马庙镇育儿村大河组	石锛，夹砂红陶、灰陶。
7	黄屋遗址	新石器时代	21585	马庙镇郑河村幸福组	夹砂红陶片、泥质褐陶片，鼎足、罐口沿。
8	孙家城遗址	新石器—商周	275622	马庙镇粟岗村孙城屋、费屋，大沙河南岸	石锛、环形石器、鼎足、夹砂陶片、泥质陶片。
9	陈瓦屋遗址	新石器-商周	3664	马庙镇育儿村长塘组东北	夹砂红陶片、夹碳红陶片。
10	江家船形墩遗址	商周	6007	马庙镇泥河村黄屋组西南200米	夹砂绳纹红陶、灰陶片、黑衣红陶片，罐口沿、鬲足。
11	离子墩遗址	商周	10803	马庙镇泥河村团结组东20米	夹砂绳纹、附加堆纹红陶、灰陶、黑衣红陶片，鬲足、罐口沿、器底。
12	汪祖庄月形坦遗址	商周	4036	马庙镇育儿村汪祖庄北336米	绳纹、附加堆纹夹砂红陶、灰陶，罐口沿，器底，鬲足。
13	琚新屋大墩遗址	商周	3630	马庙镇育儿村前进组北150米	绳纹夹砂红陶片、灰陶片，黑衣红陶片，罐口沿、鬲足。
14	大小墩遗址	商周	2447	马庙镇育儿村大河组	夹砂红陶片。
15	望货墩遗址	商周	1615	马庙镇育儿村夏榜组东北100米	夹砂红陶片，鬲足、罐口沿。
16	小樟墩遗址	商周	499	马庙镇育儿村王家老屋西南150米	绳纹，弦断绳纹夹砂灰、红陶片，罐口沿。
17	琚坦遗址	商周	2362	马庙镇育儿村三圣组西南150米	绳纹夹砂红陶片。
18	郑河墩遗址	商周	1400	马庙镇郑河村郑河组何四九宅西南30米	夹砂红陶片。
19	汪家大坦遗址	商周	1187	马庙镇育儿村育儿组	绳纹夹砂红陶和灰陶腹片，印纹硬陶。
20	汪家老屋遗址	新石器时代	1047	马庙镇乐胜村红星组北10米	夹砂红陶。
21	大胡坦遗址	新石器时代	800	马庙镇乐胜村马坦组东20米	夹砂红陶片
22	城河遗址	新石器-商周	21759	马庙镇育儿村城河组西150米	绳纹陶片、平跟鬲足、凸弦纹陶片、器耳、印纹硬陶、罐口沿、鼎足、残石器。
23	粟岗村太子墩遗址	商周	2905	马庙镇粟岗村芦荃庙东北10米	夹砂绳纹、弦断绳纹、弦纹红陶、灰陶、黑衣红陶片、平跟鬲足、罐口沿。
24	余家大墩遗址	商周	4653	马庙镇乐胜村新民组东100米	夹砂绳纹、弦纹红陶片、灰陶片、石制品、鬲足、罐口沿、石锛。
25	余家大墩遗址	商周	2154	马庙镇乐胜村新民组东20米	印纹硬陶片、鬲足。
26	金壕墩遗址	商周	477	马庙镇汪洋村支桥组北200米	夹砂绳纹陶片、豆把、附加堆纹陶片。
27	乌鱼墩遗址	商周	1596	马庙镇合一社区小湾组东100米	夹砂绳纹红陶、灰陶片、外黑内红陶片、鬲足。
28	青蛙墩遗址	商周	714	马庙镇乐胜村汪家老屋东100米	绳纹夹砂红陶、灰陶片。
29	黄老屋大墩遗址	新石器时代	5467	金拱镇人形河居委会黄庄组	绳纹，弦断绳纹夹砂灰陶。
30	人形河遗址	新石器时代	13348	金拱镇人形河居委会工农组	夹砂绳纹红陶片。
31	高庄遗址	新石器时代	2441	金拱镇白莲村高庄组	夹砂红陶片，侧装鼎足。
32	戴壕遗址	新石器-商周	3961	金拱镇白莲村高庄组东240米	夹砂红陶片、印纹硬陶，鬲足。

（续表七）

33	洪庄遗址	新石器-商周	958	金拱镇白莲村河南组西430米	夹砂红陶片。
34	老渡墩遗址	新石器—商周	18984	金拱镇人形河居委会东升组	附加堆纹，凸弦纹、绳纹、网格纹夹砂红陶，灰陶、黑陶、罐口沿、尖状鬲足。
35	芭毛西墩遗址	新石器-商周	4015	金拱镇久远村芭毛组南旱地	凸弦纹夹砂红陶、灰陶，印纹硬陶，罐口沿，侧装鼎足、鬲足。
36	芭毛东墩遗址	新石器-商周	1631	金拱镇久远村芭毛组南80米	弦纹夹砂红陶、灰陶，印纹硬陶，罐口沿，鼎足，鬲足。
37	许庄大墩遗址	商周	1038	怀宁县金拱镇兴胜村许马组南30米，北临小水塘	绳纹，附加堆纹夹砂灰陶，红陶，罐口沿、鬲足。
38	杨牌师姑墩遗址	商周	18314	金拱镇人形河居委会杨牌组北300米	绳纹，附加堆纹夹砂灰陶、红陶，黑衣红陶，罐口沿、器耳、平跟鬲足。
39	李穴冲盆形遗址	商周	5911	金拱镇人形河居委会李冲组西北100米	绳纹、弦断绳纹夹砂红陶，灰陶，红烧土块，罐口沿、鬲足。
40	鸽子墩遗址	商周	3221	金拱镇双河村鸽子组东100米	绳纹夹砂灰陶、黑衣红陶、红陶、红褐陶，罐口沿、鬲足。
41	倪庵嘴遗址	商周	3941	金拱镇王山村倪庵村民组	绳纹夹砂红陶、灰陶、红褐陶，罐口沿。
42	秦墩遗址	商周	7085	金拱镇久远村河埂组	绳纹夹砂红陶、灰陶，鼎足、罐口沿。
43	彭坦遗址	商周	7522	金拱镇久远村河埂组	绳纹、凸弦纹夹砂红陶、灰陶，印纹硬陶，罐口沿。
44	大龙山遗址	商周	2242	金拱镇久远村芭毛组南290米	绳纹夹砂红陶片。
45	磨形墩遗址	新石器时代	2000	马庙镇洪桥村社塘组西200米	残石器、夹砂灰陶片。
46	大隔墩遗址	新石器时代	4688	马庙镇洪桥村陈庄组西北300米	夹砂附加堆纹红陶片、灰陶片，鼎足。
47	打鼓墩遗址	新石器-商周	35514	高河镇方祠村永丰组东20米。	石器、箭簇、绳纹、凸弦纹夹砂红陶、灰陶，印纹硬陶，罐口沿,扁平鼎足、器底,鬲足。
48	吴窑嘴遗址	新石器-商周	10210	高河镇粉铺村吴姚组内	夹砂红陶，灰陶，鬲足、扁平鼎足、残石器。
49	马家墩遗址	新石器-商周	3968	高河镇高河社区立新组西50米	绳纹、附加堆纹夹砂红陶、灰陶、黑衣红陶片，鸭嘴形鼎足、鬲足。
50	何家墩遗址	商周	38668	茶岭镇年丰村何墩组西100米	夹砂绳纹红陶,灰陶,黑陶片;罐口沿;鬲足.
51	范家包遗址	商周	13434	凉亭乡四武村月形组	绳纹、弦断绳纹夹砂红陶、灰陶，黑陶片，鬲足、罐口沿。
52	莲花墩遗址	商周	6653	高河镇城东村白马组东50米	绳纹夹砂红陶、灰陶，罐口沿。
53	枇杷墩遗址	商周	5238	高河镇凌桥社区大塘组西北350米	绳纹、附加堆纹夹砂红陶、灰陶、黑衣红陶，罐口沿、鬲足。
54	双牧村师姑墩遗址	商周	896	高河镇双牧村三鸦组南180米	夹砂红陶罐口沿、绳纹陶片、红陶鬲足。
55	陈门墩遗址	商周	1955	高河镇查湾村新建组西50米	绳纹夹砂红陶片、灰陶片，罐口沿、鬲足。
56	张家大屋毛狗墩遗址	商周	1375	高河镇红旗村张家大屋西南480米	绳纹夹砂灰陶、红陶，罐口沿,鬲足。
57	刘家墩遗址	商周	3361	高河镇太极村丁家嘴西200米	绳纹、附加堆纹、弦断绳纹夹砂红陶、灰陶、黑衣红陶片。鬲足、罐口沿。
58	太极村磨形墩遗址	商周	1184	高河镇太极村丁家嘴南300米	绳纹、间断绳纹、附加堆纹夹砂灰陶、红陶、黑衣红陶片，椎状鬲足、平跟鬲足、罐口沿。
59	李花屋斯姑墩遗址	商周	469	高河镇太极村花屋组东南50米	绳纹夹砂红陶、灰陶片、黑衣红陶片，罐口沿。
60	江古墩遗址	商周	960	高河镇万兴村同兴组北150米	绳纹夹砂红陶片、灰陶片，鬲足。

（续表七）

61	桥西大圩遗址	商周	1716	高河镇谢山村桥西组北150米	绳纹、附加堆纹夹砂红陶、灰陶、黑衣红陶片，罐口沿、鬲足。
62	万脚岭遗址	新石器时代	7899	秀山乡樟岭村联合组南。	夹砂黑衣红陶器耳
63	司马村银墩遗址	商周	362	秀山乡司马村银墩组	平跟鬲足，夹砂绳纹红陶片，灰陶口沿。
64	王家大墩遗址	商周	4327	秀山乡西涧村王屋组东北200米	夹砂绳纹，附加堆纹红陶，灰陶片，鬲足，罐口沿。
65	大鼓墩遗址	商周	5707	秀山乡双龙村汪隔组	夹砂绳纹，弦断绳纹，凹弦纹红陶，灰陶，黑衣红陶片，罐口沿.
66	黄老屋遗址	商周	3530	秀山乡双龙村黄东组	夹砂绳纹红陶，灰陶片，罐口沿、鬲足.
67	后墩遗址	商周	993	秀山乡双龙村陈湾组北50米	夹砂绳纹灰陶片，红陶鬲足.
68	柏枝林遗址	商周-汉	13524	秀山乡蒋楼组柏枝组东350米。	夹砂红陶、灰陶片.
69	黄土坑遗址	商周	5736	秀山乡蒋楼村昆塘组西	夹砂红陶、灰陶片，罐口沿.
70	牛头岭遗址	新石器时代	65818	茶岭镇三元村小隔组牛头山	夹砂红陶，附加堆纹夹碳红陶，夹碳黑陶，罐口沿、器耳。
71	张家大屋遗址	商周	5976	茶岭镇范塘村张畈组	鬲足，夹砂绳纹红陶片，夹砂绳纹灰陶片、夹砂附加堆纹陶片，红烧土块。
72	双城寺遗址	商周	15702	茶岭镇万福村平安组	夹砂绳纹红陶片，夹砂绳纹灰陶片
73	大包墩遗址	商周	15181	茶岭镇万福村平安组	夹砂绳纹红陶片，夹砂绳纹灰陶片
74	银墩遗址	商周	773	茶岭镇万福村王家大屋东南200米	夹砂红陶口沿，红陶鬲足，夹砂绳纹红陶片，灰陶片.黑衣红陶片.
75	三元观遗址	商周	28740	茶岭镇泉合村三元组	红陶,灰陶鬲足;夹砂红陶,灰陶;印纹硬陶,罐口沿.
76	学墩遗址	商周	12836	茶岭镇谭桥村河畈组东北100米田畈上	夹砂绳纹红陶、灰陶片;罐口沿;器底;器耳.
77	大鸭嘴遗址	新石器时代	2849	马庙镇枫林社区石楼组西南200米	夹砂红陶口沿、夹砂红陶鼎足。
78	月形遗址	新石器时代	425	怀宁县马庙镇枫林社区斯畈组西北	夹砂红陶片。
79	大墩遗址	新石器时代	267	公岭镇联合村祝桥组东南300米	夹砂红陶、灰陶片.
80	团塥墩遗址	新石器—商周	1551	公岭镇永兴村史庄组东200米	夹砂绳纹、附加堆纹红陶、灰陶片，罐口沿、平跟鬲足。
81	乌龟墩遗址	商周	2242	马庙镇新安村大汪庄组西南300米	夹砂附加堆纹红陶片，鬲足、罐口沿。
82	余嘴宋遗址	商周、汉	796	马庙镇鹿苑村小杨庄组东南500米	夹砂黑陶片、夹砂红陶片。
83	王家畈大墩遗址	商周	2143	马庙镇磨塘村王坂组南20米	夹砂绳纹红陶片、黑衣红陶片、夹砂灰陶片，罐口沿。
84	万年墩遗址	商周	3321	马庙镇严岭村罗庄组西北500米	戳印纹、网纹、绳纹、附加堆纹夹砂红陶片，鼎足、鬲足。
85	小墩遗址	商周	2333	公岭镇瓦窑村龙庄	夹砂绳纹，附加堆纹灰陶、红陶片;红烧土块，罐口沿.
86	狐狸墩遗址	商周	1382	公岭镇铁炉村大塘组	夹砂红陶片。
87	老鼠嘴遗址	商周	1028	公岭镇五岭村燕东组南200米	夹砂绳纹、附加堆纹红陶，灰陶片，平跟鬲足.
88	庙墩遗址	商周	1087	公岭镇庆丰村模范组西南150米	夹砂绳纹红陶，灰陶，黑衣红陶片，鬲足，罐口沿。

表八 怀宁县古建筑一览表

编号	名 称	位 置	面积（m²）	复查/新发现	保护单位	石刻内容	年 代
1	潘家堂屋	月山镇黄岭村横塘组、芦塘组、大隔组内	558	新发现	未核定	清白世家槐桂交华	明崇祯七年（公元1634年）
2	杨藕形屋	月山镇广村村杨藕形组	367	复查	未核定	尺五天	清康熙年间
3	谢家堂屋	洪铺镇白云村谢花组	180	新发现	未核定	江左遗风	清雍正十三年（公元1735年）
4	刘氏宗祠	黄墩镇谷泉村祠堂村民组	1083	新发现	未核定		清乾隆十二年（公元1747年）
5	太史第	洪铺镇金鸡村谢大垱组	252	新发现	未核定	太史第	清嘉庆十年（公元1805年）
6	竹林堂屋	月山镇广村村竹林组高尚榜	440	新发现	未核定	庆溢吾门	清道光八年（公元1828年）
7	程家新屋	马庙镇严岭村程新屋组	700	复查	县保单位	伊川世第	清代
8	胡家堂屋	凉亭乡源潭铺村胡大屋组	600	复查	未核定	香山高步	清代
9	蕲穀圜	江镇镇赵山村金山组	2	新发现	未核定	蕲穀圜	清代
10	王家堂屋	马庙镇洪桥村王家大屋	383	复查	未核定	耕读传家	清末
11	董家堂屋门楼	凉亭乡金鸡村陈南组董家老屋	2	复查	未核定	学足三馀	明代
12	杨家祠堂门楼	凉亭乡双岭村杨屋组	4	复查	未核定	明德贻谋	清雍正十三年（公元1734年）
13	杨家堂屋门楼	凉亭乡双岭村保屋组	3	新发现	未核定	清白流风	清代
14	汪家堂屋门楼	茶岭镇峡山村桂园组内	10	新发现	未核定	清白传家	清代
15	查家堂屋门楼	石镜乡马山村马山组	3	新发现	未核定	珠口凌霄	清代
16	钱家堂屋门楼	洪铺镇东风村鱼石组	4	新发现	未核定	经畬世泽	清代
17	司马村胡家堂屋门楼	秀山乡司马村胡老屋	12	新发现	未核定	祥开鳌第	清代
18	李家堂屋门楼	腊树镇白石村窝龙村民组	7	新发现	未核定	绍厥先猷	清代
19	段家堂屋门楼	洪铺镇白云立新组前屋	1	新发现	未核定	京兆世第	清代
20	雪山洞—普陀寺	洪铺镇冶塘村雪山组	405	复查	未核定	严脱金身	明代
21	大桥村石梁桥	月山镇大桥村大桥头	63	新发现	未核定	有桥碑记载	清康熙六十年（公元1721年）
22	仙人桥	月山镇黄岭村洞山组西100米	51	新发现	未核定	有桥碑记载	清嘉庆二十一年（公元1816年）

（续表八）

23	双河村石梁桥	金拱镇双河村徐塝组西南	8	新发现	未核定		清代
24	普济桥	高河镇高河社区中街河边组	139	复查	未核定		清代
25	双龙村石梁桥	秀山乡双龙村陈楼组北	24	新发现	未核定		清代
26	西涧村石梁桥	秀山乡西涧村王屋组东	35	新发现	未核定		清末
27	高楼村石梁桥	黄墩镇高楼村大桥组	11	新发现	未核定		不详
		黄墩镇高楼村新屋组	10	新发现	未核定		不详
		黄墩镇高楼村新河组	10	新发现	未核定		不详
		黄墩镇高楼村高庄组	12	新发现	未核定		不详
28	田铺村石梁桥	公岭镇田铺村月塘组西北	9	新发现	未核定		不详
29	田铺村郑家桥	公岭镇田铺村学堂组东	10	新发现	未核定		不详
30	高楼村石拱桥	黄墩镇高楼村大桥组东南	3	新发现	未核定		不详
31	石镜村古井	石镜乡石镜居委会学塘组	14	新发现	未核定		明代
32	南方村官闸	三桥镇南方村桥西组	142	新发现	未核定	官闸	清代

表九　怀宁县不可移动石刻一览表

乡镇	名称	年代	位置	级别
洪铺镇	金鸡碑—五猖神庙碑	清乾隆、清嘉庆	洪铺镇金鸡村金鸡组	省保单位
	道光水文碑	道光二十九年	洪铺镇石库村马楼组	县保单位

表一〇　怀宁县近现代不可移动文物各时期数量登记表

时期 \ 类别 数量	墓葬	旧址	遗址	烈士墓	桥梁	店铺	水利设施	名人故居	名人墓	合计
中华民国前期	1									1
第二次国内革命战争时期		4	3	15	1					23
解放战争时期		2		8		1				11
中华人民共和国		2		19			1	1	2	25
合　　计	1	8	3	42	1	1	1	1	2	60

表一一 怀宁县近现代不可移动文物一览表

乡镇	名称	年代	位置	复查/新发现	所有权
高河镇	中共高河区委机关旧址	1928	谢山村操氏宗祠文新小学	复查	集体
	高河埠暴动旧址	1930	高河社区上街高河镇粮站内	复查	国家
	操球烈士墓	1931	长铺村桐塘组	复查	集体
	长铺村渡江烈士墓	1949	长铺村桐塘组	新发现	集体
	海子故居	1964	查湾村大隔组	新发现	个人
	海子墓	1989	查湾村大隔组山塘洼	新发现	个人
	李金梅烈士墓	1992	独枫村李户组洋塘冲	新发现	个人
	王星拱墓	1949	凌桥社区团结组	复查	集体
茶岭镇	无名烈士墓	中华民国	寨孙山脚下	新发现	集体
	查振和烈士墓	1974	茶岭村林场寨子山脚下	新发现	集体
凉亭乡	解放战争烈士墓	中华民国	凉亭居委会店屋组	新发现	集体
	利济桥	1931	磨山村利济组	新发现	集体
	解放军烈士墓	中华民国	双岭村占井组	新发现	集体
	新四军五烈士墓	中华民国	四武村青龙组青龙	新发现	集体
马庙镇	江鹏飞烈士墓	中华民国	枫林社区老屋组东	新发现	集体
	李甲烈士墓	中华民国	南山村土桥组南	新发现	集体
	世则学校旧址	中华民国	磨塘村丁家粟树嘴	新发现	集体
	丁正彦烈士墓	1981	枫林社区丁冲组南	新发现	集体
秀山乡	陈平安烈士墓	中华民国	樟岭村胡店组	新发现	集体
	汪永跃烈士墓	1984	司马村银墩组	新发现	集体
	陈永定烈士墓	1991	蒋楼村昆塘组	新发现	集体
公岭镇	王惟青烈士墓	1970	田铺村和平组东北	新发现	个人
	刘心高烈士墓	中华人民共和国	公岭社区高庄组西南	新发现	个人
金拱镇	汪令友烈士墓	1970	兴胜村曹庄组东	新发现	集体
	石小丙烈士墓	1974	双河村大院组东	新发现	集体
洪铺镇	陈炉火烈士墓	1926	黄山村陈屋组小山西	新发现	集体
	渡江战役五兵团驻地旧址	1949	洪镇街道居委会正街52、54号	复查	个人
	渡江烈士墓	中华人民共和国	洪镇街道居委会东冲组	新发现	集体

（续表一一）

	怀宁县人民政府旧址	中华民国	建新路140号	新发现	国家
石牌镇	汪顺和老店铺	1946	下街社区后街8号	新发现	个人
	潘氏宗祠	1692-1949	潘段社区居委会中街路10号	新发现	集体
	怀宁县委旧址	1950年代至1990年代	下街姜网居委会	新发现	集体
月山镇	杨兆成墓	1926	广村村元冲组	新发现	个人
	张公墓	1912	学田村张家虎形山	新发现	集体
	黄岭村革命烈士墓	中华民国	黄岭村永胜组	新发现	集体
	月石村解放军烈士墓	中华民国	月石居委会黄祠组	新发现	集体
	铁铺岭战斗遗址	1938	学田村红旗组	新发现	集体
江镇镇	何世玲烈士墓	中华民国	上丰村双桥组	新发现	集体
	汪增禄墓	1930	新联村小洼山顶	新发现	集体
石镜乡	杨凤翔烈士墓	1943	太平村红旗组杨花屋	新发现	集体
	冯奎烈士墓	1945	石镜居委会大元组韭菜山	新发现	个人
	王高法烈士墓	1945	分龙村高屋组大排山山顶	新发现	个人
	查刘旺烈士墓	1973	横塘村	新发现	个人
小市镇	王良贵烈士墓	中华民国	毛安村李新屋南	新发现	集体
	谢汝民烈士墓	中华民国	小市镇毛安村张塘组南	新发现	集体
	扬旗排灌站	1976	小市镇扬旗村珠湖组西南	新发现	集体
	夏玄生烈士墓	1980	小市镇受泉村红旗组	新发现	集体
雷埠镇	郝氏宗祠	1748-抗战时期	郝山村郝山组	新发现	集体
	郝晓辉烈士墓	1941	牛店村善土组北	新发现	集体
	郝三元烈士墓	1993	腾云村联合组东南200米	新发现	集体
黄墩镇	程从元烈士墓	1951	高塘组南山洼	新发现	个人
	程从信烈士墓	1966	良加村中闸组	新发现	个人
腊树镇	红庙交通站遗址	1939	芝岭村红庙村民组	新发现	集体
	腊树镇革命烈士墓群	1986	腊树社区红旗村民组	新发现	集体
三桥镇	白洋湖击队驻地遗址	1930	湖滨村汪塘组	新发现	集体
	程方桃烈士墓	1968	双河村程屋组西	新发现	个人
清河乡	李昌玉烈士墓	1954	泉月村中塘组	新发现	集体
	董阳凤烈士墓	1954	龙泉组，双山组之间	新发现	集体
	曹先财烈士墓	1974	龙池村曹埂组南	新发现	个人
平山乡	卢军烈士墓	1998	猫山社区西	新发现	集体

表一二 怀宁县第三次文物普查不可移动文物总量统计表

类别	新发现（处）	复查（处）	合计（处）
古遗址	28	123	151
古墓葬	11	44	55
古建筑	23	9	32
石窟及石刻		2	2
近现代文物	55	5	60
其 他		3	3
合计（处）	115	186	303

表一三 怀宁县第三次文物普查新发现、复查、消失文物分类统计表

类 别	新发现(处)	复查(处)	消失文物(处)	合计(处)
古遗址	28	123	10	151
古墓葬	11	44	6	55
古建筑	23	9	1	32
石窟及石刻		2		2
近现代文物	55	5		60
其 他		3		3
合 计	117	186	17	303

表一四　怀宁县第三次文物普查不可移动文物年代分类统计表

年代类别	古新世中期	旧石器	新石器	新石器至商周	商周	春秋战国	春秋至汉代	汉	汉至南北朝	汉至唐宋	南北朝至宋	唐	唐宋	宋	明	明清	清	民国	中华人民共和国	不详	合计
古遗址		5	27	13	93			6				1					2			4	151
古墓葬						1	1	16	1	2	1	2	2	1	2	1	15			10	55
古建筑															4		24			4	32
近现代重要史迹及代表性建筑																		35	25		60
石刻																	2				2
其他	1																1			1	3
合计	1	5	27	13	93	1	1	22	1	2	1	3	2	1	6	1	44	35	25	19	303

表一五　怀宁县不可移动文物的占地面积的分类统计表

类　别	占地面积（平方米）
古遗址	1978425
古建筑	5848
古墓葬	498129
近现代重要史迹及代表性建筑	151195
石　刻	23
其　他	400
合　计	26034022

表一六　怀宁县第三次文物普查不可移动文物资料统计表

类别 ＼ 资料	图纸（张）	照片（张）	其他资料（本）	标本（件）	合　计	备　注 摄像时间（分钟）
古遗址	844	600	200	896	2540	273
古墓葬	220	330	55		605	114
古建筑	204	102	51		357	72
近现代重要史迹及代表性建筑	240	360	12		612	126
石　刻	8	12	4		24	4
其　他	12	18	4		34	6
合　计	1528	1422	326	896	4172	595

表一七　第三次文物普查不可移动文物所有权统计表

类　别	所　有　权			合　计
	国　家	集　体	私　人	
古遗址		151		151
古墓葬		54	1	55
古建筑		31	2	33
石　刻		2		2
近现代	2	42	15	59
其　他		3		3
合　计	2	283	18	303

表一八　第三次文物普查不可移动文物使用权统计表

类别	使 用 权		集 体	私 人	合 计
	国 有				
	行政机关	企事业单位			
古遗址			151		151
古墓葬			54	1	55
古建筑			31	2	33
石　刻			2		2
近现代	2	36	6	15	59
其　他			3		3
合　计	2	36	247	18	303

表一九　第三次文物普查不可移动文物保存现状统计表

类　别	保 存 现 状					合 计
	好	较好	一般	较差	差	
古遗址		28	92	30	1	151
古墓葬		22	26	6	1	55
古建筑		18	12	1	1	32
石　刻			2			2
近现代	3	39	16	2		60
其　他		1		1	1	3
合　计	3	108	148	40	4	303

附录一

怀宁县文物工作大事记

1978年—2003年

一、文物调查发掘

1978年，怀宁县文物管理所成立。

1979年6月1日至15日，县文管所会同广圩文化站对白泽湖公社张四墩新石器遗址进行发掘调查。

1981年11月，县文管所配合省文物工作队对山口乡金鸡洞等五个洞穴进行了调查。

1982年9月，清理总铺永宁汉墓。

1982年11月，县文管所对黄龙遗址进行试掘调查。

1982年3月，金拱乡人形河杨家牌出土春秋青铜器。

1983年10月，在雷埠白世屋调查征集宋代人形执壶。

1984年4月至6月，在高河区、洪镇区、山口乡开展文物普查，在洪镇学堂村发现金鸡碑。

1985年3月，开始全县文物大普查。

1987年12月24日，皖河乡窑银村出土六朝青釉鸡头壶，为怀宁首次发现。

1990年12月12日，安徽省文物考古研究所韩立刚在腊树镇第一、二轮窑厂、雷埠窑厂调查发现旧石器时代遗址，该遗址处于我县皖河南岸的河流二级阶梯上，距今20万年。

1991年11月，县文管所会同省文物部门进行合九铁路怀宁段沿线文物调查。

1992年10月1日，经国家文物局批准立项，省考古研究所杨德标主任率专家一行3人和县文管所、桐城、枞阳县文物专业人员共7人，对五横乡跑马墩遗址进行实地发掘，该遗址是长江中下游一个商周文化类型，具有一定的商周考古价值。

1994年8月15日，在省考古研究所指导下，对洪镇黄山村石室墓进行抢救性发掘，出土文物12件，其中三级品2件，古钱币4斤。

1994年10月21日，经国家文物局批准立项，省考古研究所专家韩立刚、方笃生带队，县文物管理所参加，发掘腊树旧石器遗址，出土大石器、细石器、新石器完整系列，全国罕见。同年11月7日还在方笃生指导下，抢救性清理了月山黄岭村轮窑厂燕形东汉古墓（早年被盗），出土文物1件。

1995年7月，县文管所会同省考古所专家李广宁等2人，调查沪蓉高速公路（横穿我县5个乡镇）怀宁段沿线文物分布情况，又于1996年两次配合省文物部门逐一调查，发现18处重点文物区。

1996年12月，省考古所专家贾庆元等4人，率县文管所专业人员对沪蓉公路施工段小市巴林山商周遗址、公岭柏木冲小石器遗址进行发掘，小石器遗存为安庆市内首次发现。

1997年，对马庙宋墓、秀山清墓、清河宋墓进行抢救性清理，出土文物10件。

1998年12月，省考古所专家高一龙在县文管所的配合下，对沪蓉高速公路大龙山镇施工段清代光绪十六年五品京卿方柏堂夫妇墓进行迁葬发掘，出土全套光绪版本《柏堂集》。

1999年1月，省考古所专家韩立刚率县文管所人员，对沪蓉公路金拱镇施工段前楼村油炸嘴旧石器遗址进行发掘，发掘面积100平方米，出土石制品3000余件。遗址距今20至70万年，是怀宁已知最早的古人类遗址。

2002年，完成318国道拓宽工程沿线文物调查以及清理工作。

二、文物保护、宣传

1. 重点文物保护单位

1982年2月21日，怀宁县人民政府公布王家山遗址、道光水文碑、"杀尽汉奸"石刻、雪山洞普陀寺为县级重点文物保护单位。

1983年6月16日，县人民政府公布邓石如、操球烈士墓为县级重点文物保护单位。

1984年9月11日，县人民政府公布"邓石如故居"为县级重点文物保护单位。

1985年12月11日，县人民政府公布金鸡碑、太平天国石碑城遗址为县级重点文物保护单位。

1986年7月15日，省政府公布邓石如墓、铁砚山房、金鸡碑和五猖神庙等3处为省级重点文物保护单位。

1987年9月28日，孔雀台、孔雀坟、刘兰芝故里、古水井、望雀墩、兰芝桥等被列为县级文物保护单位。

1996年9月，县政府公布王星拱墓、刘文典墓、明代崇祯石塔等3处为第五批县级重点文物保护单位。

1997年9月，县政府公布"君恩山重"石刻、"仓门石"石刻、"忘归"石刻、"般若崖"石刻、"龙湫"、"皖口古井"、"皖口古战壕"、"皖口古城址"等8处为第六批县级重点文物保护单位。

1999年，经县政府批准新增加马庙"孙家城新石器遗址"、清河"白云洞"遗址、山口"渡江烈士墓"、金拱"油炸嘴旧石器"遗址、月山古铜矿井遗址等6处县级重点文物保护单位。

2. 保护措施

1979年2月8日，县文化局、供销社联合发出《关于加强从废旧物资中拣选文物的通知》。

1986年7月18日，县人大常委会第十五次会议听取了县文化局张亭所作的我县文物保护管理情况的报告，通过了《进一步贯彻〈文物保护法〉，加强文物保护管理工作决议》。9月1日，县政府发出《关于贯彻执行〈文物保护法〉，加强文物保护的布告》。9月11日，县政府发出《关于加强文物保护管理的通知》。

1986年8月16日，县政府拨款2500元，由小市乡负责修复"孔雀东南飞"遗址焦仲卿、刘兰芝墓。

1987年2月，县委书记刘晓安、县长张世云在区、乡长和县直单位负责人会议上，要求尽快落实县人大和县政府布告，加强保护网的建议。3月至8月，全县各乡镇先后召开文物保护工作会议，建立文物保护领导小组，村设文物保护员，县、乡、村三级文物保护网络初步形成。8月31日，石牌镇召开文物保护工作会议。同日，《人民日报》第四版发表杨积寿的报道：《怀宁县普遍建立文物保护网》。

1988年，《安徽文物工作》第一期刊登怀宁县文物管理所《依靠行政力量，建立文物保护网络》的做法与经验。

1989年8月10日，县成立文物管理委员会，怀宁县文物保护网建立。

1992年，设置了"王家山遗址"保护标志。

邓石如墓经修整及墓地绿化，并于1992年安砌了墓碑，碑名为著名书法大师启功墨宝。

1994年，邓石如故居落实了专职管理员。邓石如故居历年来经过多次维修、恢复性建筑、白蚂蚁管理、室内布置、周边环境整治等，故居的保护开发受到各级领导的重视，2000年故居正式对外开放。

2003年，县文物管理所完成了对24处县级重点文物保护单位和历史文化保护区、保护范围及建设控制地带的划分。

3. 库房文物的安全保护

考虑到文物库房的安全，1990年8月，县文管所由原址县文化馆迁至文化局办公楼三层，并为文物库房安装了相应的安全设备。

1993年5月1日，发生文物抢劫案时，县文管所职工与抢劫分子搏斗并及时报案，使抢劫分子于次日全部落网。

1994年3月，县文管所按国家文物局要求，开始了文物库房标准化建档。

至2002年，文物库房已连续实现十七个安全年。

三、打击文物犯罪

1986年5月3日，怀宁三祝乡高丰一带发生大规模盗掘古墓事件，在上级领导的重视和公安部门的配合下，此案告破。

1987年6月20日至7月8日，接腊树乡安山村村民报告，县文管所协同公安局刑警队，在皖河文化站的配合下，破获一起银元文物走私案，不法分子胡振国被当场抓获，由公安机关拘留审查。

1989年5月，县文管所协同洪镇区派出所破获于山盗墓案。

1990年6月8日，县公安局破获月山—安庆一起文物非法经营案，拘留审查3人，并在安庆胡来旺家没收文物72件，同年8月13日，破获袁良仴等非法经营文物案，没收文物5件。

1991年1月1日至4日，县文管所协助公安局一举破获月山区1988至1989年度盗墓案，其间，掘墓者共盗墓13座（均为清代诰封、钦赐墓），抓获犯罪团伙9人。

1993年5月1日晚8时50分，以曹承灿为首的7人抢劫团伙（5男2女），企图以暴力抢劫县文物管理所库房文物。县文物管理所值班人员金晓春与歹徒奋力搏斗达五六分钟。9时05分，县公安局接到报案，在全县布网截捕。当晚10时，在月山截获犯罪分子4人（其中女1人），仪征车一辆，2日下午2时，案犯全被缉拿归案，分别判以有期徒刑14年、7年、6年、5年等。省政府办公厅通报表彰了县公安局、文物管理所，以及金晓春、邵邦仁、李贞纯、叶龙节、熊卫华等立功人员，安庆市授予怀宁县公安、怀宁县文物管理所"保护文物有功单位"，并分别给立功人员记功一次。省文物局赠送奖匾，上书"魂系国宝"。县委、县政府召开了表彰大会，授予金晓春等5人为保护文物先进个人。金晓春同志被省工会授予"五一劳动奖章"，被市评为精神文明"十佳"人物，被县委授予"优秀共产党员"并转为国家干部，晋升一级工资。1994年金晓春同志参加市"十佳人物报告团"赴全市八县巡回演讲。1995年11月安徽省文化厅人事局授予金晓春同志"安徽省文化系统先进工作者"称号。

1996年，洪铺镇、石镜乡先后发生两起盗墓案，接举报电话后，县文物管理所立即与两地派出所联系，赶赴现场，协助公安部门侦破。

1997年，县文物管理所与15个乡镇、50多个村级文物保护员进行了广泛联系，对各地文物保护工作进行了布置和督查，县境内全年未发生一起盗墓案件。

1999年，公岭镇高丰村发生盗墓事件，县文物管理所报请县公安局立案并协助侦破。

2000年，针对石牌镇竹林墩遗址被毁坏、石境盗墓案、清河白云洞洞口遭破坏等情况，采取了积极有效的措施，制止了类似情况继续发生。

2001年，配合当地派出所对公岭、洪铺、石镜、茶岭、石牌等地的盗挖古墓和地下文物现象进行了严肃查处，收缴文物9件，铜钱67枚。

2004年

元月8日，市文物局罗旺胜局长、许锦涛主任来我所，对文物库房进行安全检查。

3月，国家文物局委托安徽省文物考古研究所开展的"薛家岗文化综合研究"课题立项，并签订了《文物保护科学和技术研究课题立项合同书》。怀宁县文管所是主要参加单位之一。

3月起，我所派职工参加由省考古所带队的野外发掘（时间长达270多天），先后参加了铜汤高速公路沿线青阳段、太平段的野外发掘，宣城市孙埠镇麻村旧石器遗址发掘，贵池旧石器遗址发掘和铜陵公路的发掘。

4月，编制我省文物保护项目及经费要求"十一五"规划的实施方案。

5月31日至6月3日，以王步毅、李国梁、胡寄樵、马彬、王刚、傅慧娟等为首的省文物鉴定站的专家对我所馆藏文物一一进行鉴定，共鉴定出二级文物16件，三级文物413件。

7月，县政府召开了全县文化体育工作会议，确立了文化工作发展纲要，给文物发展提出了具体要求，并率先在全市及全省设立文物专项基金，于2005年实行。

7月，为落在怀宁的高温气冷核电地址文物分布进行调查及绘制分布图，并用E-mail发给核电部王骥。

9月25日，怀宁县县长程学东、县委副书记刘春旺、副县长宗秀丽等领导同志先后亲临我所视察并参观馆藏文物。

在我所的积极申报下，本年度我县孙家城遗址被定为省级重点文物保护单位。

11月，我所负责成立安庆市收藏家协会怀宁分会。

11月，我所应邀参加深圳首届文博产业博览会。

一年来我所职工积极深入实地进行测绘，做了大量的勘探、调查工作，取得了客观真实的第一手资料。在省考古所吴卫红老师的带领下，对全县皖河流域50余处遗址进行了再次的实地调查，拍摄到图片150余幅，制作标本线图50余张。通过调查，使得薛家岗文化研究课题有了一定的突破。

我所今年先后在《中国文物报》、《江淮晨报》、《安庆收藏》、《收藏快报》、《江苏钱币》、《艺术市场》等报纸杂志上发表十余篇文章，其中《考古发现汉代"中国结"》一文在CCTV-民俗频道中播出。

2005年

元月～3月，我所职工分别在《安徽文物报》、《江苏钱币》、《市场艺术》、《安徽文物工作》等报刊上发表文章。

3月9日，《安徽日报》3月4日B3版刊登专稿《怀宁重点文物全球定位》，介绍怀宁文管所将全县130处遗址进行全球卫星定位（钱续绅）。

3月31日，怀直字（2005）40号文，任命金晓春同志为文管所支部书记。

3月23日，中国文物报2005年3月23日2版刊文《安徽省怀宁县境内古文化遗址将全面实现GPS全球卫星定位》，介绍怀宁县文物管理所将全县130处古文化遗址进行全球卫星定位（作者金晓春、潘启和、吕生根）。

4月20日，"省保"单位金鸡碑及五猖神庙碑开始动工维修，工期两个月左右，至5月22日全面竣工。这次工程建两座四角亭以及保护标志碑移位重立，初步验收合格。

5月25、26日，洪镇雪山洞普陀寺报告，说旁边采矿采石对寺庙有影响，我所接到报告后，26日即派两人前往现场进行实地调查，经查，采矿爆破点离雪山洞大约100米，现已停止爆破。

7月28日，文管所搬迁。陈萍副局长任搬迁领导小组组长，副组长金晓春，成员有程夏玉、何张俊、吕生根。搬迁工作中，交警和公安政保大队出动警车，武警中队派出武警战士保护，使搬迁工作平安、有序地完成。

8月3日，程学东县长、宗秀丽副县长，文体局方局长、陈局长来到搬迁后的文管所，检查搬迁后的文物库房安全，并参观了未布展的展厅，程县长对文管的安全搬迁工作给予了高度的评价。

9月6日，县委书记李平、副县长宗秀丽等县级领导来文管所参观指导工作，并给予了高度的评价。

9月12日，何张俊参加叶润清和吴卫红的工地发掘。

10月18日，文体局搬迁庆典，省、市、县级领导和兄弟单位都来表示祝贺，首先参观了我所筹办的"首届文物精品展"，并提出了很多意见和建议。10点18分，庆典活动正式开始，剪彩，老同志、老干部等对我所进行参观。10月19日，下午四点，怀宁中学高一三个班学生在汪老师的带领下，来我所参观。学生们都表现了浓厚的兴趣，多次要求我所工作人员进行详细的讲解。

10月28日，潘启和去合肥报到参加贾庆元主任在淮南发掘工地发掘。

12月2日，县委宣传部、县委常委汪路阳部长、汪俊秀部长来所参观指导工作。

12月3～4日，上海博物馆王克华等同志来我所商讨研究青铜器修复去锈保护工作。

12月19～22日，金晓春参加在合肥举行的"安徽省考古学会第七次会员代表大会"暨第十次年会。

2006年

元月11日，范先汉县长在宗秀丽副县长、方和权局长等人的陪同下，参观文管所并指导工作，对我所的现代化管理模式给予了高度的肯定。

4月6日，为配合薛家岗文化课题研究，省考古所吴卫红教授带领两名河南探工对我县省保单位孙家城遗址进行局部勘探，探明文化层厚度约3～4米，初步决定下半年进行试掘。还对孙家城遗址进行了GPS测量，遗址总面积为24.8万平方米。

4月24日，由虎子艺品斋提供的"堂客女红艺术品展"在文管所举办。4月28日，安徽电视台新闻节目《第一时间》为此还作了专门报道。

6月10日，是第一个世界文化遗产日，金晓春前往合肥市参加第一个世界遗产日纪念大会，会上安徽省文化厅表彰了全省文物战线先进工作者，安庆地区二名，潜山一名，怀宁金晓春荣获表彰。

6月2日，汪黎明去东至参加韩立纲主任旧石器考古发掘工地，于9月2日发掘结束回单位。

9月19～20日，省考古所李辉等对"川气东输"工程经我县路线进行野外调查，初步探定四处墓葬群。墓群分布如下：

（1）茶岭镇万桥道班东北侧古墓群，是安庆分输站位置，西南临206国道，北邻黄家屋，约30座墓，占线约50米，时代唐～明清。

（2）茶岭镇王家老屋明清墓群，东北距王家老屋200米，南距王家坝约300米，西距方庄约500米，占线约15米，约15座。

（3）三桥镇双塘村庙岭古墓群，南邻下程屋，东北距庙岭约200米，西距腾云庙约300米，占线约100米，约50座，上有许多近代墓。

（4）小市镇求雨村何家嘴大墓，东南距何家嘴约100米，占线约25米，西距潜水约25米，距地表约2.5～4米，应为两座墓，面积共约2000平方米，占线约30米。一座墓上有松树十来棵且四周布满芦苇。

10月25日，省考古所宫希成来所，考察合适的遗址供安徽大学学生实习之用，看了城河遗址。

11月7日，文管所接洪铺镇政府电话，在新建洪镇中心小学校区内发现古墓葬，随即派人赶往现场进行勘探，并对其进行抢救性发掘。洪镇中心小学新校区现改为明德小学，发掘经费同校方协商，由校方出经费1000元进行清理，发掘日期11月9～10日。

2007年

元月，我所会同高河镇土地局及凌桥村负责人完成了将王星拱墓维修征土工作，共征地四亩，并于月底对王星拱墓进行迁葬，也标志着新墓园一期工程正式完工。

元月，我所会同石牌镇及龙星村负责人，对其村民邱黑狗挖屋基，挖出窖藏一事进行处理（器物为一罐上盖一绿釉盆，内装有两青花壶、一青花杯、六个砚台）。

元月，由于区划调整，我县划入安庆市的文物保护单位、文物点档案资料于23日同市文物局进行移交。

3～5月，我所工作人员分别参加太湖和含山凌家滩工地发掘。

5月，我所对马庙镇严岭村井塘组北宋夫妻合葬砖室墓进行抢救性发掘，并出土白釉斗笠碗两件（残损）、钱币23枚。

5月，我所前往黄墩镇团结小学调查胡氏宗祠石鼓子一事，经证实由学校挖水池而出，大小共计20个，大部分刻有花纹，少数刻有动物纹，另有四块石雕。经共同协商，暂由校方保管或由胡氏家族统一进行专人保护，如确实保护不了，由我所统一保管。

5月，我所前往雷埠乡郝山村郝氏宗祠进行调查，经证实郝氏宗祠外设有前院，内设三厅，前院已被平为空地，前厅被村供销社占用，中厅古木构建筑保存比较完好，后厅被拆除建立了雷埠乡郝祠小学。2005年5月郝氏宗祠被中共怀宁县委和怀宁县人民政府公布为"民众抗日后援遗址"，对郝氏宗祠保存现状和具有历史价值进行整体保护，我所决定准备将其申报为县级文物保护单位，申请报的材料正在调查核实当中。

7月，我所对三桥南方村团山组发生炸古墓事件进行调查，发现其为一糯米浆顶墓，上有封土，长宽大约4米。因此墓已有两次盗掘，我所立刻采取措施对其进行保护，并决定8月对其发掘。经8月13至24日发掘，发现此墓为清代古墓。此墓为双层墓，外层为石椁，内层为木棺，棺木保存完好，两墓前端均有刻"潘坟"的石碑。石棺内有两完整的木棺，其内有两具干尸，为母子合葬墓。10月，因此墓中的男性尸骨因腐无法保存，而在原穴火化后安葬；女尸经处理现保存在我所。

9月，县政府召开"怀宁县全国第三次文物普查领导小组及成员单位会议"，讨论我县第三次文物普查方案及成员单位职责。

10月，省考古所专家来怀宁，对孙家城遗址进行第一次发掘，预计时间为一个月，发掘面积初定300平方米。

12月，中国科技大学人文院长及张居中教授、安徽大学党组书记陆勤义、省考古研究所杨立新等人来工地参观孙家城遗址发掘。

12月，我县收藏协会成立，我所配合收藏协会举办收协私人藏品展览，为期10天，参观人数近4000人。

2008年

元月，孙家城遗址发掘工作全面结束，历时84天。发掘成果表明，城内文化层为距今约6000～7000年；城址为4600～4800年之间。

元月，我所调查合界高速怀宁段123K施工处一战国墓，并接收五件器物，同时对原址进行回填，恢复原貌。

3月，我县省保单位孙家城遗址入围2007年度"全国考古十大新发现"，并在《中国文物报》刊登。

4月，我所荣获"2007年度全县思想宣传工作先进集体"称号。

4月，"怀宁县全国第三次文物普查启动会议"在月山镇召开，这也标志我县第三次文物普查工作野外踏查阶段正式启动。

5月至12月，我县文物普查共计复查和新发现文物点98处。

5月～7月，我所对全县文物保护单位进行实地安全隐患检查；同时对单位库房、展厅的防火和防盗等安全隐患进行全面检查。

6月，因工作出色，我所领导参加"薪火相传——年度文化遗产保护"表彰大会，并获得首届中国文化遗产年度贡献奖。

8月，我所为迎接奥运会举行"迎奥运，稼仙米业、虎子艺品斋书画藏品展"，在半个月的展览期间，参观人数达8000多人次，其中学生参观人数5000多人次。12月，为迎接"两会"的召开，我所举办"文物精品展"。

10月，为配合"三普"工作，由中央主要新闻单位（13家媒体）参加的文物保护实在采访团来我所进行采访，集中宣传文物普查有关的法律法规，并实地采访我所普查工作进程、重要发现、阶段性成果等相关事项。

11月，我所协助调查洪铺镇杨小平挖井出土文物情况并将文物回收。12月，我所接凉亭派出所报来的信息，对四武村新建养猪场出土古墓葬进行清理，并做好文物保护工作。

为配合安徽大学历史系考古专业学生实习，我所工作人员于9月20日进入孙家城遗址工地，主要是寻找薛家岗文化晚期遗存。工作至11月27日结束。

2009年

3月，举行《文物精品展》；10月，为纪念中华人民共和国成立60周年，举办《钱币票证展》。

4月，中央电视台十套《科技之光》栏目组记者来怀宁拍摄三桥团山墓发掘，制作了电视专题片《炸不开的离奇古墓》，并于7月播出。6月，此栏目组拍摄孙家城遗址。

元月至8月，我所全力以赴地参加"三普"工作的实地调查、资料和图片的录入以及其他相关工作。

8月，省、市"三普"专家组来我所审核"三普"资料，并提出建议。

9月，国家、省、市"三普"办专家组来怀宁参加全国第三次文物普查第二阶段验收工作，我县顺利通过全省首个验收，并成为全省普查第二阶段第一示范县。

11月，我所请山西技工绘制"三普"标本图。

12月，我所职工到太湖，协助太湖县对花亭湖周边遗址、墓群进行文物普查。

2009年12月22日至2010年元月5日，在省考古所吴卫红老师、北大张东博士带领下，对孙家城遗址为核心的大沙河流域，马庙、金拱两乡镇进行区域调查，新发现文物点16处。

2010年

元月，我所工作人员协助太湖县文物管理所，对花亭湖周边遗址、墓群进行文物普查。

2月和5月，为配合全省文物数据库存建设项目，市文物局先后两次来我所拍一、二、三级文物照片。与此同时，我所积极完成了馆藏文物的文字、照片录入工作，提前完成本县馆藏文物的数据库建设项目，得到了省市领导的好评。

3月，参与安徽省博物馆"建国60周年文物展"，我所有7件文物参展。

8月，我所配合茶岭派出所，追回茶岭窑厂在南塘取土时出土文物。

10月~11月，为了响应省文物局在全省开展的"百万青少年走进博物馆"活动，怀宁县博物馆在怀宁县教育局和怀宁县文广新局的大力支持下，精心准备了"三普成果展"和"馆藏精品展"两个主题的展览活动，时间从10月初开始至11月底结束，以后每年的上半年和下半年都会举办一次展览。同时，为了贯彻落实安徽省文物局"百万青少年走进博物馆"活动暨纪念中国电影105周年，怀宁县博物馆特别举办 "波光流影——新中国经典电影海报展"。 展出时间2010年9月1日至11月30日，参观人数近5000人次。

为确保馆藏文物的安全，我县文物博物馆部门严格按照文物保护工作职责和文物库房管理制度办事，严格文物库房管理制度，确保文物安全，做到24小时不断岗，监测系统24小时开机。同时加大文物安全隐患整治力度，建立了有效的文物安全和执法体制，使文物安全工作逐步走向制度化、规范化，形成了一套行之有效的工作方法，文物安全工作取得了良好的成绩。截止到今年,我县连续24年没有发生大的文物安全事故。

本年度主要工作成绩

元月，因我县"三普"工作取得了显著成绩，我所被评为"全省文化系统先进集体"荣誉称号"，我所工作人员参加了省"三普"专家组，对全省各地进行第二阶段验收工作。

4月，参加县会展中心召开全县安全生产会议，我所荣获"2009年度安全生产工作先进单位"荣誉称号。

6月，参加安庆市第三次全国文物普查先进个人表彰会议，我所两位同志获此荣誉。

8月，参加安徽省政府召开的第三次全国文物普查电视电话会议，我县参加安庆分会场并作为经验交流发言。

8月，市电视台来我所拍摄孙家城遗址，并在安庆市电视台播出，对我县的文物古迹进行了很好的宣传。

应中央电视台10套百科探秘栏目邀请，我所领导前往中央电视台演播厅录制电视节目。

附录二

文 物 普 查 歌

歌声嘹亮彩旗飘，神州响起进军号。国家发出动员令，文物普查又来到。
各级政府齐响应，主管单位把担挑。领导重视亲自抓，邀请专家来指导。
经费人员早落实，片面线点配合好。依靠网络来指挥，措施得当不乱套。
大张旗鼓来宣传，媒体齐把舆论造。家喻户晓人人知，普查意义皆明了。
及时培训到基层，个个专业素质高。步调一致同心干，争创先进立功劳。
文物普查范围广，基本知识少不了。各地历史不一样，还须耐心去寻找。
水域山脉有遗产，今古奇观供参考。各种遗址要探索，废墟里面藏珍宝。
名人故居内涵深，学术思想值研讨。文物资源面广泛，文化遗产价值高。
抓住重点莫放松，认真普查争分秒。野外调查要稳步，走马观花不可靠。
到了村镇再宣传，普查知识多介绍。召开群众座谈会，文物之友也请到。
蛛丝马迹莫放过，顺藤摸瓜把根找。小小鼎足大文章，破碎陶片出名窑。
铜钱玉坠映千古，奇件怪物多问号。科学判断探究竟，众人拾柴火焰高。
家谱里面有线索，传说之中存资料。地名也会有名堂，河沿山冈仔细瞧。
现代遗址莫轻视，先辈血汗来铸造。革命文物更宝贵，点点滴滴莫漏掉。
文物普查是大事，文物普查要搞好。现场勘察讲科学，测量绘图细拍照。
资料采集数字化，整理入网勤上报。边搞普查边宣传，文物保护放首要。
增强全民认知度，保护意识大提高。文物普查要总结，奖惩分明兑现好。
先进典型应表彰，危害普查把光曝。重要发现贡献大，及时奖励和通报。
打击破坏不手软，严禁走私把墓盗。认真执行文物法，依法保护永记牢。
文物普查结硕果，文物战士有功劳。迎来春光照征程，开放创新再飞跃。

普　查　轶　事

　　野外的田野，有风景宜人的村庄，依山傍水，一番江南水乡的味道，但是野外普查队队员们却顾不得看风景，总是急匆匆地赶来，忙着工作：写简介、画平面图、测量、拍照……　野外大自然里任何一块天然石头就是我们的"桌子"。当天空下毛毛细雨的时候，我的同事就带上帽子，继续普查；　当寒风侵袭我们的时候，我的同事就拉紧衣领，依旧向前。

　　在我们心目中，普查工作是我们的工作要务，但在普查过程中，只要有人需要帮助，我们还是会伸出手，尽自己所能进行帮助。这并不矛盾，只有做好"人"，才能做好"事"。

一、看看谁的袜子洞大

　　普查过程中队员们积极发扬不怕苦，不怕脏，不怕累的精神，工作尽量做到"嘴勤多问、眼勤多看、手勤多动、腿勤多跑、脑勤多思"，本着不重不漏、能保尽保的原则。只要是群众提供的线索，就要逐条去落实，有时老百姓不仅提供了线索，并把捡到的东西拿给普查队看，主动带我们去现场看，但好大多都达不到普查登记的条件。但无论有用无用，老百姓对于我们工作的支持，我们还是给予了肯定，对我们而言，只不过是多走了一点冤枉路，但总比漏掉强。

　　2008年6月，在对凉亭乡青山村进行普查时，据当地村民反映，当地有座老祠堂，普查队对其进行了调查，发现此祠堂为后拆建的，牌匾"天台芳躅"为清乾隆六十年祝寿所赠，因其为可移动文物，普查队无法对其进行登记。普查队对此毫无怨言，继续鼓励群众参与，积极调动群众的积极参与。普查队坚信只有坚持一抓到底，抓住不放，就有可能会有新的重大奇迹的发现。

　　队员们穿着前露脚指头、后露脚跟的袜子，还有穿破的胶鞋，在镜头前笑着。无论是照着已有的文物点清单复查，还是寻找新的发现，队员们都不想放过自己调查区域的任何一个线索，田间地头、山谷山峰，"一天要走几十里路，所以脚上起了泡、磨破几双袜子、磨坏几双鞋，我们都见怪不怪了，有的时候还比比看谁的袜子洞大呢"，队员们说得都很轻松。

二、顶高温、战严寒

　　由于参加第三次文物普查的普查队员常年在外面跑，他们顶高温、战酷暑，每天工作均在十二个小时以上。累了就在树荫下打个盹，渴了就在群众家找些水喝。他们舍小家顾大家，忘我工作，无私奉献，克服了种种困难，无论是在山上，在田间地头，还是在闹市都可以看见他们的身影。

一个夏天下来，普查队员都晒黑了，普查队员称：我们都成煤了，丢到煤堆里就找不到了，我们要像煤一样，燃烧自己照亮别人。一个寒冬下来，普查队员的脸，被寒风吹的干燥起皱，看上去的年龄与实际玄虚很大，三十多岁的人经常被地方上的人看成五十多岁，普查队员说：老，好啊，看着老成，实在啊！

2009年2月底下了一场大雪，队员们并没有因此而休息，而是不顾寒冷，风雪无阻地奋战在野外普查现场；他们全身被雪打湿，双手冻得通红麻木，依然顶风冒雪进行普查。

三、座谈

普查前的座谈工作是文物普查工作中重要组成部分，是及时掌握一手信息的有效手段，也是新发现文物的最好手段之一。怀宁县第三次文物普查坚持动员群众、宣传群众、依靠群众，积极开展各种形式的由老教师、老农民、老干部等参加的座谈会，抓住座谈会上每一条有价值的线索，哪怕是一句话，一个"传说"等线索不放 。走访群众做到随时随地，无论是田间地头，只要普查队员遇到问题就要虚心向当地群众请教询问。有时采取启发式的方法进行谈论，如在农作时，田地里可有灰的或红的瓦片和砖块，形状像牛角。在当地可有常说的"椁"（农村俗称坟），及知青下乡的老房子，老堂屋之类的东西。

四、修路

2008年10月20日，在三桥镇中联村复查中联村古窑遗址时，当地村民为了不让外来车进村，故意在中途挖断了路，普查队不知情，被堵在了路上。如果绕道，将花掉一个小时的时间，而距普查的文物点还好几公里，为了节约时间，不走往返路，我们选择了修路，在工具的有限的条件下，我们用手铲挖土，在附近找石头，在搬运石头时，普查员手被石头割开了口子，鲜血直流，但普查员们顾不了这些，继续工作，在最短的时间赶到点上，村里的协查员被我们精神深深感动，发出由衷的感叹"你们太敬业了！"

五、救人

2008年11月，我们在三桥镇南方村进行实地文物调查工作，在普查结束回归的途中，遇一位老人倒在村路边沿，我们正好碰上此事，纷纷下车将老人从地上扶起来，在村协查员的带领下，我们把老大爷搀扶回了家，先扶老人坐好，把电扇打开，倒了杯开水给老人，一直等老人缓过来，我们这才离开。事后我们得知这个老大爷，已有八十多岁了，正在生病，由于年龄较大，在吊盐水结束回家的途中不慎跌倒在地，已经跌倒在地半个小时，老人有高血压，当时的气温又很高，如发现不及时的话，恐怕老人生命难保。村里的协查员对我们的行为很敬佩，一再说："今天不是遇到你们，老人就没了，还是你们素质高，真是活雷锋！"

六、"京华火腿"

2009年5月，普查队对腊树进行普查，由于腊树离高河新县城50多公里，考虑要对腊树、雷埠、石牌、黄龙几个乡镇进行调查，普查队就地安排了住宿。每天6点开始工作，晚上6点结束。时值天热，一天忙下来，鞋都顾不上换，汗水浸透了袜子，再加上普查时跋山涉水，鞋子经常都是湿的。脚的味道可想而知，不会好到哪去，晚上回到住地，把鞋一脱，一看脚，都被泡的发白，起皱了。那真是"香气"扑鼻。普查队员戏称为"京华火腿"的味。

七、抢收棉花

2008年10月下午，我们在对三桥镇湖滨村汪塘组大别山外白洋湖游击队驻地遗址回所的途中，发现前面村路上停着一个板车，有一男一女两个人正在忙碌，等近前一看，原来他们在抢收棉花，由于棉花堆得太高，在路上受到颠簸，在临近家门口时，整车棉花翻到在路边，堆的像小山一样，有十几麻布袋。此时天上开始掉起了雨点，我们普查队员顾不了多想，赶紧下车帮他们往家抬。等最后一袋刚进屋一场大雨从天而降。"太感谢你们了，没你们今年棉花就要损失了。"屋主很激动，又是拿烟，又是倒茶，还留我们晚上吃饭。我们都说："没什么的，不用，不用了。就坐一下，等雨停了就走。"等我们回到所里，天已很晚了，但我们觉得今天是很有意义的一天。

八、遇蛇

2009年7月，在对高河镇太极村李花屋斯姑墩遗址进行普查时，汪黎明同志负责测量GPS面积，在走到遗址的东北角，就发现前面不远的坡上的草里有个黑糊糊的东西，当时还以为是个"烂树椴"，也就没多想，可等再接近一点的时候，"黑树椴"动了起来，并"嗖"的一声从汪黎明身边"飞"过，落在田地里"扑通"一声闷响，小汪吓一跳，定睛一看，我的天哪，是一条又长又粗的"乌梢蛇"。后来听小汪讲：那条大黑蛇很长很粗，像根树椴子一样，幸运的是没有踩到，要是踩到，咬一口那就不得了了。但等到了下一个点的时候，我们的汪老师还是第一个冲在最前面。

野外普查，责任让我们忘记了野外山上蛇虫鸟兽攻击的危险，让我们忘记了是要跋山涉水根据线索去寻找文物踪迹的。我们虽然只是背着书包工作，但是肩上的重量却不是任何一杆秤能称出来的。当我们看到桌面上越来越厚的一沓沓资料，移动硬盘里快爆满的文物照片时，我们心里总有一种说不出的满足感，我们很庆幸能让这些沉默的"隐者"，开口说话，我们必定要付出一定的代价，这个代价是有重大意义的，因为我们深爱着这块美丽富饶的土地。

不辱使命保普查

在全国第三次文物普查工作中，我县文物普查队员体现出了新时期文物工作者昂扬的精神面貌，在普查范围大，困难重重的情况下，以一个文物工作者的严谨细致的工作态度、吃苦耐劳的敬业精神，以及高度的责任感和使命感积极投入到普查的各个环节。涌现出了一幅幅感人的画面，一个个动人的故事……

一、统筹安排　主抓大局——金晓春

金晓春同志在第三次全国文物普查中统筹安排，主抓大局，为了更好地做好普查工作，甘当"后勤部长"。

2007年第三次全国文物普查开始，金晓春同志就全身心投入到"三普"工作中，联系协调各个部门，积极主动争取县政府支持，组织成立了文物普查工作领导小组，建立健全了县、乡、村三级的普查工作机构，为此次普查的顺利开展和有序推进提供了组织保障；为了保障经费来源，他经常告诉全所职工："在工作上，我们不等不靠，坚持把工作做在前面，积极争取县委、县政府和全社会理解和支持。"为了落实经费，他跑县里，跑财政，有一次，鼻炎犯了，脸憋得通红，但其全然不顾，一打完点滴就继续跑，等到经费到位，人也瘦了一大圈。

为保证普查质量，金晓春同志积极牵头，积极做好普查队伍人员的业务培训工作。除组织参加省、市统一培训外，还邀请行内专家开展业务培训、指导，请其他专业人员开展摄影摄像、电子文档、电子表格等电脑办公软件培训，确保高质量完成资料整理任务。有针对性地对协查人员进行培训。主要方法是现场边查边训，以查代训，如：如何去观察地形，如何去辨认陶片等。使他们在最短的时间内掌握基本的文物普查知识，为普查队提供线索。为了更好地搞好此次普查工作，使工作程序上有章可行，减少工作中的失误，我们结合以前历次普查的经验，根据此次普查的规范要求，金所长在普查前期就亲笔制定了一套普查工作流程，根据普查工作制作出普查工作流程图，

在工作上，金晓春同志勇于创新，敢于超前。除省里配发的数码相机，GPS，笔记本电脑外，我所又添置了普查所需的扫描仪，传真机，打印机，数码摄像机，投影仪、移动硬盘等电子设备。另外又为每位普查组成员配备了一套野外普查工具，包括手铲，皮尺，文具，罗盘等。资料收集是普查最重要的工作之一，除按照普查要求记录外，他特别强调全面的摄像记录，可以更直观的、真实的、长久的反映不可移动文物的特征、全貌以及周边环境。每个地点都要全方位的拍摄图片，从远景到

近景及局部，特别强调还要拍摄1至2分钟的录像资料，以更直观的方式记录文物点周边环境以及文物点的现状等。为了能够掌握更多的新线索，我们在电视、报纸上进行广泛宣传，并设置了文物普查专用电话。方便了群众为我们提供新线索。

在普查中金晓春同志始终坚持"以人为本"的理念，从不起眼的细节、小事做起，关心普查队员　。在为每位普查员配备帽、墨镜、服装、、雨伞、鞋、水壶、工作包等生活必须品德同时，针对野外可能发生的意外情况，我们为每位普查人员买了一份意外伤害保险，以及野外应急用的外伤药、常用药等，并做好普查人员家属的思想工作，并拿出实际行动解决后顾之忧。如安排所里留守的同志为外出普查的同志家接送孩子，买米，换煤气罐等，解决了他们的后顾之忧，使每位普查队员安心的投入到普查工作中去。

二、甘当老黄牛——程夏玉

程夏玉同志主要负责单位的财务和后勤工作，虽已是年逾不惑，但在这次普查中，不管大家在什么时间，什么地方，需要什么东西，她都能保证在第一时间送到。有时候为了买一支铅笔、一扎马甲袋和一付手套，她在县城各个超市之间来回地跑，这个超市缺货了，就要前往另一个超市。有时为了一个野外急需的小工具，她楼上楼下跑了不知多少次，买到后又急忙送到普查队员手里，人累得气喘吁吁，一句话都说不出来，这一切都只为大家更好地抓紧时间来完成"三普"工作。

"三普"期间，程夏玉同志因长期奔波劳累，眼睛经常充血，看东西模糊，为了不让别人知道，她戴上墨镜，还风趣地说："看我酷不酷！"，刚开始我们大家还以为真是这样，直到看到她一人常偷偷点眼药水，不断地揉太阳穴，才知道其中另有稳情。

三、把好细节关——何张俊

老何个头高，他是我们的田野普查队长，在普查一开始他就笑呵呵地说："第三次文物普查工作，我们县文物管理所　要交上一份满意的答卷"。他是这样说的，也是这样做的，每到一处，首先就找当地的群众了解这里的乡土风情，历史沿革，文化内涵和风俗习惯，然后到遗存现场开始认真勘察，从遗址的标本、土层关系遗存对比，查阅史志、群众口碑详细分析定代、定名。就地蹲下，有时爬在田埂上认真做好笔录。

有一次，我们在普查陈庄遗址时把方位搞错了，在地图上找不到遗址的方位。我们几个人都争得面红儿赤，意见不统一。他笑着说："错了，没事，我们明天再去测量一下不就明白了吗？但一定要吸取教训，以后要认真，因为数据要百分之百的准确"。第二天天气突变，酷热难当，他带着我们冒着高温，运用排除法在田野里搜索，等把遗址确定下来已是中午12点多了，每个人都热的汗流浃背，累得不想动了，　可他依然在烈日下掏出笔记，仔细观察周围的地貌，认真填写笔录。把疑点指出来让我们看，错在哪里。在回来的路上，他开玩笑地说："学着点，这是我的土经验，那是我多年平时在工作中积累的知识。"其实我们从心底里早已敬佩他，只是嘴上不说罢了。最可笑的一次，我们大伙开玩笑的说："我们老何工作细的都能绣花了　"。那就是说从笔录然后填表，绘图、照片每一道工作程序，他都要亲自把关，最后自己又亲手填写登记表。有时我们看着他很累真想帮忙，他说："我自己来，你们还是不要帮我倒忙了"。他时常加班很晚，当天的工作必须完成。才算今天工作ok了。

四、不辞劳苦 腿脚勤快——吕生根 汪黎明

吕生根 汪黎明，他们都是有个性，能干事的青年小伙子， 他们热爱文博工作。

吕生根的工作任务是GPS定位。大家都知道，文物普查搞的准确不，就要看我们GPS的定位、测点、计算面积，都是GPS起到的作用。而他不怕跑路，每到一处，他一手拿GPS，第一个测点，第二个……城址要测3个点，有些遗址为测定面积，测点最多。记得有一次在马庙镇孙家城新石器遗址，遗址面积可大了，他一个人围着遗址走了一圈，将近走了一个多小时，正值夏天，烈日炎炎的，夏日太阳火辣辣的，他们头上冒着热汗，头发上闪着汗珠 。他拿出本子，觉得自己好像中暑了，眼前一花头有点晕，一边艰难看着测点，一边一字一字地抄写。骄阳如炎，晒透了衣服，穿过了皮，脊背似乎要给烤熟了。一个小时过去了，又一个小时过去。太阳从偏东转到正中，又从正中转向偏西等他把整个遗址的面积测量完了最后一句：我总算回到原点，差一点休克咯。不善言谈他直起腰，重新观察了一下周围地势说："我们的先辈们居住的面积真大哟。累死我拉……"已经是2个小时过去了，他连一口水都没有顾上喝，就把数据导入软件中。并开玩笑地说："我的嗓子眼都冒烟了，你们也不给我一口水喝"。他的鞋子换的最快了，穿破一双又一双。有时他实在累的不行了，就地蹲下缓一缓，继续开始测量，因为我们每个人都有自己的岗位，加之人少，尽管大家都知道他很辛苦，但没有人可以接替。

汪黎明的工作任务是野外摄影和拍照，作为队里的主摄影，除了力争使拍摄的照片能多角度反映文物特点，捕捉潜在时代信息，真实、全面地反映文物整体状况外，还善于思考、勤于学习，常常与专家一起探讨普查方法，在注意文物本体调查的同时，还注重对文化内涵的深度挖掘。为了更详细的反映遗址面貌，在角度选择上就动了不少的脑筋，在野外跑的人都知道，人的一切行动受外来环境影响很大，本来很好的拍摄位置和角度，由于河流，水田及高大密集的茅草影响，为了避开，就要弯很远的路。而他不怕跑路。

五、从标准规范做起——潘启和

潘启和同志是此次普查中负责绘图工作，每到一处遗址点。什么都不说就掏出笔记本开始工作，制图关键是数据必须准确。遗址的长宽度，厚高度，面积保存残缺完整程度，他反复查看详细丈量尺寸，在普查现场做详细的草图绘制。记的11月份在黄墩镇花山村登记程从元烈士墓的时候，为了测量和拍摄方便，我们首先把墓上的小树和荆棘砍掉，当是没发现树上有毛毛虫，砍的时候把毛砍飞了起来，刚开始不觉得什么，后来每个人身上痒了起来，越来越厉害。我们不得不把衣服脱下来使劲抖，稍微好了些，而在潘启和身上反映就大了，右肩和手臂上都是红红的疙疙瘩瘩的包，到中午吃饭看时更是吓人，都要成癞蛤蟆样了，最后搽了半瓶花露水才好。

六、无私奉献　任劳任怨——许向英

许向英大姐是普查队中的一名老队员了，在此次普查工作中，她主要负责图纸、照片、文字资料扫描工作，同时我们文管所内其他的资料整理也由她负责，工作量大，任务重，但是再苦再累，她都默默地承担下来，尽心尽力地去完成。

有一次，许大姐腰椎病复发，但她顾不上休息，用夹板固定，继续坚持工作，累了就倚靠在桌子边稍稍休息一下，手还在不停地扫描，每天整理资料到深夜。绘图打印出来以后，还要在纸质文本中粘贴。为了以防出现差错，她都是认真仔细地独自完成。有时工作量大，为了能按时完成任务，时常放弃星期天的休息时间。她就是这样对待文物事业——强烈的事业心和责任感。

她虽是一名老大姐了，但在业务方面，始终如一，刻苦钻研，努力提高自己的专业水平；对待工作，认真负责，踏踏实实，任劳任怨，一丝不苟。野外普查队的第一手资料一交回所里，她二话不说立即开始对资料进行扫描归类，并及时进行检查，如有分辨率不高等，马上进行重新扫描，直到扫描的文件资料达到第三次全国文物普查工作手册要求为止。

七、以所为家　爱岗敬业——李贞

作为一名年轻的女同志，李贞同志在老大姐的带动下，更加认真地投入工作，她平时主要负责资料输入、刻录光盘等工作，工作量非常大且繁琐。在田野文物调查资料输入阶段，每一处不可移动文物点的数据的准确性直接关系到绘图工作的质量，本着坚守"尊重历史，还原文物原貌"的原则，她总是把最完备的第一手资料记录下来，进行收集、整理，极力追求资料的全面性、完整性。由于年轻孩子小，为了按时完成"三普"工作计划，只好舍小家顾大家，孩子病了也没时间照顾，只好交给老人。每天工作到晚上八、九点钟才能回家。

在这次"三普"过程中，无论是室外组还是室内组，虽然困难重重，但没有一个队员抱怨，没有一个队员在困难面前退缩，出勤率达100%。特别是在普查第三阶段即室内整理资料阶段，女同志更是发挥其本身所具有细心和耐心，对绘图、照片、文字等各个方面都是逐一检查、核对，同时尽量去完善每一张图纸、选择最能体现文物点的照片、最贴切的描述文字。当一排排"三普"资料整整齐齐、分类明确地放在柜子里的时候；当普查的文物点经过大家的努力申报，有五处已变为县保单位的时候；当各种文字、数据、图纸、图片上报都通过复核验收的时候……我们大家都忘记了自己的病痛、不适和付出的辛勤汗水，开心地笑了。

如今，文物普查工作还在继续，队员们依然默默工作在普查第一线，以他们朴实无华的行动，展示着怀宁新一代文物工作者的风采。

"三普"日记摘录

2008年4月24日，"三普"动员大会。分管副县长宗秀丽、文体局局长吴海锋、副局长汪林根、月山镇普查领导小组成员、各村协查员以及普查队员共计四十余人参加了启动仪式 。我们四名野外普查队员百感交集，有激动有光荣与骄傲，更多的应该是作为一名文博工作人员对文物事业的那份执着与责任！随着普查组领导吴局长的一声令下："出发"，我们坚定地迈出了"三普"第一阶段（野外实地调查）的第一步，第一站月山镇小元村虽然未登记到文物点，多少让我们感到有点失望，但我们不灰心，严格按照省普查办的标准来实施文物调查工作。

4月25日，我们开始了在月山镇大桥村进行实地文物调查工作，共复查文物点两处，分别是金钩挂月遗址和金钩挂月古墓，新发现一处大桥村明清古墓群，并消失一处文殊寺遗址。金钩挂月遗址面积较大，又位于铁路的正东边，周边都是农田，GPS测量工作没有直接的路可走，只能自己找路，为了追求数据的准确性，小汪的鞋子进了水还坚持完成任务，这种不怕苦的精神感染了我们每一个人。由于我们在野外工作，白天的值班保卫任务就落到了第二小组的身上，金所、程主任、许会计和小李白天轮流值班，小李和许会计还主动承担起文字录入、扫描、备份等相关工作。我们白天工作完成后的材料，次日也是由文物普查第二小组负责并完成。

4月26日至5月13日，我们对整个月山镇所有村及村民组进行了实地文物调查工作，我们普查工作小组兵分几路，一路由小吕、司机老凌和镇、村里协查员组成，主要是捡陶片和GPS测量，一路由小汪和小潘组成，主要是照相和绘图，这样能节约不少时间，提高工作效率。晚上我们把采集到的所有原始数据（包括照相、摄像和GPS测量数据）录入到电脑当中，为了是今后不混淆。晚上我们经常工作到十一点左右才回家。在对复兴村进行实地文物调查工作时，复查文物点两处，分别是杨八房古墓和复兴村古墓。复兴村古墓由于年代久远，让我们找了很久，询问了当地很多年龄较大的村民，都不知其具体的位置，最后是一位八十岁的老人闻询赶来，主动为我们带路，深深感动了我们每一位普查队员，更加鼓舞了我们的工作干劲，最终准确的找准了其具体位置。在对月石村进行实地文物调查工作中，复查一处杨氏族墓，新发现一处月石村解放军烈士墓。杨氏族墓位于当地村民住宅附近，当时墓上长满了刺槐，墓碑也被遮了起来。我们用砍刀将附近的刺槐从根部砍掉，何所和小潘都被刺划到了，鲜血直流的，但我们没畏惧，依旧干劲十足，其工作的积极性和不怕苦、不怕累的精神也让当地村民称赞不已。在对向荣村进行实地文物调查工作时，复查了一处龚大法师墓，此墓位于怀宁县境内黄梅山最高点，海拔三百多米，由于山势较高，几十年都很少有人上山。山上树长得茂盛，挡住了原有的路段，我们几个人轮流用砍刀边砍边上，等到了此墓时，已差不多位于制高点了，看看周边的环境地貌，使人仿佛迈入了原始森林。

经过大半个月的实地文物调查工作，我们圆满完成了对月山镇的不可移动文物的调查，文物普查第二小组也开始投入到紧张的工作当中去，金所负责全面的工作，程主任负责后勤保障工作，小李和许会计分别负责原始资料的录入、扫描、核对和备份工作。我们采用摄像捕获文物普查点环境地貌的工作在全省是一个创新。此次共普查行政村11个，文物点33处，其中复查21处，新发现12处。

5月15日至5月24日，我们对整个茶岭镇所有村及村民组进行了实地文物调查工作，在对先锋村进行实地文物调查工作时，未登记到文物普查点。在先锋村村路附近有一个非常显眼的大墩，我们对其进行详细的标本采集工作，结果未采集到任何的标本。把我们带的标本给当地村民进行识别，并详细询问有没有发现类似的标本，也未有所获。虽然今天大家都有些遗憾，但我们没灰心。

在对谭桥村进行实地文物调查工作中，复查了一处学墩遗址。此遗址紧临古河道，遗址内的包含物较多，由于原来曾有过农田改造，削减了不少。我们在此处进行登记工作时，这里的村民非常热情，主动给我们添加热水，并详细地对我们描述当时在开挖此处遗址时发现了什么什么东西，以及介绍他们在开挖之前的遗址现状，这给我们的普查登记工作带来了很大的帮助，对于完整的记录遗址曾有的现状提供了重要的依据。这也充分说明最初的"三普"宣传工作做得扎实有效，深入人心。

7月8日至7月25日，我们对整个洪铺镇所有村及村民组进行了实地文物调查工作，

7月13日，清晨下起了小雨，到七点钟小雨停止，转向多云，给七月份的气温降了不少。今天的野外实地调查，感觉非常凉爽。今天对白云村进行实地文物调查工作，共新发现文物点两处，分别为段家堂屋门楼和谢家堂屋。谢家堂屋前进的木构古建筑目前保存完整，前进门楼的砖雕十分精美，又独具特色。综观前面全县所有的古建筑调查，发现此处堂屋前进部分和门楼整体保存较好，尤其是砖雕的精美度令人惊叹！在对冶塘村进行实地文物调查工作中，复查了一处县保单位"雪山洞—普陀寺"。此处位于半山腰，山势较高，现为寺庙所用。我们的普查车开到半路时，山势陡峭，路况不熟悉，突然山路急转，车真不知如何去开，真是上下为难，所幸的是我们司机老凌开车经验丰富，技术很好，这才度过了险要的难关。有关记载寺庙的古碑较多，寺里的主持带领我们去查看记载的石碑，我们及时将有价值的石碑进行了拍摄和登记。在对石库村进行实地文物调查工作中，复查了一处冶塘湖冶炼遗址。在登记此处遗址时，天突将中雨，将正在拾标本的小昌、小汪、村里协查员和司机老凌淋了个正着，还好雨下的不长，这才庆幸没淋成"落汤鸡"。

8月3日至8月14日，我们对整个石镜乡所有村及村民组进行了实地文物调查工作，在对石镜居委会进行实地文物调查工作中，共新发现文物点两处，分别是冯奎烈士墓和石镜村古井。在普查石镜

村古井时，古井附近有古河道，据当地村民介绍，此井在当时非常实用，曾解决当地村民的用水大问题。由于天气十分炎热，我们每一个普查队员都被太阳晒得绝对称得上是"大红人"，为了更好地保护现存的文化遗存，我们干劲十足，无怨无悔。在对邓桥村进行实地文物调查工作中，复查一处井田畈炼铁遗址。此处遗址位于观音洞水库附近，我们普查时突下大雨，附近也没人家，等我们跑到有人家落脚时，衣服和鞋子全部湿透了，但大家都无怨言，等雨停仍然坚持完成工作。第二天个个都淋鼻涕，似乎都感冒了。在对分龙村进行实地文物调查工作中，新发现一处王高法烈士墓。此墓位于山腰，当时一位八十多岁的老奶奶主动给我们带路，并一起与我们爬山，还帮助我们一起砍掉覆盖在路上的荆棘，这让我们每一个人都感动得无语言表。我想大家肯定都感觉不到山高天热。

9月17日至9月24日，我们对整个秀山乡所有村及村民组进行了实地文物调查工作，在对樟岭村进行实地文物调查工作中，复查了一处樟岭村汉墓群，新发现一处陈平安烈士墓。陈平安烈士墓位于路边，墓地周围没人清理，上面长满了荆棘，并在墓地旁边有一毛毛虫树，此树挡住了我们的视线，令拍摄工作无法正常开展。老凌、小吕和小汪轮流用砍刀对其进行清理，何所和小潘在树下进行纸质文本的登记和绘图工作。由于砍动了树，树上毛毛虫的毛大部分洒落在我们身上。普查登记结束后，我们都不同程度的感觉身上奇痒无比，尤其是小潘，两个肩膀上全是包，又痒又辣又痛，他却开玩笑地说："呵呵，我的皮肤太嫩了，居然起这么多的包包"。在对蒋楼村进行实地文物调查工作中，复查了一处黄土坑遗址，新发现一处陈永定烈士墓。此两处文物点距离较近，由于乡下的土路都被雨水淋湿了，坑坑洼洼的，车子不好开，在开的途中不慎陷在洼地里无法动弹。我们在村协查员的帮助下到附近居民去借锹，并到周边去捡大些的石头进行相应的铺垫，费了九牛二虎之力，终于将车子从陷在洼地里给拯救出来了，大家满头大汗，但脸上却都挂满笑容。

11月4日，在三桥镇南方村进行实地文物调查工作，新发现一处南方村官闸。此次普查结束回归的途中，遇一八十多岁的老大爷由于年龄较大，加上正在生病，在吊盐水结束回家的途中不慎跌倒在地，由于年老体弱，半天都爬不起来，我们正好碰上此事，纷纷下车将老人从地上扶起来，在村协查员的带领下，我们把老大爷搀扶回了家，并做好了相关的善后工作。事后我们得知这个老大爷已经跌倒在地已有半个小时，老人又有高血压，如发现不及时的话，恐怕老大爷生命难保。此时还真感觉咱们就是当代活雷锋！

11月25日，在黄墩镇粟山村进行实地文物调查工作，复查了一处贤杨嘴遗址，此遗址曾在第二次文物普查时发现。根据二普资料我们找到了当时提供线索的老人，现如今也有八十来岁。听着他叙说当时普查的种种经历，看着他仍然激动不已的神情，让我们深深感受到作为一名文物普查工作者该有多么自豪！

新的一年，新的起点。

2009年1月6日至2月12日，我们对整个公岭镇所有村及村民组进行了实地文物调查工作，在对公岭镇进行实地文物调查工作时，复查了一处公岭镇古墓群。此墓群非常大，横跨瓦窑村、铁炉村、永兴村和联合村这四个行政村。整体是一个突出的长条形山冈，此墓群与潜山县余井镇交界。在普查此处遗址时，由于面积太大，分布较广，GPS无法开展详细的测绘工作，我们只能从瓦窑村开始着手调查登记的工作，照相和拍摄工作也只能从局部进行拍摄。从调查的情况来看，其墓群周边居民的房屋来看，好多墙角、猪圈、茅房都是用那非常有典型特征带有纹饰的汉砖做的。早在七八十年代这里盗墓分子非常猖獗，当时我们的金所长冒着生命危险潜伏在盗墓分子之中，在掌握足够证据的情况之下，将盗墓分子一网打尽并全部摧毁，给盗墓分子一个沉重的打击。在对永兴村进行实地文物调查工作中，复查了一处团隔墩遗址。普查此处遗址时，居然还下起了小雨，还好我们是有备而来，相关的普查登记工作我们都是打着伞来完成的。

2月24日至4月3日，我们对整个马庙镇所有村及村民组进行了实地文物调查工作，在对粟岗村进行实地文物调查工作，共复查文物点两处，分别是省保单位"孙家城遗址"和粟岗村太子墩遗址。孙家城遗址经过省考古所的两次发掘，确立了孙家城城墙和内部遗址的具体年代，目前正在申报国保单位的当中，对孙家城遗址的调查登记工作也是令大家感到非常兴奋和骄傲。在对育儿村进行实地文物调查工作中，共复查文物点两处，分别是王家大坦遗址和县保单位"城河遗址"。城河遗址为2008年度公布的县保单位，采集的标本很多，遗址上绿树葱葱，四面环水，在遗址上使人感觉仿佛进入了世外桃源的境界之中，整个遗址周边的环境较好，只有一条通向遗址的小路。其拍出来的照片十分精美。在对严岭村进行实地文物调查工作中，共复查文物点两处，分别是万年墩遗址和县保单位"程家新屋"。万年墩遗址位于古河道附近，小汪和老凌在采集标本的时候，在芭茅丛中发现一只刚死不久的野鸡，当时村里协查员开玩笑地说："我们今天中午午饭有着落了，就是清炖野鸡，要好好品尝我们当地的野味哦"，逗得大家哈哈大笑！野外工作真的也很需要这样的"调味剂"。

4月22日，在金拱镇王山村进行实地文物调查工作，复查了一处倪庵嘴遗址。此遗址位于圩区，道路非常难走，路面不平整，坑坑洼洼的，当时我们普查车被路上的碎瓶戳破了车胎，由于路面较窄，为防止堵了别人的车，我们就把车子推到300米之外的稍微空旷的地方，随后村里的协查员就联系当地修理工，这才为我们解了围。

5月4日至5月12日，我们对整个腊树镇所有村及村民组进行了实地文物调查工作，"五一"小长假让我们好好地休息了三天。5月4日对腊树居委会进行实地文物调查工作，共新发现文物点两处，分别是钱岭旧石器遗址和腊树镇革命烈士墓群。钱岭旧石器遗址是我县发现的为数不多的旧石器之一，九十年代初省考古所就曾专门对其进行了发掘和研究，出土了大量的旧石器，这对深入研究我县远古时期历史具有很大的考古价值。腊树镇革命烈士墓群在我县也是首次发现的烈士墓群。在对安山村进行实地文物调查工作中，共复查文物点两处，分别是安山村乌龟墩遗址和师姑庵遗址，新发现一处江家墩汉墓群。由于腊树镇离县城较远，为了节约时间和经费，我们就居住在当地，天热洗澡很困难，条件异常艰苦，我们就只能站在住宿地的外边用水直冲来解决洗澡的问题。为防止当天数据丢失和与第二天数据搞混淆，晚上还需要把GPS、照相和摄像的数据全部导入到随身带的笔记本电脑当中，一般都要工作到晚上十一二点才休息。在对安山村进行实地文物调查工作中，共复查文物点两处，分别是窑山遗址和安山村唐墓群。在普查安山村唐墓群时，由于位于山中，山路非常难走，为防止打滑，我们就手拉着手上山。为了完成此墓群全部登记工作，我们中午就用事先准备好的馒头和方便面来充饥，渴了就喝山上的泉水。

6月14日，在石牌镇永固村进行实地文物调查工作，共复查文物点两处，分别是官山墓群和朱山嘴遗址，新发现一处怀宁县人民政府旧址。官山墓群是单位馆藏文物"破镜重圆"铜镜的出土点，其两半面镜是从不同的墓葬里出土的，这也见证了当时两墓主人希望死后在阴间带着半面镜来重续人间的爱情，象征着对美好爱情的向往和憧憬。怀宁县人民政府旧址为近现代保存较好的建筑，这对于记载我县县城的历史具有很重要的价值。

7月7日，在小市镇受泉村进行实地文物调查工作，共复查文物点两处，分别是县保单位"王家山遗址"和县保单位"《孔雀东南飞》遗迹"，新发现一处夏玄生烈士墓。这两处县保单位都位于小市影视基地附近，根据《孔雀东南飞》的爱情故事编写剧本，并成功拍摄了电视连续剧。《孔雀东南飞》是中学教育人教版中的课文，其焦仲卿和刘兰芝的爱情故事在全国被广泛诵传。在此处进行登记时，正值下大雨，我们为了不耽误时间，小潘和老凌还冒雨进行相关的测绘工作，身上被雨全淋湿了。

7月30日至8月14日，我们对整个高河镇所有村及村民组进行了实地文物调查工作，在对太极村进行实地文物调查工作中，共复查文物点三处，分别是刘家墩遗址、太极村磨形墩遗址和李花屋斯姑墩遗址。普查李花屋斯姑墩遗址，小汪在测量GPS面积时，途中正遇一条大黑蛇"嗖"的一声从他身边"飞"过，落在田地里"扑咚"一声闷响，把小汪吓了个半晕。后来听小汪讲那黑蛇很长很粗，像根树椵子一样，我们的心都一惊，都感叹在野外工作非常辛苦，不仅身心疲惫，而且随时都有受伤的可能。但我们是快乐的，因为保护现存的文化遗产是时代赋予我们的神圣使命！在对高河居委会进行实地文物调查工作，共复查文物点三处，分别是普济桥、马家墩遗址和高河埠暴动旧址。普济桥素有"普济桥下水，独秀山上茶"的美誉，大小船只都从这里经过，在当时是繁华一时的大渡口，桥下水曾清澈见底。普济桥附近有一个著名的香火非常旺盛的普济庵，普济桥由此而得名。而现如今，桥下水非常浑浊，普济庵也只残留部分地基，这确实让我们感到有点惋惜。在对独枫村进行实地文物调查工作时，复查了一处独枫村古墓，新发现一处李金梅烈士墓。其实大家都知道今天的调查工作结束以后，可能第二阶段的野外实地调查工作即将结束。此时此刻大家心里如打翻了五味瓶，什么滋味都有。

是啊！在野外2年实地文物调查的这些日子里，我们送寒接署，迎风淋雨，为能完整完好地登记、研究我们怀宁县的不可移动文物，大家从无怨言。而让我们感到欣慰的是，有了第三次全国文物普查这么好的机会。今天回想起野外调查的那些日子，真的是太丰富多彩耐人寻味了，几乎每天都有故事，有艰辛有感动，有开心有遗憾，还有那么多平凡却又让人无法忘怀的人和事。总之，我们凭着自己执着、顽强的工作作风圆满地完成了2年的野外实地文物调查工作。

后　记

怀宁县是个历史悠久、人文荟萃之地，经过几代文博人的不懈努力和勤奋工作，怀宁县文物工作如火如荼，走在了全省的前列，第三次全国文物普查更是全方位地将县境内不可移动文物家底摸清。但是，我们一直没有出版过一本系统介绍全县文物工作的书籍。

《怀宁考古记》的编写，酝酿于2007年第三次全国文物普查工作开始之际，在"三普"调查工作中，更是有意识地围绕这一目标开展材料的收集。2009年9月，怀宁县在全省第一个通过了"三普"实地调查阶段的验收。当年12月至次年1月，安徽省文物考古研究所朔知先生又结合其"皖江区域先秦考古计划"，会同省"三普办"的"三普"专题调查，在大沙河流域开展了区域系统调查，获得了十分详尽的资料。根据已有的材料情况，我们树立了编写本书的信心，认为有必要将全县文物情况编写出来展现给世人，其目的有三：一是将几十年来的文物工作进行一次全面系统的总结；二是充分展示怀宁得天独厚的不可移动文物资源，希望能成为"宣传怀宁、推介怀宁"的靓丽名片；三是为政府部门研究经济发展和合理利用文物资源提供保护依据。

本书的编写工作是由全所同事共同完成，北京大学考古文博学院的2008级博士生张东完成了其中部分工作。考虑到本书是以"三普"调查材料为基础，对怀宁几十年来考古工作的全面介绍，因此本书是基于"三普"并融入了以往部分材料。经过长达一年多的整理、编写，历经五稿，终成此书。本书编写的具体分工如下：

第一章第一节：程夏玉、许向英；第二节：金晓春。第二章：金晓春。第三章第一节：金晓春；第二节之旧石器遗址部分：何张俊；第二节之先秦遗址部分：金晓春、何张俊；第三节：汪黎明；第四节：吕生根；第五节：李贞；第六节：潘启和。第四章：张东。第五章：何张俊。附录：何张俊、李贞、潘启和、吕生根、汪黎明。全书最后由金晓春进行了统稿。摄影由何张俊、汪黎明、吕生根完成。照片、线图的电脑处理由吕生根、潘启和完成。

本次"三普"工作得到了省"三普办"、市"三普办"的具体指导。本书的编写、出版得到了安徽省文物局陈建国局长的大力支持并欣然作序。安徽省文物考古研究所宫希成副所长对本书的编写提出了建设性的建议，并为本书的出版提供了大力支持，在此深表感谢。

安徽省文物考古研究所朔知先生全程指导了本书的整理、编写工作，从编写体例、提纲、内容到专题调查的组织实施，都倾注了大量心血，并于百忙之中审订了全稿，个中对怀宁文物工作的情感已非我们一谢可言。

怀宁县委范先汉书记、县长刘飞跃对本县的三普工作十分重视，并对本书的编写提出了具有专业性的建议。县委副书记程辉，县委常委宣传部长汪路阳、县委常委常务副县长董晓月，原分管副县长宗秀丽、潘成森，副县长王江海等也多次对"三普"工作和本书的编写提供了指导。县"三普办"的各成员单位、月山镇文化站及各乡镇村为"三普"的顺利开展提供了全方位的保障。特别是县财政局在资金上给予了大力支持。在此，一并表达深深的谢意。

此外，为本书的编写、出版付出劳动的还有：参加大沙河流域区域系统调查的调查人员安徽大学历史系2007级研究生齐泽亮、2006级本科生邱振威、程志杰；整理人员2006级本科生王淡春、王耐霜、薛玲玲、张倩。全部调查材料的绘图由陕西岐山的朱录乾师傅和金晓春完成。文物出版社的李克能先生为本书的出色编辑，使本书增色不少，也在此表达谢意。

徜徉依稀孔雀台，步履荆棘独秀怀。蹒跚奋起河沙去，落笔无意仰石牌。

抚卷默然，基层文物工作者的辛勤与汗水，若能使历史再现，使文化增色，使传统继承，不就是一种为了使命的付出么？

金晓春

2011年4月于高河

1. 怀宁县文物管理所新址

2. 文物管理所办公室

3. 展览大厅

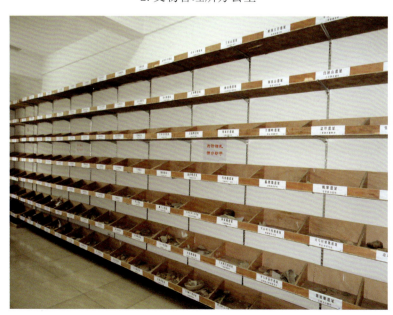

5. 资料室

4. 采集标本室

6. 健身房

1. 怀宁县全国第三次文物普查启动仪式

2. GPS定位

3. 摄像记录

4. 资料登录

5. 在黄墩镇调查访谈

1. 中央采访团实地采访怀宁县"三普"工作

2. 安徽电视台采访怀宁县"三普"工作

3. 中央采访团采访怀宁县"三普"工作汇报会会场

5. 纸质资料备份

6. 室内资料登录

4. 全套野外调查装备

7. 室内整理设备

8. "三普"记录刻盘

1.柏木冲遗址远景(镜向东)

2.柏木冲遗址采集标本

3.油炸嘴旧石器遗址近景（镜向西北）

4.油炸嘴遗址采集标本

5.钱岭旧石器遗址近景（镜向东南）

6.钱岭遗址采集标本

7.石牌桥遗址远景（ 镜向西）

8.石牌桥遗址采集石制品

1.白云洞遗址远景（镜向东）

2.白云洞遗址洞口（镜向东）

3.白云洞遗址采集兽骨化石

4.老林嘴遗址远景（镜向北）

5.茅狗墩遗址近景（镜向东南）

6.茅狗墩遗址采集标本

7.金钩挂月遗址远景（镜向西）

8.金钩挂月遗址采集标本

1.烟墩遗址全景（镜向东）

2.鲢鱼墩遗址近景（镜向北）

3.烟墩山遗址远景（镜向北）

4.烟墩山遗址采集标本

5.吴墩遗址远景（镜向南）

6.李小屋遗址近景（镜向西南）

7.黄山遗址远景（镜向西）

8.黄山遗址采集标本

1.小坦遗址远景（镜向北）

2.大窑墩遗址近景（镜向西南）

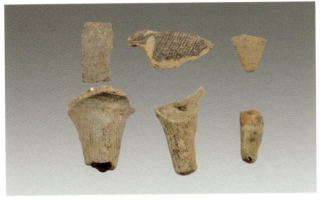

3.大窑墩遗址采集标本

4.江家墩遗址远景（镜向南）

5.江家墩遗址采集标本

6.贤杨嘴遗址近景（镜向东北）

7.贤杨嘴遗址采集标本

8.汪家嘴遗址近景（镜向东北）

1. 张宕遗址近景（镜向西北）

2. 张宕遗址采集标本

3. 高墩遗址远景（镜向北）

4. 金方屋遗址采集标本

5. 王祠遗址远景（镜向南）

6. 王畈墩遗址远景（镜向东）

7. 大罗墩遗址远景（镜向北）

8. 大罗墩遗址采集标本

1. 王家山遗址远景（镜向西）

2. 王家山遗址采集标本

3. 纪龙嘴遗址远景（镜向北）

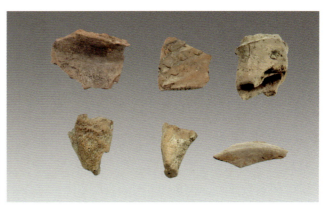

4. 纪龙嘴遗址采集标本

5. 白林山遗址近景（镜向东）

6. 程墩遗址近景（镜向西）

7. 狮子山遗址近景（镜向西）

8. 狮子山遗址采集标本

1.古城墩遗址远景（镜向东）

2.金盆架遗址东部远景（镜向西北）

3.金盆架遗址采集标本

4.燕屋遗址近景（镜向北）

5.燕屋遗址采集标本

6.汪墩遗址远景（镜向西北）

7.邱墩遗址近景（镜向东）

8.邱墩遗址采集标本

1. 黄龙遗址远景（镜向西南）

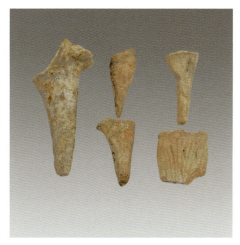

2. 黄龙遗址采集标本

3. 黄龙遗址出土殓珠

5. 黄龙遗址出土石器

6. 黄龙遗址出土石器

4. 黄龙遗址出土玉环

7. 黄龙遗址出土陶鼎

8. 黄龙遗址出土陶鼎

9. 黄龙遗址出土牙齿

10. 黄龙遗址出土陶鼎

1.黄龙舌遗址近景（镜向东北）

2.黄龙舌遗址采集标本

3.梅花寨遗址近景（镜向东南）

4.梅花寨遗址采集标本

5.南山嘴遗址远景（镜向东）

6.南山嘴遗址采集标本

7.幼树墩遗址远景（镜向西）

8.幼树墩遗址采集标本

1.石库遗址远景（镜向西）

2.石库遗址采集标本

3.旺山遗址远景（镜向东南）

4.旺山遗址采集标本

5.思姑基遗址近景（镜向南）

6.思姑基遗址采集标本

7.国灵墩遗址远景（镜向北）

8.国灵墩遗址采集标本

1.窑山遗址近景（镜向西）

2.窑山遗址采集标本

3.狮山遗址远景（镜向北）

4.狮山遗址采集标本

5.八一村遗址近景（镜向北）

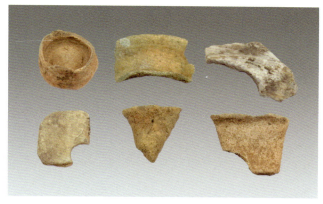

6.八一村遗址采集标本

7.朱山嘴遗址远景（镜向北）

8.朱山嘴遗址采集标本

1. 邬家庄遗址远景（镜向西南）

2. 邬家庄遗址采集标本

3. 仓盐墩遗址远景（镜向西南）

4. 仓盐墩遗址采集标本

5. 王家大坦遗址近景（镜向东）

6. 王家大坦遗址采集标本

7. 月形坦遗址近景（镜向北）

8. 王墩遗址近景（镜向东南）

1. 枫树墩遗址剖面（镜向东）

2. 孙家城遗址近景（镜向西）

3. 孙家城遗址采集标本

4. 孙家城遗址采集标本

5. 孙家城遗址发掘平面（镜向北）

6. 江家船形墩遗址近景（镜向西）

7. 江家船形墩遗址采集标本

8. 汪祖庄月形坦遗址远景（镜向东北）

1.离子墩遗址远景（镜向西南）

2.离子墩遗址采集标本

3.汪家大坦遗址远景（镜向东）

4.城河遗址近景（镜向东北）

5.城河遗址采集标本

6.粟岗村太子墩遗址近景（镜向北）

7.粟岗村太子墩遗址采集标本

8.余家大墩遗址近景（镜向东北）

1. 余家大坦遗址远景（镜向西北）

2. 金壕墩遗址近景（镜向东）

3. 金壕墩遗址采集标本

4. 乌鱼墩遗址远景（镜向西北）

5. 乌鱼墩遗址采集标本

6. 青蛙墩遗址远景（镜向南）

7. 黄老屋大墩遗址远景（镜向东）

8. 黄老屋大墩遗址采集

1. 人形河遗址远景（镜向南）

2. 人形河遗址采集标本

3. 洪庄遗址远景（镜向东）

4. 洪庄遗址采集标本

5. 戴壕遗址远景（镜向南）

6. 戴壕遗址采集标本

7. 老渡墩遗址远景（镜向西南）

8. 老渡墩遗址采集标本

1. 芭毛东墩遗址近景(镜向东)

2. 许庄大墩遗址远景（镜向东北）

3. 许庄大墩遗址采集标本

4. 杨牌师姑墩遗址近景（镜向西南）

5. 李穴冲盆形遗址远景（镜向东北）

6. 李穴冲盆形遗址采集标本

7. 鸽子墩遗址近景（镜向东）

8. 鸽子墩遗址采集标本

1. 倪庵嘴遗址远景（镜向东）

2. 倪庵嘴遗址采集标本

3. 秦墩遗址远景（镜向南）

4. 秦墩遗址采集标本

5. 磨形墩遗址远景（镜向北）

6. 磨形墩遗址采集标本

7. 大隔墩遗址远景（镜向西）

8. 大隔墩遗址采集标本

1. 打鼓墩遗址远景（镜向北）

2. 打鼓墩遗址采集标本

3. 吴窑嘴遗址远景（镜向东北）

4. 马家墩遗址近景（镜向东）

5. 马家墩遗址采集标本

6. 何家墩遗址（镜向东北）

7. 范家包遗址远景（镜向东南）

8. 范家包遗址采集标本

1.莲花墩遗址近景（镜向东南）

2.莲花墩遗址采集标本

3.枇杷墩遗址近景（镜向西南）

4.双牧村师姑墩遗址远景（镜向南）

5.双牧村师姑墩遗址采集标本

6.陈门墩遗址远景（镜向东）

7.张家大屋毛狗墩遗址远景（镜向南）

8.刘家墩遗址近景（镜向东）

1.太极村磨形墩遗址远景（镜向西北）

2.太极村磨形墩遗址采集标本

3.李花屋师姑墩遗址远景（镜向东）

4.李花屋师姑墩遗址采集标本

5.江古墩遗址远景（镜向北）

6.江古墩遗址采集标本

7.桥西大圩遗址远景（镜向西北）

8.万脚岭遗址远景（镜向东北）

1. 司马村银墩遗址远景（镜向南）

2. 王家大墩遗址近景（镜向东）

3. 王家大墩遗址采集标本

4. 大鼓墩遗址近景（镜向西）

5. 大鼓墩遗址采集标本

6. 黄老屋遗址近景（镜向北）

7. 后墩遗址远景（镜向西）

8. 柏枝林遗址近景（镜向东北）

1.黄土坑遗址远景（镜向南）

2.黄土坑遗址采集标本

3.牛头岭遗址近景（镜向西）

4.牛头岭遗址采集标本

5.张家大屋遗址远景（镜向南）

6.张家大屋遗址采集标本

7.双城寺遗址远景（镜向东）

8.双城寺遗址采集标本

1. 大包墩遗址远景（镜向北）

2. 大包墩遗址采集标本

3. 银墩遗址远景（镜向西南）

4. 银墩遗址采集标本

5. 学墩遗址近景（镜向西）

6. 学墩遗址采集标本

7. 大鸭嘴遗址远景（镜向东北）

8. 大鸭嘴遗址采集标本

1. 大墩遗址远景(镜向东南)

2. 大墩遗址采集标本

3. 团塥墩遗址近景（镜向西）

4. 团塥墩遗址采集标本

5. 余嘴宋遗址远景（镜向东南）

6. 余嘴宋遗址采集标本

7. 王家畈大墩遗址（镜向西）

8. 王家畈大墩遗址采集标本

1. 万年墩遗址远景（镜向西南）

2. 万年墩遗址采集标本

3. 小墩遗址远景（镜向北）

4. 小墩遗址采集标本

5. 狐狸墩遗址远景（镜向西北）

6. 狐狸墩遗址采集标本

7. 老鼠嘴遗址（镜向东南）

8. 老鼠嘴遗址采集标本

4.团山清墓木制带钩（M1：1）

1.团山清墓前视　　　2.团山清墓后视
（镜向东北）　　　　（镜向西南）

3.正面刻字　　　　　　　5.团山清墓顶部刻字

6.团山清墓M1牌位碑　　　　7.团山清墓 M2牌位碑

1.杨家牌墓群远景（镜向东）

2.铜匜

3.铜牺鼎

4.铜蝉纹鼎

5.铜釜

6.铜盉

7.铜削

8.玛瑙玦

1. 邓林汉墓画像石局部　　　　　　　　2. 侯园墓群远景（镜向南）

3. 杨婆墩墓群近景（镜向南）　　　　　4. 公岭镇墓群局部远景（镜向东南）

5. 梅花娘娘墓远景（镜向北）　　　　　6. 程子刚进士墓全景（镜向西南）

7. 大桥村明清墓群　（镜向东北）　　　8. 朱公墓远景（镜向北）

1.陈荣士墓墓碑（镜向北）

2.杨氏族墓墓碑（镜向西南）

3.太平清墓墓碑（镜向东）

4.樟树岭墓墓碑（镜向东）

5.独秀村墓墓碑（镜向北）

6.江氏族墓 近景（镜向西北）

7.龚大法师墓全景（镜向北）

1. 潘家堂屋前进门楼（镜向南）

3. 杨藕形屋中进石柱础

2. 潘家堂屋中进内景（镜向北）

4. 杨藕形屋门楼内景（镜向东南）

5. 谢家堂屋门楼（镜向南）

6. 谢家堂屋砖雕

1.竹林堂屋门楼及石刻匾（镜向西）

2.竹林堂屋石柱础

3.程家新屋砖雕（镜向东）

4.程家新屋木雕

5.胡家堂屋门楼内景（镜向南）

6.艺毂园梁架

1. 王家堂屋全景（镜向东北）

2. 王家堂屋八字墙

3. 王家堂屋门楼砖雕和石刻匾（镜向西南）

4. 王家堂屋内景（镜向西南）

5. 董家堂屋门楼全景（镜向西）

6. 董家堂屋门楼石刻匾及砖雕（镜向西）

1. 杨家祠堂门楼石刻匾及砖雕（镜向东）

2. 杨家堂屋门楼张英题刻（镜向南）

3. 汪家堂屋门楼石刻匾（镜向西）

4. 查家堂屋门楼石刻匾（镜向西）

5. 钱家堂屋门楼内景（镜向南）

6. 钱家堂屋门楼石刻匾（镜向南）

1. 李家堂屋门楼石刻匾及砖雕（镜向西）

2. 司马村胡家堂屋门楼（镜向西）

6. 雪山洞—普陀寺远景（镜向南）

3. 司马村胡家堂屋门楼石刻匾（镜向西）

4. 司马村胡家堂屋门楼石雕（镜向西）

5. 段家堂屋门楼石刻匾（镜向东）

7. 雪山洞内局部

1.大桥村石梁桥局部（镜向北）

2.大桥村石梁桥全景（镜向南）

3.仙人桥碑记（镜向北）

4.高楼村石梁桥

2. 南方村官闸全景（镜向西南）

1. 石镜村古井之饮水井（镜向东北）

3. 南方村官闸刻字（镜向西南）

4. 金鸡碑及五猖神庙碑位置

5. 金鸡碑（镜向北）

6. 五猖神庙碑（镜向北）

7. 道光水文碑（镜向东北）

1. 方柏堂墓志及盒盖

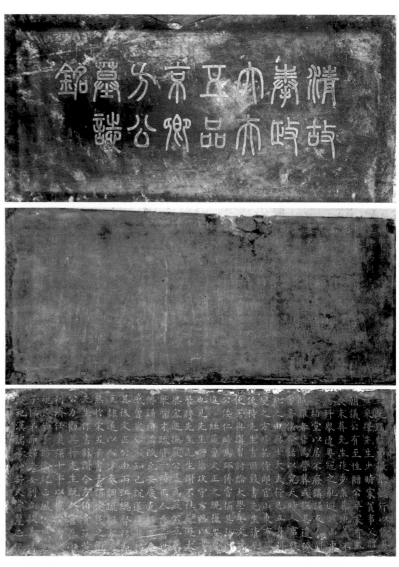

2. 方柏堂墓志拓片

1. 方母墓志盒盖拓片

2. 方母墓志拓片局部

3. 方母墓志盒盖（正面）

4. 皖江叶公墓志拓片

1. 张公墓墓碑(镜向北)

2. 杨兆成烈士墓（镜向西北）

3. 操球烈士墓

4. 汪增禄烈士墓（镜向东北）

5. 王高法烈士墓（镜向东）

6. 第九游击纵队驻地旧址—潘氏宗祠（镜向东北）

7. 潘氏宗祠前进（镜向西）

8. 潘氏宗祠石柱础

1.渡江烈士墓东侧保护碑（镜向北）

2.月石村解放军烈士墓（镜向北）

3.石小丙烈士墓（镜向东南）

4.夏玄生烈士墓（镜向西）

5.卢军烈士墓（镜向东）

6.王星拱墓（镜向东北）

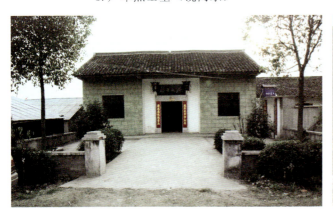

7.海子故居（镜向东北）

8.海子墓（镜向东北）

1. 汪顺和老店铺（镜向东北）

2. 怀宁县人民政府旧址大门楼（镜向西）

3. 怀宁县人民政府旧址局部（镜向西北）

4. 怀宁县县委旧址大门楼（镜向北）

5. 怀宁县县委旧址办公楼（镜向东北）

6. 扬旗村排灌站（镜向北）

7. 扬旗村排灌站电机组

1.枫树墩遗址远景（镜向20°）

2.枫树墩遗址标本

3.枫树墩遗址断面P1（镜向55°）

4.枫树墩遗址标本

5.枫树墩遗址标本

6.枫树墩遗址标本

7.陈瓦屋遗址全景（镜向320°）

8.陈瓦屋遗址地层断面

1.育儿村北遗址（镜向30°）

2.琚新屋大墩遗址远景

3.琚新屋大墩遗址采集标本

4.陶屋遗址远景（镜向300°）

5.陶屋遗址采集标本

6.望货墩远景（镜向遗址300°）

7.望货墩采集标本

8.大小墩遗址（镜向90°）

1.面坦遗址远景（镜向255°）

2.面坦遗址采集标本

3.黄屋遗址远景（镜向135°）

4.黄屋遗址采集标本

5.郑河墩遗址远景（镜向326°）

6.郑河墩遗址采集标本

7.小樟墩遗址远景（镜向90°）

8.小樟墩遗址采集标本

1.城河遗址标本

2.城河遗址标本

3.汪家老屋近景（镜向200°）

4.汪家老屋采集标本

5.琚坦遗址近景（镜向5°）

6.琚坦遗址采集标本

7.高庄遗址近景（镜向260°）

8.高庄遗址采集标本

1. 芭茅西墩遗址远景（镜向5°）

3. 大胡坦遗址远景（镜向340°）

2. 芭茅西墩遗址采集标本

4. 大胡坦遗址采集标本

6. 大龙山遗址采集标本

5. 大龙山遗址远景（280°）

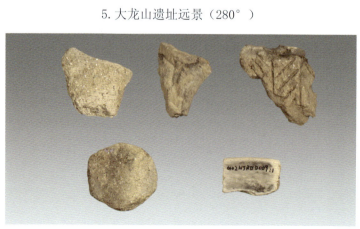

7. 老渡墩遗址采集标本

8. 老渡墩遗址断面P1（镜向30°）

1. 李家冲盆形遗址远景（镜向30°）

2. 孙家城遗址西城垣

3. 孙家城费屋地点北部岗地断面

5. 孙家城遗址采集标本

6. 孙家城遗址采集标本

7. 孙家城遗址采集标本

8. 孙家城遗址采集标本

4. 孙家城遗址采集标本

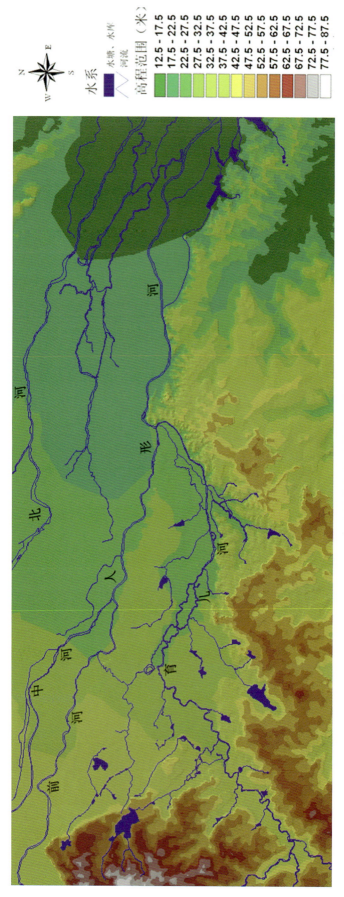

大沙河流域调查区域地貌图

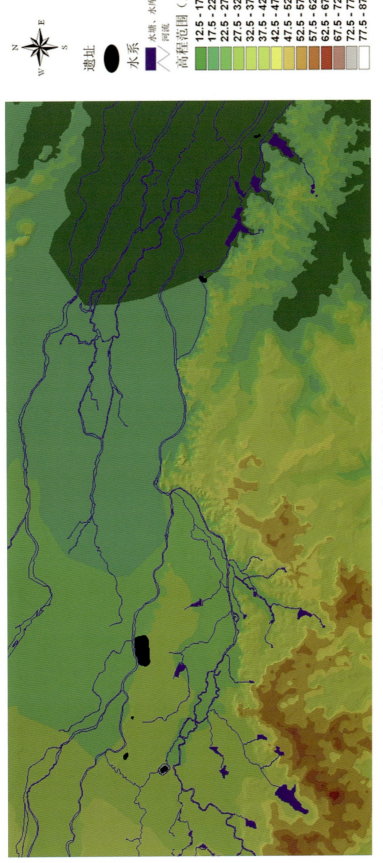

薛家岗文化时期遗址分布图

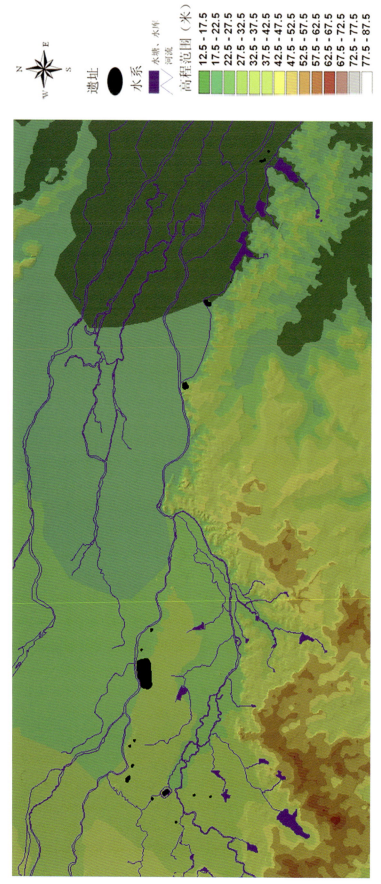

张四墩文化时期遗址分布图

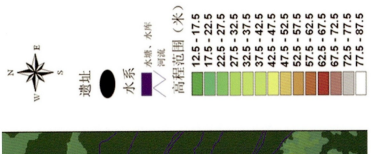

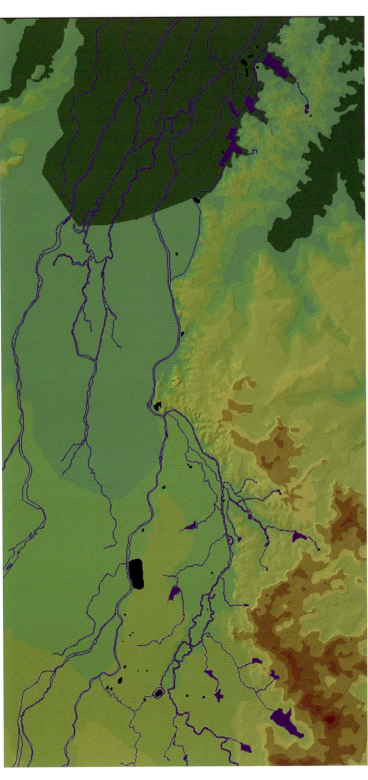

商周时期遗址分布图

1. "怀宁县第三次全国文物普查实地调查阶段工作验收会"会场

2. 荣获国家"第三次全国文物普查实地文物调查阶段突出贡献集体奖"证书

4. 群众带路调查文物点

3. 现场摄像

5. 翻山越岭

6. 简单的午餐

7. 向当地群众请教